中国·青神
QINGSHEN CHINA

青神年鉴

2014

青神县人民政府 主办
青神县党史县志办公室 编纂

中央民族大学出版社
China Minzu University Press

图书在版编目(CIP)数据

青神年鉴. 2014 / 青神县党史县志办公室编. —北京 : 中央民族大学出版社, 2014. 12

ISBN 978 - 7 - 5660 - 0858 - 9

Ⅰ. ①青… Ⅱ. ①青… Ⅲ. ①青神县—2014—年鉴 Ⅳ. ①Z527. 144

中国版本图书馆 CIP 数据核字(2014)第 255944 号

青神年鉴(2014)

编　　者	青神县党史县志办公室
责任编辑	李　飞
封面设计	符　蓉
出 版 者	中央民族大学出版社
	北京市海淀区中关村南大街 27 号　邮编:100081
	电　话:68472815(发行部)　传真:68932751(发行部)
	68932218(总编室)　68932447(办公室)
发 行 者	全国各地新华书店
装帧设计	成都市标点制版印务有限责任公司
印 刷 厂	成都现代印务有限公司
开　　本	889 × 1194(毫米)　1/16　印张:19. 25　彩页:10 页
印　　数	500 册
字　　数	520 千字
版　　次	2014 年 12 月第 1 版　2014 年 12 月第 1 次印刷
书　　号	ISBN 978 - 7 - 5660 - 0858 - 9
定　　价	128. 00 元

领导关怀

2013年10月25日，省委书记、省人大常委会主任王东明在西博会上视察青神竹编展厅

2014年3月20日，中国科协副主席陈章良一行调研青神县联合生态养殖行业协会工作

2014年4月29日，省委组织部长范锐平调研群众路线教育实践活动

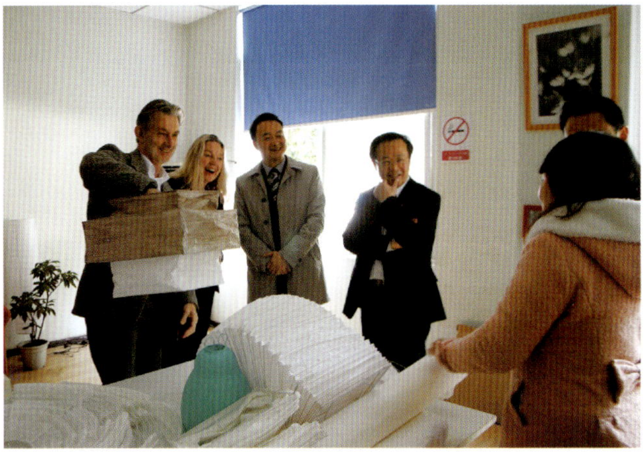

2014年3月28日，国际竹藤组织总干事费翰思莅青访问

2014年7月31日，市委书记李静，市委副书记、市长宋朝华，市政协主席王影聪等市四大班子领导率领市级相关部门负责人，各（区）县县委书记、（区）县长等莅临我县调研县域经济运行和发展情况

重要会议

2014年2月27日，青神县召开党的群众路线教育实践活动动员部署会议

2014年1月11日—12日，中共青神县第十三届代表大会第四次会议召开

2014年5月19日，青神县竹编产业推进会在中国首家竹林湿地召开

2014年7月1日，县委在南城镇兰沟村召开建党93周年庆祝大会，全县89个村和社区近万名党员干部同步收看电视直播大会

2014年12月14日，全县在西龙镇马槽寺村举行纪念西山红军起义80周年暨红色西山多功能基地（一期）开园仪式

工业经济

2014年6月8日–9日，2014•百名企业家走进青神活动成功举行，此次活动集中签约12个项目，项目总投达96.25亿元

2014年11月20日—21日，举行天府新区（青神）机械国际合作洽谈会，来自欧、美、日、韩、东南亚等25家外国企业、20余家省内外机械产业企业及天津大学等5所知名院校走进青神

青城机械木工机床技改项目新厂房竣工

2014年1月24日，青神举办首场返乡农民工专场招聘会

青神形成“基地+电商平台+行业协会”的电子商务模式

特色农业

2014年11月14日CCTV—7《每日农经》栏目组来到青神，就汉阳鸡的养殖和加工销售进行为期3天的采访拍摄

省内首家“竹元素”农村住宅小区“水竹怡庄”

万沟现代农业观光园

城建交通

2014年6月30日，岷江汉阳电航工程首台机组实现6.30目标，首台机组具备发电条件

2013年5月，成乐高速“张坎”站更名为“青神”站

2014年12月20日，成绵乐客运专线青神站建成并投入使用

2014年1月10日，第二届房地产交易展示会在中岩广场行

2014年12月15日，为恢复青神“老八景”之一的“麒麟瑞井”而建设的麒麟广场落成开放

党建工作

2014年7月28日，青神县举行“万名青廉志愿者”计划启动仪式，向首期招募的1000名“青廉志愿者”队伍授旗，授予其参与反腐倡廉的监督权

发行《中国青神》宣传画册，展示青神社会、文化、经济发展成果

青神充分发挥退出领导岗位干部作用，成立由退出领导岗位干部组成的项目建设监察、服务、协调工作组

党的群众路线教育实践活动中，青神县成立为民服务的“四支队伍”——党员先锋服务队、社会志愿者服务队、基层便民服务队和村（社区）网格员服务队，开展直接为民服务活动

2014年12月4日首个国家宪法日和全国法制宣传日，县人民法院、县人民检察院等单位联合举办以“弘扬宪法精神，建设法治中国”为主题的法治宣传和法律援助服务活动

文化旅游

中国首家竹林湿地核心景区建成开放

2014年4月26日，白果乡甘家沟村举办首届橘花节

2014年8月2日，第六届东坡初恋地旅游文化节开幕

江湾神木园丹桂飘香

社会民生

2013年全县开展免费向60岁以上老年人赠送手机活动

2014年12月14日，青神县革命老区建设促进会成立

2014年8月12日，举行成都艺术职业学院（青神校区）奠基仪式

2014年10月4日，央视12套《社区英雄》第三季节目中，青神广场舞第一人黄月华精彩亮相

2014年9月县实验幼儿园完成整体搬迁

2013年县人民医院、县中医医院成功创建国家二甲医院

编辑说明

一、《青神年鉴》是青神县人民政府主办，由青神县党史县志办公室组织编辑出版的一部综合性年刊，每年出版一卷。在翔实、全面、系统收集各行各业情况的基础上，充分反映上年全县国民经济和社会发展取得的成绩，为各级领导和部门制定经济、社会发展规划提供依据，是县内外各界人士了解、研究青神的详实资料，是各级领导干部必备的案头工具书。《青神年鉴》的发行，增强了青神与外界的经济、科技、社会发展等方面的合作，为促进全县经济跨越式发展、繁荣青神文明作出了贡献。

二、《青神年鉴》2014 卷所收录的事件资料和彩页，除少数内容作了历史回顾外，都是 2013 年的。

三、本年鉴体例采取类目、分目、条目梯级编排法。为便于查阅，在编辑中将内容条目化。

四、本年鉴在编写过程中，坚持把工业放在首位，突出工业发展的各项政策和措施，突出青神特点和优势，突出 2013 年的主要措施经验和问题，进一步提炼“精神引领、项目推动、业态集中、后发追赶”的青神实践经验，并精选材料和典型，把微观和宏观结合起来，把某个方面的综述与典型解剖结合起来，力求生动、形象地以史实和数据说话。

五、本年鉴中数据大多以统计部门提供为准，个别数据因统计部门未曾统计由相关部门提供。

六、本年鉴彩页部分收集 2013 年工作内容，大部分照片延伸记载 2014 年的工作实绩。

七、本年鉴的顺利出版发行，得到各级领导和撰稿人员的大力支持，在此表示衷心感谢。希望各级领导和同志们一如既往支持我们的工作，并提出宝贵意见，使《青神年鉴》的编辑出版质量不断提高。

《青神年鉴》编纂委员会

主　任：黄国清

副主任：胡国民　杨德志

委　员（按姓氏笔画为序）：

丁志福　王俊伦　杨江海　杨燕强　吴碧英

赵国平　徐　琳　雷　英　谭永忠

《青神年鉴》编辑部

主　编：杨德志

副主编：王俊伦　周国玉

编　辑：李华英　郭艳勤

封面、图片设计：李华英　郭艳勤

目　录

特　载

弘扬青神精神　深化青神实践朝着翻番升位目标奋勇前进
——在中国共产党青神县第十三届代表大会第四次会议上的报告 …… 1
政府工作报告
（2014年1月14日在青神县十六届人民代表大会第四次会议上） …… 7

青神概况

自然环境 …… 14
政区人口 …… 14
地域环境 …… 14
气候特征 …… 14
旅游 …… 14
交通 …… 15
国民经济与社会发展 …… 15
概况 …… 15
建设机械之都 …… 15
特色农业 …… 16
招商引资 …… 16
城建交通 …… 16
旅游三产 …… 16
政务建设 …… 16

专　记

创建全国绿化模范县 …… 18
成绵乐铁路客运专线(青神段)建设 …… 19

大事记

一月 …… 20
二月 …… 21
三月 …… 22
四月 …… 22
五月 …… 23
六月 …… 24
七月 …… 25
八月 …… 25
九月 …… 26
十月 …… 27
十一月 …… 27
十二月 …… 28

中共青神县委

重大决策 …… 29
“次级突破、翻番升位”工作目标 …… 29
创新“四种模式”加快“四个转变” …… 29
科学提炼青神实践 …… 29

重大决定 …… 30
促进房地产业健康发展 …… 30
加快推进民营经济跨越发展 …… 30
做活"水"字建设"半城山水半城竹"滨江城市 …… 30
党风廉政建设和反腐败工作 …… 30
加强教育工作 …… 30
建设"绿海明珠" …… 30
保护和恢复青神老八景 …… 31
重大活动 …… 31
实现伟大中国梦、建设富裕美好和谐青神 …… 31
开展九大调研 …… 31
开展社情民意调查 …… 31
重要会议 …… 31
中共青神县第十三届代表大会第三次会议 …… 31
县委中心组(扩大)学习会议 …… 31
中共青神县十三届第42次常委(扩大)会议 …… 32
县委办工作 …… 32
信息调研 …… 32
办文办会工作 …… 32
督促检查工作 …… 32
保密工作 …… 32
行政后勤 …… 33
直联工作 …… 33
组织工作 …… 33
概况 …… 33
领导班子建设 …… 33
干部队伍建设 …… 33
发挥退出领导岗位干部作用 …… 33
干部教育培训 …… 34
干部监督 …… 34
人才队伍建设 …… 34
党员队伍建设 …… 34
村(社区)党组织换届选举 …… 34
服务型基层党组织建设 …… 34
"中国梦"主题教育活动 …… 35
党员教育培训 …… 35
自身建设 …… 35
宣传工作 …… 35
概况 …… 35
中心组学习 …… 35
理论宣传研究 …… 36
"六个一"工程 …… 36
新闻宣传 …… 36
对外宣传 …… 36
网络管理 …… 37
公民道德教育 …… 37
精神文明创建管理 …… 37
未成年人思想道德建设 …… 37
思想政治工作 …… 38
群众文化宣传 …… 38
队伍建设 …… 38
新闻中心工作 …… 38
概况 …… 38
版面设置 …… 39
宣传导向 …… 39
队伍建设 …… 39
统战工作 …… 52
概况 …… 52
非公有制经济 …… 52
搭建银企合作平台 …… 52
对外交流 …… 52
开展"百企联百村"活动 …… 52
党外代表人士 …… 52
民族宗教 …… 53
信息调研 …… 53
政策研究 …… 53
概况 …… 53
调查研究 …… 53
调研成果转化和应用 …… 53
目标绩效管理 …… 53
乡镇激励约束考核 …… 54
保密工作 …… 54

概况 …… 54
保密管理 …… 54
保密制度 …… 55
保密宣传 …… 55
保密检查 …… 55
保密技术 …… 55
老干部工作 …… 55
概况 …… 55
政治、生活待遇 …… 56
走访活动 …… 56
组织健康体检 …… 56
组织活动 …… 56
领导重视 …… 56
发挥作用 …… 56
直联工作 …… 56
活动中心建设 …… 56
机关党务工作 …… 57
概况 …… 57
思想建设 …… 57
组织建设 …… 57
作风建设 …… 57
党员教育管理 …… 57
党风廉政建设 …… 58
“两新”党建工作 …… 58
概况 …… 58
组织建设 …… 58
党员发展 …… 58
班子建设 …… 58
星级考评 …… 58
党校工作 …… 58
概况 …… 58
干部培训 …… 59
科研工作 …… 59
学历教育 …… 59
直接联系服务群众 …… 59
队伍建设 …… 59

青神县人大常委会

综　述 …… 60
重要会议 …… 60
县十六届人大第三次会议 …… 60
监督工作 …… 60
法律监督 …… 60
专题审议 …… 60
视察调研 …… 61
跟踪监督 …… 61
职能工作 …… 61
依法决定重大事项 …… 61
干部任免 …… 61
代表工作 …… 61
乡镇人大工作 …… 62
建议与意见 …… 62
走访慰问 …… 62
信访工作与自身建设 …… 62
信访工作 …… 62
自身建设 …… 62

青神县人民政府

重大决策 …… 63
创建“五星级”政务服务体系 …… 63
加快现代林业重点县建设 …… 63
开展农村土地承包经营权确权登记颁证 …… 63
发展家庭农场 …… 63
行政效能建设改革 …… 64
加快椪柑产业发展 …… 64
深化行政审批制度改革 …… 64
重要活动 …… 64
成艺院长来青参观 …… 64
百名外国友人齐聚青神闹元宵 …… 64
原全国政协副主席杨汝岱莅青调研 …… 65
立白总裁陈凯旋莅青考察 …… 65

"2013·百名企业家走进青神"活动 …… 65
北京旅游委赴青参加县旅游项目推介会 …… 65
台湾高雄新闻记者参访团莅青参访 …… 65
国务院参事郭瑞一行莅青调研 …… 65
重阳节免费送老人手机活动 …… 66
第十四届西博会上再创佳绩 …… 66
重要会议 …… 66
第十六届第21次政府常务会 …… 66
第十六届第22次政府常务会 …… 66
第十六届第23次政府常务会 …… 66
第十六届第24次政府常务会 …… 66
第十六届第25次政府常务会 …… 67
第十六届第26次政府常务会 …… 67
第十六届第28次政府常务会 …… 67
第十六届第30次政府常务会 …… 67
第十六届第31次政府常务会 …… 67
第十六届第32次政府常务会 …… 67
第十六届第34次政府常务会 …… 68
第十六届第35次政府常务会 …… 68
第十六届第36次政府常务会 …… 68
第十六届第37次政府常务会 …… 68
第十六届第38次政府常务会 …… 68
第十六届第39次政府常务会 …… 68
政府办工作 …… 68
信息调研 …… 68
办理公文 …… 69
会务接待 …… 69
综合协调 …… 69
督查督办 …… 69
试点工作 …… 69
县应急管理 …… 70
概况 …… 70
预测预警 …… 70
组织体系 …… 70
安全检查 …… 70
"7·9"抢险救灾 …… 70
"4·20"抗震救灾 …… 70
政务服务 …… 70
概况 …… 70
办件情况 …… 70
电子政务 …… 71
政务公开 …… 71
规范管理 …… 71
领导驻班 …… 71
新建"三个中心" …… 71
法制建设 …… 71
概况 …… 71
行政权力运行 …… 72
行政执法监督检查 …… 72
依法行政 …… 72
行政执法责任制 …… 72
行政执法人员管理 …… 72
民政工作 …… 72
概况 …… 72
双拥工作 …… 72
优待抚恤 …… 72
安置工作 …… 73
民间组织管理 …… 73
基层政权建设 …… 73
救灾救济 …… 73
"4·20"芦山地震 …… 73
地名区划 …… 73
社区建设 …… 73
人事人才管理 …… 76
概况 …… 76
人事制度改革管理 …… 76
公务员管理 …… 77
职称管理 …… 77
岗位设置管理 …… 77
人才开发管理 …… 77
工资福利 …… 77
信访维稳 …… 77
一对一直联制度 …… 77
机构编制管理 …… 77

概况 …… 77
调整机构编制 …… 77
事业单位登记管理 …… 78
调研及信息工作 …… 78
财政供养人员管理 …… 78
监督检查 …… 78
事业单位分类改革 …… 78
中文域名注册 …… 78
中层职数设置 …… 78
严控机构编制 …… 78
劳动保障 …… 79
概况 …… 79
“双千”培训 …… 79
劳动信访仲裁 …… 79
劳动保障监察 …… 79
农村劳动力转移 …… 79
信访工作 …… 79
概况 …… 79
排查制度 …… 79
群众来访当天办理制度 …… 79
领导干部接访下访 …… 80
坚持领导包案 …… 80
创建信访“三无” …… 80
信访稳定风险评估制度 …… 80
规范信访秩序 …… 80
安全生产管理 …… 80
概况 …… 80
安全生产责任体系建设 …… 80
安全教育培训 …… 80
安全大检查 …… 81
安全隐患治理 …… 81
企业安全生产标准化建设 …… 81
安全社区创建 …… 81
事故查处 …… 81
招商工作 …… 81
概况 …… 81
招商活动 …… 81
重大项目 …… 82
百名企业家走进青神 …… 82
扶贫移民工作 …… 82
概况 …… 82
争取资金 …… 82
扶贫工作 …… 82
移民后扶 …… 82
稳定工作 …… 82
航电工作 …… 83
外事、侨台工作 …… 83
概况 …… 83
“友好之春·走进青神”活动 …… 83
涉外管理 …… 83
侨台工作 …… 83
对台交流 …… 83

政协青神县委员会

重要会议 …… 84
政治协商 …… 84
全面协商 …… 84
重点协商 …… 84
专题协商 …… 84
对口协商 …… 84
民主监督 …… 84
提案办理 …… 84
重点监督 …… 85
个案监督 …… 85
民主评议 …… 85
参政议政 …… 85
调研视察 …… 85
关注民生 …… 85
民生提案 …… 85
直联工作 …… 85
自身建设 …… 86
时事政治 …… 86
队伍建设 …… 86

联谊活动 …… 86
协调各界人士关系 …… 86
协调民主宗教关系 …… 86
对外联络 …… 86
政协宣传 …… 86
文史资料 …… 86
政协信息 …… 86

中共青神县纪委

综　述 …… 88
重要会议 …… 88
四次全会暨深化“保纯洁树形象”工作会 …… 88
“中梗阻”专项治理暨加强纪检队伍建设会 …… 88
重要活动 …… 88
主题警示教育月活动 …… 88
党务公开在线访谈活动 …… 88
廉政微电影实体演播活动 …… 88
党风廉政建设 …… 89
作风建设 …… 89
社会评价 …… 89
宣传教育 …… 89
农村党风廉政建设 …… 89
案件查处 …… 89
信访案件查处 …… 89
专项治理查处 …… 89
监察工作 …… 90
执法监察 …… 90
软环境建设 …… 90
行政效能监察 …… 90
自身建设 …… 90

群众团体

工会工作 …… 91
概况 …… 91
建会工作 …… 91
“双亮”活动 …… 91
劳动竞赛 …… 91
维权工作 …… 91
“春送岗位”活动 …… 92
“送清凉”活动 …… 92
“金秋助学”活动 …… 92
“冬送温暖”帮扶 …… 92
职工文体活动 …… 92
财务管理 …… 92
直联工作 …… 92
团县委工作 …… 92
概况 …… 92
爱国主义教育 …… 92
青年和谐工程 …… 93
搭建创业平台 …… 93
帮助困难青少年 …… 93
营造青少年健康成长环境 …… 93
项目工作 …… 93
青少年宫工作 …… 93
妇联工作 …… 94
概况 …… 94
民生工程 …… 94
项目工作 …… 94
巾帼创业就业基地 …… 94
妇女素质提升工程 …… 94
科学技术协会 …… 95
概况 …… 95
项目工作 …… 95
科普宣传 …… 95
银会合作 …… 95
农技协建设 …… 95
社区科普 …… 95
青少年科普 …… 95
学会、研究会工作 …… 95
工商业联合会 …… 96
概况 …… 96

思想组织工作 …… 96
招商引资工作 …… 96
商会建设工作 …… 96
会员服务 …… 96
助企融资 …… 97
参政议政 …… 97
百企联百村工作 …… 97
外宣工作 …… 97
文联工作 …… 98
概况 …… 98
阵地建设 …… 98
队伍建设 …… 98
学习交流 …… 98
文艺下乡 …… 98
文艺活动 …… 98
文艺创作 …… 99
文艺成果 …… 99
社科联 …… 99
概况 …… 99
学会管理 …… 99
科普宣传 …… 99
社科研究 …… 99
社科课题评奖 …… 100
科普基地管理 …… 100

武装建设

青神县人民武装部 …… 101
概况 …… 101
思想政治建设 …… 101
机关建设 …… 101
党委班子建设 …… 101
干部队伍建设 …… 101
军事斗争准备 …… 102
征兵工作 …… 102
芦山抗震救灾 …… 102
防洪抢险 …… 102
后勤建设 …… 102
安全稳定 …… 103
参建参治 …… 103
武警青神县中队 …… 103
概况 …… 103
执勤和处置突发事件 …… 103
军事业务训练 …… 103
政治教育和文化学习 …… 104
安全管理 …… 104
警民共建 …… 104
青神县公安消防大队 …… 104
概况 …… 104
安全管理 …… 104
防火体系建设 …… 104
火灾隐患整治 …… 105
火灾与救援 …… 105
消防宣传教育 …… 105
应急救助建设 …… 105
正规化建设 …… 105
执勤训练 …… 105

法 制

政 法 …… 106
概况 …… 106
创平安“两节”、“两会”活动 …… 106
法学研究 …… 106
宣传教育 …… 106
队伍建设 …… 107
平安建设 …… 107
治安管控 …… 107
特殊人群监管 …… 107
专项整治 …… 108
创新社会治理 …… 108
大调解工作 …… 108
公 安 …… 108
“五警合一”巡防机制 …… 108

维护社会稳定…… 109
严打整治…… 109
治安防控…… 109
安全监管…… 109
道路交通管理…… 109
车辆年审…… 110
事故处理…… 110
服务经济…… 110
信访办理…… 110
队伍建设…… 110
监所管理…… 110
审　判…… 110
概况…… 110
刑事审判…… 111
民事审判…… 111
行政审判…… 111
判决执行…… 111
立案工作…… 111
审监工作…… 112
强化救助…… 112
队伍建设…… 112
处置涉诉信访…… 112
司法公开…… 112
检　察…… 113
概况…… 113
逮捕必要性审查机制…… 113
庭前会议工作机制…… 113
民事行政检察…… 113
刑事犯罪检察…… 113
查办和预防职务犯罪…… 113
控告申诉检察…… 113
监所检察…… 113
队伍建设…… 114
司法行政…… 114
普法宣传…… 114
人民调解…… 114
安置帮教…… 114
社区矫正…… 115
基层法律服务…… 115
律师工作…… 115
法律援助…… 115
队伍建设…… 115

工　业

综　述…… 116
工业经济运行…… 116
工业经济发展…… 116
电力工业…… 116
概况…… 116
安全生产…… 117
电网建设…… 117
优质服务…… 117
农电管理…… 117
创先争优…… 117
企业文化…… 117
作风建设…… 117
财务管理…… 117
依法治企…… 118
后勤管理…… 118
存在的主要问题…… 118
机械工业…… 118
概况…… 118
技术革新…… 118
产业优势和特色…… 118
纺织工业…… 119
概况…… 119
产业优势…… 119
医药化工…… 119
概况…… 119
产业优势…… 119
竹木产业…… 119
概况…… 119
产业优势…… 119

工业开发区……………………………………… 120
概况……………………………………………… 120
园区建设………………………………………… 120
产业发展………………………………………… 120
科技创新………………………………………… 120
经济效益………………………………………… 120
重点工业企业选介………………………………… 120
四川丹甫制冷压缩机股份有限公司………… 120
四川德恩传动机械股份有限公司…………… 121
四川省青城机械有限公司…………………… 121
四川立白实业有限公司……………………… 121
青神裕华纺织(集团)公司 ………………… 122

农 业

综 述…………………………………………… 123
概况……………………………………………… 123
以农为主统筹城乡…………………………… 123
新农村建设……………………………………… 123
农业基础设施…………………………………… 123
特色效益农业…………………………………… 123
农业产业化经营………………………………… 124
种植业……………………………………………… 124
概况……………………………………………… 124
特色效益产业…………………………………… 124
特色效益农业园区建设……………………… 124
农业产业基地建设…………………………… 124
农业产业化经营………………………………… 125
农业基础设施…………………………………… 125
农业行政执法…………………………………… 125
农村经营管理…………………………………… 125
农村专合组织建设…………………………… 125
农广科教工作…………………………………… 125
青神椪柑…………………………………………… 125
综 述…………………………………………… 125
基地建设………………………………………… 125
椪柑生产………………………………………… 125
椪柑销售………………………………………… 125
农业机械管理……………………………………… 126
概 况…………………………………………… 126
农业机械化作业……………………………… 126
农机安全………………………………………… 126
农机执法………………………………………… 126
农机科技推广…………………………………… 126
蚕茧业……………………………………………… 126
蚕桑生产………………………………………… 126
生丝生产………………………………………… 126
蚕业协会………………………………………… 126
畜牧业……………………………………………… 127
概况……………………………………………… 127
生猪产业………………………………………… 127
肉兔产业………………………………………… 127
肉鸡产业………………………………………… 127
奶牛产业………………………………………… 127
项目建设………………………………………… 127
疫病防控………………………………………… 127
安全监管………………………………………… 127
现代产业基地…………………………………… 127
林 业……………………………………………… 128
概况……………………………………………… 128
"绿海明珠"建设 …………………………… 128
森林资源保护…………………………………… 128
造林工作………………………………………… 128
天然林资源保护工程………………………… 128
现代林业产业基地建设……………………… 128
特色林产工业发展…………………………… 129
水利水保…………………………………………… 129
概况……………………………………………… 129
水利建设………………………………………… 129
水资源管理……………………………………… 129
水土保持………………………………………… 129
防汛安全………………………………………… 129
抗灾救灾………………………………………… 130
"7·10"洪灾 ………………………………… 130

水产养殖…… 130

竹编产业

综　述…… 131
竹林基地培育…… 131
竹林经济发展…… 131
竹林经济…… 131
水竹·怡庄…… 131
青神竹编…… 131
概况…… 131
平面竹编…… 132
立体竹编…… 132
瓷胎竹编…… 132
竹编精品…… 132

城乡建设

综　述…… 133
城市建设…… 133
市政基础设施建设…… 133
城乡规划…… 133
房地产开发…… 133
城市道路综合整治…… 133
保障性住房建设…… 133
乡村建设…… 134
村镇建设…… 134
新村建设…… 134
建设管理…… 134
工程报建…… 134
行政许可…… 134
监察执法…… 134
安全生产管理…… 134
建筑工程设计…… 134
城建档案管理…… 134
建设工程质量监督管理…… 134
建设工程质量监督管理…… 134
施工安全监督…… 134
竣工验收及监督检查…… 135
建筑业管理…… 135
建筑业发展…… 135
建筑业产值…… 135
建筑业培训…… 135
公共事业…… 135
城乡环境综合治理…… 135
城市环境卫生…… 135
人民防空…… 136
防震减灾…… 136
房地产业管理…… 136
概况…… 136
房地产市场管理…… 136
住房保障…… 136
装饰装修管理…… 136
权属登记…… 136
交易管理…… 137
集镇管理…… 137
物业管理…… 137
白蚁防治…… 137
房屋安全管理…… 137
房屋经营…… 137
城市供排水…… 137
城市供水…… 137
供水网改造…… 137
污水处理与监测…… 137
城市管理…… 138
概况…… 138
内部管理…… 138
直联工作…… 138
依法行政…… 138
打造示范街…… 138
户外广告管理…… 138
城乡环境专项整治…… 139
维护社会稳定…… 139

环境保护

综述 …… 140
项目审批 …… 140
审批服务 …… 140
重大项目审批 …… 140
环境治理 …… 140
工业污染治理 …… 140
农村环境治理 …… 140
城市环境治理 …… 141
污染减排 …… 141
项目管理 …… 141
环保生态建设 …… 141
生态县创建 …… 141
农村生态保护 …… 141
环保宣传教育 …… 141
环境监测 …… 141
环境质量 …… 141
常规监测 …… 141
专项监测 …… 141
环境监管 …… 142
重点污染源监管 …… 142
排污费征收 …… 142
信访投诉 …… 142

交通·邮政·信息

综　述 …… 143
交　通 …… 143
概况 …… 143
重点公路建设 …… 143
“张坎”收费站更名为“青神” …… 144
农村公路建设 …… 144
公路养护 …… 144
交通安全生产 …… 145
交通运输市场管理 …… 145
客运市场管理 …… 145
货运市场管理 …… 145
交通企业管理 …… 145
出租车管理 …… 146
机动车驾驶培训 …… 146
城市一元通公交 …… 146
岷江航电枢纽工程开发建设 …… 146
项目推进 …… 146
工程建设 …… 146
移民安置 …… 146
工作举措 …… 146
协调机制 …… 146
邮　政 …… 147
概况 …… 147
通信建设 …… 147
经营成效 …… 147
企业管理 …… 147
电　信 …… 147
概况 …… 147
经营效益 …… 147
信息化新农村建设 …… 147
项目投资 …… 147
移　动 …… 148
概况 …… 148
移动4G …… 148
企业发展 …… 148
宣传教育活动 …… 148
党政网建设 …… 148
概况 …… 148
网络信息监管 …… 148
信息服务 …… 149
网上办公应用 …… 149
定点维护工作 …… 149
广电网络 …… 149
概况 …… 149
经营效益 …… 149
项目投资 …… 149

维护工作…………………………………… 149

非公有制经济

综　述………………………………………… 150
概况……………………………………………… 150
存在的问题…………………………………… 150
对策建议……………………………………… 150
个体私营经济……………………………… 150
概况……………………………………………… 150
行业结构……………………………………… 151
港澳台经济………………………………… 151
外商经济…………………………………… 151

商　务

商务流通…………………………………… 152
概况……………………………………………… 152
对外合作……………………………………… 152
合作协议……………………………………… 152
外贸经营……………………………………… 152
行政审批……………………………………… 152
商贸服务业…………………………………… 152
专项整治……………………………………… 153
市场运行监测………………………………… 153
农村市场流通………………………………… 153
粮油购销…………………………………… 153
概况……………………………………………… 153
经济指标……………………………………… 153
粮油管理……………………………………… 153
粮食收购……………………………………… 153
粮食经营……………………………………… 153
清仓查库……………………………………… 154
粮油统计……………………………………… 154
安全工作……………………………………… 154
食品安全……………………………………… 154
抗震救灾……………………………………… 154
直联工作……………………………………… 154
烟草供销…………………………………… 154
营销管理……………………………………… 154
卷烟销售……………………………………… 154
专卖管理……………………………………… 154
法制宣传……………………………………… 155
经济效益……………………………………… 155
食盐供销…………………………………… 155
概况……………………………………………… 155
营销业务……………………………………… 155
盐政市场管理………………………………… 155
天然气供销………………………………… 156
概况……………………………………………… 156
经营情况……………………………………… 156
安全工作……………………………………… 156
企业管理……………………………………… 156
教育培训……………………………………… 156

财政·税务

财　政……………………………………… 157
概况……………………………………………… 157
争取资金……………………………………… 157
财政预算执行情况…………………………… 157
惠民政策投入………………………………… 157
农业投入……………………………………… 157
社会保障投入………………………………… 157
教育投入……………………………………… 157
预算外资金管理……………………………… 157
财政监督检查………………………………… 158
会计管理……………………………………… 158
国家税务…………………………………… 158
概况……………………………………………… 158
税收收入……………………………………… 158
税收管理……………………………………… 158
征管服务……………………………………… 158
队伍建设……………………………………… 159

地方税务…………………………………………… 159
税收收入…………………………………………… 159
税收征管…………………………………………… 159
依法治税…………………………………………… 160
信息建设…………………………………………… 160
税务稽查…………………………………………… 160
纳税服务…………………………………………… 160
队伍建设…………………………………………… 160

金　融

人民银行…………………………………………… 162
概况…………………………………………… 162
国库业务…………………………………………… 162
支付结算“迅通”工程　…………………………… 162
人民币管理…………………………………………… 162
依法开展行政许可…………………………………… 162
金融生态环境建设…………………………………… 162
信用体系建设…………………………………………… 162
农村金融体制改革…………………………………… 163
金融管理…………………………………………… 163
专题活动…………………………………………… 163
农业银行…………………………………………… 163
概况…………………………………………… 163
存贷款业务…………………………………………… 163
中间业务…………………………………………… 164
风险处置…………………………………………… 164
优质服务…………………………………………… 164
内控监管…………………………………………… 164
农业发展银行…………………………………………… 164
概况…………………………………………… 164
业务经营…………………………………………… 164
贷款管理…………………………………………… 164
队伍建设…………………………………………… 165
内部管理…………………………………………… 165
农村信用联社…………………………………………… 165
概况…………………………………………… 165
信贷支农…………………………………………… 165
票据兑付…………………………………………… 165
电子化建设…………………………………………… 165
内控监管…………………………………………… 166
工商银行…………………………………………… 166
概况…………………………………………… 166
存贷款业务…………………………………………… 166
中间业务…………………………………………… 166
经营管理…………………………………………… 166
优质服务…………………………………………… 166
内控管理…………………………………………… 167
邮储银行…………………………………………… 167
概况…………………………………………… 167
基础建设…………………………………………… 167
经营状况…………………………………………… 167
贷款业务…………………………………………… 167

保　险

人寿保险…………………………………………… 168
概况…………………………………………… 168
品牌建设…………………………………………… 168
队伍建设…………………………………………… 168
优质服务…………………………………………… 168
文化宣传…………………………………………… 168
财产保险…………………………………………… 168
概况…………………………………………… 168
经营管理…………………………………………… 169
优质服务…………………………………………… 169
社会保险…………………………………………… 169
概况…………………………………………… 169
养老金发放…………………………………………… 169
工伤生育保险…………………………………………… 169
内控制度…………………………………………… 169
服务群众…………………………………………… 169
医疗保险…………………………………………… 169
概况…………………………………………… 169

城镇居民基本医疗保险…… 170
城镇职工基本医疗保险…… 170
基金管理…… 170
医保服务…… 170

经济管理与监督

国民经济计划管理…… 171
综述…… 171
项目投资…… 171
工业固定资产投资…… 171
金融国资监督管理…… 172
概况…… 172
制度建设…… 172
国有资产监管…… 172
政府融资…… 172
信贷投放…… 172
农村小额人身保险…… 172
工商行政管理…… 172
概况…… 172
商标培育申报…… 172
行政执法检查…… 173
合同监管…… 173
市场监管…… 173
红盾护农…… 173
打击假冒伪劣…… 173
红盾春雷行动…… 173
食品安全监管…… 173
党风廉政建设…… 174
价格管理…… 174
概况…… 174
价格调控…… 174
价格改革…… 174
收费标准管理…… 174
监督检查…… 175
价格服务…… 175
国土资源管理…… 175
概况…… 175
耕地保护…… 175
用地预审…… 176
征地拆迁…… 176
土地经营…… 176
地籍颁证…… 176
矿产资源管理…… 176
地质灾害防治…… 176
土地执法…… 176
国土资源宣传…… 177
食品药品监管…… 177
概况…… 177
食品药品体制改革…… 177
餐饮服务食品安全示范…… 177
信息化建设…… 177
食品安全监管…… 177
药品安全监管…… 178
保化市场监管…… 178
专项整治…… 178
质量技术监督…… 178
概况…… 178
计量与认证管理…… 178
标准化管理…… 178
产品质量监督…… 178
食品质量安全监管…… 179
特种设备安全监察…… 179
建材质量安全监管…… 179
打假治劣…… 179
公共资源交易管理…… 179
概况…… 179
管理制度…… 179
体制改革…… 179
效能建设…… 180
内部建设…… 180
交易成效…… 180
审　计…… 180
概况…… 180

行业审计……………………………………………… 180
预算执行审计………………………………………… 180
政府性投资项目审计………………………………… 181
经济责任审计………………………………………… 181
专项资金审计………………………………………… 181
临时审计……………………………………………… 181
统　计……………………………………………… 181
概况…………………………………………………… 181
统计调查……………………………………………… 181
统计执法……………………………………………… 181
统计管理……………………………………………… 182
统计服务……………………………………………… 182

教　育

综　述……………………………………………… 183
基础教育…………………………………………… 183
德育工作……………………………………………… 183
学前教育……………………………………………… 183
义务教育……………………………………………… 183
普通高中教育………………………………………… 184
中等职业教育……………………………………… 184
成人教育…………………………………………… 184
就业培训……………………………………………… 184
县校合作……………………………………………… 184
教育投入…………………………………………… 184
队伍建设…………………………………………… 185
学习培训……………………………………………… 185
教师职务评审………………………………………… 185
对口支教……………………………………………… 185
教师资格认证………………………………………… 185
招生自考…………………………………………… 185
普通高校招生………………………………………… 185
成人高校招生………………………………………… 185
高等教育自学考试…………………………………… 185
教育科研…………………………………………… 185
立项与成果推广……………………………………… 185
课程改革……………………………………………… 186
教学研究……………………………………………… 186
科研获奖……………………………………………… 186
教育督导…………………………………………… 186
民办教育…………………………………………… 186
民间办学……………………………………………… 186

科学技术

科学技术…………………………………………… 188
概况…………………………………………………… 188
科技成果……………………………………………… 188
科普与培训…………………………………………… 188
科技管理……………………………………………… 188
项目工作……………………………………………… 188
科技示范……………………………………………… 188
科技服务……………………………………………… 188
品牌工作……………………………………………… 189
专利申请……………………………………………… 189
专利转化……………………………………………… 189
气象科技…………………………………………… 189
概况…………………………………………………… 189
气象预报……………………………………………… 189
气象服务……………………………………………… 189
人工增雨……………………………………………… 190
依法行政……………………………………………… 190
党史研究…………………………………………… 190
概况…………………………………………………… 190
党史资源开发………………………………………… 190
联系服务群众………………………………………… 190
党风廉政建设………………………………………… 190
地方志……………………………………………… 190
《青神县志》点校整理　……………………………… 190
《青神年鉴》编纂　…………………………………… 191
史志宣传……………………………………………… 191
史志队伍建设………………………………………… 191
存在的问题…………………………………………… 191

文化·卫生·体育

文　化…………………………………………… 194
概况…………………………………………… 194
文学艺术创作………………………………… 194
文化活动……………………………………… 194
阵地建设……………………………………… 194
文物管理与非遗保护………………………… 194
文化市场管理………………………………… 195
查处文化市场………………………………… 195
新闻出版……………………………………… 195
旅　游…………………………………………… 195
概况…………………………………………… 195
旅游规划……………………………………… 195
旅游项目……………………………………… 195
会节活动……………………………………… 196
宣传营销……………………………………… 196
乡村旅游……………………………………… 196
特色商品……………………………………… 196
市场规范……………………………………… 196
广播电视………………………………………… 196
概况…………………………………………… 196
宣传工作……………………………………… 196
基础设施建设………………………………… 196
内部建设……………………………………… 197
档　案…………………………………………… 197
概况…………………………………………… 197
民生档案……………………………………… 197
新农村建设档案……………………………… 197
重大建设项目档案…………………………… 197
档案文化建设………………………………… 198
宣传教育……………………………………… 198
档案信息化建设……………………………… 198
档案接收征集利用…………………………… 198
档案规范化管理……………………………… 198
卫　生…………………………………………… 198
概况…………………………………………… 198
疾病预防控制………………………………… 199
新型农村合作医疗…………………………… 199
监督执法……………………………………… 199
医政管理……………………………………… 199
妇幼保健……………………………………… 199
爱国卫生……………………………………… 199
无偿献血……………………………………… 200
农村卫生……………………………………… 200
项目工作……………………………………… 200
国家基本药物制度试点……………………… 200
“海云工程” ………………………………… 200
党风廉政建设………………………………… 200
体　育…………………………………………… 200
概况…………………………………………… 200
体育设施……………………………………… 200
群众体育……………………………………… 200
竞技体育……………………………………… 201

社会生活

计划生育………………………………………… 202
概况…………………………………………… 202
统计工作……………………………………… 202
依法行政……………………………………… 202
优质服务……………………………………… 202
宣传教育……………………………………… 202
帮扶工作……………………………………… 203
计生协会……………………………………… 203
城乡人民生活…………………………………… 203
城镇居民收入………………………………… 203
农村居民收入………………………………… 203
消费指数……………………………………… 203
社会事业服务…………………………………… 203
殡葬管理……………………………………… 203
救助服务……………………………………… 204
婚姻、收养登记 ……………………………… 204

老龄工作…… 204
概况…… 204
维护老年人合法权益…… 204
敬老院工作…… 204
老年活动…… 204
老年组织建设…… 204
创建敬老文明号…… 204
社会福利…… 204
医疗救助…… 204
城乡低保…… 205
五保供养…… 205
慈善事业…… 205
福利救助…… 205
残联工作…… 205
概况…… 205
组织建设…… 205
扶贫工作…… 205
康复工作…… 206
教育和就业工作…… 206
宣传工作…… 206
住房公积金…… 206
概况…… 206
缴存情况…… 206
提取业务…… 206
贷款业务…… 206
宗教事务…… 207
民族政策宣传…… 207
少数民族帮扶…… 207
教育培训…… 207
宗教活动管理…… 207

乡镇发展概况

青城镇…… 208
基本情况…… 208
工业经济…… 208
现代化农业…… 208
城市建设…… 208
信访维稳…… 209
环境整治…… 209
民生工程…… 209
罗波乡…… 209
基本情况…… 209
重大项目…… 209
农村经济…… 209
工业经济…… 210
基础设施…… 210
环境整治…… 210
惠民行动…… 210
社会事业…… 210
安全稳定…… 210
白果乡…… 210
基本情况…… 210
基础设施建设…… 210
工业经济…… 211
现代化农业…… 211
综治维稳信访…… 211
社会事业…… 211
会节经济…… 211
汉阳镇…… 211
基本情况…… 211
航电工作…… 212
工业经济…… 212
特色农业…… 212
三产旅游…… 212
新村建设…… 212
社会事业…… 212
瑞峰镇…… 213
概况…… 213
工业经济…… 213
农业和农村经济…… 213
交通和基础设施建设…… 213
城乡环境整治…… 213
社会事业…… 213

黑龙镇 …… 213
基本情况 …… 213
就业保障 …… 214
工业经济 …… 214
农业经济 …… 214
集镇建设 …… 214
社会事业 …… 214
综治维稳 …… 214
留守儿童保护教育 …… 215
制度建设 …… 215
队伍建设 …… 215
阵地建设 …… 215
服务群众 …… 215
廉政建设 …… 215
西龙镇 …… 216
基本情况 …… 216
工业经济 …… 216
基础设施 …… 216
集镇建设 …… 216
红色旅游 …… 217
社会事业 …… 217
南城镇 …… 217
概况 …… 217
工业经济 …… 217
特色农业 …… 217
基础设施建设 …… 217
三产旅游 …… 218
社会事业 …… 218
高台乡 …… 218
基本情况 …… 218
工业经济 …… 218
特色效益农业 …… 218
基础设施建设 …… 218
"一村一品"建设 …… 219
社会事业 …… 219
新农村建设 …… 219
河坝子镇 …… 219
基本情况 …… 219
农村经济 …… 219
社会事业 …… 219
园林绿化 …… 220

人　物

获市委、市政府以上表彰的先进个人简介 …… 221
市委、市政府以上表彰的先进集体名录 …… 235
党政军机关及其工作部门、直属企事业单位领导名录 …… 237

文件选编

中共青神县委　青神县人民政府关于印发《青神县农村扶贫开发规划(2011－2020年)》的通知 …… 249
中共青神县委　青神县人民政府关于创新"四种模式"加快"四个转变"实现科学发展追赶发展的决定 …… 262
中共青神县委　青神县人民政府关于着力次级突破实现"三四五翻番"目标的决定 …… 268
中共青神县委　青神县人民政府关于加快推进民营经济跨越发展的决定 …… 271
中共青神县委关于在全县广泛开展"实现伟大中国梦、建设富裕美好和谐青神"主题教育活动的实施意见 …… 277
中共青神县委青神县人民政府关于2013年党风廉政建设和反腐败工作的意见 …… 281

特　载◎

弘扬青神精神　深化青神实践
朝着翻番升位目标奋勇前进

——在中国共产党青神县第十三届代表大会第四次会议上的报告

（2014 年 1 月 12 日）

黄国清

各位代表、同志们：

我代表中共青神县第十三届委员会向大会作报告，请各位代表审议，请与会同志提出意见。

聚力突破的 2013 年

2013 年，全县上下紧紧围绕“1171”工作思路和“三抓三提升”工作重点，科学发展、追赶发展，全县经济社会发展态势喜人。预计，GDP 完成 55.1 亿元，增长 11.2%；全社会固定资产投资完成 45.38 亿元，增长 29.6%；规模以上工业增加值增速 11%；地方公共财政收入完成 3.12 亿元，增长 38.5%；城镇居民人均可支配收入 18999 元，增长 10.2%；农民人均纯收入 9188 元，增长 14%；城镇化率提高 3 个百分点；人口自然增长率为 3.95‰。

一、在总结反思中继往开来，翻番升位目标引领我们阔步前行

回头看有进步，向前看要跑步！2013 年，围绕党的群众路线教育先行先改活动，全县各级各部门深入开展换届以来工作总结反思。提炼了“精神引领、项目推动、业态集中、后发追赶”的青神实践；总结了分线作战、调研考察、招大引强、奖勤罚懒等青神经验；形成了《关于坚持科学发展、追赶发展　奋力实现“次级突破、翻番升位”目标的决定》和《关于进一步改进干部作风的十条规定》两大成果；确立了未来三年发展的“168”[①]工作目标。在总结反思中继往开来，我们信心倍增，科学的发展目标必将引领全县上下阔步前行，奋力进取，去开创更加美好的未来！

二、在招大引强上借力腾飞，产业项目挺起县域经济脊梁

（一）招商引资成为发展的第一推动力。实施招大引强战略，喊响“招商引资是青神伟大的光辉灿烂的希望所在”。拓宽招商渠道，成立县投促委、市驻外经合局青神分局，举办“百名企业家走进青神”等活动，立足本地企业扩张，产业配套招商，推进全员、全力、全方位招商。青城机械、德恩机械等技改扩建项目快速推进；新久源实业、西龙生科（原西龙纸业）顺利复产；成功引进立白集团西南生产基地、优琪优实业减速机等项目；与三一集团签订战略合作框架协议。招商引资到位资金48.5亿元。

（二）以“特”制胜抢占产业高地。以机械、竹编、椪柑产业为主导，推进工业、文化旅游和现代农业发展。机械产业不断壮大，全年实施千万元以上机械产业项目21个，德鑫航空一期、吉达机械等竣工投产，华塑电子、新鑫元机械等开工建设。编制完成工业开发区控制性详细规划、机械产业发展规划，促进园区西拓北展。实施创新驱动，国家传统知识产权保护试点县通过验收。文化旅游融合发展，第三产业繁荣活跃。编制完成青神县旅游发展规划、竹编产业园区总体规划。成艺青神校区、水竹·怡庄、竹博园等项目加速推进，东坡初恋地旅游文化节、乡村旅游椪柑节等活动亮点纷呈。成功争取市上扶持竹编产业发展，成功创建全国绿化模范县，中岩风景区遗留问题处置取得突破。“智慧青神”建设成效初显，全省农村商务信息服务试点工作会在青召开。现代农业提质增效，出台《关于加快椪柑产业发展的实施意见》，大力发展都市近郊型现代农业，高白椪柑产业带、万沟产村相融示范区等初具规模。夯实基础设施，农业产业化水平持续提升。以产业发展为支撑，推进“四种模式、四个转变”成效显著。

（三）要素保障打造投资洼地。加大对上争取，全年新增用地指标1793亩。完成机械产业基地二期土地整理903亩。建立招商引资项目退出机制，加强闲置土地清理。拓宽融资渠道，成功搭车市上发行2亿元城投债券，实现政府性银行融资8200万元，对上争取资金6亿元，全县新增信贷投放7.08亿元，余额存贷比提高4.3个百分点。加快工业开发区配套设施建设，兴业路、建业路、35KV兰黑线等建成投运，污水处理厂启动建设。

三、在人气提升上做优文章，魅力环境构筑品质青神

（一）城市建设提升青神品质。实施城乡规划大会战，完成乡镇“六规”②编制。城市道路综合整治全面竣工，财富中心商业综合体顺利推进，河坝子镇东山商贸新城、西龙镇龙凤新区加快建设。推进停车场、公厕等配套设施建设，实行环境综合治理网格化管理，城市功能不断完善，管理水平有效提升。出台《关于促进房地产业健康发展的实施意见（试行）》，全年开发房地产35万平方米。

（二）水陆并举优化区位环境。成绵乐铁路客运专线（青神段）稳步推进；锦绣大道建成通车；岷江汉阳航电工程列入全省新开工重点项目，完成投资5.36亿元。岷东大道（青神段）、滨江大道（青神段）纳入全市“四箭齐发”③统一规划；成功争取蒲青井高速在西龙、中岩开设出入口；成乐高速“张坎”站更名为“青神”站。岷江大桥完成维修加固；建成通乡通村公路24.9公里。综合交通建设投资达11.53亿元。

（三）民生为本提升幸福指数。全面推进十大民生工程项目。开展“双千培训”，新增就业2379人。取消县级公立医院药品加成，推进“海云工程”二期项目，县人民医院、县中医医院通过二级甲等医院评审。加大计生特殊困难家庭关爱力度，成功创建“省级人口计生依法行政示范县”。促进教育均衡发展，完成信息化平台建设，教育质量不断提升。推进公共租赁住房和棚户区改造，完成农村危房改造239户。加强和创新社会管理，平安青神、法治青神、依法和谐三大建设深入推进。城乡低保扩面提标，积极争取“4·20”城乡住房灾后重建资金，向60岁以上老年人免费赠送手机，启动村级公益性公墓规划。完成食品药品监管体制改革，成功创建首批国家餐饮服务食品安全示范县。加强饮用水水源地保护，保障城乡供水安全。

四、青神精神绽放光芒，党的建设激发干事创业活力

（一）青神精神激励干部群众奋发有为，把不可能变为可能，把可能变为现实。加强党的思想建设，大力弘扬青神精神，激发推动发展的思想活力。坚持奖勤罚懒机制，增强干部主动作为、创先争优意识。创新县委中心组和“干部大讲堂”学习形式，扎实推进学习型党组织建设。网络舆情监管有力，宣传文化工作提升形象，精神文明创建和未成年人思想道德建设成效明显。完成《锦绣青神·文化篇》、《锦绣青神·人物篇》编纂和《青神画册》、《青神竹编》发行，成功举办青神系列歌曲大家唱活动。

（二）组织建设夯实基层堡垒，党组织的向心力、带动力和战斗力不断增强。建设服务型党组织，认真落实"三会一课"，持续推进"三分类三升级三挂钩"④。全面完成村（社区）"两委"班子换届选举，新（改）建23个规范化村级阵地。非公企业党建和企业发展相融互促。鲜明重品行、重实干、重公认用人导向，选优配强干部队伍。实施年轻干部成长工程，积极发挥退出领导岗位干部作用。实施"三位一体"⑤战略，落实人才发展专项资金，引进紧缺急需人才。

（三）群众路线教育密切干群血肉联系，干部作风得到转变，为民务实清廉的执政理念更加坚定。全面贯彻落实中央"八项规定"及省、市相关规定，促进干部作风转变。开展群众路线教育实践先行先改活动，深化直接联系服务群众工作，努力为群众办实事。强化效能问责，有效整治"中梗阻"、"庸懒散奢"等行为。落实党风廉政建设责任制，完善惩治和预防腐败体系。强化权力运行监督，实行新提拔领导干部财产申报制度，创新"三务一体化"⑥公开机制。在全市率先建成电子交易服务平台。坚持从严执纪，加大案件查办力度。

全县民主法制建设、人大监督、政治协商、统一战线工作成效显著，人民武装、群团、老干部、党史县志、档案等工作亮点纷呈。

各位代表、同志们，一年来，全县各级各部门、各条战线、各行各业的干部群众栉风沐雨，砥砺前行，为青神经济社会发展作出了巨大贡献。在此，我谨代表县委向同志们，并通过你们向20万青神人民，向所有关心、支持、建设青神的各界人士表示衷心的感谢！并致以崇高的敬意！

成绩令人振奋，问题不容忽视。认真总结反思，全县经济总量小、人气不旺的现状没有得到根本改变；人才流失的问题比较严重；个别干部的作风有待改进。我们必须正视问题，迎难而上，追赶发展。

爬坡上坎的2014年

各位代表、同志们，2014年，全县上下要深入贯彻落实党的十八大和十八届三中全会、省委十届三次全会和市三届第五次党代会精神，以爬坡上坎、追赶发展为主基调，抢抓三大机遇⑦，深化青神实践；实施六大项目，推动追赶发展，朝着"次级突破、翻番升位"的目标不断前进。

全县GDP增速确保10%，力争11%；固定资产投资确保53亿元，力争54亿元；规模工业增加值增速确保11%，力争13%；地方公共财政收入增速确保15%，力争20%；城镇居民人均可支配收入增速确保11%，力争12%；农民人均纯收入增速确保12%，力争12.5%；城镇化率确保提高2.4个百分点，力争2.9个百分点；人口自然增长率控制在4.5‰以内。

一、精神引领，激活爬坡上坎的力量源泉

以党的十八大和十八届三中全会精神为指南，深入贯彻落实《中共中央关于全面深化改革若干重大问题的决定》，加快改革创新，激发县域活力，推进"两化"互动，统筹城乡发展。让青神精神成为20万青神人民的品格信念、动力引擎和思想正能量，凝聚和团结全县人民勇于创新、爬坡上坎、滚石上山，把不可能变为可能，把可能变为现实。

二、项目推动，增强追赶发展的动力支撑

（一）突出产业集群招商，着力招强引优。坚持"四个立足"⑧和"三高四有三避免"⑨理念，创新方式盯紧世界500强和行业龙头企业，充分利用全市三大招商活动、西博会等平台，持续开展"百名企业家走进青神活动"，突出产业集群招商，努力引进实力强、质量优的企业和项目。加强与商务部投促局联系合作，充分发挥市驻外经合局青神分局、县老家办等作用，深化产业招商、以商招商、委托招商。

（二）坚持重大项目带动，推进六大项目。坚持一切为了项目，为了项目的一切，建立协调推进机制，加快项目引进、开工和建成投产。全力推进岷江航电工程、立白集团西南生产基地、国际竹艺城、中岩东坡文化城、神柴产业园、滨江新区（老河街片区）等6个投资30亿元以上的项目。

三、业态集中，创新统筹城乡攻坚的实践路径

（一）培育以机械产业为主的工业发展业态，推进新型工业化。打造“机械产业一枝独秀、其他产业百花齐放”的产业格局，加快产业转型升级。以小型制冷压缩机、标准传动件和木工机械为核心，做强龙头企业，发展配套企业，扶持小微企业。打造全国木工机械第三极。壮大日化、纺织、医药产业，发展高新技术产业。实施创新驱动，引导企业创新自主品牌，推进“两化融合”[⑩]，规划并启动物流园区建设，促进产业向微笑曲线两端延伸。完善工业开发区管理体制，加快基础设施建设，增强园区承载力。推进以工为主，统筹城乡，加快农民向产业工人转变。

（二）培育以竹编产业为主的文化旅游发展业态，推进旅游特色化。以竹编文化、东坡文化、蚕丛文化、罗汉文化[⑪]、红色文化为核心，推进文化旅游融合发展。以发展传统竹手工作坊和现代竹加工业为主线，打造竹编文化创意产业园。出台《扶持竹产业发展若干政策》。加快国际竹艺城项目招商，启动竹艺商贸城建设，推进成艺青神校区、园区骨干道路等项目建设。加快青神竹编申报世界级非物质文化遗产和原产地证明商标。实施绿海明珠建设大会战，开展违规栽种专项清理，打造青神竹海和全国首家竹林湿地公园。加快中岩东坡文化城项目招商，编制岷江旅游产业带规划，启动保护和恢复青神老八景建设，培育营销旅游线路、特色餐饮和旅游商品。举办东坡初恋地旅游文化节、东坡诗词诵读等活动。编纂《锦绣青神·风情篇》、《苏东坡在青神》。推进以游为主、统筹城乡，加快农民向三产经营者和从业者转变。

（三）培育以椪柑产业为主的现代农业发展业态，推进农业现代化。贯彻落实《关于加快椪柑产业发展的实施意见》，创新大园区小业主模式，促进提质增量，推进椪柑产业规模化、集约化发展。组建青神椪柑发展有限公司，建成椪柑初加工和冷链物流基地，培育一批龙头企业、家庭农场主和种植营销大户。依托“两水一竹一家禽”特色产业，发展都市近郊型现代农业，推进产村相融，建设业兴、家富、人和、村美的幸福美丽新村。完善农村基础设施建设，依托场镇优化新村布局。推进以农为主、统筹城乡，加快农民向现代农业业主转变。

四、后发追赶，奠定次级突破的坚实基础

（一）以宜居宜业为目标，建设品质之城。按照国家级旅游度假区标准，持之以恒建设“半城山水半城竹”滨江宜居城市。布局竹型水系，规划建设绿色走廊、休闲广场和湿地公园，打造“一河一堰”[⑫]。加快财富中心商业综合体建设，启动中岩广场、城市之星商业综合体建设和滨江新区（老河街片区）改造。推进城区亮化、美化、绿化，实施拆墙透绿、屋顶增绿，完善城市配套功能。开展违章建筑清理，深化城乡环境综合治理，提升城市管理水平。推进智慧青神建设，打造智慧城市。积极申报和争取国家级重点镇和省级试点示范小城镇，启动省级园林城市创建工作。贯彻落实《关于促进我县房地产业健康发展的实施意见（试行）》，推进以城为主，统筹城乡，加快农民向城市居民转变，努力实现“四有”[⑬]目标。

（二）以“五纵两横一环线”为枢纽，优化交通区位。高起点编制交通项目规划。推进岷江汉阳航电工程建设，确保6月30日前首台机组发电；启动虎渡溪航电工程项目。完成岷东大道（中岩寺至关庙）和滨江大道（青神县城至悦来乡）线路规划，蒲青井高速（青神段）连接线与正线同步建设。加大对上争取和招商引资力度，开展青神港及港口铁路连接线、岷江航道渠化等综合配套工程前期工作。实施县乡村道改扩建和安保工程，畅通内循环。

（三）以改革创新突破为核心，夯实要素保障。围绕经济社会发展重点领域，创新体制机制，全面深化改革，破解发展难题。突破土地瓶颈，加大对上争取，保障发展需求。对内挖潜，开展土地专项清理，提高使用效率。对外创新，坚守耕地红线，大力实施土地整理和土地“双挂钩”[⑭]项目。突破融资困局，保障支出，支撑发展。做大县国资公司和青发展规模，拓宽融资渠道，搭车市上发行债券。健全金融服务体系，激励县内外金融机构支持全县经济发展，县内银行余额存贷比力争提高5个百分点。突破人才难题，出台《加快人才工作的若干意见》，深化“三位一体”集聚人才战略，强化人才政治关爱、成长关爱和生活关爱。加强优秀企业家队伍建设。

（四）以“三个最好”为重点，创新社会治理。加快建设全省社会治安、法治环境、依法和谐最好地区之一，争创全国平安建设先进县，提升群众满意度。深化维稳跟着项目走，强化稳定风险评估，健全维稳应急处突机制。学习“枫桥经验”[15]，开展“诉非衔接”[16]，深化大调解体系建设。建成村（社区）网格化信息服务平台。争创全国法治县，建设法治政府和服务型政府，坚持依法化解社会矛盾、规范社会秩序、维护社会稳定。防范和打击违法犯罪活动，加强流动人口和特殊人群服务管理。落实安全生产责任制，切实防范较大以上安全生产事故发生。

（五）以创业就业惠民为根本，保障改善民生。构建民生工作长效机制，确保发展成果人民共享。深化“双千培训”，以创业带动就业，以就业促进产业发展和群众增收致富。加快卫生事业发展，提高医疗服务水平，完成“海云工程”二期项目。实施计生惠民工程，宣传落实生育政策调整。优先发展教育，打造学在青神教育品牌，推进市示范性综合实践基地建设。完成公共租赁住房建设，改造棚户区和农村危房，加快推进“4·20”城乡住房灾后重建工作。推进文化惠民工程，完善公共文化设施。扩大城乡社会养老保险覆盖面，提高城乡困难群体救助水平，实施惠民殡葬工程。加强食品药品监督管理，争创省级食品安全示范县。保护生态环境，推进国家级生态县创建工作。

五、加强党的建设，提升科学执政的能力水平

（一）弘扬优良作风，深化群众路线教育。聚焦“四风”，扎实开展为民务实清廉群众路线教育实践活动。深入推进干部直接联系服务群众工作，切实解决群众反映强烈的突出问题。严格执行中央“八项规定”、省委省政府“十项规定”和市委市政府“六个坚持”，着力整治公款吃喝、公车私用、公费旅游等问题，坚决查处“中梗阻”和“庸懒散奢”，开展党的惠民政策落实专项督查。

（二）加强宣传教育，统一发展思想。深入学习贯彻党的十八届三中全会和习近平总书记系列讲话精神，凝聚追赶发展精神力量。强化中心组理论学习，推进学习型党组织建设。围绕全县中心工作加强宣传，提升青神形象。加大网络监管投入，完善舆情研判处置机制。深入开展培育和践行社会主义核心价值观活动。抓好未成年人思想道德建设，启动省级文明城市创建工作。

（三）创新组织建设，夯实基层基础。完成村级阵地规范化建设，创建服务型基层党组织。加强干部培训、教育和管理，打造“信念坚定、为民服务、勤政务实、敢于担当、清正廉洁”的“五好”干部队伍。鲜明用人导向，推行“三公开、五优先”[17]等干部选任机制。加强年轻干部递进培养，进一步发挥退出领导岗位干部作用。深化奖勤罚懒机制，开展特殊贡献奖、突出贡献奖和创新、亮点工作评选。

（四）加强党风廉政建设，惩治预防腐败。完善党风廉政考评机制，制定青神县2013—2017年惩防体系建设工作规划和实施方案。坚持用制度管权管事管人，强化“一把手”权力监管，建设行政权力依法规范公开透明运行平台。加强重大项目会审和廉政监督。加强农村党风廉政建设，规范村干部管理，强化责任追究。加大案件查办力度，突出乡镇纪委办案。强化纪检干部队伍建设，建立纪委委员述职制度。

（五）突出民主政治建设，凝聚发展力量。坚持党的领导、人民当家做主、依法治县有机统一，充分发扬人民民主。支持人大及其常委会依法行使权力。支持人民政协积极履行政治协商、民主监督、参政议政职能。支持“两院”依法公正行使审判权和检察权。坚持党管武装原则，加强国防教育和民兵预备役建设。充分发挥统一战线作用，引导社会各界投身青神建设。加强群团、老干部、党史县志、档案等各项工作。

各位代表、同志们，沧海横流，方显英雄本色！在全省县域综合实力竞相提升的大潮中，事实再一次雄辩地证明：青神的干部队伍是一支敢于“亮剑”、能征善战、攻无不克的队伍。站在青神发展爬坡上坎的战略机遇期、发展攻坚期，时不我待，只争朝夕！让我们团结和带领20万青神人民，勇担使命、勇于创新、勇往直前，去开创青神更加美好的未来！为实现“次级突破、翻番升位”的目标不懈奋斗！谢谢大家！

注释

①“168”：到2016年，GDP达到100亿元、县级公共财政收入达到6亿元、县城人口达到8万人。

②“六规”：土地利用总体规划、城镇发展规划、产业发展规划、交通发展规划、社会事业规划、乡镇文化和生态绿地规划。

③“四箭齐发”：即规划建设工业大道、岷东大道、滨江大道和天府仁寿大道，四条大道犹如“四支箭”，每一箭均与成都实现无缝对接。

④“三分类三升级三挂钩”：在全面进行基层党组织现状大调查的基础上，分类制定考核标准，将基层党组织划分为先进、一般、后进三类，分别确定升级目标，实施转化升级工程，推动先进党组织上水平、一般党组织上台阶、后进党组织换新貌，在年度检查验收考核中将党组织的晋位升级情况与党组织工作经费、党组织领导班子成员待遇和党组织书记使用挂钩。

⑤“三位一体”：创新方式引才、营造环境留才、发挥内力育才三大方式相结合集聚人才。

⑥“三务一体化”：“三务公开”，即党务公开、政务公开、村务公开，做到统一领导机构、统一公开目录、统一工作制度、统一公开载体、统一监督考核，并协调推进其他公开工作。

⑦“三大机遇”：天府新区、高铁经济、港口经济

⑧“四个立足”：立足本地企业扩张、立足产业配套招商、立足生产要素保障、立足政府高效服务。

⑨“三高四有三避免”：“三高”，即高科技、高税收、高就业；“四有”，即有理念、有实力、有经验、有业绩；“三避免”，即避免引进占有资源不开发、占有资源搞运作、占有资源要政策的企业和项目。

⑩“两化融合”：信息化和工业化的高层次的深度结合，以信息化带动工业化、以工业化促进信息化，走新型工业化道路。

⑪“罗汉文化”：在中国寺院中常供有十六罗汉、十八罗汉和五百罗汉。据《梦溪笔谈》称：诺巨罗，唐代和尚，眉州青神人，是佛教十六罗汉之第五罗汉。四川省青神县中岩寺是其开辟的道场，早期为著名的佛教圣地，其佛法宏大，与峨眉山齐名，故有“先有中岩，后有峨山”之说。

⑫“一河一堰”：“一河”，即护城河，“一堰”，即鸿化堰。

⑬“四有”：在推进城镇化进程中，农民要实现四有，即有资产、有技能、有就业、有保障。

⑭土地“双挂钩”：指城乡建设用地增减挂钩，即农村集体建设用地减少跟城市建设用地增加挂钩。是国家为了控制城市、村庄建设大量占用耕地的政策。减少农村建设用地规模，复垦出耕地，减少的建设用地指标可以用来发展城市建设。

⑮“枫桥经验”：党政动手，依靠群众，预防纠纷，化解矛盾，维护稳定，促进发展。

⑯“诉非衔接”：诉讼与非诉讼相衔接的矛盾纠纷解决机制。

⑰“三公开、五优先”：“三公开”，即职务公开、任职条件公开、选任程序公开；“五优先”，即在经济主战场、急难险重基层一线、艰苦地区、本职岗位，主动作为创一流实绩突出者优先。

政府工作报告

（2014年1月14日在青神县十六届人民代表大会第四次会议上）

青神县人民政府县长 胡国民

各位代表：

我代表县人民政府向大会报告工作，请予审查，并请各位列席人员提出意见。

2013年工作回顾

2013年，在市委、市政府和县委的正确领导下，在县人大、县政协的监督支持下，全县上下围绕“科学发展、追赶发展”主基调，坚持“1171”工作思路和“三抓三提升”工作重点，大力弘扬“青神精神”，凝心聚力、攻坚克难、开拓创新，奋力推动全县经济社会追赶发展，各项工作取得显著成效。

全县GDP达54.01亿元，增长10.5%，居全市第四位。完成固定资产投资44.79亿元，增长28%，居全市第四位。规模以上工业增加值增速10.9%，居全市第三位。地方公共财政收入3.12亿元，增长38.5%，居全市第三位。城镇居民人均可支配收入18999元，增长10.2%；农民人均纯收入9188元，增长14%。社会消费品零售总额累计14.74亿元，增长14.2%，居全市第三位。三次产业结构比调整为14.2∶60.3∶25.5。城镇化率提高3个百分点。人口自然增长率为3.95‰。全县森林覆盖率达44.05%。粮食产量实现十年增。全面完成节能减排任务。我县成功创建“全国绿化模范县”、“首批国家餐饮服务食品安全示范县”、“国家传统知识产权保护试点县”、“省级生态县”、“全省农村商务信息服务试点县”、“全省2013年度‘一事一议’规范管理县”和“省级人口计生依法行政示范县”，我县被市委、市政府推荐为全省表彰的“三农”工作先进县。

一、坚持园区带动，突出机械产业，工业实力持续增强

——产业集聚优势凸显。完成工业技改投入20.38亿元、入库税金2.39亿元，分别增长20.5%、3.5%。新增规模以上工业企业5户，规模以上工业总产值62.54亿元，增长28.8%。实现农村居民转变为产业工人8500人。以小型制冷压缩机、标准传动件、木工机械为特色的机械产业迅速壮大，实现机械产业产值13.36亿元、入库税金1.1亿元，分别占全县工业的37.4%、44%。全年实施千万元以上工业项目45个，其中机械产业项目21个。德鑫航空一期、鑫和机械、吉达机械等10个项目竣工投产，德恩20万吨铸造及机加生产、青城机械技改扩建、精技工友等7个项目加快推进，华塑电子、新鑫元机械等20个项目开工建设。新久源实现复产，西龙生科（原西龙纸业）造纸废水治理项目建成投运。全县新申请专利68件。青城机械被认定为省级木工机械工程技术研究中心，津鑫机电成功创建为国家高新技术企业。丹甫股份、德恩机械成功申报四川省第三批知识产权优势培育企业，青城机械、神力机械成功申报四川省第三批知识产权试点企业。

——园区基础不断夯实。完成机械产业发展规划编制和工业开发区15平方公里控制性详细规划修编初评，启动工业开发区30平方公里概念性规划。投入6000余万元，完成兴业路、建业路及配套设施建设。启动机械产业基地二期土地整理，工业开发区承载能力大幅提升。

二、坚持城乡统筹，注重协调发展，优势产业逐步壮大

——*竹编产业加快发展*。完成竹编产业园区总体规划和如意湖片区修建性详细规划编制。成功争取市上扶持竹编产业发展。完成思蒙河(兰沟段)整治和“水竹·怡庄”一期建设，启动中国首家竹林湿地和竹艺街西延线、竹艺大道南延线、滨江新区南通道建设。青神竹编参展第九届国际文博会和第十四届西博会。青神竹编原产地证明商标申报注册进入初审公告阶段，青神竹编艺术列入文化部申报世界非物质文化遗产储备名录。全县新增竹基地2万亩，绿化道路32公里。

——*旅游三产繁荣活跃*。完成全县旅游发展规划编制，启动中岩风景名胜区总体规划、中岩东坡文化城控制性详细规划编制。中岩风景区历史遗留问题处置取得重大进展。投入1.54亿元建设旅游基础设施。开工建设红色西山纪念景区，完善江湾神木园游客接待中心。完成青神“老八景”①保护和恢复调研工作。成功举办东坡初恋地旅游文化节、乡村旅游椪柑节等文化会节活动。新发展民营企业113户、个体工商户675户，实现农村居民向三产经营业主和三产从业人员转变3750人。全年接待游客165万人次，旅游收入13.5亿元。金融服务、网络通信、电子商务等现代服务业快速发展，第三产业增加值13.76亿元，增长11.9%。外贸出口创汇2700万美元，实际利用外资1065万美元。

——*现代农业特色初显*。基地建设初具规模。整合涉农项目75个，投入资金6.4亿元，建设以南城、白果、高台、西龙为核心的四大产村相融示范片，形成全长45公里的甘家沟椪柑、汉阳种养结合、万沟白茶三条特色产业环线，5个万亩现代农业基地、1个新农村综合体。标准化建设初显形象。新建和整治塘、池118口、渠道78公里，除险整治小(二)型病险水库7座等，新建高标准农田5200亩。获得茶叶有机转换食品标志、茶叶绿色食品标志、椪柑绿色食品标志，新增标准化农民专合经济组织19个。产业提升初见效果。新植、高换改良椪柑1万亩，椪柑产量达8万吨，实现产值2亿元。出栏生猪37.5万头、肉鸡855万只、特色水产7500吨。促进农村居民向现代农业业主转变151户。农业机械化水平达63%。实现农业增加值7.66亿元，增长3.3%。

三、坚持规划引领，推进基础建设，人居环境显著改善

——*城乡面貌焕然一新*。按照“半城山水半城竹”的城市发展定位，启动“一河一堰”②竹形水系景观主轴规划设计。实施乡镇规划大会战，全面完成乡镇“六规”③编制。投入8.5亿元实施城镇建设，新增建成区0.68平方公里，开发房地产35万平方米，促进农村居民转变为城镇居民8250人。开工建设锦绣小区项目，完成“城市之星”招商和中岩广场综合体前期工作，投入5500万元全面完成城市道路综合整治。实施拆墙透绿和栽竹绿化，新增绿地11.5万平方米。实行环境治理网格化管理，规范城市秩序，改善城市环境，提升城市品位。西龙镇龙凤新区和河坝子镇东山商贸新城建设快速推进。

——*交通区位优势凸显*。完成综合交通建设投资11.53亿元。成绵乐铁路客运专线(青神段)稳步推进，锦绣大道竣工通车。岷江汉阳航电枢纽工程列为全省新开工重点项目，全年完成投资5.36亿元，启动虎渡溪航电枢纽工程前期工作。争取到蒲江—青神—井研高速公路在西龙、中岩开设出入口。成乐高速“张坎”站更名为“青神”站。完成岷江大桥维修加固。新(改)建农村公路24.9公里。

四、坚持开放合作，强化要素保障，发展活力不断提升

——*招大引强成效显著*。立足本地企业扩张和产业配套招商，全力实施“招大引强”战略。与商务部投资促进事务局中国国际投资促进中心建立合作关系，成功举办“友好之春·走进青神”、第二届“百名企业家走进青神”等大型招商引资活动。引进投资30亿元的立白集团西部日化基地项目、投资14亿元的上海优琪优减速机及其延伸产品生产项目，与三一集团签订战略合作框架协议。全年共引进项目21个，计划总投资79.4亿元，其中，亿元以上项目12个。招商引资实际到位资金48.5亿元,同比增长12.5%。

——*要素保障扎实有力*。争取建设用地指标1793亩。投入3700万元实施土地整理项目6个,新增耕地3130亩。出台《青神县招商引资项目退出办法(试行)》,开展闲置、低效及不符合规划土地专项清理处置工作,清理盘活工业闲置用地76.57亩。顺利通过国家土地例行督察。积极对上争取项目468个,争取资金6亿元。完成政府性融资8200万元,借助市国资公司搭车发行债券2亿元相关工作推进顺利。县内金融机构各项存款余额62.03亿元、贷款余额26.2亿元,存贷比提高4.3个百分点。银通小额贷款有限公司挂牌营业。110KV青竹变电站、35KV西纸专线变电站、35KV兰黑线建成投运,110KV松黑线、CNG加气站等项目加快推进。

五、坚持以人为本,倾力保障民生,各项事业全面进步

——*民生工程顺利完成*。投入3.1亿元,全面完成十大民生工程137项任务。深入开展"双千培训",培训竹编、机械产业工人2321人,新增就业2379人。新型城乡居民养老保险参保11万人,参保率达97%,新型农村合作医疗参合率达100%,县级公立医院实施药品零差率销售,农村小额人身保险参保5万余人。城乡低保扩面提标,实现应保尽保。为60岁以上老年人免费赠送手机1.9万部。文林社区成功创建省级养老服务示范社区。新建公共租赁住房130套,发放廉租住房租赁补贴900户,加快推进773户棚户区改造项目。完成农村危房改造239户、地质灾害避险搬迁144户。县精神病院和残疾人托养康复中心建成投用。县自来水厂扩建投用,解决1.8万农村人口饮水安全问题。

——*社会事业长足发展*。成都艺术职业学院青神校区工程有序推进,与西南大学、成都大学签订县校合作协议,投资3000万元的眉山市示范性综合实践基地落户青神,投资1243万元的教育信息化平台建成投用,完成实验幼儿园一期和特殊学校建设。完成南城镇省级综合示范文化站建设。完成《青神画册》和《锦绣青神·文化篇》、《锦绣青神·人物篇》编纂出版工作,举办"青神系列歌曲大家唱"活动,组织参加市第三届运动会、残运会共获金牌27枚。完成全县广播"村村响"工程,发展地面数字电视用户2000户。启动"海云工程"二期项目建设,县人民医院、县中医医院顺利通过二级甲等医院专家组现场评审,县急救中心、县卫生执法监督大队和7个乡镇卫生院建设项目竣工投用。完成县级食品药品监管体制改革。启动公益性公墓扩建项目。加大计生困难家庭关怀力度,免费开展孕前优生健康检查802对。完成环境监察监测中心主体工程建设。启动全国第三次经济普查。

——*社会大局和谐稳定*。完成村级阵地规范化建设23个,完成第九届村(居)委会换届选举。加强和创新社会管理,倾力化解信访积案,妥善处置各类突发性事件,全县社会和谐稳定。做好"4·20"芦山地震和"7·9"洪灾抢险救灾、应急救援和灾后重建,有效组织抗旱保春耕。深入开展治安集中整治"雷霆"行动,开展打击涉网违法犯罪专项行动,切实加大社会面治安管控力度,成功侦破了"8·26"系列故意伤害案等影响恶劣的案件。县消防站、城区道路交通智能系统建成投用。严格落实安全生产责任制,全年无较大及以上生产安全事故发生。老龄、保密、民族宗教、审计、扶贫移民、公共资源交易、档案、工会、共青团、妇女儿童、科协、残联、气象、邮政、通讯、国防动员等工作取得新成效。

六、坚持依法行政,着力转变作风,政务建设切实加强

深入推进依法行政,坚持重大行政决策集体审定、票决制度,修改完善政府全体会、政府常务会和县长办公会议事规则。自觉接受人大及其常委会法律监督和政协民主监督,办理人大代表批评建议意见30件、政协委员提案65件,代表、委员满意或基本满意率达100%。投入近200万元实施行政权力依法规范公开运行平台建设,进一步清理规范行政权力,下放行政权力31项、取消和废除12项。强化作风建设,扎实开展直接联系服务群众工作。重治"中梗阻"和"庸、懒、散",营造良好发展环境。着力提升行政效能,继续推行县长(副县长)、局长政务中心挂牌驻班制,建立三大服务中心[4],成功创建“四星级”政务服务中心。切实加强政府廉政建设,严格执行“三重一大”[5]制度、中央八项规定、省委十项规定和市委“六个坚持”,整顿“四风”,厉行节约,反对浪费。

过去的一年,我们在极其艰难、极为复杂的形势下,负重自强、砥砺奋进、真抓实干,努力开创了青神发展的新局面,取得的成绩来之不易,这是市委、市政府和县委坚强领导的结果,是县人大、县政协监督支持的结果,是全县人民团结奋斗的结果!在此,我谨代表县人民政府向各位老领导、老同志、各位代表、全县广大干部群众、武警、消防官兵、政法干警和所有关心、支持青神建设与发展的社会各界朋友,表示衷心的感谢并致以崇高的敬意!

在总结成绩的同时,我们也清醒地认识到,经济社会发展中还存在许多困难和问题:一是尽管我县多项主要经济指标在全市排位靠前,但是由于受经济整体下行、市场需求不足等宏观形势影响,规模以上工业增加值增速等个别指标与我们预期的目标还有一定差距。二是发展要素保障难度进一步加大,用地难、融资难等制约追赶发展的问题尤为明显。三是经济总量小、人气不足还未根本改变。为此,我们务必保持清醒头脑,开拓进取、追赶发展,务必坚持发展为先,创新实干、民生至上,以踏石留印、抓铁有痕的勇气,以落地有声、有令必行的锐气,提振精气神,凝聚正能量,狠抓政府工作的落实、推进和执行,竭力克服和解决前进中的困难,决不辜负全县人民的期望!

2014 年工作安排

总体要求:2014 年是深入贯彻党的十八届三中全会精神的开局之年,我们要按照省市“稳中求进、改革创新、转型升级、提质增效”的总体要求,紧紧围绕“爬坡上坎、追赶发展”主基调,坚持“1171”工作思路和“三抓三提升”工作重点不动摇,抢抓“天府新区、高铁经济、港口经济”三大机遇,深化“精神引领、项目推动、业态集中、后发追赶”的青神实践,重点推动六大项目[6],为实现青神“次级突破,翻番升位”目标而努力奋斗。

预期目标:全县 GDP 增长确保 10%,力争 11%。固定资产投资确保 53 亿元,力争 54 亿元。规模以上工业增加值增速确保 11%,力争 13%。地方公共财政收入增速确保 15%,力争 20%。城镇居民人均可支配收入增速确保 11%,力争 12%;农民人均纯收入增速确保 12%,力争 12.5%。城镇化率提高确保 2.4 个百分点,力争 2.9 个百分点。人口自然增长率控制在 4.5‰以内。全面完成节能减排任务。

为实现以上目标,我们将重点做好以下工作:

一、强化三大业态,推动县域经济追赶发展

——突出机械产业,发展工业经济。计划实施工业类重点项目 32 个,其中机械产业项目 15 个。实现工业投入增长 16%,技改投入增长 16%,入库税金增长 11%,新增规模以上工业企业 3 户,促进农村居民向产业工人转变 8500 人。开工建设立白集团西部日化基地、上海优琪优减速机及其延伸产品生产等重大项目,加快推进德恩 20 万吨铸造及机加生产、青城机械技改扩建、宏瑞钢构、华塑电子等项目实现竣工投产。加速奥信紧固件等机械企业技改扩张。抓紧培育德恩机械上市,促进机械产业集群发展。完善工业开发区规划。全面完成机械产业基地二期土地整理,加快工业开发区骨干道路、工业污水处理厂以及仓储物流等配套设施建设。

——突出竹编产业,发展文化旅游。完成中岩风景名胜区总体规划、中岩东坡文化城控制性详细规划编制,启动青神“老八景”保护和恢复规划、建设。加大竹编产业园区招商力度,举办竹产业推进大会,出台《关于扶持竹编产业发展的若干政策》,打造集生产、观光、体验为一体的竹编文化创意产业园区。完成竹艺街西延线、竹艺大道南延线、滨江新区南通道建设,加快中国首家竹林湿地、“水竹·怡庄”二期等项目建设。新建改造竹基地 2 万亩,打造竹海,加快绿海明珠建设。加快青神竹编艺术世界级非物质文化遗产申报,完成青神竹编原产地证明商标申报注册工作。启动中岩东坡文化城保护开发。加快建设红色西山纪念景区，力争年底前对外开放。举办瑞峰龙舟旅游文化节、东坡初恋地旅游文化节、乡村旅游椪柑节等文化会节活动。发展星级农家乐2家、三产经营户30户。促进农村居民向三产从业人员转变3600人。实现年接待游客180万人次，旅游收入14亿元，民营经济增加值增速11%以上，三产增加值增速12%以上，社会消费品零售总额增速13%以上。

——突出椪柑产业，发展现代农业。积极贯彻《青神县加快椪柑产业发展实施意见》，加快建设以高台、白果、汉阳、河坝子为核心的椪柑产业园区。新植高换优质椪柑2万亩。建成椪柑粗加工和冷链物流公司，培育一批椪柑产业发展龙头企业、家庭农场主、种植大户和销售大户。加快建设业兴、家富、人和、村美的幸福美丽新村，以"两水一竹一家禽"特色产业为重点，推进都市近郊型现代农业，完善农村基础设施建设，改善人居环境，新建新农村综合体1个，加强甘家沟椪柑、西山观光农业、兰沟竹编、两河流域[7]生态养殖四大产村相融示范片建设。切实保障粮食安全，保护种粮农民利益，确保全年粮食稳定增产。加强农田水利基本建设，加快推进节水型社会和小型农田水利重点县项目建设，完成鸿化堰导水堰工程、岷江（茅林浩段）防洪整治等项目建设。发展家庭农场6个，培育示范专合组织5个，促进农村居民转变为现代农业业主135户。

二、强化城乡统筹，推动新型城镇化提升发展

——建设品质之城。推进新型城镇化建设，计划投资9亿元，开发房地产30万平方米，新增建成区0.6平方公里。贯彻落实《关于促进我县房地产业健康发展的实施意见（试行）》，实现农村居民向城镇居民转变8500人。加快锦绣小区项目建设，启动滨江新区老河街片区改造和"城市之星"、中岩广场综合体建设。分步打造"一河一堰"竹型水系景观，提升城市品质。深入推进全域生态化，让青神人民望得见山、看得见水、记得住乡愁。完成竹艺大道北段改造和振兴路北段建设，启动振兴路南段建设。不断完善停车场、公厕等配套设施。启动省级园林城市创建工作。加强城市管理，逐步形成"清扫靠机器，保洁靠人员，秩序靠执法"的城市网格化管理机制。完成西龙镇龙凤新区和河坝子镇东山商贸新城建设。

——完善交通基础。构建方便快捷综合交通网。全面完成成绵乐铁路客运专线（青神段）、高铁车站站前广场和汽车客运站等配套工程建设。力争6月底前实现岷江汉阳航电枢纽工程首台机组发电，启动虎渡溪航电枢纽工程建设。做好蒲江—青神—井研高速公路、岷东大道、滨江大道（青神段）、青神港区前期工作。开通2路城市公交。新（改）建青关路等农村公路30公里，实施农村公路安保工程36公里。

三、强化开放创新，推动经济社会持续发展

——突出招强引优。坚持一手抓本地企业技改扩张，一手抓产业配套招商，不断延伸产业链条。积极组织参加眉山市"三大招商"活动，充分利用"百名企业家走进青神"、"西博会"等招商平台，紧盯世界500强、中国机械行业100强，着力引进实力强、质量优的机械类及配套协作项目。加大国际竹艺城、中岩东坡文化城、神柴产业园和滨江新区招商力度。全年新引进投资上亿元、税收不低于500万元的项目10个以上，确保招商引资实际到位资金49亿元，力争51亿元。

——强化要素保障。积极争取用地指标。全力做好低效、闲置及不符合规划土地专项清理处置工作，加大对乱搭乱建、违种违栽的查处力度。大力实施土地"双挂钩"[8]项目和土地综合整治项目。全力做好对上争取，力争实现对上争取7亿元。全力做好搭车发行债券工作。强化政府性债务风险防控。加大信贷投放，力争县内金融机构新增贷款6亿元以上，余额存贷比提高5个百分点。力争新建一家小贷公司，力争引进一家融资性担保公司或银行分支机构。加快推进牯牛山220KV变电站前期工作和配气站建设工作。

四、强化民生改善，推动社会事业和谐发展

——实施民生工程。民生连着民心，民心凝聚民力。民生是政府工作的出发点和落脚点。坚持严守"底线民生",改善"重点民生",保障"基本民生",坚持新增财力主要用于改善民生,严格民生工程考核和资金管理,全力实施好民生工程。拓宽增收渠道,确保城乡居民收入稳步提高。继续实施竹编、机械产业工人"双千培训"。持续推进新型城乡居民养老保险,确保参保率97%以上。加大对惠民政策的落实检查力度。新建公共租赁住房360套,实施棚户区改造1500户。加快复兴水库扩建,新解决0.5万农村人口饮水安全问题。发展地面数字电视用户3000户。全面完成村级阵地规范化建设。加快推进"4.20"芦山地震灾后重建工作。

——*发展社会事业*。加强教育教学管理,巩固提高教育质量。加快成都艺术职业学院青神校区工程、眉山市示范性综合实践基地项目建设,新建乡镇中心幼儿园2所,完成实验幼儿园二期、实验初中学生宿舍楼建设,深入推进学校食品安全三年行动计划,做好迎接省政府义务教育均衡检查验收工作。积极推进文化惠民工程,编纂《锦绣青神·风情篇》、《苏东坡在青神》。推进"海云工程"二期项目建设,启动县妇幼保健院整体搬迁,完成县人民医院、县中医医院二级甲等医院创建工作。抓好生育政策调整的宣传落实工作。加强食品药品监督管理,巩固国家餐饮服务食品安全示范县成果,争创省食品安全示范县。推进智慧青神建设,积极发展现代服务业,大力发展电子商务,加快推进农村商务信息服务试点工作。积极推进国家级生态县创建工作。实施青城镇、西龙镇农村环境连片治理项目。全面免除城乡居民基本丧葬费,加快烈士陵园改造和公墓扩建项目建设。

——*维护社会稳定*。大力推进法治青神建设,深入开展"六五"普法,积极创建全国法治县、全国平安建设先进县、省级无毒害县。完善社会稳定风险评估和大调解体系建设,加强群众和信访工作。推进网格化服务管理建设,加强流动人口和特殊人群的服务,健全社会治安防控网络,有效防范和打击违法犯罪,维护司法公平公正,提高群众安全感。强化落实安全生产责任制,强化企业主体职责,推进企业标准化建设和省级安全社区创建,力争申报1个省级安全社区,不断夯实安全生产基层基础,切实预防和减少生产安全责任事故,坚决遏制较大安全责任事故发生。支持工会、共青团、妇女儿童、工商联、科协、残联工作,做好老龄、保密、民宗、科技、统计、审计、扶贫移民、外事台侨、档案、工商、气象、邮政、通讯、国防动员等工作。

五、强化政务能力,推动现代政府健康发展

深入学习贯彻党的十八届三中全会精神,扎实开展党的群众路线教育实践活动,着力解决好群众最关心、最直接、最迫切的问题,大力推进政府治理能力现代化。推进依法行政,充分运用法制思维和法治方式做好政府工作,充分发挥行政权力依法规范公开运行平台作用。推进高效勤政,深化行政审批制度、行政执法体制改革,强化部门执法监管,加快政府职能转变,全面推进事业单位分类改革。推进民主治政,自觉接受人大及其常委会法律监督和政协民主监督,认真办理人大代表批评、建议、意见及政协委员提案。推进作风建设,严格落实中央、省、市转变作风的各项规定,切实加强对机关事务、公务接待、公务用车等的管理,进一步强化服务意识和责任意识。推进廉政建设,坚持用制度管权管事管人,坚持把权力关进制度的笼子,让权力在阳光下运行。构建项目准入、会审、廉政监督新模式,加强对政府性投资工程、政府采购、土地和砂石资源拍卖等重点领域和重点环节的监管。严格执行"三重一大"制度及廉洁从政各项规定,坚决整治"四风",努力实现政府清廉、干部清正。

各位代表,同志们,身处乘风破浪的发展时代,站在不进则退的历史潮头,我们倍感发展责任重大,赶超使命光荣!让我们在市委、市政府和县委的坚强领导下,以更加振奋的精神、更加开阔的视野、更加务实的作风,团结一致,开拓创新,真抓实干,为实现青神"次级突破、翻番升位"而努力奋斗!

谢谢大家!

注释

①"老八景":灵岩石笋、古阁清风、仙池夜月、麒麟瑞井、宝镜寒潭、虎渡横舟、三山牧笛、蓉岸春涛。

②“一河一堰”:“一河”指护城河;“一堰”指鸿化堰。

③“六规”:土地利用总体规划、城镇发展规划、产业发展规划、交通发展规划、社会事业规划、乡镇文化和生态绿地规划。

④“三大服务中心”:金融服务中心、“一费制”缴费服务中心、行政审批代办中心。

⑤“三重一大”:重大事项决策、重要干部任免、重要项目安排、大额资金的使用,必须经集体讨论做出决定。

⑥“六大项目”:岷江航电工程、立白集团西南生产基地、国际竹艺城、中岩东坡文化城、神柴产业园、滨江新区(老河街片区)。

⑦“两河流域”:岷江流域和沙溪河流域。

⑧“土地‘双挂钩’”:是指城乡建设用地增减挂钩,即:农村集体建设用地减少跟城市建设用地增加挂钩,减少农村建设用地规模,复垦出耕地,减少的建设用地指标可以用来发展城市建设。

◎青神概况

自然环境

【政区人口】 2013年，全县辖7个镇、3个乡、76个行政村、12个社区，城乡居民总计7.18万户，总人口19.84万人，其中男性10.04万人，女性9.8万人，男女性别比例为102∶100；农业人口16.18万人，非农业人口3.66万人，占18.44%；全年出生1606人，人口出生率8.09‰，比上年下降2.34个百分点；人口自然增长率3.95‰，提高0.5个百分点。县治所青城镇，地域面积8.05平方公里，人口5万余人。常住人口16.65万人，城镇化率34.57%，提高1.12个百分点。

【地域环境】 青神位于川西平原西南边缘，属川西平原与川西丘陵接壤的过渡带。北以鸿化山口为前门，南以平羌三峡作后户，东倚龙泉山脉，西抵金牛河岸。东经103°41′～103°59′，北纬29°42′30″～29°55′33″。以县城为中心，呈盆地状，有明显的坝丘之分。东部以龙泉山脉为主体，山岭连绵起伏，称为“东山”；西部以眉山向斜南东翼延伸部分为主体，丘陵逶迤相续，称为“西山”。“两山”隔江环峙，形成盆地。中部为岷江冲积平坝，地势平坦开阔。县治青城镇就坐落在平坝中心。县内江河纵横、溪流交错，水资源很丰富，有“一江五河三十二溪流”。全县辖区面积386.8平方公里。耕地面积9458公顷，比上年减少97公顷，减1.3%。土地肥沃，中性土质居多，碱性、酸性兼备，宜种性强。森林覆盖率达44.05%，提高2.04个百分点，绿化覆盖面积177平方公里。空气质量和水质量均达到国家标准。

【气候特征】 青神县气候属亚热带湿润气候范畴。主要气候特点是：气候温和，雨量充沛，四季分明，冬迟春早，无霜期长。多年平均气温17.1℃，日照1181.7小时，夏季平均气温25.5℃，冬季7.7℃，春秋两季17.5℃，年无霜期平均313天。全年平均降雨量1132毫米，常年振幅在805—1678毫米之间。由于降水量时空分布不均匀，夏季占年降水量58%。7—8月为降水集中期。秋季占13.9%，冬季占4.3%，春季占23.3%。2013年平均气温18.0℃，比历年平均偏高1.0℃；年总降水量1063.0毫米，比上年平均降水量减少12.2毫米，较历年偏少6%；全年日照时数1214.3小时，比上年增加224.3小时，较历年偏多9%；无霜期338天，比上年无霜期少27天。

【旅游】 青神历史悠久、古迹众多、自然风光优美、旅游资源丰富。中岩寺、德云寺、汉墓群以“古”扬名；平羌三峡、仙姑湖以“秀”著称；神海以“幽”迷人；中国竹艺城以“特”叫绝。青神是第一代蜀王蚕丛故里，被誉为南方丝绸之路、岷江古航道小峨眉、苏轼第二故乡、中国椪柑之乡、中国竹编艺术之乡。开辟于东晋，建于唐兴于宋的古中岩位于城南9公里处的岷江东岸，为著名佛教圣地，青峰冥壑、流泉响石，号称“川南第一山”。中岩开山祖师诺巨罗（俗名罗尧远，青神人，著名释迦弟子，佛门早期十六罗汉第五尊者）于中岩留下许多珍贵遗迹。北宋大文豪苏轼曾负笈于此求学三年，继与恩师王方爱女王弗结为伉俪，留下“唤鱼联姻”的历史佳话。以其“岩壑隽秀、不减峨山”，曾招来历代文人黄庭坚、陆游、范成大等人流连于此，留下大量人文古迹。由中岩沿岷江下行10公里，有两岸峰峦叠翠，风光旖旎的平羌三峡（古名熊耳峡）。唐开元十二年（公元724年），诗人李白“仗剑去国，辞亲远游”时，曾就此吟下“峨眉山月半轮秋，影入平羌江水流”的千古绝唱，峡内产稀有鱼种—江团。县城西南3公里处是国家AA级旅游风景区中国竹艺城，内设7个展厅，四大竹编系列，展示古今中外2000多件竹编工艺品，是国际竹编培训基地。景区内可品竹味、听竹乐、观竹景、赏竹艺。距县东7公里处有仙姑湖，该湖坝高52.8米，气势雄健，湖区水面长5公里，乘机动船浏览，一路青山绿水，沟壑回环、峰峦叠翠、湖光山色、风景秀丽、令人陶醉。湖内有著名的“长生沟”，由于水质好，气候环境优佳，长寿老人较多，引来不少游人前往探索长寿秘诀。县城东15公里处有水上迷宫青峡湖（又名神海），湖水面积2200多万平方米，纵长15公里，37个湖区，950多条沟汊，有水色山峰绿人云的别致与优美。新开园的江湾神木园，位县城南。以岷江文化为灵魂，以生态休闲为主调，以水上旅游为延伸，集会展、餐馆、住宿、娱乐、度假一体的综合性旅游景点。

【交通】 全县有县道9条，136.78公里；乡道9条，50.3公里；村道290.47公里，专用公路3.6公里。公路总里程481.16公里，省道2.13公里。全县公路网密度为每百平方公里125公里，境内公路、水泥路纵横交错，乡村社水泥路通户率为全国之最，形成水泥路网络。成乐高速路穿境而过。经眉青二级公路20分钟可到眉山火车站，货运、客运十分方便。2013年成绵乐铁路客运专线加紧建设、眉青快速通道竣工通行，青神交通大改变。

国民经济与社会发展

【概况】 2013年，国民经济快速增长。全年实现地区生产总值54.01亿元，比上年增长10.5%，人均3.24万元，增10.7%。其中第一产业增加值7.66亿元，增3.3%；第二产业增加值32.59亿元，增11.5%；第三产业增加值13.76亿元，增11.9%。三次产业分别拉动经济增长0.4、7.1、3.0个百分点。全县非公有制经济实现增加值36.15亿元，增12.9%，地方公共财政预算收入3.12亿元，增38.5%；城镇居民人均可支配收入19134元，增11%；金融机构各项存款余额62.03亿元，增18.2%；全年保费收入1.09亿元，增28.4%；全社会固定资产投资44.8亿元，增27.9%；全年实现社会消费品零售总额10.81亿元，增14.6%，城镇化率34.57%，提高1.25个百分点。全县森林覆盖率45.83%，提高3.73个百分点。完成十大民生工程137项任务，总投资3.1亿元。成功创建“全国绿化模范县”、“首批国家餐饮服务食品安全示范县”、“国家传统知识产权保护试点县”、“省级生态县”、“全国农村商务信息服务试点县”。

【建设机械之都】 2013年，全县有机械产业124户，完成机械产业规划编制和工业开发区15平方公里控制性详细规划编修。投入6000多万元，完成兴业路、建业路及配套设施建设。启动机械产业基地二期土地整理。完成技改投入20.38亿元。全年实施机械项目21个，鑫和机械、吉达机工等10个项目竣工投产。青城机械、德恩机械等技改扩建加快进行。青城机械成为省级木工机械工程技术研究中心、津鑫机电被认定为国家高新技术企业。是年，全部工业实现增加值29.22亿元，比上年增长10.7%；实现利润总额3.16亿元，增43.6%；实现利税总额4.87亿元，增38.4%，工业产销率

98.3%，提高1.1个百分点。实现农村居民转变为产业工人8500人。机械产业实现产值23.36亿元，增23.36%，增加值7.57亿元，增8.69%；机械业占规模以上工业增加值的44.53%；入库税金1.12亿元，增4.75%。

【特色农业】 2013年，以“一村一品”、“一乡一业”建设作为优势特色产业基地建设和现代农业发展的切入点，整合涉农项目45个，投入资金6.4亿元，建成南城、白果、高台、西龙为核心的四大产村相融示范片，连村成片建成优质椪柑基地12.2万亩、优质竹基地7.2万亩，特种水产养殖园7300亩；形成全长45公里甘家沟椪柑、汉阳种养结合、万沟白茶三条特色产业环线，5个万亩现代农业基地，1个新农村结合体。新增标准化农民专合经济组织19个，带动农民8650户，促进农村居民向现代农业业主转变151户，初显标准化建设雏形。启动中国首家竹林湿地建设，总投资8000万元。“水竹怡庄”一期建设进展顺利，占地53.8亩。青神竹编参展第九届国际文博会和第十四届西博会。被列入文化部申报世界非物质文化遗产储备名录。全县新增竹基地2万亩，绿化道路32公里。2013年，竹木业产值26.2亿元，带动农民人均增收1476.6元。全年椪柑产值7.66亿元，比上年增长3.3%；农民人均纯收入9215元，增收1156元，增16.4%。

【招商引资】 2013年，按“8+3”模式（县工业开发区管委会等8个县级部门，青城镇等3个乡镇），成立青神投资促进委员会，采取分工负责，分线作战方式，开展招商引资。与商务部投资促进事务局中国国际投资促进中心建立合作关系，2月，首次举办“友好之春·走进青神”大型外事活动。4月，举办第二届百名企业家走进青神活动。引进投资30亿元的立白集团西部日化基地项目、投资14亿元的上海优琪优速机及其延伸产品生产项目，与三一集团签订战略合作框架协议。全年引进项目21个，实际到位资金48.1亿元，比上年增长18.3%。外商投资实际到位资金1065万美元，比上年增5816倍。

【城建交通】 按照“半城山水半城竹”的城市发展定位，启动“一河（护城河）一堰（鸿化堰）”竹形水系景观设计。投入8.5亿元实施城镇建设，新增城区0.68平方公里，开发房地产22.87万平方米，比上年增长42.1%；总投资5.31亿元，增96.6%；商品房销售额8.11亿元，增161.6%；促进农村居民转变为城镇居民8250人，占城镇居民的42.28%。投入5500万元完成城市道路综合整治，实施拆墙透绿栽竹绿化，新增绿地11.5万平方米。交通建设总投资11.53亿元，12月锦绣大道竣工通车，成绵乐铁路客运专线（青神段）稳步推进；投资5.28亿元的汉阳航电工程顺利推进；启动虎渡溪航电枢纽工程，总投资5.36亿元。5月，成乐高速“张坎”站更名为“青神”站。

【旅游三产】 完成全县旅游发规划编制，启动中岩风景区总体规划、中岩东坡文化城控制性详细规划编制。投入1.54亿元建设旅游基础设施。开工建设红色西山纪念景区。完成青神“老八景”保护和恢复调研工作。成功举办东坡初恋地旅游文化节、乡村旅游椪柑节，全年接待游客176万人次，比上年增长20%；实现旅游收入13.5亿元，增34.0%。2013年新增民营企业537户，增7.8%，实现农村居民向三产业主转变3750人。金融服务、网络通信、电子商务等现代服务业快速发展，全年实现增加值36.15亿元，增12.9%，增速比地区国内生产总值高2.4个百分点，占国内生产总值比重为66.9%，对全县经济增长贡献率为80.3%，拉动经济增长8.4个百分点。

【政务建设】 2013年，办理人大代表批评建设意见30件、政协委员提案65件，满意率100%。重治“中梗阻”和“庸、懒、散”，营造良好发展环境。全面落实中央“八项规定”及省、市相关规定，促进干部作风转变。开展群众路线教育实践活动，深化直接联系服务群众工作，全年直接联系群众4605人，服务群众14000余次，解决各类问题纠纷4000多件。落实党风廉政建设责任制，完善整治和预防腐败体系，全年查处贪污贿赂、失职渎职和作风建设类重点案件13件，给予党纪政纪处分32人，挽回经济损失90余万元，党风廉政建设社会满意度综合评价全市排名第一。投入近200万元，实施行政权力依法公开运行平台，下放行政权力31项，取消废除12项。实行新提拔领导干部财产申报制度，创新"三务一体化"（党务、政务、村务公开；统一领导机构、公开目录、工作制度、公开载体、监督考核）公开机制。率先在全市建成电子交易服务平台，同步监察公共资源交易项目320宗，增收节支近1.4亿元。

（周国玉）

◎专　记

创建全国绿化模范县

青神县自1992年、1994年、1999年相继实现绿化栽植达标、基本绿化达标、全面绿化达标后，随即于1999年、2000年先后启动退耕还林和天保工程项目，2009年被省绿化委员会评为四川省绿化模范县，2011年被省政府确定为“省林业产业20强县”，2012年被省政府评为省级生态县，2013年4月成功创建全国绿化模范县。

（一）领导重视，大气魄打造以竹元素为特色的绿色生态之乡

青神历届县委、县政府对绿化工作高度重视，结合县情先后提出“绿色青神、原装天府”、“全域景区化、锦绣新青神”“建好绿色生态县，打造岷江流域璀璨明珠”等建设理念，县上先后成立“速生丰产用材林”、“竹产业基地”、“天然林资源保护和退耕还林工程”、“林业产业强县”、“创建四川省绿化模范县”等多个县级领导小组，主要领导分别建有自己的绿化示范点，并制定短、中、长期绿化规划和年度实施计划。

县委、政府对绿化工作尤为重视，以竹为特色的造林绿化工作得到突飞猛进的发展。四川省委书记刘奇葆、国际竹藤组织董事会联合主席江泽慧分别于2010年、2009年到青神县视察竹编产业，并作出重要指示。县竹编产业被省政府列入全省5大特色产业发展县之一，县委、县政府提出“抓好竹编产业、提升青神形象”的工作重点，明确“一年打基础、三年树形象、五年大变样”的工作目标，全力将青神竹编打造成“誉满神州、名扬世界”的特色产业，建设中国乃至国际一流的竹编产业园区。

（二）健全机构，绿化工作成为“一把手”工程

1982年就成立“青神县绿化委员会”，由历届县长担任主任，成员单位包括县委农工办、县财政局、县林业局、县农业局等13个单位。成立以县长任组长、分管副县长任副组长的“青神县创建全国绿化模范县工作领导小组”，各部门、各乡镇绿化工作均由“一把手”负总责，并落实专人抓本部门的绿化工作，绿化工作列入年度综合工作考核。

（三）完善制度，义务植树常抓不懈

每年利用广播、电视等多种形式宣传全民义务植树，使“3·12”植树节活动深入人心。并在植树节前后开展多种形式的全民义务植树活动，县级主要领导身体力行，亲自参加义务植树，公民绿化意识普遍提高，每年义务植树尽责率均在95%以上。城镇建立义务植树登记卡制度，建卡率在96%以上；农村也建立义务植树制度，义务植树质量不断提升，已逐步形成常态化、制度化。

（四）围绕“四精”目标，城镇建设大做“绿色文章”

青神县城镇绿化近年来按照“精致、精美、精巧、精妙”的“四精县城”建设理念，以“半城山水半城竹”为具体目标，坚持以人为本、以绿为景，创新绿化模式，高标准实施城市绿化建设，精心营造生态园林城市，结合老城改造，“抢”地增绿；结合新区开发，依规建绿；结合街道改造，以路带绿；结合庭院绿化，立体连绿；结合河道整治，沿河披绿，并使之一次建绿、一次成荫、一次成景，扩大城市绿地面积，人居环境也得到较大改善。近年来通过投资，相继完成中岩公园、东坡广场、青衣广场、滨江公园等4个多功能综合性生态园林绿化工程。

（五）融入新农村建设，打造绿色家园

扎实推进“退耕还林工程”、“天然林保护工程”、“林业产业强县项目”、“绿色通道建设”等增绿工程建设，结合全省开展的城乡环境综合治理，大力推进新农村生态建设，有90%以上的行政村积极开展“创绿色家园，建富裕新村”活动，目前，全县生态环境持续稳定好转。农村宜林荒山荒地、公路、水系实现全面绿化，农村无宜绿空地，绿化率达到99.2%。乡镇所在地绿化覆盖率达到34.5%，所有行政村的绿化覆盖率都在25%以上。

（六）科学规划，高标准完成国家重点生态工程

1999年，率先启动退耕还林试点工程，至2013年止，完成退耕还林工程任务5.9万亩，巩固退耕还林后续产业3.1万亩。向林农兑现补助资金7160.25万元，占应兑现总额的100%。

2000年，启动天然林资源保保工程二期，至2013年止，完成公益林造林4.03万亩，封山育林4.95万亩。完成国家投入资金1006万元。

通过国家林业局及省、市、县各级部门对以上林业工程的质量检查和自查，均达到国家规定的标准。

（七）部门联动，加强绿化成果保护

一是广泛宣传《中华人民共和国森林法》、《四川省绿化条例》、《森林防火条例》等林业法律法规。二是加强护林防火工作。实行护林防火行政区域首长负责制，建立军、警、地森林防火扑救联动机制。三是加强对野生动、植物的保护，建立古树名木的档案和标志，落实管护责任，依法对餐馆、集贸市场进行清查。四是加强森林病虫害防治和检疫工作，近年来无重大森林病虫害发生，无外来有害生物入侵。五是加强林政资源管理。坚持依法持证采伐，严格采伐限额管理，近年来，无乱砍滥伐，无随意侵占、破坏林地、绿地现象发生。

成绵乐铁路客运专线（青神段）建设

成绵乐铁路客运专线是西南首条高速铁路，与成贵高铁并线建设，是中央投资项目和灾后重建重点项目，正线全长约323公里，北面起点为绵阳江油市，经绵阳、罗江、德阳、广汉、成都、双流、新津、彭山、眉山、青神、乐山、峨眉山，南面终点为乐山市。成绵乐铁路客运专线设计列车运行时速250公里，由中央和地方共同投资建设。成绵乐铁路客运专线在县境内长度为17.25公里，分别由中铁五局和四川路桥2个施工单位承建。项目由北至南经西龙、罗波2个乡镇，涉及11个村、29个社。在西龙镇马槽寺村新建青神站。

成绵乐铁路客运专线（青神段）建设项目于2010年9月开工建设，截止2013年年底，该项目完成桥梁和路基等主体工程施工，完成架梁任务，完成无砟轨道板铺设，完成轨道扣件安装，正在抓紧进行防水层施工和轨道铺设。青神站站房完成主体工程建设，正在进行装饰工程施工。

成绵乐铁路客运专线建成通车后，从青神到成都仅需24分钟，到眉山5分钟，到绵阳50余分钟，将大大拉近青神与成都及平原经济圈其他城市的距离。加快青神融入成都，促进成眉一体化进程，促进全县城市经贸、交通、文化等诸多方面的发展，极大的方便青神与其他城市之间的往来。成绵乐铁路客运专线北接成西（成都至西安）客运专线，南接成贵（成都至贵阳）和贵广（贵阳至广州）客运专线，届时从青神到北京、广州等地仅需9小时左右，大大拉近青神与沿海地区的时间和空间距离。

（办公室）

◎大 事 记

一月

5日　2013年第一季度干部大会在县委礼堂召开。要求:当前和未来的发展要处理好五大关系。一是政府和企业主体关系;二是处理好加快发展和适当负债的关系;三是处理好项目准备和项目推进的关系;四是处理好当年进展和省市排位的关系;五是处理好干事与不出事的关系。会上还表彰7个特别贡献奖单位和1名招商引资工作先进个人。

9日　青神与浙江海宏电器有限公司签订微型电机生产线项目协议。该项目投资1亿元之多,年销售收入可达1.5亿元,入库税金500万元;解决300多人就业;完善冷机械产业链条,提升压缩机产品的竞争力。

10日　青神县岷江汉阳航电枢纽工程列入四川省重点工程建设项目,成为首个县内省级重点项目,总投资5亿多元,年内完成主体工程。

11日　县领导黄国清、胡国民等率县委办、政府办、经信局、财政局等部门负责人调研全县在建工业项目。要求:继续努力加快推进新投产一批项目,帮助解决建设生产困难,专题研究保障生产安全、列出时间表、签订责任书形成生产能力;继续努力加快研究新签一批项目,研究生产配套招商、产业政策等问题,保持工业经济持续增长势头。

15日　青神实施农村广播"村村响"工程在黑龙镇启动。

18日　2012年度总结评议干部选拔任用工作暨开展年度考核工作会议在县委礼堂召开。强调:认真贯彻落实十八大报告中"深化人事制度改革,使各方面优秀干部充分涌现、各尽所能、才尽其用"的要求,深入干部人事制改革加大选拔培养优秀年轻干部和竞争性选拔干部力度,创新干部管理方式,不断提高选人用人公信度,打造强有力的领导班子,培养更富战斗力的干部队伍,为青神追赶发展提供坚强的组织保障和干部支撑。会上还对县级领导班子和县级干部进行年度总结、述职述廉、民主测评和民主评议。

同日　青神县第一家小额贷款公司银通小额贷款有限公司挂牌成立。对缓解县中小微型企业融资难、促进县域经济发展起到作用。

19日　眉青快速通道青神段通过验收。全长15.3公里,其中青神段9.56公里,总投资2.22亿元,路基宽45米,双向六车道。

21日　省委召开例行节约、反对铺张浪费电视电话会议后,青神迅速行动起来。要求:各乡镇、各部门认真传达、学习会议精神,严格贯彻落实中央、省委相关规定,采取行之有效的各项举措,刹住铺张浪费之风。

22日　全县数千名党员干部分别集中收看眉山市主动作为创一流暨干部直接联系服务群众电视直播大会。会后讨论达成共识:主动作为创一流,为民服务当先锋是广大党员干部的职责和使命,是广大群众的期盼。并对此工作进行安排布置。

23 日　青神投资促进委员会成立。涵盖招商局、经信局、工业开发区管委会、工商局、工商联、金融国资局、商务局、外事台侨办 8 个部门;青城、黑龙、西龙 3 个乡镇(简称 8 +3)。旨在统筹全县招商引资、研究国内外投资发展趋势、营造优良投资服务环境、整合招商资源,引领全县招商工作。

25 日至 29 日　青神开展春节送温暖,直联工作"六个一"活动。内容:开展一次走访慰问活动、一次联欢活动,召开一次述职测评会,过一次组织生活。全县领导干部用心联系服务群众,让群众感受到党和政府的关怀和温暖。

29 日　中国共产党青神县第十三届代表大会第三次会议在县委礼堂召开。应到代表 200 名,实到代表 192 名。县委书记黄国清作题为《努力追赶、加速突破、为建设"璀璨明珠·锦绣青神"而不懈奋斗》的工作报告。要求做到:坚定不移践行科学发展,让青神精神绽放;推进"三抓三提升",凸显青神特色优势;强化要素保障,助推全县经济发展;创新社会管理;构建和谐幸福家园;加强"五大建设",提升党的建设科学化水平。

29 至 30 日　中国人民政治协商会议青神县第八届委员会第三次会议在县委礼堂召开,应到代表 118 名,实到 118 名。政协副主席罗泽志作《政协八届委员会工作报告》。强调:继续围绕中心,服务大局,推动全县追赶发展;增进团结,统一战线,凝聚社会各界力量;求真务实,开拓创新,提升政协工作水平。

31 日　全国人大代表,省文联副主席、成都艺术职业学院院长余开源到青神考察。表示成都艺术职业学院选址青神是正确的,将全力推进青神校区早日建成。

二月

1 至 2 日　青神县第十六届人民代表大会第三次会议在县委礼堂召开。应到代表 155 名,实到代表 155 名,158 名列席人员。县长胡国民代表县政府作《政府工作报告》;审查批准青神县 2012 年国民经济发展计划执行情况和 2013 年国民经济和社会发展计划(草案)报告;2012 年财政预算执行情况和 2013 年财政预算(草案)的报告;听取和审查县人大常委会、县人民法院、县人民检察院工作报告。指出:要紧扣中心服务经济发展,紧抓事关全县经济和社会发展的重大事项和群众普遍关注的重大问题;依法履职促进司法公正,采取视察、审查、跟踪监督、评议等方式;突出重点关注竹编产业。

2 日　四川省国防教育学院落户青神。学院总投资 1.2 亿元。主要担负全民国防教育实施和军地两用人才培养任务。

6 日　县政府决定对青神县锦绣商业小区建设项目 C、D 区进行公开招商,诚邀符合条件的投资人报名参加项目投资。该项目位于县内青衣广场东侧、青衣大道与城北路交叉口西南侧,总用地面积约 58 亩,总投资约 5 亿元。

17 日　县委书记黄国清会见云南省·四川商会会长郑宇毅一行。对县内中岩公园综合体、滨江大道等项目进行实地考察。

18 日　鸿化堰整治工程启动。对此堰采取开挖、清淤、边坡防渗、三面光等方式进行整治。全长 28.23 公里,投入 300 多万元。推动县节水型社会重点县建设省级项目顺利进行,4 月中旬全面竣工。

19 至 20 日　青神县集中召开 4 个重要工作会。即:党建工作会、财税金融国土工作会、创新社会管理工作会和项目推进工作会。旨在坚持科学发展、追赶发展、坚持项目工作统揽经济工作,为夺取经济社会发展"开门红",圆满完成全年目标任务起好步、开发局。

24 日　青神首次举办"友好之春·走进青神"大型外事活动。此次活动邀请外宾共 120 多人,包括 19 个不同国家和地区的驻成都领事、总领事、世界 500 强企业驻四川高管、外资机构驻四川办事处人员等。活动展现青神开明开放资态,集中宣传青神文化、青神竹编,展示青神风采。新华社、人民日报海外版等中央媒体和省市新闻单位对此次活动进行报道。3月6日，李静对此项活动作“开放合作、展示形象，此举很好。抓紧转化推动经济发展、项目建设的成果”的批示。

26日　眉山市2013年第一批重点项目集中开工仪式在青神举行。此次青神参加集中开工仪式项目4个。德恩20万吨铸造及机械加工一期项目、华瑞国际3号、5号、6号楼建设、华晨包装精品包装生产项目、新鑫元机械饮料整机生产项目。

三月

2至3日　县委中心组围绕城市建设开展理论学习活动。先后参观考察金堂县、北川县、都江堰市的城市建设。要求：牢固树立建造百年建筑的历史使命；“三位一体”的意识；城镇一体化意识；争当内行意识。推进新型城镇化。

6日　青神国家传统知识产权保护试点县工作顺利通过省级验收。

7日　全市农村工作流动现场会在青神召开。与会人员参观县内竹艺大道、兰沟村竹庄产村相融综合体等。与会人员一致认为：县内新农村建设按照特色引领，走依托城市、三产联动、水筑景观相融的道路，既区于其他区县又充分体现青神特点。

11日　青神召开县级离退休干部工作通报会。分现场参观和工作通报两部分进行。强调：青神发展离不开老干部支持，县委十分重视老干部工作；一如既往地为老干部搭建平台，从生活上关心老干部，为大家继续发挥余热营造良好环境。

12日　青神开展义务栽竹活动。全县近千名干部职工参加栽竹。据统计：当天共栽竹苗近10000株，绵竹1000多丛，栽种面积300多亩。

10日　思蒙堤防整治兰沟段开工。工程总投资1285.88万元。全段新建堤防2.25公里，河道疏浚2公里。是集生态、景观、防洪为一体的综合水利工程。

22日　全国妇联书记处书记崔郁率全国妇联相关领导和国家人力资源社会保障就业促进司副司长桂桢一行到青神，对县妇女居家灵活就业情况进行调研。指出：青神妇女居家灵活就业成绩突出，值得总结推广。

27日　县长胡国民带领政府办、农工办、农业局、水务局、林业局主要负责人深入抗旱和森林防火一线检查。要求各有关部门切实做好相关工作，确保抗旱和森林防火工作落实到位。

28日　市政协主席王影聪一行6人到青神，调研指导全县乡镇文化及生态绿地规划工作。指出：文化是乡镇规划之魂、此次规划要体现项目化，要把项目落实到总规和控制性详规中。

29日　规划大会战工作会召开。旨在落实市委、市政府相关要求，全面启动全县规划大会战工作。要求：一要注重多规衔接；二是推进分类规划指导；三是要注重品质。

四月

2日　原全国政协副主席杨汝岱莅青调研。称赞：“青神工作有特色，有经济头脑”，“小而特，小而精”，“青神是一方净土”。

7日　中共小金县县委书记毛端喜率小金县党政代表团一行到青神考察。并在江湾神木园召开座谈会，相互交流经验，共谋发展。3月13日至15日，青神县人事社会保障局赴小金举办专场招聘会，为县内2家企业招聘员工。

9日至11日　青神召开“以农为主，统筹城乡”、“以工为主，统筹城乡”、“以游为主，统筹城乡”、“以城为主，统筹城乡”4个有关统筹城乡发展的重要会议。全面落实市委、市政府创新“四种模式”，加快“四个转变”要求。6月25日，市委书记李静率市委全委扩大会参会人员莅青参观。指出青神统筹城乡模式很有特色。

11日　县委决定开展向菊美多吉学习活动。

要求：各乡镇、县级各部门要紧密联系实际，精心部署，采取多种形式，向其学习，并与加快发展的具体实践活动结合起来。

12 日　青神举行汉阳图书馆周年庆暨青神系列歌曲、宣传画册、散文游记首发仪式。是对青神文化形象宣传载体的一次集中展示，也是对青神经济社会发展成果的一次重要宣传。

17 日　中国民营企业 500 强之一的广州立白集团总裁陈凯莅青考察。次日，青神与立白签署协议，立白集团投资 30 亿元的西部生产基地项目落户青神。

20 日　芦山地震波及青神。机关干部取消休假，投入抗震救灾。同日，市长宋朝华、副市长吴小可到青神察看受灾情况。次日，青神组织救灾物资 200 多万元送往灾区。全县受灾群众 53966 人，受伤 45 人，紧急转移安置 2502 人，农房倒塌 172 间，损坏房屋 18499 间，无 1 人因灾死亡。5 月 6 日，全县接收各种捐赠折合人民币 212.6 万元，全县抗灾救灾秩序井然。

21 日，百名企业家到青神考察。次日，签约活动在眉山东坡湖饭店举行，共签约 17 个项目，75 亿元。

同日　青神实施“明厨亮灶”工程，消费者可透过视频监控看餐馆后厨卫生状况。即时起到 30 日选定 20 家餐饮单位试点。5 月 1 日至 30 日，组织安装商家进场施工。6 月 1 日至 30 日，组织社会各界人士视察调研，并提出意见和建议。7 月 1 日至 30 日，完成系统测试，制定运行管理办法等制度。8 月至 12 月，组织开展社会评价，全力打造食品卫生放心店。

23 日　青神县第一季度经济运行分析会在县委礼堂召开。要求：开足马力，继续前进，努力夺取“双过半”。

30 日　市人大常委会主任贺文到青神，视察地震灾情并指导灾后重建工作。

五月

1 日　省交通厅下发《关于同意成乐高速张坎收费站更名复函》。20 日，成乐高速公司正式更换青神收费站名和成乐路高速沿途“青神”标牌。标志青神以全新姿态亮相成乐高速。

7 日　市委、市政府出台加快推进青神竹编产业发展若干政策意见，从做大竹海、做精竹艺、做美竹城、做强产业、财政支持、搭建平台、培育人才、打响品牌、保障要素、部门配合、加强领导、强化考核 10 个方面作要求。

同日　央视一套“焦点访谈”栏目曝光青神个别零售摊点销售山寨产品。当晚青神成立清查工作领导小组，对全县“山寨”产品流入渠道、各个流通环节、产品是否有“三证”、是否涉嫌质量问题等开展彻查。9 日晚，央视对此事件作正面报道。

是日　青神县“三个中心”挂牌成立。即：行政审批代办服务中心、“一费制”缴费服务中心、金融服务中心。

8 日　全省召开“实现伟大中国梦、建设美丽和谐四川”主题活动。次日，青神县委、县政府召开“实现伟大中国梦、建设富裕美好和谐青神”主题教育活动。强调要将主题活动与当前工作紧密结合起来，着力抓好青神建设，争做一流、转变机关作风三件事。9 日，县委出台关于在全县广泛开展“实现伟大中国梦、建设富裕美好和谐青神”主题教育活动的实施意见。

12 日　青神持续干旱，40 年未遇。黑龙、青城、南城等乡镇受灾，10 万亩大春未栽插。县委、县政府号召：栽插保苗是天大的事，要不惜一切代价。全县各级各部门分别深入乡镇，帮助抗旱。20 日，全县满栽满插任务完成。

14 日　县政协主席李志国主持召开江湾神木园创建国家 AAAA 级旅游景区会议。要求：企业和各部门要统一思想，提高认识；加强指导，整改落实。加大宣传力度，提升知名度。10 月 31 日完成初评工作。

17 日　中国第九届文化产业博览交易会在深圳举行。中共中央政治局委员、中央宣传部长刘奇葆亲临眉山会场，参观青神县竹编工艺。新华网、《四川日报》等新闻媒体报道青神竹编。

20 至 21 日　青神社会治安集中清查整治行动开始。出动警力 140 多人次，警车 48 辆，设卡点 7 个，盘查各类车辆 90 余辆，清查旅店、网吧、KTV、手机市场、烟草销售店等行业场所 150 余家，可疑人员 60 多人，查处问题均做处置。

21 日至 24 日　县委书记黄国清率"四大班子"主要领导及部分企业代表赴湖南长沙、宁乡、上海临港、江苏昆山等地考察三一重工泵送、起重机、挖掘机等工业园区。强调：各随行企业要学习三一重工，提高自身管理能力；研究如何为三一重工配套，实现快速健康发展。

27 日　国家商务部投促局副局长杨依杭一行莅青调研机械产业。就县内如何引进新企业，扩大增量和如何做好现有企业等方面提出宝贵意见。

同日　中共青神县委第十三届 42 次常委扩大会在青神大酒店三楼会议室召开。强调：继续实施"招大引强"战略；推进城乡统筹；全力以赴维护社会稳定；加快项目推进；深入开展"中国梦"主题教育活动；加快竹编园区开发；奋力冲刺"双过半"。明确发展目标重点，推动全县经济社会加快发展。

28 日　县人大主任李天祥率队视察交通重点项目建设。要求：各部门要做好项目稳定工作，保证质量前提下保证进度，加强对上争取力度，全力推进项目建设，着力改变区位条件，实现发展追赶青神梦。

同月　青神获首批国家餐饮服务食品安全示范县称号。全省仅 4 家，青神属眉山唯一。

同月　全国绿化委员会授予青神"全国绿化模范县称号"。是年，全县森林覆盖率 42%，绿地绿化率 99.2%，绿化覆盖率达 44.74%，城区人均公共绿地面积 11.6 平方米。

六月

3 日　青神城市管理专项整治开始。即日起至 6 月 20 日为宣传动员阶段；6 月 21 日至 8 月 11 日为集中整治阶段；8 月 12 日至 21 日为建章立制阶段。主要治理中心城区"垃圾乱扔、摊位乱摆、车辆乱停、工地乱象、广告乱贴、污水乱流"为重点；集中 3 个月，促使城市管理长效机制确立。8 月 22 日至 31 日，对整治工作进行检查验收，对不符要求单位限期进行整改。

同日　青神与成都西南水泵厂签约高效节能泵生产项目。拟投资 1 亿元，新上高效节能泵生产项目。

5 日　青神县电子商务运营基地正式开业。该基地是集供应、培训、支付、物流、孵化等一体的产业运营基地。一期为期 2 年，累计投入 300 万元，协助 5000 名创业者网上创业，推动全县电子商务额达到 3 亿元；二期为 3 年，电子商务额达 10 亿元。总部位于成都青羊区四川易网科技有限公司。全力打造中国西部第一淘宝县。

同日　眉山市老领导李吉荣、尹志君、李忠国、严文清等一行 20 人到青神，参加了解青神工业、交通、城市建设等情况，并表示继续关注青神发展。

6 日　省委宣讲团到青宣讲"中国梦"。从中国梦提出的背景、内容和实现的途径等对"中国梦"进行阐述。通过聆听报告，干部群众对"中国梦"的内涵、实质和实现途径有更深的了解。

7 至 8 日　省政协主席黄润秋一行 19 人到青神视察县三产文化。指出：青神要紧紧把握住发展机遇，提高文化附加值，为地方经济发展助力。

15 日　第四届国际非物质文化遗产节在成都举行，青神竹编亮相国际非遗节。

17 至 22 日　县委书记黄国清率青神城乡建设学员 55 人赴四川大学干部培训班学习，学习内容为：《统筹城乡发展与新型城镇化》、《新型城镇化与新型工业化互动发展中的社会管理创新》、《乡村治理机制创新与农村经济社会发展》等。

18日 国家文化部非遗司司长马文辉率队到青神考察县竹编生产性保护。指出：青神竹编做得好，应该国际化、产业化。

25至26日 青神召开创新“四种模式”，加快“四个转变”统筹城乡发展工作会。要求：全县各级各部门，要紧紧围绕统筹城乡发展深入思考4个问题：一是产业支撑问题；二是人的城镇化问题；三是融资平台问题；四是路径探索问题。7月4日开始，县委书记黄国清到各乡镇调研，针地各乡镇具体情况出谋划策，指导乡镇统筹城乡工作的开展和下半年工作部署。

27日 县委就深入学习贯彻省委十三届三中全会精神提出“结合实际，创新贯彻落实”发出通知。要求：坚定不移推进科学发展，加快科学发展，建设富裕美好和谐青神；推进“招大引强战略”；推进城乡统筹发展；保障和改善民生，确保社会和谐稳定；加快竹编产业园区建设；奋力冲刺“双过半”目标；推进加强党的建设，做到主动作为创一流。

30日 青神县境内突降暴雨，粤江河水位迅速上涨，淹没漫水桥。吞噬高台乡麻柳村2名渡河群众和1名见义勇为青年。7月1日，3名遇难者遗体打捞上岸。

七月

1日 庆祝建党92周年暨第三季度干部大会在县委礼堂召开。全体党员干部在大会上庄严承诺争当“依法办事好干部”。全县各级党组织开展形式多样庆“七一”建党活动。

8日 青神县第一期公租房配租方案出台。配租方案坚持“公开、公平、公正”和孤老、病、残和优抚对象家庭优先，实事求是，以人为本原则。此次分配房源122套，租金标准为每月每平方米4元。8月2日，第一期公租房配租工作开始。

8至10日 青神普降大雨，成都地区普降暴雨，岷江水位持续上涨，超警戒线水位0.4米，最大洪峰流量每秒8500立方米。青神启动Ⅳ级防汛应急，青神各级各部门积极应对。

9日 县政府与商务部投资促进事务局中国国际投资促进中心签订《产业投资促进合作框架协议》，向国内外企业推荐青神、探索园区合作共建，促进青神企业对外交流等方面进行广泛合作。此协议搭起青神“招大引强”新平台。

17至18日 县境内再次降大雨。18日，市长宋朝华、眉山军分区司令员鞠明视察县内防汛工作。强调：群众生命安全是第一要求，工作要不断下沉。县内未出现重大险情。省督查组肯定县防汛工作。

同日 县人大主任李天祥率队视察工业重大项目推进情况，助推“顶天立地机械之都”建设。

29日 青神城区非法运营电动三轮车专项整治开始。即日起至8月12日为宣传阶段。8月14日至27日为集中整治阶段。此后进入常态化管理。此次行动出动警力380人次，警车92辆次，查处违法行为58起，扣摩托车9辆。

31日 北京旅游委到青神参加县内旅游项目推介会。对做好旅游三产提出合理建议。一是广泛参与旅游展览会；二是推广健康旅游概念；三是在新鲜潮流的公务机旅游和实体演艺项目等方向做适当尝试。

八月

1日 中国人民解放军建军86周年。县领导李天祥、胡国民、李志国慰问驻青军警官兵；同时率队到各乡镇对残疾军人、烈士遗属、复员军人、参战退役军人、带病回乡退伍军人、现役军人及家属进行慰问。

5日 青神与三一集团战略合作框架协议暨三一产品交机仪式在中岩广场举行。市领导李静、宋朝华、贺文、刘十庆等出席会议。助推县内健全配套生产、提升产品层次、拓展发现空间、实现机械产业集群发展。

7日　县政府召开全体会议。讨论研究上半年经济运行情况和事业工作,部署下一阶段工作。要求:科学应对复杂经济形势压力,坚持抓指标保排位;抓项目促投资;抓招商强后劲;抓民生促和谐。

8日　县人涂若云斩获百事最强音四川站季军。

10至12日　民政部联合中央电视台举办“同在蓝天下—爱心·希望”文娱晚会在北京举行。青神创作舞蹈《竹乡小丫》在晚会上表演,得到评委好评。

12至13日　由市委宣传部策划,组织《四川日报》、《四川经济日报》、《华西都市报》等11家媒体对青神经济发展进行采访报道。

15日　省政协副主席王正荣调研青神民营文化经济。指出:县民营文化经济产业搞得非常好,有特色,特别竹编文化企业这种龙头企业值得总结经验。

16日　台湾高雄市记者公会常务理事陈全斌率“台湾高雄新闻记者采访团”到青神采访。表示更多关注青神、宣传青神、走进青神。

19日　眉山市委召开中心组(扩大)学习会,研究“统筹城乡、三大发展战略”工作。县委书记黄国清在会上作“坚持科学发展、追赶发展、奋力实现次级突破、翻番升位”发言。

23日　县委召开党建工作会。要求:全县要在近期召开反思会,对换届以来的工作进行反思,总结成败得失。同时对下一段工作进行安排部署。

同日　青神启动第一次全国不可移动文物普查。通过普查,全面掌握全县有不可移动文物的数量、分布、本质特征、人物信息和保存情况,构建科学文化遗产保护体系。全县有不可移动文物143处,全国保护单位2处,省级3处,市级11处。

27日　高台乡傅塘村、汉阳镇向阳村、罗波乡官斗山村、白果乡白云村被评为四川省2012年度环境优美示范镇乡村。

同日　省委第六巡视组莅青,开展巡视工作。以党风廉政建设中,领导干部是否存在权钱交易、贪污贿赂、腐化堕落等问题;落实中央“八项制度”、“十项规定”问题,是否存在“形式主义、官僚主义、享乐主义、奢靡之风、违反党的方针政策、买官卖官、拉票贿选”,违规选拔任用干部等问题。

九月

1日　国家林业局计财司副司长孙建率队到青神,调研竹编产业促农增收工作。指出:竹产业是青神优秀产业,发展前景广阔,要根植于当地资源,针对不同的市场定向研发、创新产品,注重质量,维护和打造好品牌,做大做强竹产业,带动农民增收致富。是年,竹编产值达1.5亿元,6000多户农户从事竹产业。

2日　县领导黄国清、李天祥、胡国民、李志国带队深入西龙纸业和新久源实业公司,了解企业发展变化,调研企业存在问题,政企同心呵护来之不易的复产成果。

3日　市委书记李静对县“双千培训”(竹编产业、机械产业)工作作批示肯定。学习青神的做法,围绕“四个转变”、整合各方资源。市人社局要拿出一系列培训计划,并尽快推进实施。

9至10日　县委中心组(扩大)学习会在县委礼堂召开。对换届一年多来的各项工作进行反思,总结经验,谋划未来。要求着力解决生产要素尤其是土地和资金保障、国际竹艺城打造、滨江新区开发、全县干部抓城乡统筹的视野、人才流失、新形势下党风廉政建设等问题。会后,各相关责任单位迅速贯彻会议精神,县委、县政府开展督查。

11日　国务院参事郭瑞一行7人到青神调研中岩摩崖造像保护情况。希望青神利用好国家不可移动文物保护工作政策,保护和利用好这些不可再生的文化遗产。

18日　中共眉山市委通知（眉委[2013]177号）：唐志强任中共青神县委委员、常委，挂职时间一年。25日，青神第十六届人民代表大会常务委员会第22次会议决定：任命唐志强为青神县人民政府副县长。

24日　青神“以游为主，统筹城乡”专题培训班在西南大学开班，县领导胡国民、侯锐、周吉华、曾晓宇、县级相关部门负责人，各乡镇长参加培训。系统学习旅游业市场营销、旅游业规划常识及基础、乡村旅游业发展应对、旅游产品策划与创新、旅游景区开发与管理、文化与旅游融合发展等知识。为期一周。

24至28日　全县村级党组织换届选举开始。全县应到会户数78100户，实际到户数67965户，参会率87.2%。10月29日—11月8日，选举结束，选举产生村级党组书记78名，委员156名。

30日　青神部署全县经济普查工作。并对全县普查员和调查对象作严格要求。

十月

8日　重阳节前夕，青神为全县60岁以上老人免费赠送手机一部，共赠手机4.4万部。《四川日报》、《四川电视台》等15家媒体、人民网、新华网等300多家网络媒体进行采访报道。

11日　青神召开岷江航电枢纽工程建设指挥部全体会议。要求：一是要抓工程建设；二是要抓好土地、林地手续的报批；三是要抓好征地和移民安置工作；四是共同做好电价审批工作。一切工作围绕次年6月首台机组发电。

14日　青神组织160人的党政企业代表团赴仁寿，对该县的经济与社会发展现状进行深度考察学习和交流。

23日　第十四届中国西部国际博览会在成都举行，青神在会上设展区。次日，市委书记李静率队巡视并慰问青神展区。指出：借力西博会，“营销”好青神。27日，省委书记王东明、省长魏宏参观西博会青神展区，强调要大力发展竹编产业。此次签约3个项目，总投资94亿元。

24日　青神向34户低保家庭当年新考入大学的新生发放助学金，每户1000元。

30日　县委书记黄国清率队调研工业开发区重点项目进展情况。指出：充分发挥企业家的主体作用，在企业改革，以企招商，高效利用土地等方面取得效果；全力冲刺当年目标，早确定明年重点。

十一月

11日　青神县加快项目建设流动现场会在青神大酒店会议室举行。要求：深入研究发展中存在的问题，狠抓现场施工；抓住历史发展机遇，继续加强技改扩张；在招商引资工作中发挥积极作用；企业和各部门要协同配合，做好集约节约用地。

18至19日　青神召开乡镇流动现场会，县“四大班子领导”到乡镇调研。鼓励乡镇相互学习，共商发展大计。强调：干部要树立正确政绩观，做事要经得起历史检验。

同日　市级相关干部基层学习调研活动在青神启动。此次活动是市委、市政府为深入推进“四种模式”加快“四个转变”，引导市级机关干部了解掌握市情、学习基层经验、激发工作热情而开展的。共有10个组到青调研，历时5天。

21日　青神预防职务犯罪宣讲会在县委礼堂举行。指出：要常怀警惕之心，从思想源头上预防职务犯罪，增强廉洁从政意识，正确对待和行使职务权利，造福社会，服务人民。

22日　2013年“暖冬行动”开始，向全县各个乡镇发放棉被730床、棉大衣100件、棉衣裤60套。折合资金10万元；下拨用于购买御寒物资和粮食的资金66.6万元。

27日　省国土资源厅厅长杨冬生到青神调研。强调：继续加强国土资源管理，支撑经济社会又好又快发展。

十二月

5日　23家跨国公司高管到青神参观考察。此次活动考察成都市、绵阳市、德阳市、乐山市、青神县5个地区，青神是唯一区县。

6日　锦绣大道竣工通车，千人骑游举行通车仪式。全长6.6公里，宽66米，总投2.95亿元，历时2年多。

同日　青神县民间文艺家协会成立。聘请吕应鑫、陈云华、吴建堂为名誉主席与顾问。

7日　欧盟驻华大使马库斯·艾德和、国际竹藤组织总干事古珍一行到青神，视察“欧盟援川项目”示范竹产企业。对企业实施竹编教师和人才培训、各类援助扶贫培训、产品质量提升培训等方面工作给予肯定。

7至8日　青神县2013年乡村旅游椪柑节在县内白果乡甘家沟村举行。吸引周边区县游客5万多人，现场销售椪柑2500吨。带动旅游收入4000多万元。

9日　青神召开2013年党管武装暨民兵预备役工作总结表彰会。强调：要牢记使命，充分认识加强国防后备力量重要性；突出重点，着眼基层、切实把民兵预备役各项工作落到实处；认清形势，明确职责，充分发挥武委会和国动委的职能作用；加强有关武装知识学习；做好配合协调工作。

10日　县委中心组（扩大）学习会在岷江会议中心召开。要求：全县各级各部门要迅速把思想行动统一起来，利用“干部小讲堂”等多种形式，认真组织学习。认真研读《中共中央关于全面深化改革若干重大问题的决定》的单行本、辅导读本，深刻领会内涵实质。深入研究出台的各项政策措施，联系青神实际推动发展。

11日　青神竹编摘取中国民间文艺最高奖“山花奖”。

12日　县委书记黄国清率队对电子商务中心、食品药品监督、中小学素质教育、城市综合整治等方面开展连续调研，确保民生工程顺利进行。

17日　省委宣讲团到青神宣讲十八届三中全会精神。从全面深化改革的重要意义、指导思想、改革的任务和重大举措、党对改革的领导等方面进行解读。全县400多人聆听报告。

19日　“情系青神·相约摩尔”公益系列文艺晚会开演。历时15天。此次晚会由政府主办转变为政府引导企业转主办，引领青神文化产业发展新走向。

24至26日　青神村（社区）干部推进“四个转变”培训会在县委礼堂举行。以围绕“四个转变”推动发展，强化新形势下农村基层干部的工作思路和方法，不断提高村干部执政履职能力、带头带领致富能力、服务群众能力、创新发展和和廉洁自律能力为内容。参训人员407人。

25至26日　县委书记黄国清、县人大主任李天祥、县长胡国民分别到乡镇参加乡镇党委民主生活会，强调要多揭短、多反思、多沟通。

（周国玉）

中共青神县委◎

重大决策

【“次级突破、翻番升位”工作目标】 以科学发展、追赶发展为主基调，大力弘扬青神精神，坚持工作思路和工作重点毫不动摇，坚持做大总量和提升人气毫不松懈，抢抓天府新区、高铁经济、航电经济三大机遇，深化机械、竹编、椪柑三大业态，深入实施招大引强发展战略，以“三抓三提升”为重点，推进统筹城乡发展，推进六大项目，力求招大引强、园区建设、交通基础、配套服务、要素制约“五大突破”，奋力实现“次级突破、翻番升位”目标。到2016年，GDP达到100亿元；县级公共财政收入达到6亿元；全社会固定资产投资超过80亿元，综合经济实力在全省排位上升7位；城镇居民人均可支配收入、农民人均纯收入分别达到3.5万元、1.65万元；县城人口达到8万人，城镇化率达到46.8%以上。

【创新“四种模式”加快“四个转变”】 “以城为主、统筹城乡，以工为主、统筹城乡，以农为主、统筹城乡，以游为主、统筹城乡”四种模式，加快农民向城镇居民、产业工人、现代农业业主和三产经营者转变。规划引领、项目驱动、产业支撑、典型示范、群众主体五项原则，突出以城为主、以工为主、以农为主、以游为主四个统筹。实现六大目标：农村四个转变目标。到2016年全县新增城镇人口达2.94万人；新增产业工人3.4万人；新增现代农业业主533人；新增三产经营者和从业者14000人。城乡居民收入。到2016年全县农民人均纯收入达到14200元，年均增长16%以上；全县城镇居民人均可支配收入达到26300元，年均增长15%以上。全县拥有规模以上企业70户，打造百亿园区1个。城镇化率达到46.75%，年均提高3个百分点。建成新农村综合体4个；建成新村聚居点260个；建成万亩农业基地10个；建成三星级以上乡村酒店和农家乐5个。新型农村合作医疗参合率达到99.7%；城乡社会保险综合参保率达到80%以上。

【科学提炼青神实践】 提炼“精神引领、项目推动、业态集中、后发追赶”的青神实践。精神引领，即“小而不卑、难而不惧、奋斗不息、创新不已”。全县干部在“青神精神”的引领下奋发有为，把“不可能变为可能，把可能变为现实”。项目推动，全县共引进各类项目51个，协议投资金额178.7亿元，建成投产后预计可实现税金8.3亿元，新增就业1.39万人。丹甫股份、德恩机械、青神机械等当地企业技改扩张，岷江汉阳航电工程、三大BT项目加速推进。业态集中，继续坚持“三抓三提升”工作重点的基础上进一步深化发展格局，集中精力打造三大业态，发展以机械产业为主的工业业态，发展以竹编产业为主的文化旅游业态，发展以椪柑产业为主的现代农业业态。后发追赶，确立未来三年发展的“168”工作目标。

重大决定

【促进房地产业健康发展】 按照“科学发展、追赶发展、次级突破、翻番升位”的部署，为加快推进新型城镇化进程，促进县房地产业健康发展，实现2016年城市人口8万人的目标，工作重点：保障房地产市场土地供应，全面清理全县低效闲置用地，加大土地市场供应力度，力争每年房地产开发供地200亩以上，实现房地产每年开发面积30万平方米、销售商品房2000套以上，满足每年新增城市人口7500人需求。加强集(场)镇规划和建设，原则上禁止农村散居建房。鼓励市民购房，抓好就业培训，鼓励就业创业，鼓励房地产企业依法规范发展，鼓励建筑业企业做强做大。

【加快推进民营经济跨越发展】 突出以建设“顶天立地”的机械之都为主导，支持现有企业做大做强，全力招大引强和大力发展个体工商户和小微型私营企业两大重点，坚持“三个舍得”，舍得给企业家政治荣誉、舍得给企业家社会地位、舍得给企业家物质待遇，进一步扩大投资领域、清理前置审批事项、放宽登记注册条件等方面拓展发展空间，进一步壮大投融资机构、加大财政支持、强化税收扶持，加大金融财税扶持，进一步推动技术创新、加强人才资源开发，强化技术人才支撑。进一步优化行政服务、切实减轻民营企业负担、优化社会环境，改善发展环境。

【做活“水”字建设“半城山水半城竹”滨江城市】 围绕打造岷江河畔璀璨明珠，奋力推进“半城山水半城竹”的滨江城市建设，完善全县水系建设规划、保护规划、蓝线规划和中心城区水系建设规划，实施引江入城、引水入镇、引水入村、引水入园，着力打造岷江景观、鸿化堰景观、湖泊景观。治理中小河流，整治病险水库14座和山坪塘62口，实施“清水工程”。力争到2016年，全县水域面积恢复和新增10平方公里以上，达到60平方公里以上，水域面积占国土面积比重，由13%提高到15.5%。

【党风廉政建设和反腐败工作】 紧紧围绕县十三届三次党代会确定的工作目标，以维护党章为重点，推进纪律建设。以落实县委关于改进工作作风、密切联系群众的“八项规定”及县纪委“八条规定”为重点推进作风建设，严明政治纪律，确保重大决策部署落实，切实改进工作作风，密切党同人民群众的血肉联系。强化教育监督，促进权力规范透明运行；坚持从严执纪，始终保持惩治腐败的高压态势；深化源头治腐，不断推进体制机制改革和制度创新；注重纠建并举，切实解决群众反映强烈的突出问题；强化组织保障，确保反腐倡廉建设任务落实。以完善惩防体系为重点推进反腐倡廉建设，努力实现干部清正、政府清廉、政治清明，为青神实现跨越发展提供坚强有力的纪律保障。

【加强教育工作】 以办好人民满意教育为宗旨，坚持教育优先、育人为本，优化结构，提高质量，内涵发展，打造“学在青神”的教育品牌，为推进青神追赶发展提供强有力的智力支持和人才支撑。工作思路：普及学前教育，做特义务教育，办优普通高中，服务社会文明；壮大职业教育，发展成人教育，服务地方经济。工作目标：建立适应全县经济和社会发展的教育体系，基本构建“战略地位突出、管理体制顺畅、办学行为规范、教育投入增长、学校布局合理、教育资源优化、办学特色鲜明、整体质量优良、各类教育协调”的新格局。

【建设“绿海明珠”】 按照“半城山水半城竹”的城市定位，全县动员，全民动手，打造青神竹海，实施好城市“绿肺工程”和集镇“拥翠工程”、“百村绿色家园”工程，做到宜竹栽竹，宜树栽树，宜花栽花，竹、树、花结合，绿色与多色结合，基本实现“城镇园林化、道路林荫化、水系林网化、新村林果化”。工作重点：实施沿路、沿江“绿带工程”，实施县城“绿肺工程”，实施集镇“拥翠工程”，实施“百村绿色家园工程"。到2016年,全县森林覆盖率达到45%以上,绿化覆盖面积达到194平方公里,绿化覆盖率达到50.2%。县城区绿地率达到36.5%,绿化覆盖率40.55%,人均公共绿地面积11.6平方米。

【保护和恢复青神老八景】 为保护青神老八景这一珍贵的历史文化遗产,唤起青神儿女热爱家乡,建设岷江流域璀璨明珠的激情,将青神厚重的历史文化资源融入以机械为龙头的工业经济、以竹编为龙头的旅游经济、以椪柑为龙头的农业经济中,坚持保护、规划和开发相结合的原则,将青神老八景的保护工作纳入到青神县城乡建设总体规划、青神县旅游发展规划和全县各乡镇文化及生态绿地规划中。工作重点:编写"青神老八景"历史文化传说书籍,以故事传承和弘扬。书籍纳入"青神文化丛书"《锦绣青神》,作为"风光篇"的重要组成部分和《人物篇》、《文化篇》一起组装套书。在城市开发项目中,选择点规划,集中打造青神文化墙,以线描和其他手法,再现青神老八景历史风貌。

重大活动

【实现伟大中国梦、建设富裕美好和谐青神】 坚持用"中国梦"统一思想、凝聚共识,教育引导全县人民大力弘扬青神精神,扎实推进多点多极支撑发展战略,努力建设富裕美好和谐青神,谱写中国梦青神篇章。2013年5月起,集中2个月左右时间,在全县广泛开展"理想信念、三个自信"、"科学发展、追赶发展"、"团结和谐、维护稳定"、"三自精神、感恩奋进"、"优良作风、创新作为"五大主题教育,达到统一思想、凝聚力量、转变作风、推动工作、争创一流的目标要求。

【开展九大调研】 2013年3-12月,开展抢抓天府新区、航电经济、高铁经济三大机遇课题组和发展要素保障、竹编产业园区建设、滨江新区建设、统筹城乡、人才队伍建设、党风廉政建设六大课题组调研活动。九大课题组多方考察学习,结合青神实际认真思考研究,反复讨论修改后形成9篇调研报告,为奋力实现"次级突破、翻番升位"目标提供决策依据。

【开展社情民意调查】 2013年6月,成立专项调查小组,通过个别座谈、实地走访和电话询问等方式对全县10个乡镇干部群众就换届以来县委、县政府重大决策、部署满意度情况开展专项调查。调查对象包括乡镇党委书记、乡镇长,乡镇中老年、青年公务员、事业干部、村官代表,不同村(社区)支部书记、村主任代表、社长代表、群众代表和城区商户代表等共计350人。形成《关于我县社情民意调查情况的报告》,总结"继续坚持'1171'的工作思路和'三抓三提升'的工作重点""继续坚持'十大推进组'分线作战的工作机制""继续坚持'招大引强'的招商理念"等八大方面,同时收集涉及工业、竹编产业、三产旅游等10个方面建议意见33条,为县委、县政府不断完善决策、部署,提高群众满意度提供依据。

重要会议

【中共青神县第十三届代表大会第三次会议】 2013年1月28日,召开中国共产党青神县第十三届代表大会第三次会议。会上,县委书记黄国清作《努力追赶 加速突破为建设"璀璨明珠·锦绣青神"而不懈奋斗》的报告。大会的主题是:深入贯彻落实党的十八大、省第十次党代会和市第三次党代会精神,以"科学发展、追赶发展"为主基调,坚持工作思路和工作重点毫不动摇,坚持做大总量和提升人气毫不松懈,大力弘扬青神精神,努力追赶、加速突破,为建设"璀璨明珠·锦绣青神"而不懈奋斗,朝着全面建成小康社会的目标不断迈进。

【县委中心组(扩大)学习会议】 9月9-10日,召开县委中心组(扩大)学习会,全县各级各部门对换届一年多来工作进行反思。县委办、县政府办、县委政研室分别就抢抓天府新区、航电经济和高铁经济发展机遇发言。十大重点工作推进组,10个乡镇分别对换届以来工作情况进行总结反思。大会集中讨论《关于坚持科学发展、追赶发展 奋力实现“次级突破、翻番升位”目标的决定》和《关于进一步改进干部作风的十条规定》两大纲领性文件,并以2个文件为统揽,号召全县上下以抢抓三大机遇、深化三大业态、推进六大项目、实现五大突破为路径,最终实现到2016年GDP达到100亿元、县级公共财政收入达到6亿元、县城人口达到8万人的“168”目标。

【中共青神县十三届第42次常委(扩大)会议】 5月27日,召开县十三届第42次常委(扩大)会议,传达省委十届三次全会和市委三届第39次常委(扩大)会议精神;传达全市维稳工作会议精神;传达市委关于“中国梦”主题教育暨省委十届三次全会精神报告会和市委“中国梦”主题教育活动推进会精神;宣读《中共眉山市委眉山市人民政府〈关于加快推进青神竹编产业发展的决定〉》。奋力推进当前工作:继续实施“招大引强”战略,继续有力推进城乡统筹,全力以赴维护社会稳定,加快项目推进,深入开展“中国梦”主题教育活动,奋力冲刺“双过半”目标。

县委办工作

【信息调研】 围绕全县“精神引领、项目推动、业态集中、后发追赶”的青神实践,打造展示发展成效、沟通上下左右情况、推动经济社会发展的平台。全年上报省市信息260余条,被采用80条,其中《眉山青神县成功引进总投资20亿元的立白集团西部生产基地项目》、《眉山市青神县鼓励企业加大技术创新力度》、《眉山市青神县依托优势产业开展“双千”职业技能培训》被省委办《每日要情》采用,全年信息采用得分在全市排名第二。挖掘全县各级各部门创新工作和亮点工作,编报《青神信息》80期,同比增长13.75%,制作公开栏130期。及时更新青神县门户网、县委办网和青神县党务公开网三大网站内容,浏览量分别达541455次、60181次、863239次。起草整理县委主要领导讲话材料,编发《工作通报》47期。开展信息调研,开展抢抓天府新区机遇调研,撰写调研报告2篇。

【办文办会工作】 制定《县委办公室公文办理程序》,对发文、收文、传文、办理等流程进行严格规定,全年接收各类文件6000余件,制发各类文件400余件,运转处理各类文件6000余件。执行定岗、定责、定人的“三定”原则,保障了全年文秘工作安全、快速、高效,未发生一起漏发、错发等事故。制定《县委办公室会务工作手册》,对各类会议进行严格审核,压缩会议内容和时间,会务服务严谨、细致、无疏漏,全年牵头承办或协办“友好之春”“百名企业家走进青神”等大型活动,干部大会、县委中心组学习会等全县性会议活动20余次,工作性会议100余次。立卷归档2013年文书档案1000余件,并对机要件进行整理,专管专存。做好2013年全县电话本的编印;完成《中办通讯》、《秘书工作》征订;完成规范性文件清理工作;完成书记批交办事项督查;启用党政网新系统。

【督促检查工作】 突出党委重大决策和重要部署、领导批示和交办事项、调查研究和专项查办三大重点抓督查促落实。全年牵头开展专项督查60余次,编报《督查报告》21期,编发《督查通报》20期,下发督查通知、专项查办通知、催办通知等各种通知共计28期,督办政协委员提案6件,完成专项调研2次,形成调研文章2篇。

【保密工作】 坚持抓党政机关保密管理、制度建设和保密检查。普查登记全县82个单位的基本情况,完善全县保密工作台账。开展上岗在岗人员培训2次183人次,落实保密承诺长效管理机制,组织2013年度涉密文件资料的清收,集中销毁“三密”文件和内部刊物3.6吨。开展春秋2次保密检查,检查126个单位的涉密计算机425台次,非涉密计算机651台次。

【行政后勤】 树立"树标杆、亮旗帜、创一流"的工作理念，按照精细化要求做好工作。成立五大课题组、建立六大项目联系机制，围绕三大业态、六大问题、六大项目开展调查研究，解决联系重点推进组、乡镇实际问题。定期开展乡镇、部门办公室主任培训会，以公文规范、信息写作、办公室服务等内容为重点开展培训。实施部门、乡镇信息员上挂锻炼制度，当年有3个乡镇和10多个县级部门信息员到县委办挂职锻炼。开展"1+5"读书和每周评书活动。确保行车安全，未发生一起交通事故，办公设施、饮食、卫生等均保障到位。

【直联工作】 20名党员干部以"挂包帮"为载体，直接联系服务南城镇大兴村、困难群众36户，实现困难群众联系服务全覆盖；支持村办事业现金12500元，捐款资助困难群众18000元。集中和分散到村、到农家开展服务人平13.5天次，到农家同劳动人平2天，联系农户280余次；记民情日记80余篇，反映群众述求4条，办实事好事20余件。

（黄　敏）

组织工作

【概况】 2013年，县委组织部内设办公室、干部股、组织股、干部监督股、干训股、党员电化教育股，研究室，7个股室，工作人员20人；中共青神县委党建领导小组办公室、中国共产党青神县代表大会联络办公室、青神县人才工作领导小组办公室挂靠县委组织部合署办公；中共青神县委党员干部现代远程教育中心为组织部下属参公事业单位；青神县流动党员服务中心为组织部下属事业单位；中共青神县委老干部局、中共青神县委直属机关委员会属组织部挂牌机构。

【领导班子建设】 按照《党政领导干部选拔任用工作条例》，坚持党管干部原则，强化领导班子作风，注重干部交流，激发干部活力；注重围绕中心，强化各级干部目标意识，责任意识。全年，提拔科级领导干部60人，其中正科级领导干部16人，副科级领导干部44人；调整交流干部86人次。通过调整交流，优化领导班子结构，整合人力资源，为县域经济发展提供坚强的干部保障。

【干部队伍建设】 采取"设定目标、公开选拔"的方式，通过合理设置专业要求，在全市范围内统筹公选县住建局总工程师等6名科级领导干部，并签订试用期目标任务和2年工作目标任务。在全县范围内公开选拔县长助理1名、工业开发区管委会主任助理1名、驻外经合局局长助理1名、80后乡镇长助理8名。采取"两票制"公推直选的方式选拔3名乡镇党委书记。及时办理享受副县级非领导职务工资、医疗待遇7人，享受副科级非领导职务工资待遇12人，晋升上一级非领导职务干部20人。组织全县519名副科级以上领导干部及市、县突出贡献拔尖人才进行健康体检，全面掌握干部身体状况；落实干部请休假和生病看望慰问制度，对干部休假情况进行督促落实。选派10名年轻干部到商务部、省财政厅、省发改委等部门上挂锻炼，选派6名年轻干部驻外招商。

【发挥退出领导岗位干部作用】 成立县项目监督组、国土城建监督组、岷江航电工程服务组、三产企业服务组、工业企业服务组五大工作组，先后选派43名干部参与。发挥退出领导岗位干部工作经验丰富、工作责任心强的优势。制发《关于进一步发挥退出领导岗位干部作用的意见》，有效规范工作组的工作程序和职责，明确"建议不决策、帮忙不干预、添力不干扰"的纪律。做到感情服务到位，制度明确到位，后勤保障到位。每季度召开退出领导岗位干部座谈会，帮助解决退居二线干部工作和生活后顾之忧，推进工作有序开展。

【干部教育培训】 全年举办干部大讲堂6期，培训科级以上干部2400余人次，举办10期党校主体班，培训各级干部500余人次；各单位举办“干部小讲堂”1000余期，培训各级干部20000余人次；在四川大学、西南大学分别举办“统筹城乡与新型城镇化”、“旅游管理”2期专题培训班，108名科级以上干部参训；组织和选派23名领导干部参加上级调训，84名干部参加眉山市规划大会战培训。

【干部监督】 落实干部选拔任用监督制度，强化干部监督，从严干部管理，努力提高选人用人满意度。坚持选拔任用全程纪实，实行“账簿式”管理，提高选任质量和水平。以落实中央“八项规定”和开展群众路线教育实践先行先改活动为契机，实行领导干部任前、任中和离任谈话制度，筑牢监督防线，有效防止小毛病变成大问题。全年开展科级领导干部日常提醒谈话200余人次。坚持推行领导干部个人重大事项报告制度和廉政报告制度。全年发放个人重大事项报告单27份，廉政报告单1份。推行经济责任审计制度，坚持先交接后离任和任中与离任审计相结合的原则，对县发改局、县药监局、西龙镇等9个单位10名领导干部进行任期经济责任审计。

【人才队伍建设】 全年为企业引进紧缺人才12名，为机关事业单位引进20名高层次紧缺人才，专业技术人员36人；评选表彰7名青神县“第十批有突出贡献的拔尖人才”；打造人才示范服务站3个；开展“竹编产业和机械产业技能人才双千培训工程”，培训竹编产业技能人才1248人，机械产业技能人才1073人；建立5支创业服务团队，派出21名科技特派员，建立科技示范片11个，各类先进种植技术示范点85个，培育科技示范户246户；整合各类资金20多万元，建立高校毕业生就业见习基地4个，促进高校毕业生见习57人，开展高校毕业生专题创业培训3次，参训27人，实现13名高校毕业生创业，带动就业89人；免费提供创业培训164人次，新增10名大学生创业者申请创业扶持基金7.2万元；4个团队入围眉山市人才创业创新创优优秀团队评选活动。2013年起，县财政每年安排200多万元人才专项资金。全年慰问各类高层次人才60人，发放慰问金13万余元，向规模以上工业企业的176名高层次人才发放企业人才津贴42.6万元。

【党员队伍建设】 全年发展党员131名，其中女性60名，占45.8%；35岁以下102名，占77.9%；高中以上文化程度96名，占73.3%。截至2013年底，全县有党员10726名，其中预备党员180名。

【村(社区)党组织换届选举】 采取“两票制”公推直选方式顺利完成全县88个村(社区)党组织换届工作(黑龙镇高墩村因项目实施推迟选举)，按照“一好三化”(作风品行好、知识化、专业化、技能化)标准，选优配强村(社区)党组织班子特别是党组织书记。村(社区)“两委”换届工作被评为全县十大亮点工作。

【服务型基层党组织建设】 优化两新党组织建设，全县建立114个新经济党组织、104个新社会党组织，建党率达到了95%，规模以上非公企业55个，建党率100%。通过“双向进入、双向培养、双向考核”三双模式非公企业党建和企业发展互融互促，提升非公企业党建活力。选派62名机关干部担任“两新”党建指导员。优化区域党组织构建，构建乡镇、社区、小区、楼宇“四位一体”组织体系，新成立康苑新城和南溪花园B区2个小区党支部。优化行业党组织服务，将党组织建在行业协会上，推动农业产业化经营，带动竹编、椪柑、水产等新型农村经济组织，实现“支部加协会、群众得实惠”。全县399个基层党组织开展“三分类三升级三挂钩”活动，39个后进党组织全部实现转化升级。投入915万元完成23个村级阵地规范化建设。公开选聘2013年大学生村官15名，组织42名大学生村官分别到省市培训，选派3名村级干部参加市园林培训。对全县407名村(社区)干部进行推进“四个转变”专题培训。对贫困党员和村组干部进行慰问救助。开展庆祝建党92周年系列活动。全县表彰20

个先进集体和90名优秀个人,5个先进集体和9名优秀个人受市委表彰,2个先进集体和7名优秀个人在"4·20"地震中表现突出受市委、市政府表彰,1名被省委表彰为抗洪救灾优秀共产党员。

【"中国梦"主题教育活动】 5月至7月,全县开展"实现伟大中国梦、建设富裕美丽和谐青神"主题教育活动。开展动员宣讲、学习讨论、广泛交流、建章立制和总结表彰活动。党员干部群众集中学习413场、座谈交流130场、动员宣讲2300场,承诺践诺12000多人次,演讲比赛、征文活动持续1个多月。6月18日,林莉代表青神县参加"中国梦·眉山实践"演讲比赛获全市第一名。青神县委被评为全市主题教育活动先进组织单位,6个乡镇和部门被评为全市先进集体、8人被评为先进个人。8月至11月,全县开展以"为民务实清廉"为主要内容、以聚焦"四风"先行先改促进发展为目标、以强化作风建设制度规定执行为切入点的群众路线教育实践先行先改活动。通过找准问题,开展反思活动,建立长效机制来改实问题。

【党员教育培训】 依托《党建之窗》栏目,播放专题片24部,农科片24部,自制专题片12部。"双创双争"工作有序开展,举行专题培训班和技能大比武活动,对98名远教站点管理员、操作员和大学生村干部展开业务知识和业务能力轮训,培养优秀站点管理员16名,培养学用标兵13名,并在全市第三届远程教育操作员技能大比武活动中,取得一级操作员称号1名,三级操作员称号3名;"三学三强"工作创新突进,创新开展以"百名书记上党课、百部政策理论片大展播、百场实用技术巡回宣讲、百名先进典型讲经验"为载体的"四百"活动。

【自身建设】 突出抓好能力建设,按照"开口能讲、提笔能写、阅人能辨、难事能办"的要求,注重干部的业务学习与培训,每周开展一次干部小讲堂,干部轮流上台讲组工业务、讲工作体会;分期组织干部参加县外培训和研讨会,开阔干部视野;分口组织干部外出学习借鉴外地先进经验,开展"一室一品"争创活动,提升干部能力。从严组工干部教育管理,扎实开展"讲政治、重公道、业务精、作风好"模范部门创建活动。编印《组织工作流程汇编》,促进工作制度化、规范化。被县委表彰奖励18项次,县委书记肯定性批示9次;村级班子换届被评为全县十大亮点工作,老干部作用发挥被评为全县十大创新工作;被市委评为"中国梦"主题教育活动先进单位;市委领导作肯定性批示5次。加强组工宣传,外宣工作在全市6个区县中排名第二。做好档案管理,被省委组织部评定为干部人事档案工作目标管理一级单位。

(杨 放)

宣传工作

【概况】 2013年,县委宣传部内设人事秘书股、新闻宣传股、理论党教股三个职能科室,挂县委对外宣传办公室暨县政府新闻宣传办公室、县精神文明建设办公室、县互联网信息办公室、县网络舆情中心、县互联网不良与违法信息举报中心牌子,归口管理县新闻中心、县文学艺术界联合会、县社会科学界联合会,以上9个单位合署办公。县委宣传部在编工作人员22人,聘用人员3人。2013年宣传工作,受到市委的表彰,被评为2013年度眉山市党报党刊发行优秀单位。

(刘丽娜)

【中心组学习】 年初下发《2013年度县委中心组学习安排意见》,明确学习内容,提出学习要求和全年学习安排。各乡(镇)党委,县级各部门党组织参照县委中心组学习安排意见,拟定学习安排计划。全年组织县委中心组学习12次。组织开展县委中心组理论学习暨城市建设工作会,组织县委中心组全体成员,10个乡镇党委书记、乡镇长和相关部门负责人共107人外出参观考察金堂县、北川县、都江堰市、双流县、眉山岷东新区城市建设，并开展专题讲座和学习讨论。将县委中心组成员2013年深入基层调研后形成的文章汇编成《探索与实践》一书，编印出版后将下发各乡镇各部门，提供学习与交流。

【理论宣传研究】 举办“党的十八大精神省委宣讲团走基层宣讲报告会”。省委宣讲团成员、省委宣传部副巡视员王素一行3人到黑龙镇，为镇、村、社干部和企事业单位人员230余人宣讲党的十八大精神。组织全县各级各部门深入学习贯彻党的十八届三中全会精神，召开县委中心组扩大学习会，专题学习贯彻。要求全县每位干部职工人手一本《中共中央关于全面深化改革若干重大问题的决定辅导读本》、《改革是中国最大的红利》，认真阅读全文，领会精神实质，做好学习笔记。邀请省委宣讲团成员、省社科院副院长、研究院杨钢莅临青神，为全县机关干部宣讲十八届三中全会精神。组织全县各级各部门开展“中国梦”和省委十届三次全会的学习宣传贯彻工作。一是组建县委宣讲团，深入到机关、学校、乡镇、村组进行宣讲。二是举办省委宣讲团“学习贯彻省委十届三次全会精神奋力谱写中国梦四川篇章”宣讲报告会，邀请省委宣讲团成员、省委党校教授、硕士研究生导师彭穗宁莅临青神，为全县副科级以上领导干部作报告。三是广大党员干部认真学习，深刻领悟“中国梦”精神内涵，结合县委、政府提出的“1171”工作思路和“三抓三提升”工作重点，弘扬“小而不卑、难而不惧、奋斗不息、创新不已”的青神精神。

继续深入学习省第十次党代会精神等。组织党员干部群众继续深入学习省第十次党代会精神，认真贯彻省委、省政府经济社会发展战略思想和实施多点多极支撑发展战略、“两化”互动、城乡统筹等重大部署。认真组织学习市第三次党代会、县十三届三次党代会精神，学习领会市委、县委关于创新“四种模式”、加快“四个转变”，着力次级突破、实现“三四五翻番”目标等重大决策部署。增强主动作为意识，以等不起的紧迫感、慢不得的危机感、坐不住的责任感，奋力推进青神科学发展、追赶发展。

（何韦霞）

【“六个一”工程】 实施青神文化形象宣传“六个一”活动，即拍摄一部形象宣传片、一本宣传画册、一首县歌、一个宣传标识、一句宣传用语、一套文化丛书。2013年，完成1部青神形象宣传片、1个宣传标识、1句宣传用语、12首系列歌曲、1本宣传画册和邮画册、文化丛书《锦绣青神》“人物篇”、“文化篇”、“风情篇”和《苏东坡与青神》的编撰工作。对青神系列歌曲、宣传用语、宣传标识等的正式名称、使用范围、规范使用作明确要求。县委宣传部将形象宣传片、青神系列歌曲、宣传用语和宣传标识制作成光碟，连同文化丛书、画册等赠送市上领导、市级部门、在青工作过的老领导、青神籍在外知名人士，并发放给县级各部门、各乡镇学习使用。在县党务公开网、县政府网站、县党政网设置专栏，供网友浏览、下载。2013年，组织开展全县青神系列歌曲大家唱活动，全县机关企事业单位和音乐爱好者广泛参与此项活动。“六个一”活动成果在对外交流交往、招商引资、宣传广告制作、重大节庆活动中得到广泛应用。

（宋美志）

【新闻宣传】 新闻宣传工作紧紧围绕县委、县政府中心工作，切实履职，为全县经济社会发展提供强有力的舆论支持。不断办活办好一刊一台。《青神》共出刊94期，围绕全县中心工作，成功策划“友好之春·走进青神”、“百名企业家走进青神”、“2013·青神县乡村旅游椪柑节”等专题报道，开辟反映全县经济社会发展的专栏30余个。青神电视台《青神新闻》共播出352期，播放《天气预报》340期。推出贴近民生的栏目4个，其中《健康快车》24期，《交警纵横》12期，《政务服务面对面》3期，《党建之窗》12期。

【对外宣传】 2013年，争取邀请大报大台来青采风；强化服务，配合各级媒体来青开展活动；精心策划，加强重大活动的宣传；围绕重点，开展主题宣传；加强联络，与媒体良性互动。邀请中央、省、市媒体记者来青采访报道“友好之春？走进青神”、“百名企业家走进青神”、东坡初恋地旅游文化节、“锦绣大道通车仪式”、“青神2013年乡村旅游椪柑节”等会节活动170余人次。成功策划“免费赠送老人手机”宣传报道，此次活动，报刊、电视、电台、网络、手机等媒体共报道新闻90余条，新浪、腾讯微博转载和评论1000余条，百度搜索相关信息3400多条。

全年，全县在市级以上报、刊、台、网等主流媒体上稿1393条（省级以上媒体301条），其中：人民日报1条，中央电视台5条，新华社6条，中新社1条，光明日报1条，中国文化报2条，中国妇女报3条，凤凰卫视1条，香港文汇报2条，香港商报1条。四川日报37条（头版3条），四川经济日报50条（头版2条），华西都市报6条，四川法制报5条，四川农村日报11条，成都商报9条，成都日报11条，四川电视台13条。眉山日报248条，其中头版53条（头版头条14条），眉山电视台135条（头条8条）。

【网络管理】 安排专人对近20个涉青论坛和微博进行重点监看，做到敏感舆情第一时间发现、报告和处理，确保网络舆情动向全面掌握和及时处置。对“成都财富论坛”等重要时间节点进行24小时有效监控。网络舆情采取“疏堵结合，网上引导舆论，网下解决问题”的办法，协调相关部门成功处理“成艺青神校区拆迁补偿”、“高中学生被强奸”等涉青网络舆情142件，均未形成进一步的炒作。编发舆情周报17期，舆情周报特刊2期，舆情专报10期；完成网络评论任务50余次，发表网络评论近700条，上报市上被采用的舆情信息1140余条。政务微博“锦绣青神”发布1200余条有关青神重大活动、重大举措、即时信息、便民信息、回复网民咨询等为主的微博信息；通过以会代训的方式加大对网评员业务培训。7月，组织全县县级部门和乡镇相关人员参加省委党校举办的新闻发言人与网络舆情管理培训班。11月举办新闻宣传和网络评论座谈会，对舆论引导和网络评论工作进行培训。12月，组织县核心网评员召开座谈会，强调网络评论工作重要性，并开展相关业务培训。

（艾继威、高扬、李雪）

【公民道德教育】 开展“四下乡”暨第十二个公民道德建设宣传教育月活动。组织开展“学雷锋，树新风”、“携手健康、喜迎三八”、“3·12美化家园植树活动”等主题活动。组织农业专家在高台、白果、罗波等乡镇开展新品种引进技术培训现场会。组织“普法育人”工作小队深入县内12个社区走访矫正和安置帮教人员；组织律师队伍到高台、白果等乡镇开展法制专题培训。开展维护消费者权益的打击假冒伪劣商品活动。卫生工作队，携带宣传展板和仪器，深入乡镇、社区开展义诊，为群众讲解计生政策法规等。组织开展社会宣教活动，开展“我们的节日”主题系列文化活动，举办迎新春歌舞晚会、“友好之春”元宵节灯舞巡游活动。开展以“关爱生命，文明出行”为主题的文明交通行动计划活动。组建志愿服务支队和24支志愿服务大队，在全县启动中华经典诵读活动、《“美丽心灵　文明青神”》主题志愿服务活动。开展“关爱农民工祥和过蛇年”、“关爱山川、河流”、“4·20芦山地震援助”、道德领域突出问题专项教育和治理、“讲文明树新风”公益广告刊发等志愿服务活动。

【精神文明创建管理】 县地税局、兰沟村分别成功创建为省级文明单位（村）。做好省、市道德模范推荐。高台乡任冬枝，通过层层推荐、评委会初审、网络投票、公众代表纸质纸投票、评委会组织专家评审等程序，成功入选为四川省第三届孝老爱亲类道德模范。宋云禄、鲁志安、云跃辉、王正华入围眉山市第三届道德模范候选人。

【未成年人思想道德建设】 开展争当“四好少年”活动和第12个公民道德建设宣传教育月主题活动。组织全县未成年人开展“祭奠英烈”、清扫烈士墓、网上签名“祭奠英烈”等主题活动，并创作“清明”节日小报缅怀英烈活动。开展“我们的节日”爱国主义读书教育活动等主题实践活动。全面开展网吧专项治理和校园安保工作整治。建立网络管理机构，对网吧等经营性文化娱乐场所实行专项检查。对全县校园安保档案实行一校一档精细化管理，采取定人、定时、定区域开展校园安保工作。严把审查关，净化声频荧屏。县电视台对中央电视台少儿频道、省电视台妇儿频道节目的完整转播，县图书馆、农家书屋等公益性文化设施向未成年人全部免费开放。县广电、新闻中心开设专版专栏，及时报道未成年人工作动态。按照青神县《关于进一步推进乡村学校少年宫建设的实施方案》，南门小学乡村少年宫建设成功申报为中央项目，落实项目资金20万，并成功通过验收。西龙小学、黑龙小学、河坝子小学顺利通过乡村少年宫自建项目验收。落实82万的乡村少年宫自建经费。

（徐　婧）

【思想政治工作】　组建以县委书记和县长为团长的县委宣讲团。分10个宣讲分团到机关、学校、乡镇、企业、社区、村组进行宣讲80场(次)。邀请省委宣讲团成员、省委宣传部副巡视员王素和省委宣讲团成员、省社科院副院长、研究院杨钢为全县机关干部，镇、村、社干部和企事业单位人员进行宣讲。组织全县各级各部门深入学习贯彻党的十八届三中全会精神，召开县委中心组扩大学习会，专题学习贯彻。要求全县每位干部职工人手一本《〈中共中央关于全面深化改革若干重大问题的决定〉辅导读本》、《改革是中国最大的红利》，认真阅读全文，领会精神实质，做好学习笔记。学习宣传贯彻全国、省、市宣传思想工作会精神。学习贯彻省委十届三次全会、省第十次党代会等精神，谱写“中国梦”青神篇章。组织学习市第三次党代会、县十三届三次党代会精神，学习领会市委、县委关于创新“四种模式”、加快“四个转变”，着力次级突破、实现“三四五翻番”目标等重大决策部署。增强主动作为意识，以等不起的紧迫感、慢不得的危机感、坐不住的责任感，奋力推进青神科学发展、追赶发展。

（何韦霞）

【群众文化宣传】　举办第九届“青神之春”、“张灯结彩迎新春”、“元宵灯舞巡游”、迎春摄影书画展、第十二届竹编文化艺术节活动及文艺调演、庆“八一文艺晚会”、“喜迎十八大，文化送下乡”、“眉山市2012千古东坡中岩诗歌朗诵会”、“花间集”杯青神县第四届迎春艺术摄影展、“廉政书画进万家”、“书法进校园活动”、“魅力青神、瞬间永恒”摄影活动、“眉山人画眉山—走进青神”写生活动。在中岩广场开展青神县体育舞蹈协会成立文艺晚会，免费培训广播体育舞蹈110场次，开展2期县歌培训会。组织文联会员下乡为农村、社区居民免费写送春联近千幅，送文艺演出50多场。

（袁超群）

【队伍建设】　做好“队伍提升年”主题年活动。围绕县委“1171”工作思路和“三抓三提升”的工作要求，采用干部小讲堂，职工读书活动、外出参观学习等形式，加强队伍学习建设，提高队伍素质，建设一支政治强、业务精、纪律严、作风正，符合新形势、新任务需求的宣传工作队伍。开展全县新闻发言人、通讯员等新闻队伍“三项教育”培训。开展廉政专项教育，提高全体干部职工的风险意识。严格按照县委的要求，深入开展“直接联系服务群众”活动。努力实现“感情零距离、沟通零距离、服务零障碍、权益零损害”，搞好党群干群关系。

（宋美志）

新闻中心工作

【概况】　县新闻中心为县委直属事业单位，归口县委宣传部管理，实行总编负责制，内设办公室、总编室、通联部，2013年有工作人员11人，其中聘用2人。中心每周二、五出刊《青神》为四开八版的彩刊，全年共出刊92期，每期印数4000份。

【版面设置】 《青神》刊按照县委“1171”工作思路、“三抓三提升”工作重点和多项重大活动，主动策划、全面宣传、深度报道，对机械之都建设、竹编产业建设、交通城建以及三大招商引资活动和十大推进工作等重头工作推出特刊、专刊、专题、专栏，其中仅特刊、专刊就有20余期。此外，对其他有影响的涉及民生类、文化类、法治类等部门工作也开展专题策划、系列报道。新推出“走进基层、关注典型”、“工业在线”、“三产巡礼”、“关注三农服务三农”、“直接联系服务群众”、“弘扬青神精神推进跨越发展”等诸多栏目，将党和政府的方针政策和工作动向第一时间传播到广大群众手中，也通过报纸将群众的心声带给党和政府，起到宣传、鼓劲、沟通的作用，实现“政治性、可读性、服务性”的统一，在“党报性质、晚报风格”的探索中初显亮点。特别是在当年的三大招商引资活动及其他迎检活动中，《青神》刊主动介入，全程策划，事前及时办出增刊、特刊放在来宾下塌场所，让他们对青神及相关工作有一个先期好印象和较全面的了解；事中全面报道，深度宣传，让全县读者知晓；事后将报纸逐一寄送来宾手中。

【宣传导向】 《青神》刊始终以宣传效果最大化作为主要指导思想，以新颖、灵活的宣传方式有效地宣传党的政策和县委政府工作，千方百计增强刊物的可读性和宣传效应，突出特刊、专刊、专题、系列文章的策划组织，突出宣传内容的规模效应和震撼效果。以“服务县委、服务大局、宣传青神、鼓励青神”为原则，以“办活办强”为基本取向，按照“主动作为创一流”的工作要求，主动适应宣传形势，创新求变，在服务全县中心工作上用心用情。在办报纸上大胆尝试、在办出效果上求好求实，按照“办出一期、总结一期、创新一期”的办刊思路，践行着“期期有创意、期期有佳作”的创新目标，体现美观、大气的小县大报风范，洪雅、丹棱等地的采编人员先后到县学习借鉴办报经验。

【队伍建设】 对原有规章制度进一步健全完善，健全岗位责任制、三校送审制等基本制度，同时结合工作实情，新制定绩效稿酬制、“五好”作品评比制、外宣奖励制，重点倾斜重稿、好稿、影响力大的新闻作品，改传统的以字计酬到以质计酬，变以版面计酬到以影响力计酬，突出专题策划、编采创新等方面的奖励力度，初步实现以制度导向、用制度提质的积极效果。对通讯员来稿一律优稿优酬，调动通讯员的积极性和保证通讯员队伍的稳定性。并且记者中有4人分别承担《四川农村日报》、《眉山日报》、新华网眉山频道等报刊台的特约记者工作，完成300余篇外宣稿件。

（梁振宇、韦燕平）

2013年在省级以上报刊、电视台、电台发表新闻情况统计表

报刊名称	新闻标题	发表日期	撰稿人情况	
			作者	工作单位
人民日报	外国小朋友四川放河灯	02.25	姚永亮	
光明日报	四川青神:乡村春天景色美	02.02	姚永亮	
瞭望·新闻周刊	非物质文化遗产:“生产性保护”要有底线	05.27	陈　健	
瞭望·新闻周刊	非遗项目成地方特色名片	05.28		外宣办
中国文化报	张保珍:为自己编织几幅竹编作品	01.05		外宣办
中国文化报	陈云华:将青神竹编“玩”出高雅	06.12	梁　娜	
中国妇女报	一个乡村缝纫公司的管理经	01.06	蔡锦其	
中国妇女报	四川眉山市青神县将“妇女之家”办进企业 有条件建活动室,没条件建“爱心角”	01.17	蔡锦其	
中国妇女报	“新农村”妇女引领男人回乡发展	01.27	蔡锦其	
CCTV1	午夜魔影	06.18	文胜军	
CCTV7	四川大部面临春夏连旱危险	04.02	丁华明	
CCTV7	四川青神:万名党员坚守抢险一线	07.14	苏威	
CCTV13	四川眉山:洪流里拦截抽沙船	07.12	谢宇虹	
CCTV13	眉山:城区内涝 青神部分商铺被淹	08.09		外宣办
新华社	外国游客四川青神体验民俗闹元宵	02.24	姚永亮	
新华社	油菜花开迎春来	03.07	姚永亮	
新华社	“4·20”芦山地震四川眉山灾区抗震救灾有序展开	04.20	姚永亮　钟　滔	
新华社	地震挡不住投资者的信心 震后上百亿元投资落户四川眉山	04.29	姚永亮　陈　健	
新华社	四川青神党员干部“一帮一”帮助留守儿童	05.31	姚永亮　陈　健	
新华社	非遗在“生产性保护”中焕发生机	06.18	陈　健	
中新社	中国竹编艺术地—四川青神	08.13	刘　刚	

续上表

报刊名称	新闻标题	发表日期	撰稿人情况	
			作者	工作单位
中国旅游新闻网	四川青神县推进旅游三产服务业 已实现总收入4.82亿元增长36%	06.09	王月婷 赵 蝶	
中国旅游新闻网	“中国椪柑之乡”四川青神县预计今年椪柑产业产值达3亿	11.12	王月婷 赵 蝶	
中国旅游新闻网	四川青神县已完成道路绿化32公里 多色谱景观效果显现	11.22	王月婷 赵 蝶	
中国旅游新闻网	四川青神县打造竹海建设竹城弘扬竹艺 开发竹旅游文化	12.16	王月婷 赵 蝶	
中国新闻网	青神竹编传承人:非遗传承应走生产性保护之路	06.18	徐杨祎	
中国新闻网	四川眉山“五驾马车”齐驱并进 引资世界500强全省第二	08.13	青神县委外宣办	
中国新闻网	海外华文媒体记者聚焦成都“非遗节” 现场学制纸	10.18	刘忠俊	
中国新闻图片网	30余海外华文媒体记者聚焦成都“非遗节”	06.17	刘忠俊	
中国新闻图片网	四川岷江航电枢纽工程建设如火如荼	08.12	刘 刚	
中国新闻图片网	四川成绵乐铁路客运专线建设稳步推进	12.06	刘 刚	
中国新闻图片网	四川青神县20万亩优质椪柑促果农增收	12.07	尧 遥	
中国网	吴建堂——中国书画名家献礼全国两会	03.04	徐海波	
中国网	四川省眉山市青神县中岩风景区绿化美化“东坡初恋地”	03.05	伍 策 王月婷 赵 蝶	
中国网	刘奇葆观看四川青神竹编 勉励竹编文化发扬光大	05.23	伍 策 王月婷 赵 蝶	
中国网	四川省副省长陈文华渝洽会盛赞青神竹编巧夺天工	05.03	伍 策 王月婷 赵 蝶	
凤凰卫视	震后四川学校开展地震逃生演练	05.04		
香港文汇报	逾百外国友人四川青神过元宵	02.27	贺文捷 刘 锐	
香港文汇报	美丽中国 魅力青神	03.15	贺文捷 刘 锐	
香港商报	驻蓉各国领事青神过大年	02.26	梅 超	
四川日报	四川省国防教育学院落户青神	02.04	冯志刚 文铭权	
四川日报	“友好之春”走进青神	02.25	吴梦琳	

续上表

报刊名称	新闻标题	发表日期	撰稿人情况	
			作者	工作单位
四川日报	眉山48个重点项目开工 总投资33亿元	02.27	钟　滔　席　涓　文铭权	
四川日报	一“竹”四“吃”眉山押宝青神竹编	03.22	文铭权	
四川日报	乡镇图书馆缺书四川作家相助	04.02	黄　里	
四川日报	东坡初恋地竹编艺术乡	04.03	张　趣　文铭权	
四川日报	四川省去年34万失业妇女实现再就业	04.01	郝　勇	
四川日报	簸箕甑子当乐器 巧手编成“交响乐团”	04.19	吴晓铃	
四川日报	眉山签约17个重大投资项目	04.23	文铭权	
四川日报	卖房建图书馆 一位法学老教授的赤子之心	05.24	吴晓玲	
四川日报	青神3万留守妇女居家编织灵活就业	05.24	徐　红　文铭权	
四川日报	青神特产上网销全球	06.14	万　瑶	
四川日报	“水墨”竹编非遗节上抢手	06.19	庞峰伟	
四川日报	“古老之树 开出时尚之花　青神竹编:竹编坤包欧洲卖出名牌价”	07.05	庞峰伟　李思忆	
四川日报	青神:洪流里拦截一艘抽沙船	07.11	饶金勇　文铭权	
四川日报	熊耳古道关子门南方丝绸之路上古关隘	08.02	陈四四	
四川日报	三一集团投资青神建西南产业基地	08.07	文铭权	
四川日报	九旬老兵的生日	08.14	吴传明	
四川日报	行业龙头 给产业发展“打地基”	08.18	任　云　董世梅	
四川日报	“双千”工程实现“双赢”	09.06	万红缨　文铭权	
四川日报	为商会成“第二招商局”叫好	09.06	文铭权	
四川日报	产业与旅游齐飞 美丽四川成就致富梦	09.06	万　瑶　陈　岩　熊筱伟　县林业局	
四川日报	青神为4.4万老人免费送手机	10.09	文铭权	

续上表

报刊名称	新闻标题	发表日期	撰稿人情况	
			作者	工作单位
四川日报	妻子欲窃听丈夫电话 落陷阱被骗十万余元	11.08	粟　政　刘跃红　刘春华	
四川日报	青神竹编技能大赛 近百选手“比拼”熊猫图	11.22	吴红莉　颜　婧	
四川日报	用群众听得懂的方式宣讲十八届三中全会精神	12.06	郑　欢　颜　婧	
四川日报	成绵乐铁路客运专线青神段完工	12.08	颜　婧	
四川日报	青神出台措施扶持椪柑产业发展	12.09	颜　婧	
四川日报	青神县创新党员党性教育评议新模式——主动履职不限于八小时以内	12.13	李仕贵　郑　欢　安　微	
四川日报	青神竹编摘得“山花奖”	12.17	钟　滔　颜　婧	
四川日报	青神“退位”老干部成“智囊团”	12.02	姚永亮　颜　婧	
四川日报	青神“双千”培训破解技工荒	12.28	张　欢　梁振宇　颜　婧　文铭权	
四川经济日报	为新年旅游打造耀眼名片 青神“江湾神木园”建成迎宾	01.01	钟　滔　廖兴友	
四川经济日报	青神:200 元开了个 2000 人的新年鼓劲会	02.21	廖兴友	
四川经济日报	青神:妇女灵活就业 致富顾家两不误	03.27	钟　滔　廖兴友	
四川经济日报	青神《中国青神》画册首发	04.15	钟　滔　廖兴友	
四川经济日报	青神县多举措壮大民营经济	07.17	陈　蓉　曹　蕊	
四川经济日报	搭乘电商快车 打造西部淘宝第一县青神电商基地正式开业	06.14	廖兴友	
四川经济日报	宽带入户 拓宽村民致富路 青神县首个“智慧信息新村”诞生记	07.24	张　欢　廖兴友	
四川经济日报	青神政协创新新机制服务地方经济	08.01	常　坚	
四川经济日报	青神:奏响竹产业发展最强音	08.06	常　坚	
四川经济日报	三一重工拟在青神建西南产业园	08.06	廖兴友	
四川经济日报	发展特色产业提升核心竞争力	08.14	常　坚	
四川经济日报	“五驾马车”齐发力 眉山招商连续 5 年领跑全省	08.15	廖兴友	

续上表

报刊名称	新闻标题	发表日期	撰稿人情况	
			作者	工作单位
四川经济日报	青神打造“半城山水半城竹”	11.08	刘　炯　张　欢　廖兴友	
四川经济日报	青神：村主任开出村民致富妙方	11.13	杨　芳　严丹玫	
四川经济日报	3天内政府部门必须答复企业提出的问题	11.15	张　趣　廖兴友	
四川经济日报	成绵乐铁路客运专线青神段完工	12.09	刘　刚　张　欢　廖兴友	
四川经济日报	青神：千人骑游亲近大自然	12.09	张　欢　吴红莉　廖兴友	
四川农村日报	优胜劣汰 青神椪柑的变革之路	01.31	杨　欢	
四川农村日报	“川南第一园”正式开园	02.01	钟　滔	
四川农村日报	县教育局回应：应制定三年计划 逐步改善运动场地	03.29	廖晶莹　高　扬	
四川农村日报	电商基地“一站式服务” 青神培育5千网商大卖特产	08.30	张　欢　樊邦平	
成都商报	舞龙替代焰火环保元宵川内很火 国内外友人青神学竹编	02.25	王　楠	
成都商报	簸箕也能奏“交响乐” 你见过吗?	04.13	任宏伟	
成都商报	远看水墨画 近看是竹编	06.18	陈　谋	
成都商报	青神洪流里拦截抽沙船	07.11	汤小均　梁　梁	
成都商报	青神港有望成为岷江航运第一港	08.05	杨　均　蒋　麟	
华西都市报	《竹风》成都奏响竹文化节	04.13	青神县委外宣办	
华西都市报	“生产性保护”非遗青神竹编编出大产业	06.17	赖芳杰	
华西都市报	眉山青神锦绣大道建成通车	12.07	张　欢　梁　波	
成都日报	青神县江湾神木园盛大开园	01.11	余　力	
成都日报	编竹篾 放河灯 品小吃 百余名外国友人闹元宵	02.25	郑莹莹　张全能	
成都日报	《竹风》竹乐奏响竹文化节	04.13	陈蕙茹	
成都日报	青神县招商引资“内外”兼修	08.22	刘芳君　朱　琳	

续上表

报刊名称	新闻标题	发表日期	撰稿人情况	
			作者	工作单位
成都日报	青神竹编:草根文化做成富民产业	09.03	刘芳君 朱 琳	
成都日报	青神打造西部第一"淘宝"县	06.07	乐山日报 陈兴鑫	
成都日报	非遗竹编"五百罗汉"首次亮相成都	09.16	杜文婷	
成都日报	做足"绿"字 还利于民	11.12	刘 炯 张 欢 刘芳君	
成都日报	3亿椪柑产业助农民增收	12.05	刘芳君	
成都晚报	青神竹编 竹线细如发丝 比黄金贵多了	06.19	滕 杨 王红强	
天府早报	残疾人艺术品网上拍卖第四天 竹编精品"熊猫图"开拍	01.02	郝 晋	
天府早报	青神县长胡国民:听完报告有冲劲	01.25	彭 江	
天府早报	省国防教育学院总部将在青神县开建	02.03	刁明康	
天府早报	几十汉子上阵"活捉"采砂船	07.11	饶金勇 刁明康	
四川新闻	眉山市48个项目集中开工	02.26	谢佩峰 王 欧	
四川新闻	多措并举 抗旱保春耕	03.02	郑 欢	
四川新闻	文博会:传统产业焕异彩 新兴产业抢风头	05.18	刘 毅 段海钦	
四川新闻	端午小长假:各地新景区新景点正加紧建设	06.12	杨 柳	
四川新闻	让主题教育活动与"直接联系服务群众"活动结合的更加紧密	06.23		外宣办
四川新闻	青神:洪流里拦截抽沙船	07.11	谢宇虹	
四川新闻	夯实次级突破路 保持高位增效态势	07.23	姚 希	
四川新闻	上半年四川省电子商务发展加速 规模居中西部第一	08.04	华小梅 廖玉良 谢佩峰 李 雪	
四川新闻	眉山青神与三一集团合力打造机械之都	08.05	朱 岚 廖玉良	
四川新闻	暴雨来袭 眉山青神17家商铺被淹	08.08	刘俊南	
四川新闻	眉山:创新理念 招商引资促发展	08.26	王 欧 刘 冰 李 雪	

续上表

报刊名称	新闻标题	发表日期	撰稿人情况	
			作者	工作单位
四川新闻	眉山岷江航电“二枯”围堰塞顺利截流	10.03	谢宇虹	
四川新闻	成绵乐铁路客运专线青神段配套工程锦绣大道完工	12.08	谢佩峰	
SCTV3	送手机 关爱老年人幸福生活	10.08	付海本	
SCTV4	观注:竹艺超人殷超背后的故事	07.29		外宣办
SCTV4	焦点:斩断伸向年轻女性的黑手	04.23		外宣办
中国新闻网四川新闻	本土原创大家唱 青神县用歌声传递力量	10.25	刘　刚　钟　滔　韦燕平	
中国新闻网四川新闻	青神:20 万百姓齐栽竹 打造“半城山水半城竹”	10.30	刘　刚　刘　炯　张　欢	
中国新闻网四川新闻	青神:充分发挥非公企业党员战斗堡垒作用	11.06	刘　刚　郑　欢	
中国新闻网四川新闻	四川青神建电商基地 培育 5 千网商大卖特产	11.06	刘　刚　郑　欢	
中国新闻网四川新闻	四川青神:将《公报》翻译成“百姓版”宣讲到社区	11.18	刘　刚　张　趣	
中国新闻网四川新闻	青神椪柑产值达 3 亿 游客可现场采摘购买	12.09	张　趣　刘　刚	
中国新闻网四川新闻	眉山青神:电商拉动 打造农村新经济增长极	12.31	刘　刚　郑　欢	
中国纪检监察报	开展廉政春联送万家活动	01.07	杨　芳	县纪委
中国纪检监察报	青神:开通便民“直通车”,县长来当服务员	06.04	杨　芳	县纪委
中国纪检监察报	翰墨颂盛世 妙笔扬清风	10.16	赵　洋	县纪委
廉政瞭望	效能监察,提升服务质与量	2013 年第 2 期	谢　志	县纪委
廉政瞭望	青神:200 元开了个 2000 人的新年鼓劲会	2013 年第 6 期	吴大鸣	县纪委
廉政瞭望	“三务”公开 资源整合	2013 年第 10 期	李华英	县纪委
廉政瞭望	县长驻班 搭建为民办事“直通车”	2013 年第 12 期	杨　芳	县纪委
廉政瞭望	“四个升级”强化效能监察	2013 年第 21 期	钟晓玲	县纪委
《中国审计报》	《深入开展联系群众活动》	01.09	刘　丽	审记局

续上表

报刊名称	新闻标题	发表日期	撰稿人情况	
			作者	工作单位
《四川农村日报》	《贯彻党的十八大精神》	01.22	刘　丽	审记局
《现代审计》	《青神县举办经济责任审计培训会》	03.25	张芷绮	审记局
《中国审计报》	《对内审工作业务指导》	02.02	刘　丽	审记局
《中国审计》	《贯彻十八大报告》	02.05	刘　丽	审记局
《中国审计报》	《加大对政府性投资项目的审计力度》	04.15	刘　丽	审记局
《中国审计报》	《调查建设项目资金的管理使用情况》	07.01	王　萍	审记局
《中国审计报》	《到被审计单位进行回访》	11.25	张仁海	审记局
中国普法网	青神县中小学校集中开展“法制宣传周”活动	01.11	帅鹏	司法局
中国普法网	青神县中小学校集中开展“法制宣传周”活动	01.11	帅　鹏	司法局
中国普法网 司法部官网 四川法制网 四川新闻网	青神县司法局“送法下乡”活动，打造服务群众法治盛宴	03.18 03.20 03.13 03.13	吴秀梅	司法局
四川新闻网	青神县司法局大力推进农村中心户“五站”模式建设	03.05	吴秀梅	司法局
四川法制网	抗震救灾 法律援助在行动	04.24	徐　媛	司法局
四川法制网	抗震救灾——四川省眉山青神司法在行动	04.25	吴秀梅	司法局
四川法制网	眉山青神司法局“五大抓手”助推“全国法治县”创建	04.07	吴秀梅	司法局
四川法制网	青神县司法局扎实开展“党风廉政警示教育”活动	04.03	吴秀梅	司法局
四川法制网	青神县司法局携手眉州监狱开展“警民亲”之服刑人员亲属大走访活动	04.12	吴秀梅	司法局
四川新闻网	青神县司法局“四个围绕”打造司法为民服务品牌	04.11	吴秀梅	司法局
四川新闻网	青神县司法局4·20震后矛盾纠纷大排查、大化解成效显著	04.23	周丽芬	司法局
四川普法网	青神县法律援助中心的“民心路”	05.02	田春丽	司法局
四川法制网	眉山市司法局领导调研青神4·20地震后司法行政工作	05.08	吴秀梅	司法局

续上表

报刊名称	新闻标题	发表日期	撰稿人情况	
			作者	工作单位
四川法制网	眉山市司法局局长赵樱在青神调研时强调深化工作思路做亮普法宣传	05.09	吴秀梅	司法局
四川法制网	青神县司法局推出“六字”方针,服务全县重点工程建设	05.09	吴秀梅	司法局
四川法制网	青神县率先成立律师调解委员会	05.09	周丽芬	司法局
四川法制网	青神县司法局普法宣传为人民,抗震救灾献爱心	05.02	汤　莉	司法局
四川法制网	青神县打造全民守法和谐县	05.12	汤　莉	司法局
四川法制网	青神县提升法治软实力 打造“五个一”服务平台	05.18	汤　莉	司法局
法制网四川频道	青神县2013年普法和法制县创建工作会圆满召开	05.13	汤　莉	司法局
四川法制网	青神县司法局扎实推进主题教育活动	05.21	吴秀梅	司法局
四川法制网	青神县司法局;汇聚司法正能量助推“法治中国梦”	05.29	吴秀梅	司法局
法制网四川频道	青神县举行“我是依法办事好干部”宣誓活动	07.02	汤　莉	司法局
法制网四川频道	“五大行动”提升青神县群众法治满意度	07.15	吴秀梅	司法局
法制网四川频道	青神县司法局搭建五个平台,亮出五张名片	08.14	吴秀梅	司法局
四川新闻网、法制网四川频道	眉山:青神县推出“四字方针”提升法制宣传实效性	10.01	吴秀梅	司法局
四川新闻网	眉山:青神县司法局率先成立景区院落调解室	10.21	吴秀梅	司法局
四川新闻网	眉山市青神县司法局“四个结合”,打造民生普法	10.31	吴秀梅	司法局
法制网四川频道	青神县司法局普法宣传有新招	10.29	汤　莉	司法局
法制网四川频道、四川新闻网	青神县司法局:法律服务亮实招,力推“六五”普法展新颜	12.31	汤　莉	司法局
中国科协网站	四川眉山青神科协助推基层“科普梦”	06.09	潘秀珍	青神县科协
四川省科协网站	四川眉山青神科协积极推进“科普进寺庙”活动	11.11	潘秀珍	青神县科协
四川省科协网站	四川眉山青神科协积极开展社区文艺表演暨知识有奖竞赛活动	11.25	潘秀珍	青神县科协

续上表

报刊名称	新闻标题	发表日期	撰稿人情况	
			作者	工作单位
四川省科协简报	四川眉山青神科普益民行动成效好	06.09	潘秀珍	青神县科协
家庭与生活报	青神“三实”抓奖励扶助	03.19	曾玉辉	人口计生局
家庭与生活报	青神8000人享受到奖励扶助金	03.26	曾玉辉	人口计生局
四川新闻网总网	青神:“三早”促惠民政策落实	09.18	曾玉辉	人口计生局
家庭与生活报	青神计生“三下乡”群众得实惠	01.15	李卫祥	人口计生局
家庭与生活报	青神请农民工参加计生知识培训	01.22	李卫祥	人口计生局
家庭与生活报	青神进行人口目标考核检查	03.12	李卫祥	人口计生局
家庭与生活报	青神县春耕知识服务计生“三结合	04.23	李卫祥	人口计生局
四川新闻网	眉山:四川省计生委惠民调研组肯定青神惠民工作	06.24	李卫祥	人口计生局
四川新闻网	世界人口日青神县孕检宣传两不误	07.11	李卫祥	人口计生局
四川新闻网	育龄群众的贴心人	07.11	李卫祥	人口计生局
四川新闻网	青神县审计局到南城镇白塔村召开计生"三结合"技术培训会	07.16	李卫祥	人口计生局
四川新闻网	青神县计生系统开展防汛减灾	07.18	李卫祥	人口计生局
四川新闻网	青神县人口计生局采取七种措施 提高对流动人口的服务水平	09.06	李卫祥	人口计生局
四川新闻网	青神县打造别具特色的人口文化阵地	10.11	李卫祥	人口计生局
中国人口报	青神县计生“三结合’创造新生活	07.18	李卫祥	人口计生局
家庭与生活报	青神人口监测不力将一票否决	03.05	陈燕霞	人口计生局
家庭与生活报	青神县强化大局意识服务意识	10.29	陈燕霞	人口计生局
家庭与生活报	省人口计生委调研组到青神调研时要求“三结合”帮扶突出重点	06.27	陈燕霞	人口计生局
四川新闻网	青神县档案行政执法检查组到县人计局检查档案工作	09.28	陈燕霞	人口计生局

续上表

报刊名称	新闻标题	发表日期	撰稿人情况	
			作者	工作单位
四川新闻网	青神县新任县政府分管领导专题调研计生工作	10.24	陈燕霞	人口计生局
四川新闻网	青神:“六抓”依法行政 创建省级计生依法行政示范县	06.08	陈燕霞	人口计生局
中央电视台《焦点访谈》	青神快速行动整治“山寨”产品	05.09	何勇 郑欢 外宣办	广电台
新闻频道(CCTV13)	四川眉山:洪流里拦截抽沙船	07.12	谢宇虹	广电台
《CCTV7 聚焦三农》	四川大部面临春夏连旱危险	04.02	丁华明 何勇 郑欢	广电台
《CCTV7 聚焦三农》	四川青神:万名党员坚守抢险一线	07.14	苏威 易跃东 郑欢	广电台
四川电视台《四川新闻联播》	眉山市 48 个项目集中开工	02.26	李雪 谢佩峰 王欧	广电台
四川电视台《四川新闻联播》	旱情持续发展 部分地区人畜饮水难	03.03	何勇 钟婧薇	广电台
四川电视台《四川新闻联播》	端午小长假:各地新景区新景点正加紧建设	2013.6.12	杨柳 何勇	广电台
四川电视台《四川新闻联播》	让主题教育活动与“直接联系服务群众”活动结合得更加紧密	06.23	何勇 杨柳	广电台
四川电视台《四川新闻联播》	上半年四川省电子商务发展加速 规模居中西部第一	2013.08.04	华小梅 廖玉良 谢佩峰 李雪	广电台
四川电视台《四川新闻联播》	眉山:创新理念招商引资促发	08.26	王欧 刘冰 李雪	广电台
四川电视台《四川新闻联播》	眉山:岷江汉阳航电二枯围堰工程顺利截流	10.03	谢宇虹	广电台
中央电视台	午夜魔影	06.18	王爱萍	政治处
四川电视台	怀疑丈夫出轨 妻子买监听卡被骗	02.02	李飞 徐东	政治处、刑侦大队
四川电视台	斩断伸向年轻女性的黑手	04.19	李飞 周攀	指挥中心、政治处
四川科技报	励学笃行百年老校谱新篇	07.17	苏文保	四川科技报社
人力资源报	夹缝中的特色生存之道	07.22	杨燕	人力资源报社

续上表

报刊名称	新闻标题	发表日期	撰稿人情况	
			作者	工作单位
四川法制报	打造“学在青神”品牌 实现青神教育梦	07.17	熊　勇	四川法制报社
四川电视台科教频道	记录:徜徉艺海	03.07	蒲新宇	四川省电视台
人力资源报	青神县初中召开教学质量分析会	03.18	王义军	县初中
人力资源报	青神县初中举行师德演讲比赛	04.29	王义军	县初中
人力资源报	地震无情人有情	05.13	王义军	县初中
人力资源报	青神县初中成功创建省级阳光体育示范校	06.01	王义军	县初中
人力资源报	青神县初中贫困学生倍感温暖	11.11	翟佳英	县初中
人力资源报	青神县初中教研活动如火如荼	11.25	黄翠英	县初中
香港凤凰卫视	震后四川学校开展地震逃生演练			
少先队活动杂志	“我向党来诉心声”经典诗歌诵读活动	10.21	高显俊	学道街小学
教育导报	青神县开展校园专职保安集中培训	02.28	宋占廷	教育体育局
教育导报	“青神模式”就是“爱的模式”	02.21	倪　秀	记者
少年时代	在学生实践基地中快乐成长	3	毛启发	学道街小学
教育导报	青神县与成都学院、西南大学签署校地合作协议	05.08	郭璐璐	记者
四川日报	四川省国防教育学院落户青神	02.04	冯志刚	
教育导报	青神县图书馆建设经验受肯定	02.19	涂建平	教育体育局
教育导报	四川省国防教育学院落户青神	02.21	杨　平	教育体育局

统战工作

【概况】 2013年,县委统战部在职干部职工5人,退休人员6人。全县统战工作紧紧围绕县委、县政府中心工作,充分发挥优势,聚智创新,锐意进取,努力开创工作新局面,在服务经济发展、维护稳定、促进社会和谐方面取得成绩,圆满完成全年各项目标任务。

【非公有制经济】 2013年,邀请郑时源、王进戈等全国知名专家、学者为非公企业家授课,讲解专业知识2次;组织非公经济代表人士参加由知名专家教授主讲的"干部大讲堂"和党外代表人士主体培训班3期。邀请当地成功企业家沈根莲、王富民为非公企业讲解企业发展与管理。邀请省、市统战系统领导对非公企业家们进行十八大的专题辅导2次,引导非公企业家与党同心同向同行、致富思源回馈社会。4月,组织非公企业家到德国等欧洲5国参加汉诺威工业展,实地考察5个欧洲国家,开拓眼界,寻找商机,为企业争取出国补贴60多万元。5月,组织9名企业家赴湖南、上海、苏州三一重工和三一重机考察、交流、学习,寻求合作。

【搭建银企合作平台】 全年召开2次"政银企座谈会",为非公企业争取金融机构新增贷款1.56亿元、授信贷款额度2.8亿元,开辟非公企业融资"绿色通道"。组建非公企业融资机构,协调乐山商业银行、眉山建设银行、县人民银行、信用联社等金融机构筹建青神银通小额贷款公司,正式挂牌营业,拓宽非公企业融资渠道。"一对一"牵线结对服务,组建青神发展投资控股有限公司,搭建投融资平台,主动对接金融机构,为非公经济工业园区基础设施建设、土地整理、城市建设等项目提供金融服务。

【对外交流】 与成都市机械制造业商会、温州市瓯海区商会、嵊州机械业商会等友好商会的交流合作,为两地会员之间和两地政府之间的经济合作创造条件。组织筹办"广东四川商会团考察青神"、"德阳·青神机械企业对接会"、"2013百名企业家走进青神"、"友好之春走进青神"等招商引资活动,通过这些活动的开展,青神县与三一集团签订战略合作框架协议签约。与商务部合作,打破对外交流瓶颈。青神县与商务部投资促进事务局成功签署《产业投资促进合作框架协议》,为青神县机械产业的对外交流与合作、与境内外机构的联系渠道、企业境外发展等领域提供保障。12月5日,由国家商务部投资促进事务局和华南美国商会共同举办的"跨国公司走进四川活动"走进青神,对外展示县内投资环境。发挥异地商会优势,促进人才和资金回流。发挥好北京、深圳、重庆、昆明、西昌等地青神老乡联谊会和西昌青神商会作用。

【开展"百企联百村"活动】 组织民营企业参与结对帮扶经济发展滞后的村(社区)。全县非公企业共投入各类帮扶资金9885.97万元,提供近2229个就业岗位,解决就业2304人,投入资金53.73万元,开展培训4438人次。引导非公经济人士参与灾后重建工作,"4·20"芦山地震中,非公有制企业向灾区捐赠物资折价近200万元。

【党外代表人士】 2013年,出台《中共青神县委关于加强党外代表人士队伍建设的实施意见》,建立党外代表人士联系制度、关爱制度、交心谈心制度,与党外代表人士交流思想,倾听意见、教育引导、排忧解难,帮助党外代表人士健康成长;完善党外代表人士综合评价信息库和党外后备干部信息库。召开党外代表人士座谈会5次,收集党外代表人士对青神城市建设、征地拆迁、干部队伍建设、文化旅游等各个方面的意见和建议85条,全部原滋原味上报到县委、县政府,其中12条被转化为县委、县政府决策。制定并实施党外干部教育培训年度计划、非公企业家成长计划和"人才双千"培训计划,将培训经费纳入县财政预算；组织党外代表人士学习贯彻党的十八大精神及十八届三中全会精神，开展“实现伟大中国梦、建设富裕美好和谐青神”主题教育、理想信念教育、廉政教育等活动12次。11月成立眉山市无党派知识分子联谊会青神分会，为党外代表人士参政议政、建言献策提供平台；2013年春节与县政协共同举办“璀璨明珠、锦绣青神”各界人士迎春摄影展，收到参赛作品1200多件，共展出290幅作品，展示党外代表人士风采。发挥知联会、商会、侨台联、宗教协会、黄埔军校后代联谊会等党外人士团体作用，为青神县争取扶贫资金、抗震救灾资金、教育卫生资金及回乡投资资金近10亿元。

【民族宗教】 实行县级部门帮扶贫困少数民族工作，全县21个县级部门直接联系21个贫困少数民族户，全年提供帮扶资金5万余元，项目帮扶5个，培养5户致富典型；对上争取项目资金15万元用于帮扶散杂居少数民族生产生活。完成玉蟾寺、龙女寺规划，为宗教旅游融合提供硬件保障；广揽僧才，加强人才储备，龙女寺、玉蟾寺、中岩寺、德云寺分别从全国各地引进僧人6人；完成全县8个宗教活动场所登记、换证工作，规范宗教活动，全面完成“教风”创建活动。

【信息调研】 2013年，中共中央统战部《每日汇报》、中国异地商会网、四川统一战线、省商会网、四川新闻网等市级以上媒体采用信息13条，完成理论调研文章3篇。党外代表人士队伍建设工作作为先进典型在全市党外代表人士队伍建设工作会上作经验交流，受到省政协领导好评。

（刘　庚）

政策研究

【概况】 2013年，县委政策研究室、县目标管理绩效考核办公室有工作人员6名。重点按照县委“1171”工作思路和党代会提出的五个“坚定不移”工作基调，深化青神实践、助推追赶发展的工作路径，全面完成青神县全年工作目标，完成全县调研工作和绩效考核工作，促进和带动全县各项工作顺利开展。

【调查研究】 2013年8月，争取到市委政研室的支持，形成联合考察组到武汉、咸宁等地学习考察如何应对新时代高铁经济经验，所到之处，主动邀请当地相关部门为青神考察小组介绍高铁经济发展经验，并带回大量有价值、有数据支撑的信息材料，结合青神县实际情况进行大量分析研究，形成《青神县应对高铁经济相关对策》，得到领导的肯定。开展《关于开展抢抓天府新区机遇、岷江航电枢纽工程建设助推县域经济发展和高铁经济来临的对策建议“三大”调研工作方案的报告》等调研。完成《关于青神县经济发展在全省排位情况的调研报告》、《关于青神县“十一五”期间十件重大事件和十件创新工作的调查报告》、《青神县社情民意的调查报告》、《青神县应对高铁经济来临的对策建议》、《关于十八届三中全会(决定)给眉山市发展带来的机遇和挑战的建议意见》等调研报告，完成县委交办的《省委一号文件对青神带来具体机遇的解读》课题的调研撰稿工作，结合青神实际提出解决政策难题的办法。

【调研成果转化和应用】 注重调研成果的转化和运用。《青神县县级机关目标管理绩效考核评估办法》,《乡(镇)激励约束考核管理办法》,《关于完善对上争取资金激励机制的通知》，这三项政策通过调研转化成县委、县政府的重大决策。

【目标绩效管理】 按照省、市经济2013年社会发展目标要求，政研室将任务分解后以青目发〔2013〕14号文件下发到县级相关部门和乡镇，同时制发《青神县2013年度经济工作目标责任书》并与责任单位签订目标责任书，年终对照责任书目标任务完成情况进行奖惩。完成2013年市对区县“主动作为创一流”半年以及年终考核。青神县于2012年－2013年连续两年在“主动作为创一流”半年考核中名列全市六个区县第三名，在2013年“主动作为创一流”年终考核位居全市第一名。“三四五翻番”目标分别纳入对应重点工作推进组进行考核。建立乡镇经济发展评价考核体系，实行“半年一排位，年终一通报”，对在全市乡镇经济综合评价排名降位的乡镇党政主要负责人取消年度评优评先资格；对进入全市综合实力前10强及排位上升最快的乡镇党政主要负责人优先提拔使用。会同“两办”督查室对青神县2013年主要发展指标，特别是GDP、财政收入、固定资产投资、十大推进组推进情况等指标按时通报发展项目进展情况，促进全县各项目标任务的实现。按照“分类考核，突出重点，易于操作”的原则，进一步完善目标考核体系，制发《2013年度青神县目标考核办法》、《2013年十大重点项目推进组工作考核方案》、《2013年青神县工业开发区考核方案》、《2013年青神县竹编产业园区考核方案》、《2013年青神县岷江航电枢纽工程开发建设考核方案》、《2013年挂联工作考核方案》，并以青目发〔2013〕13号文件联合下发。完成对十大重点工作推进组、投促委成员单位半年来的工作开展情况的民主测评和乡镇、部门全年以来的工作满意度民主测评。通过民主测评，客观公正评价参评单位工作实绩，激励先进，鞭策后进。新拟订《青神县特殊贡献奖和突出贡献奖评选办法（试行）》、《青神县评选年度十大亮点工作和十大创新工作的办法（试行）》，并对2013年度特殊、突出贡献奖和亮点、创新工作进行收集、汇总。对全县应急管理工作的检查考核进行规范，全面提升应急管理工作水平，经研究后，将应急管理工作将纳入对各单位的目标绩效考核。按照《新培植3亿元税源目标责任书》目标内容，对责任主体目标任务开展情况和完成情况进行考核。

【乡镇激励约束考核】 根据“1171”县域发展总体战略、全县镇域功能区总体规划，结合2013年各乡镇人口、资源、区位、经济等情况，新制发《乡镇激励约束考核办法（试行）》。该办法由以往单一制考核改为工、农、旅游三类乡镇分类考核，并具体考核指标，将青城、黑龙纳入“工业发展指标”考核，白果、罗波、高台、河坝子纳入“农业发展指标”考核，南城、西龙、瑞峰、汉阳纳入“旅游发展指标”考核。调整乡镇激励约束考核补助系数，改变计算方法，缩小各乡镇补助差距，提高乡镇发展积极性。按照完善后的《乡镇激励约束考核管理办法》，对乡镇2012年的所辖企业一般预算收入、向外组织收入、工业固定资产投入、财务管理、债务偿还等进行全面考核。

（帅加兴）

保密工作

【概况】 2013年，县委保密委办（局）实有工作人员2人。以宣传、贯彻落实《保密法》为中心，狠抓保密法规制度建设、指导管理、宣传教育、监督检查、技术防范和队伍建设等6项工作，为维护国家安全和利益，促进全县经济社会稳定发展做出贡献。

【保密管理】 县委高度重视保密工作，切实加强对保密工作的领导，县委常委会议组织学习《栗战书同志在中保委会议上的讲话》，听取保密工作专题汇报2次，研究保密工作，解决保密工作中存在的问题。充实完善13个县级部门和乡镇保密领导小组，明确工作职责。落实目标任务，实行保密目标考核管理。年初，将保密工作任务分解为7大项24个小项，分解量化下达到县级部门和乡镇保密领导小组。对照目标任务完成年终目标考核，并将考核结果通报全县。开展保密普查，完善和落实保密措施。完成全国保密普查任务，普查全县82个的单位基本情况，完善全县保密工作台账。开展上岗在岗人员培训2次183人次；落实保密承诺长效管理机制，组织新上岗人员承诺32人次。开展对电子政务网巡回检查、指导和管理，提高对网络泄密的发现和应急处置能力。组织保密、机要、政府信息办、电信等部门联席会议4次，通报、研究全县计算机信息系统安全保密管理中存在的问题，提出解决措施41项，应用于全县计算机信息系统安全保密管理。继续抓好涉密计算机定点维修。按照《青神县涉密计算机维修管理办法》要求续签新一轮的定点维修合同；举办定点维修技术人员培训班2期35人次；全县138个单位的涉密计算机（网络）签约定点维修率100%，定点维修用户满意率100%。

【保密制度】 结合贯彻落实《保密法》，修订“涉密人员管理制度”等20项制度，并编制成《保密工作制度手册》下发到全县。对照制度，开展对全县重要部门、重点领域、核心岗位和重大会议活动的保密指导和监督检查。推行保密行政执法责任制。强化对行政执法人员的管理，与机要局、公安局、商务局、工商局、政府信息办等相关部门的行政执法协作1次，重大事项通报工作4次。指导部门开展定、解密工作。监督指导38个部门44次依法准确界定国家秘密，规范定密工作程序。狠抓涉密载体清收、销毁工作。组织2013年度涉密文件资料的清收，集中销毁“三密”文件和内部刊物3.6吨。

【保密宣传】 组织保密干部全员培训。举办培训班 期，参训保密干部126名，培训考试全部合格。结合保密工作新形势新任务，在检查中培训保密人员80人。开展多种形式的保密宣传教育活动。保密法制宣传上街道下乡村，进学校到社区，发放宣传资料1200余份；县委副书记在全县领导干部大会上讲保密一次；办橱窗宣传35处。开展“保密调查研究年”活动。组织各种调查研究活动3次，撰写和征集保密论文78篇，对做好基层保密工作提出建议10余件。征订《保密工作概论》120份、《保密工作》176份、《保密科学技术》60份，开展学刊用刊活动。开展“六五”保密法制宣传教育（中期）自查有序。9月2日至25日，对相关部门进行检查、座谈、查看档案资料等，全面完成“六·五”保密法制宣传教育（中期）自查工作任务。

【保密检查】 开展春秋2次保密检查，检查126个单位的涉密计算机425台次，非涉密计算机651台次。检查中发整改通知31份、整改项目3个，帮助完善保密防护措施26个，新增裸机21台。开展政府信息公开保密审查情况检查。对照检查目录，共计检查全县87个党政机关的446个内设部门，检查涉密网络23个，非涉密网络5个；检查计算机379台，非涉密计算机1143台；检查机关网站3个，社会网站2个。组织互联网入口IP地址检查，检查非涉密计算机1554台次。组织网络专项检查，共检查公安等26个网络，68个部位，128台涉密计算机，252台非涉密计算机。开展高考、中考、成人考试、自学考试的保密试卷保密室督促检查，参加检查5次。

【保密技术】 做好保密业务管理平台和计算机户籍管理系统的维护，确保其正常运行，实施内外网互联阻断监控；介质管理软件应用技术推广应用，单项导入系统进入全面安装阶段，全县保密科学技术迈上新台阶。组织安装“非涉计算机敏感信息实时监控系统客户端”，全县安装890余台，实现从人防到技防的有效控制。

（宋志平）

老干部工作

【概况】 2013年老干部工作人员6人，管理离休干部27人（含代管8人），享受副地厅级待遇4人，管理副县级（含享受待遇）以上的退休干部99人，享受副地厅级（含代管）2人。全面落实老干部政治、生活待遇，不断推进离退休干部思想政治建设和党组织建设，创新服务机制，拓展人性化服务举措，实现县委放心、老干部满意的工作目标，圆满地完成全年各项工作任务。全年对上争取资金25万元，超额3万元。老干部局被评为“眉山市敬老文明号”，老干部活动中心是眉山市唯一被省委老干部局验收达标的优秀单位。

【政治、生活待遇】 加强离退休干部党支部建设的工作力度。深化老干部创先争优活动。坚持每月一次的思想政治理论学习制度,坚持每月县级领导向老干部通报国内外和当地的政治经济形势的制度;坚持县级领导"一对一"联系老干部的制度;坚持县级离退休老干部参加县委、县人大、县政府、县政协各级重要会议和重大活动制度,2013年参加会议和活动20多次,共600多人次,发挥老干部参政议政的政治作用,3月由县委书记黄国清通报全县工作,并组织视察高铁、工业园区、岷江航电等重点项目建设。县长、组织部长、纪委书记、政法委书记等分别通报工作。

【走访活动】 3月,对全县离休干部遗属进行走访、看望。及时了解生活状况,为其协调解决生活待遇。已按政策提高生活困难补助的遗属,由以前每月400多元提高到每月600多元。对离休老干部遗属的关心和关怀落到实处。4月20日地震后,及时走访看望老干部及遗属。为3户家住农村,房屋受损的老干部及遗属分别给予各1000元的困难补助,尽快维修家园。

【组织健康体检】 4月5－8日,对全县132名离退休老干部进行健康体检。是年新增癌胚抗原体检项目,受到老干部们好评。

【组织活动】 除组织每月定期8次的活动外,还组织老干部书画、摄影组下乡采风,让他们走进大自然,去放松心情、开阔心胸。农历十月十九日"九·九"重阳节,举办庆祝"九·九"重阳节游园活动。

【领导重视】 调整充实县委老干部工作领导小组,领导小组就老干部工作召开2次会议,重点研究和落实老干部活动中心阵地建设,老干部重大活动安排,解决老干部家庭困难等问题;对县级领导"一对一"联系老干部进行调整安排,并发文到每一位县级领导和老干部手中,以方便相互联系,了解情况。

【发挥作用】 新建立老干部书画摄影组、新闻报道组、创作组,让老干部们依照自己的兴趣爱好,积极参与,认真开展活动。让老干部与时俱进掌握新技能、学习新知识。5月8－31日,与先锋电脑携手举办首次"小手牵大手,忘年网上游"离退休老干部电脑培训班。20多名离退休干部积极踊跃地参加培训,平均年龄70岁,其中80岁以上的学员有4人。此次培训班受到老干部们的肯定。5月中旬和机关工委联合开展"老干部—新党员牵手连心、共铸中国梦活动",通过听老干部讲党课、牵手联谊活动、一对一辅导老干部了解现代信息技术、网络知识等一系列活动,在全县兴起老干部—新党员相互学习、相互关心、共同进步、传承梦想,牵手连心共筑中国梦人热潮。

【直联工作】 做实直接联系服务群众工作,多次深入西龙镇长池村联系群众家中,了解相关情况,寻找影响生活生产、经济发展、和谐稳定等方面的问题,能解决的及时解决,暂时不能解决的建立台账,进行专题研究,提出解决方案。根据实际情况,制定相应的帮扶计划。并为80高龄的困难老党员张国庭联系白内障手术的困难补助及相关事宜。在春耕时节,为联系户送去价值近2000多元的复合肥,实实在在的为其解决生产和生活中的难题。全年共入户走访农户10多户,并与4户贫困户沟通帮扶需求,办实事好事9件,自愿帮扶资金4000元。

【活动中心建设】 县委、县政府高度重视老干部活动阵地建设,并纳入县政务建设和精神文明建设的总体规划,老干部活动中心按编制配置3名专职人员,并合理安排工作。2010年起至2013年拨专项资金160万元新建活动楼、装修综合楼、完善基础设施,同时购置一些新的活动设备,改善老干部活动中心的活动条件。组织开展有益于老干部身心健康的各项活动。坚持日常活动与重大节庆日活动结合。坚持日常活动由自娱自乐向寓教于乐延伸。根据老同志兴趣不同的特点,充分利用现有资源,成立各种自管组织,包括老干部艺术团、老干部门球队、歌唱组、摄影组和创作组等多种自管组织,每个组织、团队中分别选举出1至2名骨干,在文体活动中"自我组织、自我管理、自我服务"。年初开展老干部电脑培训班,投资5万元开设独立的电教室,配备电脑6台,投影仪1台,聘请专业人员担任教师,为老有所学创造条件。11月底,老干部活动中心规范化建设通过省、市相关部门的验收。

(彭惠玲)

机关党务工作

【概况】 2013年,机关工委直属6个机关党委、10个党总支、126个党支部,有党员2280名。县直机关工委以先进性教育为主线,服务中心、服务大局、服务基层,组织开展"实现伟大中国梦、建设富裕美好和谐青神"主题教育活动,牵头开展直接联系服务群众工作等,为"实现伟大中国梦、建设富裕美好和谐青神"提供坚强的组织保证。县委授予"先进基层党组织"、"基层组织建设先进集体"、"学习型党组织建设先进集体"、"干部直接联系服务群众工作先进集体"、"青神系列歌曲大家唱活动优秀组织单位"、"民生工程先进集体"、"目标考核先进单位"等称号,干部直接联系服务群众工作被县委、县政府评为2012年"十大创新"工作。

【思想建设】 为建设学习型党组织,各直属党组织通过广泛开展互动式、课题式学习,举办各类讲座、读书报告会、演讲比赛等活动,提高党员干部的综合素质,增强政治鉴别能力、调查研究能力和工作创新能力。同时深入联系村(社区),向联系群众宣讲十八大及十八届三中全会精神,并结合村(社区)实际展开讨论。

【组织建设】 完善基层党组织建设。对届满支部或因人事变动缺额的支部改选及时审批。对5个支部进行改选,新建立支部1个,垂管支部1个。不定期对党务工作者进行业务指导,10月中旬举办1期党务工作者业务培训班。继续在直属党组织中开展"三分类三升级"活动。

【作风建设】 做好直接联系服务群众工作。建立长效机制,实现制度化、规范化、常态化。全县2003名干部参与直联工作,联系群众4605人,实现干部参与全覆盖。全县干部开展联系服务群众工作14000余次,其中县级领导带队下基层400余次,解决各类问题、纠纷4000余件。

【党员教育管理】 3月上中旬,深入各直属党组织调查研究,对各党组织开展"三会一课"情况、党费收缴情况等进行了解和指导。5月份,对各党组织2009年至2012年党费收缴情况进行清理。全年收党费276398.50元,全部上交县委组织部。开展"实现伟大中国梦、建设富裕美好和谐青神"主题教育活动。各直属党组织召开学习动员会,组织宣讲、讨论、办专栏、短信、征文比赛及举办演讲比赛等形式多样的活动,让"中国梦"深入人心,家喻户晓。6月底组织广大党员,与联系村党组织联合开展一次特殊党日活动;组织党员为联系村办实事、好事;走访慰问联系村贫困党员、留守儿童、残疾人等。通过开展丰富多彩的庆祝活动,歌颂党的丰功伟绩,向党的92岁华诞献礼。选派28名选手参加全县"中国梦·青神行动"竞赛,包揽一、二、三等奖。1名选手参加全市"中国梦·眉山实践"比赛,获第一名。开展"新老党员牵手连心、共筑中国梦"主题教育活动。结对134对,有3名年轻党员被提拔到领导岗位。此项工作在《四川党的建设.农村版》和《眉山日报》报道。举办2天的入党积极分子培训班,有50名入党积极分子参加培训。发展新党员27名,占目标任务的100.38%,转正54名党员。

【党风廉政建设】 贯彻执行《中共青神县纪委关于进一步加强“三重一大”事项管理的实施意见》(青纪〔2012〕30 号)文件精神,按照“集体领导、民主集中、个别酝酿、会议决定”的要求决策“三重一大”事项。围绕立党为公、执政为民,倡导团结、学习、诚信、务实、清廉五大风气,深化机关作风建设。贯彻落实中央省、市、县委关于改进作风的各项规定,规范“三公”经费支出,深化“中梗阻”治理,严格执行八项规定,严肃查处铺张浪费,挥霍公款,奢靡享乐行为。各党组织开展一系列的廉政文化书画展、摄影展、演讲比赛等活动,各机关张贴廉政警示宣传画和书法作品、观看警示教育片,让廉政警钟时时入目入心。协助县委宣传部等 6 个单位成功申报成为第二批廉政示范点。以《中国共产党党内监督条例》、《中国共产党纪律处分条例》、《中国共产党党员权利保障条例》为主要内容,开展党纪党规教育。

(王　双)

“两新”党建工作

【概况】 “两新”组织党工委辖“两新”组织党组织 234 个,其中党委 2 个,新经济组织党支部 126 个,新社会组织 105 个,其中流动党支部 1 个,共有党员 1486 名。

【组织建设】 开展“以六心促双强”主题年活动。选派 59 名党建指导员直接联系“两新”组织发展党建。全县有工业企业 129 家(规模以上非公企业 51 家),建立 126 个党组织,其中包含 2 个党委,119 个党支部,单独建立党组织的企业有 104 家,7 个联合组建的党支部涵盖 25 个企业;县 105 个新社会组织,建立 105 个党组织,其中 5 个联合支部涵盖 20 个新社会组织。全县新经济组织和新社会组织党建覆盖率均达到 100%,超额完成上级下达的目标任务。丹甫公司党委被眉山市委表彰为“实现伟大中国梦、建设富裕美好和谐四川主题教育活动先进集体”;用九、德恩公司党支部被青神县纪委、监察局授予“廉政文化示范点”称号。

【党员发展】 严格按照“坚持标准,保证质量,改善结构,慎重发展”的方针,做到成熟一个发展一个,严把入口关。2013 年发展党员 44 名,预备党员转正 34 名。

【班子建设】 组建由相关职能部门负责人及部分企业有关人员共 14 人组成的专兼职党工委领导班子,形成党委会、企业党务工作者联席会议、党支部组织生活制度等相关制度。对 2010 年前成立的两新党组织班子成员进行换届,在党委设置纪委委员,在支部设置纪检委员。提高纪检组织覆盖率。从加强组织保障、创新纪检工作形式和加强廉政文化建设等方面积极探索,并逐步加以规范。

【星级考评】 结合基层党组织“三分类三升级三挂钩”活动的开展,对照“双强七好”标准,经过“两新”组织基层党组织自评打分、党委班子实地测评“评星”、党委审核评定“定星”,对所辖 52 个“两新”组织基层党组织进行星级评定。其中被评为五星级基层党组织的有 7 个,四星级基层党组织 13 个,三星级基层党组织 32 个,无不达标基层党组织。

(刘哲妍)

党校工作

【概况】 2013 年,党校内设办公室、教育股 2 个股室,教职工 11 人;圆满完成全县主体班培训;函授教育工作顺利开展;市级文明单位复查合格;继续保持省级文明单位光荣称号;档案省二级年检合格,被评为先进单位;社会治安综合治理、安全文明小区被评为县级模范单位。

【干部培训】 2013年举办10期干部主体班培训,参训人员1300余人次。建立健全学员管理制度,学员请销假制度,加强学员党性锻炼和党性修养。主体班培训按照党的十八届三中全会精神,重点以十八大精神、党性修养、科学发展观、公共理论、领导能力、廉政教育、实际技能等为内容,着重提高领导干部的理论素养、知识水平、业务本领和领导能力。党校培训干部力求由行政型向专业型、专家型转变,为推进全县城市建设、机械产业、公共管理等提供高素质的干部队伍支撑。严格培训纪律,实行"凡训必考"。

【科研工作】 突出党校科研特点,搞好各类课题研究工作,根据县委、县政府确立的工作重点来制定科研计划,深入开展调研活动。申报省委党校课题结项1个,其中《眉山市青神县打造省级竹编特色产业的调查与思考》被评为省委党校优秀课题;申报市社科联课题结项5个,结项2个。获得市社会哲学优秀成果二等奖1个。2013年四川省委党校系统科研工作评选活动中,县委党校获得"2011－2012年度四川省党校系统第八届优秀科研工作组织奖";在2013年青神社科联评选的社会哲学类奖项中,县委党校一项成果被评为一等奖。

【学历教育】 做好函授班报名、学习、考试、毕业等日常工作,确保学员顺利毕业。完成市委党校下达的研究生招生任务。

【直接联系服务群众】 深入开展直接联系服务群众工作,加强与党校所挂村两委干部的联系,为村干部和群众解决困难。校班子成员直接联系群众8户,专题研究联系服务群众工作3次,领导带队下基层12次,落实直联工作经费6300元。为贫困户捐款捐物5000多元,资助新农村阵地建设经费2000元,用于制作村务公开栏。协调帮助解决低保户2户,为联系户栽插秧苗3亩。协助新农村发展养鸡产业10户,协助联系村争取县扶贫项目资金20万元用于村级道路硬化建设。为8户贫困联系户送小鸡400只。组织联系村两委班子开展学习贯彻党的十八大精神、"实现伟大中国梦"主题教育等各类活动6次。

【队伍建设】 开展以为民务实清廉为主要内容的党的群众路线教育实践主题活动,开展"实现伟大中国梦建设富裕美好和谐青神"主题教育活动,开展"1＋1"读书活动,定期开展"干部小讲堂"宣讲党风、政风,订阅廉政教育刊物,定期组织教职工观看廉政警示教育宣传片,组织讨论,做到警钟长鸣。深入推进"三公"经费公开工作,严格"三公"经费支出,规范各种经费开支渠道,定期上报"三公"相关资料。严格执行"三重一大"制度。建立健全各类制度。深化党风廉政教育,牢固树立勤政廉政观念,落实领导责任制,保证反腐倡廉各项制度和监督落实到位。

（吕　霞）

◎青神县人大常委会

综 述

2013年，青神县人大常委会机关干部17人，工人4人，内设办公室、法制工作委员会、财经工作委员会、教科文卫工作委员会、农业工作委员会、人事代表联络工作委员会、城乡建设环境资源保护工作委员会7个机构。围绕县委“1171”工作思路和“三抓三提升”工作重点，认真履行宪法和法律赋予的职责，大力弘扬青神精神，突出监督重点，增强监督实效，全年召开常委会12次，主任会议20次，听取和审议“一府两院”工作报告26个，开展执法检查12次，组织视察调研18次，作出决定决议10个、审议（视察）意见13个，任免人员39人次。

重要会议

【县十六届人大第三次会议】 2013年2月1日，青神县第十六届人民代表大会第三次会议召开。应到代表155名，实到代表150名，因病因事请假5人。会议听取和审查青神县人民政府工作报告、青神县人大常委会工作报告、青神县人民法院工作报告、青神县人民检察院工作报告，审查和批准青神县2012年国民经济和社会发展计划执行情况及2013年国民经济和社会发展计划（草案）的报告、青神县2012年财政预算执行情况和2013年财政预算（草案）的报告，并作出相应的决议。

监督工作

【法律监督】 常委会始终以法治建设为抓手，加强依法行政监督，听取和审议创建“全国法治县”工作进展情况的报告，全面推进依法治县进程；听取2013年上半年司法行政工作情况报告，就加强普法、调解、维稳、律师管理提出积极建议；视察调研县公共资源交易中心，促进招投标依法按程序运作，从源头上增收节支，预防腐败。采取议题审议、视察调研等形式，开展人口与计划生育法、城乡规划法、省饮用水水源保护管理条例、省城乡环境综合治理条例的执法检查，并配合市人大常委会对体育法、电力法、消防法、残疾人保护条例、森林防火条例、省电力设施保护实施办法开展执法检查，严格规范执法行为，确保法律法规在县内正确实施。认真听取县人民法院、县人民检察院2013年工作情况报告，依法任命人民陪审员15名，促使“两院”不断加强队伍建设，提升司法水平，维护公平正义。组织部分委员、代表旁听县法院的案件庭审活动，参加“两院”开放日活动，现场监督案件执行，有效支持工作，促进司法更公正、更廉洁。

【专题审议】 以预算决算审查监督为重点，深入开展调研，加强经济运行监督。听取和审议青神县2013年上半年国民经济和社会发展计划执行情况的报告、听取和审议青神县2013年上半年财政预算执行情况的报告、2012年度财政预算执行和其他财政收支情况的审计工作报告;审查和批准青神县2012年财政预算调整方案、2012年县级财政决算,并依法作出决定、决议、审议意见,在促进财政增收、改进预算管理、降低"三公经费"、控制地方债务等方面发挥作用。

【视察调研】 始终把县委中心工作、农业农村农民问题摆到重要位置,强化热点、难点问题和重大项目的监督。视察调研农田水利基础设施建设、新农村建设、竹编产业规划发展、农民专业合作社、扶贫移民工作情况,有针对性地提出视察意见。关注粮食生产,深入全县塘库堰渠,专题调研大春抗旱保栽情况,及时提建议、保春灌;加强农村集体土地管理情况监督,查问题提建议,并督促整改到位。专题调研旅游三产工作,助推工业转型升级、项目加快推进,三产平稳发展。视察调研工业重点项目、锦绣大道、汉阳航电工程、成绵乐铁路客运专线(青神段)等重点项目建设情况,提建议、促落实,助推项目加快进度、确保质量。对全县城乡居民社会养老保险、民政工作、饮用水水源保护及城乡供排水情况、新型农村合作医疗、乡镇卫生院运行、文化产业发展等情况进行视察调研,针对问题提建议,助推惠民政策落到实处、见到实效。特别是对城区、乡镇总体规划和全县土地利用总体规划编制、执行情况开展监督检查,促进违规用地、违规建设等近10个问题的有效解决,推进土地利用总体规划与城市建设规划等的相互衔接和协调。对此,省人大常委会副主任、秘书长曾省权批示:"青神县人大常委会强化土地要素监督很有成效,对此项工作开展的监督探索也很有意义。送农委、城环资委参阅"。采取视察调研等方式,对城市管理、城市道路综合整治、城市道路交通智能管理、城乡环境综合整治等开展监督,查摆问题提建议,加速城镇化进程,提升城市品质。

【跟踪监督】 严格按照《青神县人大常委会关于"一府两院"执行县人大常委会决定、决议和办理审议意见情况的测评办法(试行)》规定,加强跟踪监督,以促办理、增实效、见结果为核心,不断提升监督实效,监督"一府两院"办理、落实县人大常委会作出的决定、决议和审议(视察)意见8个,满意和基本满意达100%。

职能工作

【依法决定重大事项】 以助推发展为己任,抓住事关全县经济社会发展的重大事项、重大问题,依法履行职权。密切关注饮水安全,审议批准《青神县饮用水水源保护管理办法》。听取和审议县人民政府《关于提请审议将成绵乐铁路客运专线青神站至县城快速通道、城市道路综合整治、锦绣小区安置房及市政道路建设BT项目回购款纳入年度财政预算的议案》、《关于提请审议〈青神县城市总体规划(修编)2013－2030〉的议案》、《关于提请审议〈四川·青神竹编产业园区总体规划(2012－2030)〉的议案》、并作出相应决定,促进3大BT惠民工程更快推进、城市规划更加科学、竹编产业更具特色。对投资融资进行监督,审议批准县政府委托县国资公司参股市宏大公司发行2014年公司债券。

【干部任免】 坚持党管干部和依法任免的有机统一,不断健全机制,完善程序,做好人事任免工作,并加强干部任后监督,促进依法履职。全年,对县委提名和"一府两院"提请任免的干部,充分发扬民主,严格依法按程序任免国家机关工作人员39人次,其中任30人次、免9人次。依法暂停代表职务1人,补选市人大代表1人、县人大代表3人。

【代表工作】 坚持向代表免费赠送人大报刊,分代表小组学习培训,建立代表履职档案,提升代表素质。优化服务,为代表履职搭建平台,邀请部分代表列席常委会会议、参与执法检查、视察和专题调研活动,拓宽知情知政渠道,激发履职热情。

规范代表活动，保障代表活动经费；邀请45名代表参加座谈会，广泛征求对县委、人大、政府换届以来的意见，征集群众最关心的问题33个，受到县委高度重视。在县人大代表中开展“读一本好书、参加一次活动、提一条建议、办一件实事、联系一名贫困选民”的“五个一”活动，密切代表同人民群众的联系。

【乡镇人大工作】 加强对乡镇人大主席团的工作指导，规范指导内容，完善目标考核，做好代表工作。指导乡镇开好人代会、主席团会议，做好补选工作。组织召开乡镇人大主席团经验交流会，相互学习，取长补短，增强工作实效。邀请乡镇人大主席团主席列席县人大常委会会议，参与视察调研和执法检查，提高人大工作水平。

【建议与意见】 县第十六届人大三次会议和闭会期间，县人大代表提出建议、批评和意见30件。采取集中交办、领导督办、跟踪促办、现场视察、集中回访、当面答复、常委会审议、人代会通报等多种方式，增强办理实效，提高办理质量，办复率100%，代表满意和基本满意100%。

【走访慰问】 开展“直接联系服务群众”活动，做群众的贴心人。深入基层、深入群众，协调解决所挂联的乡镇、村的急难问题；委员经常进村入户搞调研、察民情、聚民智、解民忧，帮助理思路、制方案，解决问题30多个。搞好帮扶工作，对联系的31名困难群众进行经常性帮扶。围绕全县中心工作、审议议题、群众关心的问题，开展调查研究，形成调研报告22篇，增强行使职权科学性、实效性和针对性。

信访工作与自身建设

【信访工作】 坚持依法和谐、维护稳定理念，常委会高度重视信访工作，把民情、民生、民意作为人大信访的重要内容，认真及时做好信访受理登记、转办、交办、督办等事项，耐心做好疏导息诉工作。全年接待群众来访70余人次，来信27件，有效化解农村土地承包、征地拆迁、城市建设等方面的矛盾，维护社会和谐稳定。

【自身建设】 始终紧贴县委中心工作，树立大局意识，寓参与、监督、支持、服务于一体。常委会领导主动作为，参与全县重大决策、招商引资、重点项目建设，协助抓好县工业（招商）、竹编产业、财政金融、城镇建设等10大重点工作推进组的工作，经常深入一线抓调研、抓监督，办实事解难题，促进岷江航电、成绵乐铁路配套工程、城市道路综合整治等重点项目建设。采取自学、集中学、支部组织学、干部小讲堂等多种形式，认真学习党的十八大和十八届三中全会精神，开展“中国梦”等主题教育活动，建设“学习型、创新型、效能型、和谐型”机关。开展“直接联系服务群众”活动，做群众的贴心人。完善激励机制，召开人大新闻宣传工作总结表彰会，经常保持人大与新闻媒体的沟通联系。全年，编发《人大信息》31期，被市人大采用信息24篇，省级媒体采用19篇。

（万　琼）

青神县人民政府◎

重大决策

【创建“五星级”政务服务体系】 成立县“五星级”政务服务体系创建工作领导小组，以提高行政效率为重点，以服务对象满意为标准，以“青神服务、五星标准”为努力方向，不断提升软硬件服务质量和政务服务标准，坚持将县政务服务中心、乡镇便民服务中心、窗口和代办站点作为“五星级”政务服务建设载体，纳入项目化管理，县、乡、村（社区）三级联动，实行星级评定，坚持分步实施，有序推进。完善服务内容，细化服务标准，强化中心建设，加快窗口建设。力争2－3年内把县政务服务中心、乡镇便民服务中心、政务服务中心窗口和村（社区）便民服务代办站点创建为“五星级”政务服务体系，真正实现让群众“少跑路，多办事，办好事”。

【加快现代林业重点县建设】 加快“小县大林业，小资源大产业”的发展步伐，自2013年起，县财政在农发资金中安排20%用于林业产业发展，每年安排1000万元专项资金用于竹编产业发展。加大林业产业招商引资，建立林业产业招商引资项目库，培育扶持一批有实力、规模大、效益好的林产品加工龙头企业，加强林业科技创新。到2015年，建成现代林业产业基地30.3万亩，其中竹质原料林基地18.5万亩、木质原料林基地11.8万亩。新建竹编产业园区，新建和改造林区道路206公里，新建或改造灌溉设施蓄水池1.91万立方米。林下经济实现每年发展林下养鸡100万只以上，年接待生态旅游游客40万人次，林下经济收入2.5亿元。建成“万亩林亿元钱”立体林业经济示范片3个。林业总产值实现50亿元，农民从林业上获得的收入达到2050元，高于全省同期50%以上。

【开展农村土地承包经营权确权登记颁证】 成立县农村土地承包经营权确权登记颁证工作领导小组，建立土地承包经营权登记簿，建立规范标准的承包土地管理档案，建立农村土地承包经营权登记管理信息系统，把承包地块、面积、合同、权属证书全面落实到户，依法赋予农民更加充分而有保障的土地承包经营权。2013年在河坝了镇开展农村土地承包经营权确权登记颁证试点，2014年全面铺开，2015年5月前全面完成确权登记颁证工作，2015年7月完成总结验收和资料归档。颁证率达85%以上。

【发展家庭农场】 成立县发展家庭农场工作领导小组，指导家庭农场建立健全相关规章制度，有序吸纳流转土地，推广农业标准化生产和设施农业发展，保障农产品安全。对家庭农场提供土地流转优先服务、项目资金优先支持、农业补贴按政策倾斜、以奖代补优先扶持、依法办理设施农用地审批。开展“青神县家庭农场示范户”创建活动，每年评定10—20户发展成效显著，带动农户示范效应好的家庭农场为“青神县家庭农场示范户”，每户奖励现金5000元，在次年的全县农村工作会议上进行专项表彰奖励。

【行政效能建设改革】 按照“合法、合理、必要、高效、便捷”原则，推动简政放权、再造审批流程、建设政务服务电子化系统、规范中介服务，在2014年12月底前完成行政效能建设改革，力争成为全市行政审批项目最少、程序最简、效率最高、成本最低、环境最优的区县之一。

【加快椪柑产业发展】 坚持“做优、做晚”和“鲜销为主、加工为辅”发展思路，促进椪柑产业转型升级，发展椪柑产业业态。成立青神县椪柑产业发展领导小组，县财政安排椪柑产业发展专项资金500万元，每年递增100万元。到2016年，全县新植（高换）椪柑面积5万亩，总面积达10万亩以上，椪柑年产量达15万吨以上。建立椪柑产业园区1个，新培育销售收入5千万元的椪柑营销企业1家以上，新建5千吨椪柑气调库1座，新建椪柑深加工企业1家以上，实现椪柑产业生产、加工、销售、休闲、体验、文化有效衔接，把青神建设成为名扬四海的椪柑之乡。

【深化行政审批制度改革】 成立县深化行政审批制度改革领导小组，做好行政审批项目清理，按要求清理调整公布本级行政审批项目目录。优化行政审批流程，实行流程再造，坚决取消无法律法规依据的审批环节和手续，对承诺办理时限进行再清理，在现有承诺办理时限基础上总体再提速20%。完善政务服务体系，全面深化“两集中、两到位”，实现“一窗式受理、一站式审批、一条龙服务”。深化公共资源交易改革，编制和完善国有产权（特许经营权）目录，纳入公共资源交易平台实行集中交易，实现公共资源交易核心业务工作电子化全覆盖，切实提高服务效率。

（赵宇凡）

重要活动

【成艺院长来青参观】 1月31日，全国人大代表、省文联副主席、成都艺术职业技术学院院长余开源一行到高铁车站、汉阳航电工程建设现场参观，实地了解县内经济社会发展状况。县委书记黄国清、县教育、航电、发改、西龙镇等部门陪同，介绍全县现阶段发展实际与远景规划效益。余开源肯定县委、县政府高瞻远瞩，正确领导；同时表示成都艺术职业学院选址青神是绝对正确的，将全力推动青神校区早日建成，助推青神科学发展，追赶发展。

【百名外国友人齐聚青神闹元宵】 2月24日农历元宵节，100多名外国友人和嘉宾齐聚青神参加由省对外友好协会、市外事侨务台湾工作办公室和青神共同主办的“友好之春·走进青神”活动，与县内群众共同度过一个热闹非凡、欢乐祥和的中国大年。参加本次活动的外国友人分别来自20个不同国家和地区，有外国驻川总领事、领事，部分落户四川世界五百强企业的高管，部分在成都的各大国际酒店高管和部分在川外国专家约110人。省政协副主席杨兴平、省对外友好协会会长罗玉彬、省对外友好协会巡视员王宪、市政协副主席杨常沙等嘉宾和县“四大班子”全体领导出席活动。活动中，外国友人和省市嘉宾先后参观中国竹艺城和江湾神木园。精彩的竹乐器表演让外国友人和嘉宾连连叫好；精美的竹编和精湛的竹编技艺让大家叹为观止；神奇的乌木艺术让大家留连忘返；为龙点睛、舞龙、包汤圆、做糖饼、放河灯等民俗体验活动更是让外国友人和嘉宾乐在其中。泰国驻成都总领事馆总领事郭梅特刚刚学会竹编工艺品制作，就得意地向记者展示起编好的几条“热带鱼”。当晚，举行“友好之春·走进青神”活动“压轴戏”——“元宵灯舞巡游”活动。2条由青神竹编制作成的“竹龙”在众人的舞动中穿梭在大街上，活灵活现。富含地方浓郁文化特色的龙灯、狮灯、牛灯、蚌壳灯、鱼灯、荷花灯、船灯、蝴蝶灯，还有踩高跷、笑头娃娃和腰鼓、秧歌、竹韵舞蹈等一一盛装亮相，引来沿街群众的追逐观赏。

【原全国政协副主席杨汝岱莅青调研】 4月2日，原全国政协副主席杨汝岱一行专程莅青，实地调研丹甫公司、机械产业园区、汉阳航电工程、江湾神木园、竹编产业园区等现场点，感知发展中的青神在机械工业、竹编产业及三产旅游中的蓬勃发展态势，赞赏青神在县域经济发展中的多种创新实践，并谆谆告诫一定要重视环境保护工作，抓好生态文明建设。寄语青神要有“两潭清水”，一是环境要有“清水”，二是干部也要有“清水”，用良好的环境打造出良好的发展前景。

【立白总裁陈凯旋莅青考察】 4月17日，中国民营企业500强之一的广州立白集团总裁陈凯旋先期莅青，实地考察成为“四川立白实业有限公司”旗下生产基地民众日化公司，并同时考察县内机械、城建、交通、竹编等产业。县“四大班子”主要负责人黄国清、李天祥、胡国民、李志国等陪同。他表示，做企业的根本取向就是要奉献社会，希望双方能在高起点的平台上合作，全方位支持青神发展，实现互惠共赢。

【“2013·百名企业家走进青神”活动】 4月21日，企业家们先后来到中国竹艺城、江湾神木园参观。在竹艺城，企业家们仔细阅读着青神竹编这张让青神享誉海内外的“金名片”，对巧夺开工、精细绝伦的竹编叹为观止。在由二产反哺三产的江湾神木园，神奇的乌木及稀有、精美的木雕作品也让企业家们大开眼界。4月22日，企业家们参观并听取青神城市建设和交通建设情况，还参观德恩机械有限公司、机械产业园区、丹甫股份募投项目等。企业家们非常看好成绵乐高速铁路等一批交通项目竣工后，青神成为成都半小时经济圈的巨大区位优势。对青神建设顶天立地的机械之都和打造半城山水半城竹的滨江城市的发展定位给予肯定。同日，在眉山东湖饭店集中签约的17个项目，总投资75亿元。

【北京旅游委赴青参加县旅游项目推介会】 7月31日，北京市旅游发展委员会和部分北京旅游企业参加县宣传推介旅游项目会。当天，北京市旅游委副主任董连珍、副主任梁勇，以及北京市部分旅游企业参会。对县独具特色的东坡初恋文化、竹编文化、蚕桑文化、苏母文化和佛教文化表示出强烈的兴趣，对做好旅游三产提出一系列科学合理建议。一是广泛参与旅游展览会，与一流旅游企业合作，搭乘成都乐山大平台将青神旅游产品推向国内外；二是推广健康旅游概念，将吃住玩娱串联，成型产品，同时希望整合丰富的旅游资源与要素，打造拳头产品，提高接待能力，将“游、购”的旅游产品做到极致；三是在新鲜潮流的公务机旅游和实体演艺项目等方向做适当尝试。

【台湾高雄新闻记者参访团莅青参访】 8月16日，台湾高雄市记者公会常务理事陈全斌率领的“台湾高雄新闻记者公会参访团”一行应国务院台办邀请到县进行参访活动。参访团一行先后到县中国竹艺城和江湾神木园，当参访团成员们看到《中国百帝图》、《清明上河图》等平面竹编作品时，无不叹为观止。亲身体验平面竹编的制作过程，起篾、刮竹丝。竹编产业提供农民群众就业并带领群众走上富裕之路，参访团一行给予肯定。陈全斌表示，有机会再组织更多的台湾媒体记者来青神参访交流，更多地关注青神、宣传青神、走进青神。

【国务院参事郭瑞一行莅青调研】 9月11日，国务院参事郭瑞率国务院参事室调研组成员蔡克勤、王明明、邓小南等一行7人莅临青调研中岩摩崖造像保护情况。调研组一行到县中岩寺，先后参观唤鱼池摩崖石刻、千佛崖、玉泉池等摩崖造像文物保护点，实地查看中岩寺摩崖造像的保存情况，现场听取相关负责人关于中岩寺摩崖造像保护情况介绍。调研组一行对县文物保护工作给予肯定,并希望利用好国家在不可移动文物保护工作上的有关政策,有效保护和利用好这些不可再生的文化遗产。

【重阳节免费送老人手机活动】 10月8日(重阳节前一天),开展为全县老人免费赠送手机活动。参与赠送手机活动的对象为具有县内户籍,年龄在60周岁以上的城乡居民(以本人居民身份证为准,截止到12月31日)。2013年10月是全国第四届敬老月,10月13日是第一个法定老年节,为充分体现全社会对老年人的关爱,县委、县政府决定开展此次赠送活动,具体由青神移动、电信、联通公司承办,由政府出资源,公司出资金,免费为老年人赠送手机,并提供最优惠的通信资费和售后服务。

【第十四届西博会上再创佳绩】 10月27日第十四届中国西部国际博览会圆满闭幕,生态青神、特色青神、品质青神,借力西博会精彩亮相,会上签约3个重大项目,总投资达94亿元。西博会上,重点展示青神特色名片——"东坡初恋地·国际竹艺城"。县机械龙头企业丹甫股份展示先进的制冷压缩工艺,德恩机械展示高端的机械传动技术,青城机械展示领先的木工机械技术;云华竹旅在四川农产品馆展示技艺精湛的竹编艺术和新近产品吸引省委书记和省长驻足参观;青神汇江农业在四川农民合作组织特色农业产品展区展览全县原生态产品,青神椪柑、汉阳鸡、汉阳花生、野鸭蛋等土特产。

(张 旭)

重要会议

【第十六届第21次政府常务会】 1月4日,县政府召开第十六届第21次常务会。会议审议《青神县提高公务员津补贴水平、统筹提高事业单位收入水平实施方案》、《青神县主城区范围内工业企业"离城入园"实施办法》、《关于锦绣大道建设项目有关事项的请示》、《青神县2013年保障性安居工程建设方案》等9项议题。关于新上项目,会议指出,各级各部门要搭建平台,充分利用有限的土地资源,加快建设进度,确保顺利投产。关于招商引资重大项目,要迅速启动相关程序,认真梳理各种关系,严格依法依规推进项目实施。

【第十六届第22次政府常务会】 1月17日,第十六届政府召开第22次常务会。会议提请审议《工业、城建、新农村、交通、旅游、社会事业、财税金融、创新社会管理重点工作推进组2013年工作方案》、《青神县2013年经济社会发展目标任务》、《青神县人民政府成都市国防教育训练基地兴建四川省国防教育学院项目协议书》、《关于启动竹博园建设相关问题的请示》等11项议题。

【第十六届第23次政府常务会】 1月23日,第十六届人民政府召开第23次常务会,重点审议关系全县经济社会发展的10个议题。会议审议《青神县锦绣商业小区C、D区建设项目招商公告》等相关事宜、《青神县2013年财税金融工作会方案及表彰方案》等10个议题,讨论锦绣商业小区C、D区建设项目招商协议和招商中应注意的问题以及是否符合政策规定等。指出要进一步吸收建议意见,将各议题内容修改完善;各相关部门要密切合作,将政府的各项事务落到实处。会议采取票决的方式,原则上审议通过以上10个议题,部份议题还将交县委常委会讨论。

【第十六届第24次政府常务会】 2月17日,第十六届人民政府第24次常务会召开。会议审议县发展改革局送审的《关于创新"四种模式"加快"四个转变"实现"科学发展追赶发展"的决定》、县国土资源局提请的《关于开展2013年土地报征工作的请示》、县政务中心送审的《关于创建"五星级"政务体系的实施意见(试行)》和县目标办提请审议的2013年目标责任书等议题和相关事宜。

【第十六届第25次政府常务会】 3月6日，召开第十六届第25次常务会。县长胡国民，副县长徐琳、车智勇、谭友富、侯锐、王利清、蔡建川、张骥出席会议，县领导罗兴建、杨德志、张福英、罗泽志及相关部门负责人列席会议。会议审议《青神县学校体育三年行动规划（2013年—2015年）》、《关于解决竹博园土地租赁相关费用的请示》、《关于机械大道道路两侧绿化方案的请示》、《青神县规划大会战实施方案》、《青神县集贸市场近期建设规划方案》等18个议题和相关事宜。就学校体育3年行动规划，指出当前学校教育要重视学生体质的锻炼，全力保障体育课程人才和设施的配备，各相关部门要全力配合支持此项工作，教育部门要充分发挥体育设施的作用，增加一些趣味性的活动，保证学生的锻炼时间。

【第十六届第26次政府常务会】 3月29日，召开第十六届第26次常务会。县长胡国民，副县长徐琳、车智勇、侯锐、王利清、王碧华、蔡建川、张骥出席会议，县领导罗兴建、张福英、罗泽志，县人武部政委柏晓明及相关部门负责人列席会议。会议审议《立白集团西南生产基地项目协议》、《关于解决设立成都银行青神县支行相关问题的请示》、《关于强力机械MSQ2009—09号商住用地有关问题的报告》、《青神县教育信息化项目实施方案》、《青神县全民低成本健康海云工程二期项目战略合作框架协议》等议题和相关事宜。

【第十六届第28次政府常务会】 4月14日，县政府召开第十六届第28次常务会。县长胡国民，副县长徐琳、车智勇、侯锐、王利清、王碧华、蔡建川出席，县领导张福英、罗泽志、柏晓明以及相关部门负责人列席。会议听取县监察局《关于传达贯彻国务院、省政府第一次廉政工作电视电话会议精神的报告》等相关事宜和县统计局《关于2012年全省丘陵县（市、区）主要经济指标监测情况的通报》；审议《关于2013年市县人大代表建议、批评和意见及政协委员提案任务分解表的请示》、《关于着力次级突破实现“三四五番”目标的决定》等16个议题。

【第十六届第30次政府常务会】 5月6日，十六届县政府召开第30次常务会议，重点审议有关经济工作议题。会议审议《青神县中心城区环境综合治理网格化管理实施方案（试行）》、《关于成立行政审批代办服务中心、“一费制”缴费服务中心、金融服务中心有关事项的请示》、《关于挂牌出让MSQ2013－01、03号国有建设用地使用权方案的请示》、《关于出让青发展所属成品砂石有关问题的请示》、《关于解决县国资公司整改为全覆盖平台公司相关问题的请示》等8个相关事宜。

【第十六届第31次政府常务会】 5月28日，县政府召开第十六届第31次常务会。县长胡国民、副县长徐琳、车智勇、谭友富、侯锐、王利清、王碧华、蔡建川、张骥出席；县领导谢志、李幼林、罗泽志、柏晓明以及相关议题涉及部门负责人列席会议。会议审议《县统计局提请的青神县上半年经济形势预测分析》等13个相关事宜。要求全县上下要奋战一个月，全力冲刺“双过半”，全面完成目标任务。强调要突出5个方面抓落实。一是突出目标，抓好指标；二是突出项目，抓好投资；三是突出工业，抓好回升；四是突出财税，抓好增收；五是突出要素，抓好保障。

【第十六届第32次政府常务会】 6月27日上午，县政府召开第十六届第32次常务会。县长胡国民、所有在青副县长出席会议，县领导李幼林、柏晓明应邀参加会议。会议审议县目标办送审的《乡镇激励约束考核管理办法（试行）》、县综治办提请的《关于授予赵文斌“见义勇为公民”称号并表彰奖励的请示》、县委农工办送审的《关于发展家庭农场的实施意见》、县住建局提请的《青神县乡镇规划大会战实施方案》等16个相关事宜。指出乡镇的规划要体现用地集约的原则，要符合青神实际；发展家庭农场符合中央、省、市要求，也是以农为主统筹城乡发展战略的具体实践,可以进行尝试。

【第十六届第34次政府常务会】 8月22日,召开第十六届人民政府第34次常务会,审议全县经济社会发展相关议题。县长胡国民,副县长徐琳、车智勇、侯锐出席会议。县人大常委会副主任李幼林、县人武部部长郭慧兵,各议题相关部门负责人列席会议。会议首先学习传达省委书记王东明在全省推进产业园区发展大会上的讲话精神。会议审议《青神县门牌清理整顿工作方案》、《青神县门牌设置和管理暂行办法》、《关于全面加强统计工作的意见》、《青神县政府投资建设工程变更管理办法》、《青神县全民低成本健康海云工程二期项目合作协议》等议题。

【第十六届第35次政府常务会】 9月11日,召开第十六届人民政府第35次常务会,审议县内经济社会发展、安全生产等相关议题。县长胡国民,副县长徐琳、车智勇、谭友富、侯锐、王利清、王碧华、蔡建川等出席会议。县人大常委会副主任吴小萍,各议题相关部门负责人列席会议。会议审议《关于进一步加强经济工作目标管理的通知》、《青神县"4·20"芦山地震灾后农房恢复重建工作方案》、《关于青神县2013年上半年安全生产工作情况的报告》、《青神县乡镇纪检监察视频会议系统建设方案》等16个议题。

【第十六届第36次政府常务会】 10月12日,召开第十六届人民政府第36次常务会。会议审议《青神县农村公益性公墓建设总体规划》、《青神县创建国家级生态县工作方案》、《扶持建筑业发展奖励办法(暂行)》、《青神县滨江新区南通道、成都艺术职业学院(青神校区)建设片区国有土地及房屋征收有关问题的请示》等相关议题。

【第十六届第37次政府常务会】 10月28日,召开第十六届第37次常务会,会议听取和审议青神县第九届村(居)委会换届选举工作实施方案、调整城镇土地使用税税额标准、中岩风景名胜区保护开发等11个相关事宜。

【第十六届第38次政府常务会】 10月21日,召开第十六届人民政府第38次常务会,审议全县经济社会发展相关议题。会议审议《青神县2014年固定资产投资重点项目》、《关于促进我县房地产产业健康发展的实施意见》《关于加快椪柑产业发展的实施意见》等议题。会议还学习传达省委办公厅、省政府办公厅《关于支持百万人口大县改革发展的政策措施》文件精神。在审议《青神县2014年固定资产投资重点项目》时,会议指出要提前谋划,分门别类地反复收集、汇总、包装2014年的续建项目、新建项目和储备项目,力争明年固定投资要达到60个亿。政府工作看项目,项目工作要定目标,目标要落实责任,各项目涉及单位及负责人要好好把关,努力推进项目,掌握好项目的进度。会议还要求对项目进一步进行梳理,不能有遗漏。

【第十六届第39次政府常务会】 12月24日,县政府在三楼会议室召开第39次常务会,副县长徐琳、车智勇、谭友富、王利清、王碧华参会,县领导李幼林、汪志超、郭慧兵、滕文学、杨燕强列席。会议共审议《青神县人民政府2014年工作要点》、《关于进一步加强食品药品安全监管工作的意见》等11个相关事宜,听取县统计局关于青神县第三次全国经济普查工作有关情况的报告。

(张　旭)

政府办工作

【信息调研】 建立全员信息制,细化落实信息目标任务,强化考核,逗硬奖惩,信息报送量增加。全年编发《青神信息》70期、《县政府月工作重点》7期。上报政务信息460余条,被省、市采用70条,信息得分共计450分,完成全年目标任务的230%。

开展调研活动4次,上报调研文章4篇,青神竹编产业发展专报被省委常委、副省长钟勉圈阅,市长宋朝华作签批。推进政务公开和政务服务试点工作。2月,青神被省政府确定全市唯一的全省18个依托电子政务平台加强县级政府政务公开和政务服务试点县之一。

【办理公文】 优化文件流转程序。严格执行《青神县政府办工作制度》等规章制度,坚持按程序、按规范办理公文;破旧立新,建立资源网上共享,实现公文处理便捷化;落实专人监管、专簿登记、签字流转、急件急办。严格执行公文纠错制度和失误责任追究制度,定期备份装档,确保公文处理不延误、不泄密。提高文稿拟写质量。树立精品意识,坚持重大文稿集体讨论和集体修改;强化文稿审核,从内容、文字、格式等方面严格把关,保证文稿质量。全年起草制发各类文件654件,其中:青府发20件、青府函207件、青府115件、青府通6件、青府公1件、青府党组90件,青府办发74件、青府办函39件、青府办29件、青府办会2件、青府阅71件,按期归档文件1953件,完成档案年度整理归档任务,全年无重大办文差错事件发生。

【会务接待】 带头改进会风,严格控制会议次数和规模,开短会、开套会。会议通知准确无误,会中服务细致周到。对县政府全体会、县政府常务会、县长办公会等重要会议,做好会前准备、会中服务和会后总结。全年承办县政府常务会19次、县长办公会5次。精心组织政务接待,坚持"热情、节俭、周到"原则,认真制定接待方案,周密安排接待活动,圆满完成省、市领导莅青调研考察的各项接待工作。

【综合协调】 秉承"以干事为荣,以落实为重"理念,牢固树立"办公室工作无小事"的思想,周密安排,严密组织,加强衔接,关注细节,推动工作,提升执行力。严格执行办公室相关规范流程,上传下达准确、及时,急事急办,特事特办,工作运转高效有序。坚持依法办事,主动与县委、人大、县政协办公室沟通,切实做好四大班子之间的协调工作;加强与乡(镇)、部门的协调,促进全县工作整体推进。

(任　茜)

【督查督办】 把县政府重要会议议定事项、领导批示、政策文件等列为督查工作重点,建立督办台账开展督导。做好人大、政协建议意见和提案议案办理。规范办理程序,强化督查落实。全年办理人大建议、意见30件,政协提案65件,代表、委员满意率和基本满意率100%。加大民生工程督查。对全县十大民生工程133个小项,实行动态监管,编发督查通报10期。开展联合督查。加强对政府工作报告等工作的经常性督查,全年编发政务督查25期。实行督查落实报告制度。对主要工作情况、领导交办事项及时向县委、县政府反馈结果。

(张小娟)

【试点工作】 依托电子政务平台加强县级政府政务公开和政务服务试点县,工作全面完成"政府网站应用系统、政务服务业务应用系统、电子监察应用系统"三大应用系统建设,实现电子政务平台覆盖县、乡镇、村(社区)三级,政府信息公开事项全面、准确发布,所有行政职权和便民服务事项实时、规范办理,电子监察全业务、全流程覆盖,全面完成省定试点工作目标任务。全县完成八大类3709项行政权力的清理和规范,2000余条重点领域政府信息的清理和公开,以及计生、人力资源、民政等21类共201项便民服务事项的梳理。投入50余万元用于电子政务平台的建设。截止2013年2月,县乡两级政务服务中心共受理行政审批事项和公共服务事项180393件,按时办结率100%,评议率97.6%,满意率100%;承诺件办理提速100%,提前办结率94.74%。

(李顺华)

县应急管理

【概况】 2013年，应急管理紧紧围绕夯基础、抓预防、强应对的工作重点，完善应急管理组织体系，健全工作机制，强化工作举措，圆满完成各项工作任务。全年成功应对“4·20”芦山地震和“7·9”洪灾等50余起突发事件的应急处置，最大程度地减少灾害损失，保障人民群众的生命财产安全。通过市长热线和县长热线办理群众反映热点、难点问题407余件，及时有效地化解各类矛盾纠纷。

【预测预警】 建立地质灾害监测点49个、林业有害生物监测点9个、环境监测点140余个、村级动物疫情监测点76个，落实监测员，对各类灾害的日常监测。完善以广播、电视、报纸、网络、手机等信息发布渠道为载体的预警发布机制，利用气象预警信息LED电子显示屏14个、大喇叭86个发布信息，更新预警信息发布平台，预警发布及时到位，预警信息覆盖面提高，全年发布灾害预警信息28万余条。

【组织体系】 建立健全“统一领导、分类管理、分级负责、属地为主”的应急管理组织体系，层层落实“行政首长负责制”和“一岗双责制”。建立县、乡、村三级应急网络，各乡镇、各部门明确应急工作分管领导和工作人员，学校、医院、水库、规模以上企业落实应急管理人员，做到专门机构管事、专门人员办事。

【安全检查】 建立重大风险评估机制，强化日常巡查和定期排查工作，及时降低风险，排除隐患，化解矛盾。重点监控道路交通、危险化学品、消防、食品安全等行业安全，开展危险化学品、道路交通、消防安全、食品安全等专项隐患排查整治。全年排查各类企业、场所476个，整治隐患195个。

【“7·9”抢险救灾】 应急办、气象局等相关部门提前发布预警信息，县委、县政府快速反应，县级领导靠前指挥，各乡镇、各部门迅速进入应急状态，及时采取防范措施，全县各级党员、干部、群众齐心协力，投入到抗灾救灾工作中，抗灾救灾工作有力、有序、有效，受灾群众得到及时救援和妥善安置。成功拦截岷江河内3只失控船只，确保岷江大桥安全。

【“4·20”抗震救灾】 地震发生后，县委、县政府立即启动应急预案并成立抗震救灾指挥部，县领导亲自深入一线，指挥抗震救灾工作；国土、水利、交通等部门迅速组织力量，对重点区域、重点路段、重点工程进行巡查、排查和排险；交通、住建、通信、电力等抢修队伍及时对受损的道路、市政设施、通信和电力设施进行抢修；县应急办、县民政局会同各乡镇干部迅速奔赴一线查灾、核灾，转移安置受灾群众。抢险救灾工作有序、有力、有效，灾情得到迅速控制，受灾群众得到及时救援和妥善安置，群众正常的生产生活秩序第一时间得到恢复。

（高思敏）

政务服务

【概况】 青神县政务服务中心机构性质为参公事业单位，机构级别为正科级，有主任1名、纪检组长1名，下设综合股、督查股和效能办。2013年3月成立金融服务中心、“一费制”缴费中心、行政审批代办服务中心（简称“三个中心”），主要为全县企业、市民在缴费服务、金融服务和行政审批服务带来便捷。全年，县政务服务中心按照《青神县关于创建五星级政务服务体系的实施意见》，以“五星级”政务服务理念为统揽，提出县、乡、村三级联创的新格局，成功创建全市“三星级”政务服务中心。

【办件情况】 2013年，县政务服务中心受理、办结各类行政审批和便民服务事项123119件，承诺办结提速率36.36%。全县乡镇便民服务体系运行状况良好，乡镇便民服务中心及村（社区）代办点受理、办结各类便民服务事项119016件。

【电子政务】 青神是全省"依托电子政务平台加强县级政府政务公开和政务服务试点工作"的28个试点县之一，政务中心利用试点的机会在全省率先将"四川省政务服务外网及行政审批业务通用软件"、"行政效能电子监察系统和视频监控系统"延伸到10个乡镇、2个试点村，加强对乡镇便民服务中心工作的实时监察管理，实现县、乡（镇）联网办公。4月，试点工作通过省级验收，并受到省试点工作验收小组肯定。升级政务网络速度，拓展电子政务平台，新置触摸查询系统，开通大厅无线WIFA，方便群众网上咨询和申报。

【政务公开】 打造阳光政务环境，在县电视台开设"政务服务面对面"专题节目，每季制作并播出一期，2013年播出3期"政务服务面对面"电视专题节目。在《青神》报开辟《政务服务专栏》，通过专题节目和专栏，将政务动态、政策解读、我要办事、服务名星向全县宣传，让群众或项目业主了解政策、知道如何办理审批，让政务服务接受群众监督。

【规范管理】 提出"规范管理，人性化操作"。以创建星级政务体系为契机，县政务中心、乡镇便民服务中心标识标牌规范；窗口工作人员仪容仪表规范；接待服务模式规范；服务质量评价规范。中心编撰《青神县人民政府政务服务中心制度汇编》一书，严格按照制度管理和考核，对违纪违规人员进行严肃处理，对每月评选出的红旗窗口、服务标兵、办件能手进行通报表彰。坚持每月例会制度，每月兑现一次奖惩；年终对入驻政务中心的县级各部门和乡镇便民服务中心实施机关行政效能考核；开展民主评星活动，在大厅实施星级服务；对窗口工作人员进行年度考核，窗口工作人员年度考核与工作实绩相结合，与评优评先挂钩。

【领导驻班】 2013年，中心继续执行局长挂牌驻班制和县长（副县长）挂牌驻班制，每月确定1名县长（副县长）到政务服务中心窗口驻班。2013年，局长驻班共250人次，接待办事群众受理各类咨询2750人次，指导窗口审批办件1975件，企业特事特办30件；县长（副县长）驻班共10人次，接待办事群众80人次，企业特事特办3件。

【新建"三个中心"】 5月7日依托政务服务中心成立"三个中心"，即行政审批代办服务中心、"一费制"缴费服务中心、金融服务中心。3个中心在县政务服务中心挂牌，由县政务服务中心主任任主任，各相关部门分管领导任副主任，3个中心增加3名事业编制。"一费制"缴费服务中心清理完成全县涉企收费项目（包括收费依据、收费标准），并在政府网站、《青神报》、电子政务大厅等公示。金融服务中心落实5名素质好、业务水平高的专职信贷员挂联中心，召开银企业对接座谈会，切实为企业融资需求服好务。行政审批代办服务中心受理代办服务9件，办结6件，受理代办咨询32件，受到服务企业肯定。12月10日，外地来青神投资企业"四川王力欣亮机械制造有限责任公司"管理层一行为行政审批代办服务中心送来"热情服务、廉正为民"、"服务周到、认真负责"2面锦旗，感谢为企业建设全程贴心的代办服务。

（宋焰红）

法制建设

【概况】 2013年，法制工作贯彻执行依法治国、依法治省纲要，以科学发展观为统领，坚持围绕中心、服务大局的工作原则，主动作为，扎实工作，认真履职，依法行政工作有力、有序、有效开展，加快法治政府建设进程，为促进青神经济社会全面、协调和可持续发展营造良好的法治环境。

【行政权力运行】 编制《青神县人民政府2013年推进依法行政工作安排》，开展“行政执法规范年”活动。对送审的规范性文件、合同严格进行合法性审查和备案制度，2013年审查政府规范性文件22件，废止规范性文件4件，县级相关部门规范性文件备案16件，参与重大项目经济合同谈判12件，审查经济合同120多件。加强行政权力依法规范公开运行平台建设，6月开始历时3个多月，对全县35个县级相关部门及乡镇的行政权力进行多次系统的清理，清理公示县级行政审批事项165项、乡镇行政部门行政审批事项19项，取消行政审批事项12项，转变管理方式的行政审批事项33项。并制作成书存档。

【行政执法监督检查】 开展行政审批专项监督检查，县法制办、县编办、县财政局、县工商局等单位对涉及民生等重点行政执法实施机关在行政许可事项和非行政许可审批事项办理情况、收费情况等实施监督检查。规范执法案卷，由县法制办联合监察局、法律专家开展案卷评查，重点对卫生、住建、食品药品、国土、安监、林业、环保7个行政执法部门的案卷进行抽案评查，评查案卷46卷，并将评查结果反馈到相关部门。

【依法行政】 根据《依法行政实施纲要》和行政复议法，按照《四川省县级以上人民政府行政复议规范化建设实施方案》的通知，全面落实行政复议规范化建设各项措施。加强行政调解、行政复议工作规范，依法积极开展行政诉讼活动。规范32个行政调解室，推进“诉非衔接”工作，促进司法调解、行政调解、人民调解有机结合。全年全县行政调解256件，调解成功255件，调解成功率99.6%，行政复议零件，行政诉讼1件。

【行政执法责任制】 印发《青神县2013年度推进依法行政工作安排的通知》，要求各乡镇、县级各部门必须严格依法行政、依法办事，并将依法行政工作纳入县委、县政府专项目标考核和绩效评估。将行政执法责任制贯穿于行政权力依法规范公开运行平台内部流程图建设，指导各单位结合本单位实施，梳理细化执法流程，对每个流程授权到位，责任到位，严格责任监管。

【行政执法人员管理】 规范全县行政执法人员办证资格，对持证人员执法证进行年审。2013年11月，对全县行政执法人员进行一次全面清理，并将清理结果公示在政府门户网站。邀请市法制办领导、县政府法律顾问对全县2013年新申办执法证人员和换证人员进行执法培训并组织相关考试。

（李星世）

民政工作

【概况】 2013年，民政局在职人员（含下属事业单位）32人，其中事业人员17人。有内设机构6个：办公室、优抚安置股、救灾救济股、基层政权区划地名股、社会事务股、社会福利股。下属事业单位6个：老龄办、敬老院管理中心、低保和社区服务中心、殡葬和公墓管理所、救助和慈善管理站、军队离退休干部和烈士陵园管理所。全县民政工作始终坚持“以民为本、为民解困、为民服务”的宗旨，发挥部门职能，全面、圆满地完成市、县下达的目标任务。

【双拥工作】 走访慰问驻青部队、军烈属、残疾军人、复员退伍军人以及“两参人员”300余人次，发放慰问金、慰问品、折合人民币25.6万余元。对义务兵实行优待，义务兵优待金每人每年4942元。

【优待抚恤】 贯彻落实《军人抚恤优待条例》，健全抚恤补助自然增长机制，对享受抚恤补助的重点优抚对象提高补助标准。至年底，全县享受抚恤补助人员2127人，其中伤残军人152人，在乡老复员军人407人，带病回乡退伍军人430人，“两参”

退役人员328人,三属36人,老年退役士兵755人,烈士子女13人,其他人员6人。

【安置工作】 贯彻执行《安置条例》,做好城镇退役士兵安置工作。全年接收2012年冬季退役士兵107名,其中:城镇籍19人,农村籍84人,转业士官4人。城镇籍退役士兵19人中,义务兵11人,一期复员士官5人,二期复员士官3人。农村籍退役士兵84人中,义务兵54人,一期复员士官16人,二期复员士官4人,三期复员士官2人,四期复员士官8人。农村籍退役士兵84人在部队全部选择自主就业。转业士官4人,在部队服现役满12年以上,且未选择自主就业安置,符合政府安排工作条件的,安置在财政全额拨款事业单位工作,为其完备相关手续。

【民间组织管理】 2013年,坚持“培育发展,管理监督并重”的方针,加强民间组织诚信自律建设,促进健康发展。完成2013年度民间组织年检,县共有社会团体组织71个,民办非企业组织42个。

【基层政权建设】 开展第九届村(居)民委员会换届选举,全县88个村(社区)选民登记168031人,参加选举136098人,参选率达81%。7月中旬,青城镇开展村(居)委会换届选举试点,11月10日,另9个乡镇全面启动村(居)委会换届选举,12月21日,村(居)委会换届选举工作完成。一次性成功79个村(社区),一次性成功率达90%。除黑龙镇高墩村外,全县75个村、13个社区共选出村级班子成员264名。加强农村党风廉政建设,深化村(居)民自治实践,全县10个乡镇共打造村务监督委员会示范点18个,新建完成农村社区建设示范单位5个。

【救灾救济】 全年,全县遭受暴雨洪涝灾害,受灾人口26000人,倒塌房屋1户2间,严重损坏房屋6户14间,一般损坏房屋61间;农作物受灾面积1130公顷,成灾面积372公顷,绝收面积34公顷(其中水稻22公顷、玉米8公顷、其他作物4公顷),损失现粮0.067万吨,直接经济损失540万元;受灾水稻、玉米等作物全部倒伏。损毁乡村道路20公里;电路2条,停电3020户;损毁通信基站17个,水库堤防11.8公里。灾情发生后,全县上下迅速查灾核灾,上报灾情,及时下拨救灾资金,安抚受灾群众,确保受灾群众的基本生活得到保障,人心稳定。

【“4·20”芦山地震】 2013年4月20日上午8点2分,雅安芦山发生7.0级地震,县震感明显。灾情发生后,立即启动自然灾害救助应急二级响应,成立抗震救灾工作领导小组,分赴全县10个乡镇查灾核灾,同时向乡镇及各主要医疗机构发放救灾物资及帐篷棉被等生活必须品合计50多万元,其中包括帐篷16顶、棉被100床、方便面50箱、矿泉水104箱、饼干100箱、大米50袋(10公斤/袋)、清油50桶(5斤/桶),组织灾民开展生产自救。全县受灾53966人,因灾受伤45人,紧急转移安置2502人,农房倒塌56户157间,严重损坏房屋834户2085间,一般损坏房屋17490户18499间。灾情发生后,全县上下迅速查灾核灾,上报灾情,及时下拨救灾资金,安抚群众。

【地名区划】 2013年12月,开展楼门牌补设工作,共制作安装临街门牌8523个、户牌7939个、大门牌294个、单元牌793个、幢牌446个、农村门牌8771个。配合完成“市—井—青”线县级行政区域界线的联检工作。

【社区建设】 统筹推荐城乡社区建设,认真实施“十二五”社区服务体系建设规划,完成4个社区(青城镇文林社区、瑞峰镇场镇社区、汉阳镇场镇社区、河坝子镇兴河社区)的服务设施建设。开展全国和谐示范社区创建工作,省民政厅已向民政部推荐县内凤阳社区为全国和谐示范社区。在城乡社区推广“中国社区”标识的使用,目前“中国社区”标识使用覆盖率达到100%。

(李贵英)

2013 年度青神县社会团体名录

序　号	公司或中介组织名称	注册或登记地点	业务主管
1	青神县计划生育协会	青神县青城镇大西街 8 号	计生局
2	青神县水利学会	青神县青城镇中岩路 77 号	水利局
3	青神县水产科学技术协会	青神县青城镇中岩路 77 号	水利局
4	青神县财政会计学会	青神县青城镇外北街 53 号	财政局
5	青神县珠算协会	青神县青城镇外北街 53 号	财政局
6	青神县个体私营劳动者协会	青神县青城镇双槐树街 6 号	工商局
7	青神县保护消费者权益委员会	青神县青城镇双槐树街 6 号	工商局
8	青神县教育学会	青神县青城镇建设路 30 号	教育局
9	青神县信鸽协会	青神县青城镇半边街 19 号	文体局
10	青神县老年人体育协会	青神县一环路东段 105 号	文体局
11	青神县农村卫生协会	青神县青城镇青艺街 60 号	卫生局
12	青神县林业科学技术学会	青神县青城镇小南街 39 号	林业局
13	青神县冬季游泳运动协会	青神县青城镇新北街 29 号	文体局
14	青神县医学会	青神县青城镇青艺街 60 号	卫生局
15	青神县兰花协会	青神县青城镇半边街	林业局
16	青神县老年人协会	青神县青城镇城北路 89 号	县老龄办
17	青神县企业离退休职工协会	青神县青城镇一环路东 105 号	社保局
18	青神县集邮协会	青神县青城镇大西街 7 号	邮政局
19	青神县组织人事工作研究会	青神县青城镇县委组织部	组织部
20	青神县农机互助互济协会	青神县青城镇南街 135 号	农机局
21	青神县城区机关事业单位退休干部协会	青神县青城镇一环东段 105 号	人事局
22	青神县液化气行业协会	青神县青城镇建设路 28 号	建设局
23	青神县道路交通安全协会	青神县一环北段 99 号	公安局
24	青神县新闻工作者协会	青神县青城镇大西街 8 号	宣传部
25	青神县养兔协会	青神县青城镇振兴路 1 号	畜牧局

续上表

序　号	公司或中介组织名称	注册或登记地点	业务主管
26	青神县价格协会	青神县青城镇大西街 8 号	物价局
27	青神县收藏协会	青神县青城镇老河街 16 号	科教局
28	青神县建筑业协会	青神县青城镇建设路 28 号	建设局
29	青神县书法家协会	青神县南城镇中国竹艺城	文体局
30	青神县药事管理协会	青神县青城镇民主街 26 号	药监局
31	青神县蚕业协会	青神县工业集中区创业路	农林局
32	青神县猪业协会	青神县青城镇振兴路 4 号	畜牧局
33	青神县佛教协会	青神县南城镇白塔寺	民宗局
34	青神县太极健身协会	青神县青城镇花园社区	文体局
35	青神县精神文明研究学会	青神县青城镇大西街 7 号 2 楼	宣传部
36	青神县烟花爆竹安全流通协会	青神县青城镇盐关村 2 组	安监局
37	青神县村镇建设协会	青神县青城镇建设路 28 号	建设局
38	青神县农村能源协会	青神县青城镇花园街 38 号	农林局
39	青神县椪柑专业合作社	白果乡穆家埂村成教中心	农林局
40	青神县慈善总会	青神县青城镇城北路 89 号	民政局
41	青神县通济堰观金支渠农民用水协会	青神县西龙镇龙凤街	水利局
42	青神县纪检监察学会	青神县青城镇振兴路 2 号	县纪委
43	青神县肢残人协会	青神县青城镇新北街 54 号	县残联
44	青神县鲜肉经营者协会	青神县青城镇外北街 25 号	商务局
45	青神县饲料行业协会	青神县青城镇振兴路 4 号	畜牧局
46	青神县乡村妇女儿童合作发展促进会	青神县青城镇大西街 8 号	县妇联
47	青神县旅游协会	青神县青城镇大西街 8 号	旅游局
48	青神县道路运输协会	青神县青城镇客运站三楼	交通局
49	青神县私营企业协会	青神县青城镇双槐树街 6 号	工商局
50	青神县 IT 及电子商务行业商会	青神县建设路	工商联
51	青神县警察因公伤残牺牲优抚基金会	青神县青城镇振兴路 216 号	公安局
52	青神县奶业协会	青神县白果乡官厅坝村	畜牧局

续上表

序　号	公司或中介组织名称	注册或登记地点	业务主管
53	青神县质量技术监督协会	青神县青城镇交通街	质监局
54	青神县椪柑协会	青神县高台乡麻柳村	农林局
55	青神县竹编协会	青神县南城镇竹艺街	林业局
56	青神县兽药行业协会	青神县振兴路 4 号	畜牧局
57	青神县白果乡甘家沟村柑桔协会	青神县白果乡甘家沟村	县科协
58	中岩阳光农场	青神县黑龙镇新平村 1 组	县残联
59	青神县阳光青少年体育俱乐部	青神县青城镇一环路西段 31 号	文体局
60	四川省西昌眉山青神商会	青神县青城镇小北街 28 号	工商联
61	鸿化堰灌区南城砖桥支渠农民用水协会	青神县青城镇北街 29 号	水利局
62	青神县养鸡协会	青神县黑龙镇龙女村	县科协
63	青神县竹编产业协会	青神县竹编产业园区管委会	竹管委会
64	青神县茶叶协会	西龙镇观音街 105 号	县科协
65	青神县机械制造同业商会	县政务服务中心	工商联
66	青神电子商务协会	青城镇双槐树街 4 号	团县委
67	青神县政协摄影书画协会	青城镇民主街	县政协
68	青神县动物兽医协会	青城镇振兴路 85 号	畜牧局
69	青神县体育总会	青城镇建设路 36 号	教体局
70	青神县农村产业技术服务中心	青城镇簧门街 16 号	科技局
71	青神县汉阳花生协会	青城镇一环路北段 31 路	县科协

人事人才管理

【概况】 2013 年，县人社局在职职工 73 人，内设 10 个股室，下设社保局、医保局、就业局、农劳办、城乡居保服务中心、人才交流服务站 6 个单位。主要承担全县人力资源、劳动关系、就业创业和社会保障等工作。县人社局本着民生为本、服务大局的工作原则，突出抓好就业、健全社会保障机制、深化人事制度改革、构建和谐劳动关系等各项工作，为奋力推进青神经济社会发展提供坚实的人力资源支持和社会保障。

【人事制度改革管理】 积极探索事业单位工作人员遴选办法，面向在职在编人员遴选 15 名工作人员充实到经济主战场、维稳第一线和各乡镇。

【公务员管理】 开展公务员管理信息系统管理培训工作，对全县公务员信息实行动态管理，对公务员管理和事业人员招聘工作开展调研，形成调研报告。

【职称管理】 全年办理初级职务任职资格94人；推荐评审中级、高级职务任职资格177人。协助做好“人才聚集”工程，为企业推荐输送专业技术人才100余人次，为在企业工作的182名优秀人才发放政府津贴46.2万余元。

【岗位设置管理】 为167个事业单位920名事业人员办理竞聘上岗、岗位晋升等业务。事业单位岗位设置管理台账和事业人员实名制实行动态管理。

【人才开发管理】 全年招录公务员（参公人员）16人、事业人员59人。考核招聘高层次紧缺人才10名，其中研究生5人。公开遴选优秀年轻干部到急难险重一线挂职锻炼。做好高校毕业生人事代理，接收报到649人，努力搭建返县高校毕业生创业、就业服务平台，为10人发放高校毕业生创业补贴。

【工资福利】 为机关和参公管理单位182人正常晋升级别工资，77人正常晋升级别档次工资，15个机关工人正常晋升岗位工资，为事业单位2109人正常晋升薪级工资；为31名机关工作人员职务晋升人员办理增资手续，为185名岗位变动人员办理增资手续，为新录用人员核定工资和津补贴。对1名受党纪政纪处分人员进行减资工作。办理44名病故人员遗属应享受的待遇。为95名机关事业单位工作人员办理退休审批手续。顺利完成公务员津补贴调整，统筹调整事业单位收入水平。

【信访维稳】 建立信访维稳风险评估机制。及时排查风险点，对不稳定因素作出预案。加强对企业军转干部、退伍转业志愿兵、农民工等重点群体的排查工作，建立预警机制，加强风险评估，注重沟通疏导，妥善处理来人来访案例，确保“零进京、零到省、不聚焦、不出事”。

【一对一直联制度】 整体联系帮扶和个体联系帮扶相结合，组织相关部门对光辉村3公里断头路全面硬化，投入60多万元；争取省财政现代农业项目财评资金889.25万元；为联系户、贫困户、灾后受损户、贫困党员发放慰问品和帮扶资金共3.27万元。

（赵飞龙）

机构编制管理

【概况】 2013年，机构编制管理以分实基础工作，强化重点工作，筑牢日常工作，以科学设置机构、合理配置编制为主线，以“健全机制严控编制”为主题，以服务于全县工作大局为基本原则，抓实抓好全县机构编制工作，为全县经济和社会事业的发展提供机构编制保障。

【调整机构编制】 按照“四统一五不变”原则推进县竹编产业园区管委会与南城镇“政园合一”，促进全县竹编产业园区建设。按照市编委对工业开发区管委会的批复，对其机构、职能、领导职数进行调整。按照“8+3”模式成立投资促进委员会，负责统筹和协调全县招商引资和投资促进工作，将原县招商引资局整体划入县投促委，统筹和协调县商务局和县外侨台办境外招商工作。完成全县食品药品监督管理体制改革工作。按照县委安排，对照市委、市政府《关于统筹城乡转变职能促进乡镇发展的意见》文件要求，县委编办牵头，会同组织部、人社局、财政局、法制办、金融国资局等部门以及乡镇多次召开会议，结合全县实际，拟订《中共青神县委青神县人民政府关于统筹城乡转变职能促进乡镇发展的实施意见》，对乡镇职能转变、机构设置以及统筹城乡等相关工作进行明确。

【事业单位登记管理】 严格规范年检程序，全面实施网上登记管理。完成全县182个事业单位网上年检，年检率、合格率均达100%。对新登记的事业单位联络员进行网上登记培训，事业单位登记管理工作制度化、规范化、科学化。

【调研及信息工作】 制定调研方案，采取外出考察学习、深入不同类型乡镇实地调研等方式，开展统筹城乡转变职能促进乡镇发展专题调研。深入涉改部门进行调研，为政府机构改革好做准备。强化机构编制信息工作，信息被中编办采用2条，其中《四川省青神县四举措加强财政供养人员管理》在中国机构编制网的视频—机构编制要闻播报中播出。

【财政供养人员管理】 全县机关事业单位人员变动及时更新《全县机关事业单位机构编制管理薄》；季度末完成电脑台账更新，确保数据绝对准确。完成全县事业单位、政法系统机构编制基础数据库的录入工作。强化财政供养人员管理，全县机关事业单位人员进出严格按程序先办理上下编手续(《财政供养人员通知单》)。做好机构编制管理和财政供养人员审核工作，完成半年、年终对全县机关事业单位借调(用)人员、临聘人员的审核归档工作及日常审核工作。

【监督检查】 建立健全工作机制，规范机构编制工作要求。为保证机构编制工作的规范性、严肃性，相继出台一系列规范性文件，明确机构编制相关要求。建立举报制度，向社会公布青神县机构编制违纪违规举报电话，建立监督举报制度及查处制度，明确分管领导，安排具体负责工作人员。建立健全部门协调配合机制，加强与组织、纪检、人事、财政等相关部门的协调配合，通过定期召开联席会议、建立情况通报和信息交流等方式，主动对接、及时沟通，紧密配合、通力协作。采取日常监督与专项检查、突击检查相结合的方法，组织开展机构编制监督检查。强化惩罚机制。对违反机构编制纪律的行为及时进行查处和纠正，并追究相关人员的责任，共同维护机构编制纪律的严肃性。对单位主要负责人或直接责任人一律先停职后处理。同县纪委对单位或个人实行“一票否决”，并从严追究党纪、政纪责任，触犯刑律的移送司法机关追究其刑事责任。

【事业单位分类改革】 在全省分类推进事业单位改革工作电视电话会后，及时组织召开全县事业单位分类工作动员会，通过讲清分类的目的、政策、要求，增强各责任单位政治意识、责任意识、大局意识，稳妥地抓好抓实这项工作。开展模拟分类工作。全县涉及的254个事业单位，按照省委、省政府《关于开展事业单位分类工作的实施意见》文件要求，认真查找分类依据，填写《青神县事业单位模拟分类情况收集表》，提出分类建议意见，报县委编办汇总。拟定分类实施方案和目录。

【中文域名注册】 制发《关于加快推进全县政务和公益中文域名注册工作的通知》(青委编办〔2013〕29号)，由县委编办安排专人负责各单位审核及网上注册、后续管理工作，确保此项工作保质保量完成，全年完成202个单位的政务和公益域名注册工作。

【中层职数设置】 推进机关事业单位中层干部管理规范化、制度化，印发《关于规范机关事业单位中层职数设置和人员配备的意见》(青委编办〔2013〕45号)。制定中层机构职数设置标准，明确中层干部任用程序及工作纪律。

【严控机构编制】 采取措施严控机构编制，确保全县财政供养人员只减不增。按照“控制总量、盘活存量、优化结构、有减有增”的思路，严格控制机构编制总量，调整优化机构编制结构，促进全县社会事业经济健康发展，确保全县机构编制总量不突破上年。按照中央"接、放、管"的总体要求，加快政府职能转变，对全县机构编制的职能进行清理，及时承接中央、省、市下发的权力，及时下放或剥离基层及社会的相关职能。认真梳理，摸清家底。针对全县机构编制现况，对照中央及全县社会事业发展要求，对全县机构编制进行清理分类，合理设置机构，优化人员配置，机构编制只减不增奠定基础。总量控制，提供保障。对职能弱化部门按照编制使用只减不增的原则，进行总量控制，保证编制使用在经济社会发展主战场。

（罗　慧）

劳动保障

【概况】 2013年，围绕县委"1171"工作思路，紧扣"三抓三提升"发展主题，以"主动作为，争创一流"活动为载体，以实现充分就业、健全社会保障机制、构建和谐劳动关系为目标，认真履职，创新工作，惠民生，促和谐，努力推进社会保障体系建设，促进青神经济发展。

【"双千"培训】 抓好竹编和机械产业技术工人"双千"培训工作。成立"就业培训周转资金专户"，代参训学员垫缴培训费，解决学员参训瓶颈问题，全年培训竹编和机械产业技术工人2321人，实现由农民转变为产业工人。促进竹编、机械龙头产业发展模式受到省、市肯定。

【劳动信访仲裁】 受理各类劳动争议案件221件，调解解决201件，仲裁裁决16件，调解率100%，调解成功率92%；涉案金额800余万元。无一起因调处不力而造成的群体性上访事件。

【劳动保障监察】 发放宣传资料、张贴标语、到企业宣传等方式加强政策宣传，促使劳动者增长法律知识，进一步维护自身合法权益。开展劳动用工、工资支付等专项执法检查10余次，涉及劳动者9100人，督促补签劳动合同800余份，对169家中小型企业签订劳动合同情况进行备案，规模以上企业劳动合同签订率达95%以上，中小企业劳动合同签订率达90%。全年受理劳资纠纷案件111起，结案109起，结案率达98%，涉及农民工700余人，为劳动者讨回报酬共计980余万元。

【农村劳动力转移】 稳定现有劳动力输出转移规模，做好劳动力就业指导，鼓励劳动力就地就近转移，实现农村劳动力输出转移68630人。

（赵飞龙）

信访工作

【概况】 2013年，全县信访总量为201批732人次，实现"零到京非访、少到省、不出事、确保稳定"的总体目标。其中：来信（含网上信访）83件，重复访21批137人次，集体访26批430人次。到京非访为零，到省6批8人次，到市52批98人次。

【排查制度】 坚持一般时期半月排查、重大节日重点排查、敏感时期超前排查、突出问题专项排查的"四排查"机制，开展矛盾纠纷和不稳定因素排查。全年排查矛盾隐患1371件，化解成功1366件，化解率99.6%，无因矛盾纠纷升级引发重大涉稳事件。

【群众来访当天办理制度】 按照中共青神县委办公室、青神县人民政府办公室关于转发《眉山市群众来访当天办理制度》（青委办〔2013〕25号）的要求，在全县范围内执行群众来访当天办理制度，并将其纳入年终目标考核。对于7个工作日内不能办结的信访事项由承办部门报告分管县领导，实行领导包案化解，初信初访按期办结率100%。

【领导干部接访下访】 按照《关于继续开展领导干部公开接访的通知》(青委办〔2013〕27 号)的要求,开展领导干部接访下访活动。全年 15 名县级领导接待来访群众 145 批 408 人次,签批群众来信 83 件。开展干部下访活动,全县 1000 多名党员干部深入基层挂村帮组、结对到户,化解信访问题 500 余件,群众满意度达 98.6%。

【坚持领导包案】 全年排查梳理重点疑难信访案件 37 件,逐一明确包案领导、责任单位、责任人和化解时限。全年办结 37 件,息访 33 件,息访率 89%。对事关民生的"无头案、钉子案、骨头案"等特殊疑难信访个案通过信访专项资金给予适度救助,使用信访专项资金 27.7 万元。

【创建信访"三无"】 开展信访"三无"乡(镇)、"三无"村(社区)创建,"三无乡镇"创建达标率 90%,"三无村(社区)达标率 98.8%。实现全国、省、市、县"两会"、春节、"4.20"芦山地震、成都全球财富论坛、华商大会和十八届三中全会等多个重大会议和重要节点期间重点人员"零脱管"、"零上访"。

【信访稳定风险评估制度】 以提高信访工作的前瞻性和针对性为目的,建立风险评估专家库,在项目开工、重大事项、重要活动前坚持稳定风险评估。全年对"友好之春·走进青神"、"百名企业家走进青神"、汉阳航电枢纽工程开工等 18 件重大事项进行稳定风险评估,分析研判信访信息 50 余条,经过评估的重大事项在实施中未发生一起有影响的群体性事件。

【规范信访秩序】 推进信访双向规范活动,对群众进行法治教育,引导群众依法有序表达诉求。对极少数组织策划、煽动闹事、屡教不改的带头人,采取坚决果断的措施依法予以处置。全年,训诫 6 人次,办班 4 人次。

(章　敏)

安全生产管理

【概况】 2013 年安全生产趋于好转,全年无较大以上生产安全事故发生,截止 11 月底,全县共发生各类事故 802 起、死亡 15 人、受伤 617 人、直接经济损失 140.96 万元,死亡人数同比下降 42%;发生生产经营性事故 5 件,死亡 3 人(其中道路交通事故死亡 2 人、工矿商贸事故死亡 1 人),未突破市上下达的控制指标。

【安全生产责任体系建设】 高度重视安全生产工作,县领导对安全生产工作作出重要指示、批示 30 余次,县委常委会、县政府常务会、县安委会研究部署安全工作 9 次,把安全生产摆在首位。县长、各分管县领导开展检查 60 余次,研究解决重大事项 10 余个。乡镇、部门党政领导均按要求每月带队开展安全生产检查。县委常委会研究决定:县委常委会每年听取安全生产工作汇报 2 次以上,将安委会成员单位年度安全生产目标考核提高为 3 分,提高经费预算并为安监局配置纪检组长 1 名。层层分解落实安全责任。县政府将年度安全生产目标责任分解落实到各分管县领导、各乡镇及县级相关部门,各乡镇、县级相关部门、各企业层层签订责任书分解落实安全目标责任,基本形成"全覆盖、无缝化、分工负责、齐抓共管"的安全责任网络体系。

【安全教育培训】 以"安全生产月"活动为契机,组织开展咨询日、警示图片展、安全知识进社区、标准化推进周等系列活动,送发各类安全宣传资料 5 万余份、接受 300 余群众现场咨询、受教育群众达 1.3 万余人次。以监察执法为措施,严格落实持证上岗制度。组织开展专项监察执法 15 余次,督促高危企业主要负责人、安全管理人员和生产经营单位特种作业人员 400 余人次依法接受专门安全培训考核。采取"送出去"的方式,提高安全监管人员素质,共选送乡镇、部门30余人次参加市级以上安全业务知识培训。实施"安全培训援助工程",聘请安全生产专家、教授,开展4期专题培训,免费培训企业员工800余人次,提升企业员工安全素质。对烟花爆竹零售经营户业主进行重点培训。印制安全警示刊物《青神安全警示录》300余册,将2005年以来全县发生的生产安全事故编辑成册,发放给安委会成员单位、乡镇、重点及规模以上企业学习事故教训、举一反三、防止事故再次发生。全年共花费宣传资金1.2万元。

【安全大检查】 全县上下齐动员,严格按照"全覆盖、零容忍、严执法、重实效"的要求,开展安全生产大检查。全年检查各类企业、场所2062个(处),覆盖率100%,排查各类安全隐患、问题591处,其中挂牌限期整治重大隐患8处,均100%整改完毕。大检查期间,事故起数、死亡人数、受伤人数、经济损失均呈下降趋势。结合青神实际,针对企业钢结构厂房、危险化学品生产经营企业的安全生产工作业务性、专业性强的特殊情况。选调行业安全专家、聘请市专家库及四川大学化工专家开展隐患排查,及时消除50余处专业性较强的事故隐患。对西龙生物科技公司、新久源实业在复产复工和安全生产"三同时"审查过程中存在的困难,为企业联系相关行业专家到企业实地勘察,为企业排忧解难。做好国务院综合督查组来眉检查安全工作的迎检准备。全县各级各部门快速行动,对照检查标准,全力做好迎检工作,确保迎检期间安全生产形势平稳。

【安全隐患治理】 全县排查生产经营单位4735个次,发现隐患1626处,其中市级挂牌隐患6处,均整改完毕,花费资金280余万元;设置道理警示标志、红绿灯等花费资金300余万元;设置波形护栏1846余米,花费33.2万元,投入资金1000万元完成青神岷江大桥重大安全隐患整治。

【企业安全生产标准化建设】 在全县规模以上企业中,开展标准化建设,采取让一部分企业先行试点,以点带面作示范;带领部分企业到彭山、东坡等地参观学习,借鉴经验;邀请市安监局领导到厂讲解指导,推进县企业标准化建设,全年全县达标企业1家(烟花爆竹批发企业),上报待评规模以上企业1家,非煤矿山企业9家,正在创建企业17家。

【安全社区创建】 总结推广2012年其它区县安全社区创建工作经验,鼓励乡镇创建安全社区,带领乡镇安办工作人员走出去,到洪雅等地参观学习,组织全县10个乡镇分管安全工作的副镇长、安办主任参加省安科院组织的安全社区专题培训。12月,汉阳、罗波2个乡镇完成创建省级安全社区的申报备案工作。

【事故查处】 开展安全生产执法工作,全年查处各类违法违规安监800余起,关闭取缔违法违规生产经营单位10余家,严格按照"四不放过"的原则和相关法律法规,对民众日化"5·15"一般装卸物倾塌事故进行严肃查处。

(赵凌燕)

招商工作

【概况】 2013年,按照"8+3"模式(即:县工业开发区管委会、县招商局、县经信局、县工商联、县工商局、县金融局、县商务局、县外台侨办8个县级部门+青城镇、西龙镇、黑龙镇3个重点乡镇)成立县投资促进委员会,设办公室于招商局。采取成员分工负责,分线作战方式,开展招商引资工作。全年,签约项目21个,招商引资实际到位资金48.06亿元,占目标任务44亿元的109.2%,比上年增长18.3%,居全市第四位;其中省外到位资金30.46亿元,占市下达目标任务的101.5%。。

【招商活动】 举办"友好之春·走进青神"、

"2013·百名企业家走进青神"和"华南美商会青神行"等重大招商引资活动,19个国家和地区的118名驻川总领事、领事,部分世界500强的高管和近百位来自全国各地的民营企业家走进青神。三大活动共收到各类信息50多条,成功转化信息2条,正在跟踪洽谈项目10余个。全年外商投资实际到位资金1065万美元,比上年增长59.6%。

【重大项目】 重大项目2个,分别是投资30亿元的广州立白集团西南生产基地项目和投资15亿元的财富中心建设项目加紧实施。与三一重工、四川交投集团港航公司签订战略合作协议。

【百名企业家走进青神】 4月21日至22日,成功举办2013·百名企业家走进青神活动。市委副书记、市长宋朝华,市人大常委会主任贺文,市政协主席王影聪,市委副书记刘十庆,市委常委、市政府常务副市长吴小可应邀参加本次活动。100余位来自北京、广州、上海、浙江、江苏、重庆、成都等各地企业家及高校代表会聚青神集中考察洽谈项目,在县"四大家"主要领导的陪同下先后参观中国竹艺城、江湾神木园、德恩机械有限公司、机械产业园区,参加2013·百名企业家走进青神暨重大项目集中签约仪式。此次活动,签约项目18个,其中,工业类项目8个,城建类项目1个,现代服务业类项目9个,签约投资总额65亿元。

(郑　洁)

扶贫移民工作

【概况】 县扶贫和移民工作局属正科级参公管理事业单位,核定编制5名,在职干部职工8名(其中局长1名、副局长2名、主任科员1名、工勤人员2名、参公人员1名、三支一扶志愿者1名)内设机构:局办公室、移民股、扶贫股。

【争取资金】 向上争取扶贫移民项目资金793.67万元。主要用于库区、移民安置区、贫困地区的基础设施建设、生活补贴、以及产业扶贫项目,改善移民和贫困人口生产生活条件。2013年争取到位财政资金793.67万元,完成500万元目标任务的158%。2013年3月15日,省扶贫移民局后扶处处长曾文兵一行莅临指导,对汉阳航电移民工作给予肯定。4月17日眉山市扶贫移民局局长杨大兴一行莅临县白果乡五嘉坝村、白庙村、官厅坝村对产业扶贫项目进行专题调研,市局领导在实地察看养鸡场、竹产业、椪柑产业,产业扶贫项目获得好评。

【扶贫工作】 2013年,推进扶贫项目的实施,完成贫困山区道路硬化13.562公里、修建12口山坪塘、建石河堰7道、修建蓄水池5口、新建提灌站1处、建人工方井6口、整治沟渠800米、整治河堤500米;在产业方面,完成栽竹3500亩、椪柑2256.38亩、白茶317.5亩,通过一系列扶贫项目的实施,整合项目资金调动社会广泛参与,形成多元化的扶贫投资格局。全年减少贫困人口4485人,全面完成市上下达的目标任务。全年建立健全农村贫困人口的识别和建档立卡,实行贫困人口动态管理,顺利开展12个村互助社的系统管理。

【移民后扶】 2013年全年移民项目累计投入424.61万元,其中:现金直补人口1949人,直补资金116.94万元;后期项目扶持1133人,后期扶持资金67.665万元。其中:项目建设240万元;招投标140万元。大中型水库库区基金投入140万用于西龙镇万沟村白茶基地建设,其中新修山坪塘5口、硬化道路1.55公里、整治万沟河1.5公里;在南城镇兰沟村投入40万用于供排水沟建设,其中安装排污管道550米、排水管道550米、修建水泥路550米;在西龙镇江滩村投入10万元用于新开毛路1000米。

【稳定工作】 排查调处移民和项目实施过程中不稳定因素,随时掌握重点人员,关注动向。建立健全不稳定因素报送制度，实现动态跟踪管理。变被动为主动。采取主动约请、下访座谈等形式畅通移民诉求渠道，了解诉求。定领导、定人员、定时限，包调查研究、包督办落实，及时落实化解稳定责任。认真办理移民群众来信、来访工作，全年未发生非法上访和群体性事件。

【航电工作】 2013年，全面完成对罗波、汉阳、西龙征地工作，南城、瑞峰、白果征地有序推进。38户搬迁安置户安置建房。建立健全岷江汉阳航电枢纽工程移民资金、档案管理办法。协助航电办、金弘能源公司完成移民规划大纲、移民安置规划报告编制。

（罗　萍）

外事、侨台工作

【概况】 2013年，全县有去台人员55户，55人，在青台属167户，496人，台资企业2户——协兴纺织和名扬橡胶制品有限公司。全县有归侨2人，华侨64户，69人，在青侨眷属135户，286人。

【"友好之春·走进青神"活动】 2013年2月24日农历元宵节，来自20个国家和地区的驻川总领事、领事，部分落户四川的世界五百强企业高管、部分成都的各大国际酒店高管和部分在川外国专家等118名外国友人和嘉宾齐聚青神参加"友好之春·走进青神"活动，参观神奇精美的竹编、欣赏精彩的竹乐器表演、体验民俗活动、制作民俗小吃、感受热闹的灯舞巡游。"友好之春·走进青神"是县内首次承办的大型外事活动，也是眉山市首个举办类似活动的区县。活动展现青神"敞开大门，迎四海嘉宾"的开明开放姿态。展示青神风采，提升青神的国际知名度，创造对外交流合作的良机，活动得到省政协副主席杨兴平、市委书记李静的充分肯定。青神县外侨台办被县委、县政府授予突出贡献奖。

【涉外管理】 协助相关部门做好外国记者及港澳记者来青采访活动的管理服务，全年无负面宣传报道；严格审查涉外活动4起，主动参与并指导县妇联、团委、发改委的外事活动5次，全年未发生一起境外非政府组织通过涉外项目进行信息收集、非法传教等事件。

【侨台工作】 热忱为青神籍华侨孙克利回青定居作好政策咨询，协调相关部门为其办理好定居、户口手续，为其俄罗斯籍子女来青探亲服好务。深入台企协兴纺织，特别是地震后第一时间到企业查看灾情，表达党和政府的关心。同时该公司回馈社会，地震当日即为芦山地震灾区运去捐赠的3000床棉被、床垫等急需的床上用品。该信息被锦绣天府网、中国台湾网、新华网、台湾网等涉台网站登载和转载。走访新增台企苏州名扬橡胶制品有限公司，了解企业现状和发展规划，为该企业中的台籍人员提供县内台籍人员的联络方式，便于工作和工作之余的交流。主动参与西博会、华商大会，对接相关企业，邀请1家日本华商企业来青参观考察。利用"4·20"芦山地震的契机，多次到省侨联、省台办汇报灾情，向省台办编制申报240万元的青竹小学灾后重建项目，9月签订捐建协议。参与观金"明德小学"项目后期工程的监管和验收，该项目获相关部门以及省教育厅和省台办验收通过，投入使用。

【对台交流】 接待台湾高雄新闻记者团、中华文教创意协会考察团、台湾农委考察团共30余人次。11月，县委书记黄国清带队组团赴台考察台湾竹编竹艺产业，收获颇丰，结合青神实际提出青神发展竹编产业的对策建议。

（徐晓燕）

◎政协青神县委员会

重要会议

政协青神县第八届委员会第三次会议于2013年1月30日在县委礼堂举行。会议邀请中共青神县委、县人大、县人民政府、县人民法院、县人民检察院、县人民武装部领导，在青的担任过正县实职的离退休干部代表，在青的担任过县政协主席、副主席的离退休干部，不是八届政协委员的县级各部门负责人和各乡(镇)党委书记、在青的市政协第三届委员列席会议。会议审议罗泽志代表县政协常务委员会所作的工作报告；讨论通过县政协常务委员会八届二次会议以来的提案工作情况报告(书面)；听取县委书记黄国清重要讲话；听取并协商讨论县人民政府工作报告、协商讨论县人民法院、县人民检察院及计划、财政工作报告(书面)。

政治协商

【全面协商】 通过政协全会进行全面协商。全会期间，组织全体委员对“一府两院”工作报告、财政预算执行情况报告、县国民经济和社会事业发展执行情况报告等开展协商讨论，并对“一府两院”工作报告进行满意度测评，测评结果均为100%。

【重点协商】 通过政协常委会议进行重点协商。2013年，召开政协常委会议5次，围绕以机械产业为主的工业发展业态、以竹编产业为主的文化旅游发展业态和以椪柑产业为主的现代农业发展业态等进行重点协商，形成13期政协专报，向县委、县政府及其部门提出“提升服务水平，加快推进签约项目建设”、“创新竹产业发展思路，拓展竹产品门类”等30条建议，均被吸收采纳，转化为具体的工作举措。

【专题协商】 通过主席会议进行专题协商。分别听取县法院、县检察院、县纪委等单位的工作情况通报，对事关群众切身利益的重大政策举措、本级财政预算中调方案和年度决算方案、政府性重大投资项目等决策事项进行专项协商，提出的建议意见得到部门的认可与采纳。

【对口协商】 县政协各专委会与县级有关部门开辟对口协商渠道，积极参加有关部门组织的会议，主动邀请他们参加政协调研视察，对口协商取得较好成效。

民主监督

【提案办理】 八届三次全会，委员提案71件，主席会议确定重点提案4件，县委办、县政府办召开提案交办会后实行跟踪督办。部门在办理提案过程中,邀请提案委员参与研究,视察现场,征求意见。71 件提案办结率 100%,提案委员满意和基本满意率达 100%。

【重点监督】 县政协牵头成立项目监督组,负责对全县重点项目工作开展监督。按照“发现问题、提出建议、督促整改”的要求,对全县 118 个政府性投资项目、一产三产项目和重点工业项目进行收集整理建库,开展 8 次定期监督、4 次集中监督,发现问题 16 个,提出建议意见 25 条,形成 4 期《项目监督专报》,“建立项目退出机制、清理置换闲置土地”等 10 余条建议被县委、县政府及其部门采纳,多次受到县委、县政府主要领导好评。

【个案监督】 成立地质灾害避险搬迁个案监督小组,组织委员通过集中视察、重点督查,召开情况通报会、座谈会,对全县地质灾害避险搬迁开展个案监督。发现问题及时建议并监督整改,提出具体的意见建议,形成个案监督的专项报告送县政府参阅,规避地质灾害给人民群众带来生命财产威胁。

【民主评议】 对县卫生部门“海云工程”建设工作开展民主评议。通过发放问卷调查、召开座谈会、走访等形式开展深入调研,肯定县卫生局近年来实施“海云工程”建设取得的成绩,提出改进工作的具体意见建议,形成专项评议报告送县政府参阅,在边评边改中扎实推动农村群众享受低成本健康服务,提升群众幸福指数。

参政议政

【调研视察】 县政协领导担任县十大重点工作推进组副组长,对项目推进进行协调和检查督促。在政协委员和各界人士中广泛征求对换届以来县委、县政府工作情况建议意见,汇总的 50 条意见建议向县委作专报,为县委、县政府决策部署未来工作广集民智,广纳贤言。开展乡镇文化及生态绿地规划指导工作。对全县 9 个乡镇进行实地考察、走访座谈和资料收集,开展广泛深入的意见征求和讨论研究,形成《青神县各乡镇文化及生态绿地规划指导意见书》,印送到各乡镇及相关部门,指导乡镇开展文化及生态绿地规划,得到市政协和县委主要领导的肯定。根据县政协调研意见,县委出台《关于做好保护和恢复青神老八景的通知》,为打造“青神记忆”、促进文化旅游发展起到推动作用,被县委主要领导肯定为创新型工作。开展重点提案的督办工作,4 件重点提案经主席会议审议确定后,4 位副主席分别进行重点督办,促进党委、政府部门的工作,解决群众关注的问题。

关注民生

【民生提案】 县政协坚持把改善民生作为履行职能的出发点和落脚点,为解决群众最关心、最直接、最现实的利益问题献计出力。八届政协三次会议反映民生问题的提案 24 件。常委会把民生提案列为提案办理工作的重点,完善提案工作机制,加大提案督办力度,采取集中交办、领导督办、跟踪回访等措施,提高提案办结的质量。

【直联工作】 “4·20”芦山大地震发生后,县政协迅速动员政协委员、青神籍在外企业家广泛开展抗震救灾“五个一”活动,共捐款捐物 200 多万元支持灾后重建。争取市政协 20 万元义拍善款支持白果乡三清寺村 7 组、坛罐窑村 5 组灾后道路建设和罗波乡新桥村、官斗山村灾后基础设施建设。开展联系村服务工作,组织机关党员干部深入罗波乡新桥村了解情况,帮助解决各种困难。全年,县政协机关帮助群众解决社会保障、就学、经营、基础设施等实际困难 20 多件,捐款 14000 元。

自身建设

【时事政治】 完善和深化学习制度，开展主题鲜明、内容丰富、形式多样的学习研讨和宣传教育活动，结合新形势下政协工作实际，以创建“五型”机关为重点，建设“智慧政协、和谐政协、快乐政协”，加强机关干部队伍建设。通过主席会议、常委会议和政协机关学习等多种形式，及时学习贯彻党的十八大、十八届三中全会精神，全面理解党的十八大关于健全社会主义协商民主制度的新部署，深刻领会新时期地方政协工作的特点、规律和要求，把思想和行动高度统一到县委科学发展、追赶发展，奋力实现“次级突破、翻番升位”的战略目标上来。严格执行中央八项规定和省委、市委、县委关于转变作风的有关规定，深入贯彻《党政机关厉行节约反对浪费条例》，加强机关干部队伍作风建设。

【队伍建设】 制定并出台《邀请政协委员列席县政协主席会议、常委会议制度》、《县政协社情民意恳谈会制度》，拓宽政协委员履行职能的空间，推动政协各项履职工作的开展。开展委员履职情况考核，建立委员履职档案，激励委员积极履职。开展政协委员“五个一”活动，广大委员、机关干部职工深入基层、深入群众、深入实际，真诚倾听群众的呼声，反映社情民意，为贫困弱势群体献爱心，帮助解决各种困难。发挥政协专委会作用，做好与联系部门的对口协商工作。增强全局观念和服务意识，增强政务性服务能力和统筹协调能力，为政协履职提供保证。

联谊活动

【协调各界人士关系】 协调处理好各界人士关系，凝心聚力促发展。举办各界人士迎春座谈会和中秋茶话会取得成效，各界人士围绕建设岷江流域的璀璨明珠献计出力，提出建议意见，受到县委、县政府的高度重视。

【协调民主宗教关系】 遵循平等协商、求同存异、体谅包容、合作共事的原则，重视发挥工商联和无党派人士在政协工作中的作用。密切联系各界人士，凝聚人心，广集民智，共谋发展。邀请无党派人士参加县政协的有关会议和调研、视察等活动，加强情况通报和交流。宣传贯彻党的民族宗教政策，引导宗教界人士和信教群众积极参与公益慈善事业，支持宗教活动场所建设，促进宗教关系和谐。

【对外联络】 县政协委员联络办（老家办）发挥桥梁纽带作用，加强同青神籍在外成功人士的联络联系服务。搜集整理更新老乡信息，开通《青神老乡网》，上网浏览人次达 33 万人次，建立“青神老乡 QQ 群”，邮送每期《青神报》和《中岩》杂志，发送节日祝福短信，邀请回青考察座谈，传递乡音、通报乡情，收集建议意见。走访在成都、乐山的青神籍成功人士 40 余人次，接待回乡的青神老领导、青神老乡和在外企业家 120 余人次到青神参观考察洽谈，鼓励青神籍在外成功人士发挥自身优势，为家乡建设牵线搭桥、招商引资、回乡创业。

政协宣传

【文史资料】 编辑出版《锦绣青神 · 人物篇》，收集古代、近代、现代青神人物 139 名。为宣传青神，县政协组织文史专家，深度挖掘“青神老八景”史料和民间传说，形成 8 篇“青神老八景”系列文章在《青神报》上刊载，并结集出版《青神老八景》一书 2 万册向全县发行。

【政协信息】 全年，省、市报刊和网站采用县政协信息和经验文章 100 余篇，县政协被表彰为

“全省政协宣传信息先进单位”。县政协《保护历史文脉传承人文记忆》、《当好“四个角色”全方位打造高素质党外代表人士队伍》、《打造特色专业助推产业发展创新职业教育服务县域经济》等工作受到省政协领导的肯定性批示。成功举办“魅力青神·瞬间永恒”摄影展览，反映青神人“小而不卑”的精神风貌，宣传青神经济社会的发展和变迁。

（艾　进）

领导批示内容

	文件名称	批示领导	批示内容
1	2013 年政协专报第 8 期	省政协副主席黄润秋	青神县政协文史委创新工作工作方式，在保护历史文脉，传承人文记忆方面做了显著成绩，希望进一步总结经验，做好推广。
2	2013 年政协专报第 8 期	市政协主席王影聪	在市委指示对文化生态的指导后，青神县政协率先做了有益的探索，效果也好！理当表扬！望继续努力，取得更好的成绩！
3	2013 年政协专报第 10 期	省政协副主席赵振铣	青神县在选拔、培养、使用党外干部人士的工作中取得明显成绩，措施有力，值得借鉴。
4	打造特色产业助推产业发展创新职业教育服务县域经济	省政协副主席高峰	请陈芳、覃涌同志阅。这份调研报告对我们的工作很有启发。地方政协应关注地方特色的培育和发展，要加强指导。

◎中共青神县纪委

综　述

2013年，全县纪检监察组织始终坚持标本兼治、综合治理、惩防并举、注重预防，党风廉政建设和反腐败工作受到省委第六巡视组肯定。上半年，党风廉政建设社会评价全省排位22位，居全市第一；获得省、市领导肯定性批示4次；调研信息《农民期盼打破粮食直补吃大锅饭》被中央纪委、中央办公厅采用。“党风廉政社会满意度综合评价”工作评为2013年全县“十大亮点”工作，“实行工作目标任务责任追究制”工作评为2013年全县“十大创新”工作，县委、县政府通报表彰。

重要会议

【四次全会暨深化“保纯洁树形象”工作会】 3月4日，中共青神县纪委第十三届三次全会暨深化“保纯结树形象”工作会在县委礼堂召开，会议由县委副书记罗兴建主持，县领导黄国清、李天祥、胡国民、李志国等四大班子领导，法检两院、全县纪检监察系统、各部门各乡镇主要负责人参加会议。会议通过播放专题片形式全面总结2012年纪委监察工作，传达学习中纪委十八届二次全会、省纪委十届二次全会和市纪委三届四次全会精神，对进一步深化保纯洁树形象活动和2013年全县党风廉政工作进行安排部署。

【“中梗阻”专项治理暨加强纪检队伍建设会】 4月24日在岷江会议中心三楼召开。县纪委委员、各乡（镇）纪委书记、副书记和县级部门负责人、纪（工）委书记、纪检组长等参加会议。会议安排部署进一步深化“中梗阻”专项治理工作，进一步加强纪检干部队伍建设和2013年党风廉政建设社会评价工作。

重要活动

【主题警示教育月活动】 4月开展主题警示教育活动，73个单位结合实际制定主题警示教育活动方案，并将活动延伸到丹甫、农村信用社、供电局、保险公司、中国电信等所有国有企业和裕华纺织、宏远皮鞋等部分私营企业。

【党务公开在线访谈活动】 4月26日，采取网友在线提问与党务公开评议员现场“坐镇”相结合的新模式，县纪委副书记、县监察局局长钟晓玲做客青神党务公开网，围绕“充分发挥纪检监察职能、切实维护人民群众利益”，就网友提出的投诉举报有哪些途径、如何进行干部监督、面对“中梗阻”现象怎样处理等问题进行耐心细致的回答。

【廉政微电影实体演播活动】 11月29日组织开展以“倡导廉洁风尚、弘扬社会正气”为主题的廉政公益微电影实体播放活动。共收到《包青天—簧门街赔偿案》、《诊所风波》等微电影剧本 20 余件。由全县纪检监察干部自编自演,搬上全县廉政教育大舞台。青神县纪委将收集到的作品进行实体播放,并将优秀作品制成光碟,利用广播电视、户外传媒、车载传媒等载体,在全县范围内进行巡回播放。

党风廉政建设

【作风建设】 认真学习贯彻中央、省、市改进作风各项规定,结合实际制定《八条规定》废除与“八项规定”不一致的制度 4 个,减少各类简报 50 余种,会议精简 20% 以上,“三公”经费持续下降,节俭办“三会”的做法受到市委书记李静的肯定。对落实改进工作作风各项规定的情况开展督查 7 次,纠正问题 13 个,多次组织人员对县内重点餐饮场所和宾馆酒店开展暗访。组织干部转作风,开展联系服务群众活动,全县纪检干部共为群众办实事 500 余件、落实帮扶项目 70 多个。

【社会评价】 以群众满意为导向,“四个强化”努力提升党风廉政建设社会满意度,利用党务公开网、专题宣传片、纪委开放日、成果巡展等 10 个宣传载体在干部群众中形成良好舆论氛围。通过开好“四会”将党风廉政建设社会评价的各项工作任务,分解落实。梳理问题 67 项,并结合省廉政办反馈的问题进行整改落实。建立健全大督查工作机制,对目标任务进行节点督查、集中督查、跟踪督查等。对没有按进度完成目标任务的单位,按照《青神县党风廉政建设社会评价工作考评办法》进行问责。该项工作在全市作经验交流,并受到市委常委、市纪委书记亲自签批。

【宣传教育】 举办廉政微电影实体演播、反腐倡廉成果图片巡展、第五届“青少年廉政书画展”和第八届“廉政书画展”等活动。发放廉政春联 2 万余幅、廉政年画 6 万余张。开展廉政文化“八进”工作,设立廉政教育警示牌 400 余个,新命名廉政文化示范点 24 个。组织 9 批次 3000 余名党员干部到成都女子监狱、眉州监狱接受警示教育,组织全县 400 余名党员干部观看廉政警示教育专题片。利用手机用户覆盖面大的特点,定期对全县党员干部进行“廉政提醒”,发送廉政提醒短信 3500 余条(人)。

【农村党风廉政建设】 将贯彻执行《农村基层干部廉洁履行职责若干规定(试行)》情况纳入乡镇领导班子成员、基层站所负责人和村“两委”成员民主生活会、年度述职述廉和民主评议的重要内容。不定期对《规定》贯彻执行情况的检查 20 余次,发现问题 7 个,并整改到位。在全县 89 个村(社区)推行三级联述联评联考联用,村(社区)党组织负责人每年不少于 2 次向上级党组织和本级党员、村民代表进行述职。首次实行村两委负责人经济责任交叉审计,审计 10 个村 20 名村干部,审计资金 1371.10 万元,其中,违规金额 0.86 万元。

案件查处

【信访案件查处】 创新信访接访模式。建立“三大厅”(县委政府底楼大厅、县政务中心大厅和县纪委底楼大厅)信访诉求平台,建立“四部门”(信访办、纪委、组织部、政法委)工作室。畅通“五条线”(来电、来信、来访、网络、下访)受理信访。2013 年共受理群众来信、来访、电话、网络举报 125 件(次),办结率 100%,为 4 名干部澄清是非。创新办案机制模式。制定《大要案查处应急预案》和《案件目标考核办法》,实行集中交叉办案机制。全年初核违纪线索 52 件,立案 33 件(其中贪污贿赂、失职渎职和作风建设类的重点案件 13 件),结案 33 件,给予党纪政纪处分 32 人,挽回经济损失 90 余万元。通报典型案件 3 起。推行乡镇纪委办案,全年各乡镇独立办案 12 件。

【专项治理查处】 开展文化市场领域专项治理,严肃查处县公安局副局长私设小金库案,对其给予党纪政纪处理并调离公安队伍;开展惠民政策专项治理,查处审批失职渎职的县水务局水产渔政站站长,给予纪律处分。查处西龙镇民政办主任利用虚报冒领退伍军人的优扶补贴案和白果乡民政办助理员截留农户低保款案，分别给予涉案人员纪律处分和开除党籍处理。开展招投标弄虚作假专项治理，查处和纠正违规问题11个，收缴投标保证金327万元，5家企业被列入市场禁入黑名单。

监察工作

【执法监察】 出台《青神县工作目标任务责任追究办法(试行)》(青委办发〔2013〕9号)，对四川宽庭创意园等4个项目建设推进缓慢和一季度全县农民人均现金收入增幅全市排名最后等5个问题实行目标任务问责，并编制成案例选编，印发全县干部警示学习。将45项行政权力下放乡镇、委托乡镇，由乡镇代为行使。开展土地利用督查，督促整改违规设施农用地24宗。对机关事业单位工作人员工作作风进行大暗访，查处问责单位7个，工作人员15人次。率先在全市区县建成电子交易服务监控平台运行。实行电子交易监督制度，同步监察公共资源交易项目320宗，增收节资近1.4亿元.

【软环境建设】 创新推行县长(副县长)驻班制。县长(副县长)每月轮流有1人到政务服务中心与窗口工作人员一同工作1天，促进行政审批的规范办理，提高服务质量。《中国纪检监察报》、《廉政瞭望》等多家媒体对此进行宣传报道。制发《青神县政务服务中心服务对象满意度随机抽查制度》，采取多种方式，请服务对象对办件窗口工作人员依法行政、执法态度等进行多方面评价。每季度在全县范围内公布一次抽查结果。全年发现并及时整改问题12个，提高窗口办件群众满意。制发《关于开展2013年干部部作风和效能评价工作的通知》(青纪办〔2013〕7号)，对全县384名干部作风和效能建设进行网上、服务对象和单位内部、领导机关、县人大督查工作组4个层面进行评价。

【行政效能监察】 电子监察系统全面延伸，全部监察数据(视频)与省、市电子监察平台对接，通过电子监察平台，共警示窗口工作人员18人次，曝光典型案例2例，批评教育13人次。对全县社会中介机构加强管理，规范社会中介执业行为，清理中介机构139个。建立行政审批代办服务中心、“一费制”缴费服务中心和金融服务中心。受理并联审批项目15件，涉及金额14.41亿元。受理行政执法和效能投诉案8件，立案、处理结案8件，群众满意率达100%。对县委、县政府重点工程、重大项目开展集中督查6次，节点督查60余个。

自身建设

坚持干部“小讲堂”学习制度；先后选派5名纪检机关干部参加主题班培训；选调10名乡镇纪检干部上挂县纪委培养锻炼；下派1名纪检干部到村任职；抽调42人次交叉集中办案；5名纪检干部到征地拆迁、藏区等急难险重一线工作。10个乡镇纪检监察视频会议系统全面建成并运行，实现远程会议、协同办公、在线培训、指挥等多种功能。实行委局机关干部全员接访、办案制度，增强业务素质。新选任88名村(社区)纪检委员，纪检队伍结构优化。

(张菊梅)

群众团体◎

工会工作

【概况】 2013年县总工会机关工作人员4人，工人俱乐部3人，总工会下辖628个基层工会，共有会员61529人，其中农民工会员39057人。维护职工合法权益，充分发挥工人阶级主力军作用，以改革创新精神加强工会自身建设。

【建会工作】 坚持党建带工建、工建服务党建、党工组织联建制度。确保全县10人以上非公企业正式投产1个及时建会1个。是年，企业工会组织254个，入会职工4680人。非公企业建会率和职工入会率均达100%。其中，企业单独建立工会组织242个；建立联合工会12个，覆盖企业法人单位37家。基层工会组织做到有阵地、有牌子、有人员、有经费、有活动、有档案。

【"双亮"活动】 在全县工业生产企业中开展工会组织亮牌子、工会主席亮身份的"双亮"活动，为畅通职工合理诉讼渠道，维护职工的合法权益提供坚实的工作平台。全县建会企业"双亮"开展面达98%。开展职工之家建设活动，在全县非公有制企业大力开展以"企业关爱员工、员工热爱企业"为主要内容的职工之家建设活动，把建会建制建家等工作紧密结合起来。建会企业开展职工之家建设活动达85%以上，"会员评家"全面推行。

【劳动竞赛】 开展劳动竞赛活动。规模以上企业参与面达到95%，参赛职工达1.56万人(次)。会同劳动部门参加市上组织的钳工、电工、数控工等10多个工种的技能比赛，50多名职工技能得到提升。深化"安康杯"竞赛活动，参赛企业达51家，参赛职工达1.35万人(次)。德恩机械有限公司和周正宏等5人被市总工会、市安监局评为"安康杯"先进集体和先进个人。

【维权工作】 3月初，召开全县规模以上企业工会主席70余人参加工资集体协商、民主管理推进会。落实工作职责，明确目标任务，与乡镇签订目标责任书，严格考核奖惩。全县100人以上企业签订33份；50－100人以上企业签订13份；50人以下的企业签订235份；行业性签订1份，覆盖企业4家；区域性签订5份，覆盖企业97家。推进厂务公开，确定丹甫公司、裕华纺织等6个厂务公开示范单位。8月召开厂务公开现场会，以电力公司为典型，以点带面，推进非公企业厂务公开的全面开展。全县建会公有制企业厂务公开、职工代表大会建制率100%，建会非公有制企业建制率90%以上，其中规模以上的企业95%建立职代会制度，并设立厂务公开栏。与人社局等部门成立联合执法检查组，在全县规模以上企业开展农民工工资支付情况专项检查行动，预防因工资拖欠引发的群体性或者其他恶性事件，维护劳动关系和谐稳定。开展女职工大病保险和医疗互助行动，全年新增职工住院互助保险和女职工大病保险 380 人，有 12 名患病职工得到赔付。

【“春送岗位”活动】 做好下岗失业人员招聘工作。春节期间，配合县人社局在竹编广场举行下岗职工、返乡农民工专场招聘会 2 场（次），提供就业岗位 410 余个，达成求职意向 180 余人，发放宣传资料 530 余份。超任务完成 30 人的下岗失业人员再就业工作，占任务的 166%，使用资金 0.5 万元。

【“送清凉”活动】 全县企业在夏季开展防暑降温工作，慰问经费 10 余万元。市、县总工会深入德恩机械有限公司等企业，为一线职工送上药品、矿泉水等防暑降温用品。“送清凉”活动传递工会的关怀之情。

【“金秋助学”活动】 与县教体局、青神中学等学校开展资助困难职工子女上学资助工作。完成省下达 100 人困难职工子女上学资助工作，发放资金 4.2 万元。

【“冬送温暖”帮扶】 开展领导干部“一帮一”联系困难职工活动，30 名县级领导干部慰问困难职工、下岗职工，送去慰问金 1.86 万元；组织全县基层工会开展困难职工帮扶活动。县总工会慰问困难职工生活救助、医疗救助和职业培训、法律援助，农民工技能培训共计 644 人次，金额 33.8 万元；慰问困难企业西龙纸业和 5 户困难职工，慰问金 1.4 万元。关心、关爱劳模身体健康，完成全县 25 名省部级以上劳模体检。

【职工文体活动】 元旦期间，与县教体局、县直机关工委共同举办第二届“迎春杯”羽毛球比赛；组织职工参加“快乐眉山”第二届职工戏剧小品大赛，获得创作二等奖、表演三等奖；组织职工参加眉山市首届“国家电网杯”职工摄影大赛。选送的作品获三等奖 2 名，优秀奖 5 名，入展奖 2 名。

【财务管理】 依法收缴工会经费，与地税、财政部门的密切合作，保证工会经费的上解和工会工作的正常运行。执行县委“三重一大”政策，无违法违规情况。对各类专项资金的管理和使用，并进行审计，把有限的资金用到最需要的地方。

【直联工作】 扎实开展“面对面，心贴心，实打实，服务职工在基层“活动。组织干部职工走访全县规模以上企业，开展慰问困难职工活动；抓好联系汉阳镇向阳村的工作，联系贫困户 6 户，帮扶资金 0.3 万元；贫困学生 1 户，帮扶资金 500 元；联系少数民族和社区困难群众各 1 户；支持抗旱资金 0.2 万元；农民工技能培训 0.2 万元。

（鱼　澜）

团县委工作

【概况】 2013 年，团县委机关工作人员 2 名，下属青少年宫教师 4 人，全县 28 岁以下青年 42815 人，团员 13528 人，基层团委 11 个，团总支 2 个，团支部 334 个。围绕县委“1171”工作目标，服务大局、服务青年，继续深化“思想建团、项目带团、服务立团、文化活团”思路，各项工作取得一定成效。被眉山市委、市政府评为关心下一代工作先进集体、关爱留守学生工作先进集体。

【爱国主义教育】 弘扬爱国主义，加强民族传统道德和艰苦奋斗教育，加强社会主义国家公民意识教育，引导广大团员青年树立正确的世界观、人生观和价值观，各级团队组织开展形式多样“中国梦”主题教育活动。5 月 6 日青神县 2013 年“畅想青春放飞梦想”十八岁成人礼活动，1000 多名高三学生许下青春誓言，放飞青春梦想，“以我火红青春，建设锦绣中华，以我斗志激情，创造崭新未来”；6 月 1 日，“红领巾相约中国梦”大型游园活动，全县 6000 多名少年儿童用质朴的语言畅想着自己的梦想、用简洁的线条绘就着大家心中共同的“中国梦”，林莉以《一条江的航电之梦》抒发自己的伟大梦想，勇夺全市演讲比赛第一名。

【青年和谐工程】 关注民生、关爱贫困（留守）学生，筹资6万元在实验小学、春苗小学建立留守学生之家。全县共有留守学生之家25个。用爱感召社会力量，组织志愿者深入留守学生之家开展形式多样的志愿活动，与孩子们共成长。发挥县“五老”关爱团、宣讲团作用，开展形式多样的节日慰问、结对帮扶、扶贫助学等活动，为贫困（留守）学生送去温暖。全年，组织全县青年志愿者、西部计划大学生志愿者500余人开展植树节、敬老爱老、生态环保、关爱留守等志愿服务200余次，雅安芦山强烈地震后，关注灾情，关心灾区，及时掌握县内各学校、留守学生之家、青少年宫、贫困学生、西部计划志愿者受灾情况，鼓励青年生产自救，互帮互助；开通抗震救灾应急志愿者招募平台，正确引导社会志愿者捐款捐物活动，第一时间联系到宽庭公司捐赠价值约160余万元的救灾物资，由社会志愿者于21日零晨运到灾区；组织志愿者奔赴灾区开展志愿服务工作，派出西部计划志愿者李小娟前往雅安地震社会组织和志愿者服务中心接待部开展为期半年的志愿服务，事迹被收录《希望》杂志。

【搭建创业平台】 深入农村、贴近农民，服务农村青年就业创业，联合农业、畜牧、林业、水务、人社等职能部门，深入全县15个行政村开展活动，培训农民群众近1000名，农村青年近百人，促进城乡统筹发展。采取各项措施服务青年就业创业，为21名创业青年牵线搭桥，争取到县邮储银行70万元贷款进行自主创业，积极推荐创业青年典型，争取团省委小额贷款奖励贴息。

【帮助困难青少年】 开展“暖冬行动”、“爱心联盟”、“胡有纪爱心基金”、“陈志忠助学基金”等助困活动。7月起，团县委工作人员走村进户，探索青神县贫困学生和新一届贫困大学生的学习与生活。顺利争取到爱心圆梦基金资助12名大一贫困新生，陈志忠基金资助85名贫困高中小学生，自筹运行的胡有纪基金与“青神之爱”基金资助6名大学贫困生，资助金额约18.28万元；牵线中国人民财产保险有限公司成都分公司、成都致达企业管理咨询中心、四川大学锦城学院牵手罗波学校，实施“红领巾爱心助学计划”第一期资助5万元；争取到省关工委实验小学、春苗小学留守学生之家建设，省青基会希望图书室黑龙小学、青竹小学项目将与“洪笃恭学习奖学金”同步实施；联系眉山爱心志愿者联盟帮扶汉阳小学11名贫困生直至大学毕业；成都石室中学、社会各界爱心人士纷纷加入青神县特殊青少年关爱队伍。

【营造青少年健康成长环境】 制发《关于进一步加强关心下一代工作的实施意见》，把关心下一代工作列入重要议事日程；健全组织机构，全县建立146个关工组织，其中：县级成员单位18个、乡（镇）10个、学校32个、村（社区）88个，实现100%覆盖。发挥“五老”作用，“五老”网吧义务监督员工作受到省、市领导称赞。联合相关部门，净化校园周边环境，为青少年成长创造一个良好的环境。10月13日，四川电视台专题报道县内“五老”志愿者关爱留守学生事迹。

【项目工作】 7月14日，2013年“中日青年绿化林项目”启动仪式在青举行，中日青年研修协会和国家林业局、团中央领导出席仪式。12月，经日本专家和国家林业局专家检查验收，顺利通过第二批第二期项目。完成青少年多功能活动中心建设。为吸引人才、聚焦人才，通过争取，2013年落实30名西部计划志愿者到青服务，其中新增16名志愿者占全市新增人数50%。

【青少年宫工作】 拓展公益免费培训活动，服务青少年，拓展“快乐直通车”公益活动，在农村延伸开设篮球、创意美术、象棋、中国舞、合唱、少儿英语6个项目培训，其中：在以留守住校学生为主的南门小学，新增设古筝、经典诵读、书法、合唱和竹编培训；新增以进城务工子女为主的青竹小学培训点；城镇结合地以县青少年宫为主阵地，针对贫困、留守、残疾儿童、进城务工人员子女以及特长生开展摄影、毛笔字的免费培训。自筹资金购买更新活动相关设施器材和教学用品，全县2000余名城镇农村青少年长期参与此项活动。获共青团四川省委青教办、四川省青少年宫协会2013年度信息工作一等奖”。

（李　杨）

妇联工作

【概况】 2013年，全县妇女儿童工作取得一定成效，被市委授予群团工作先进集体、关爱留守学生工作先进集体。全国妇联书记处书记崔郁到县，就县妇女居家灵活就业情况进行调研，对实施妇女小贷政策推进城乡妇女居家灵活就业给予肯定。省政协常务副主席晏永和对县妇女实现居家灵活就业工作进行批示，给予肯定。省市妇联主要领导多次莅青调研给予肯定性表扬。

【民生工程】 妇女小贷工作稳中推进。2013年发放贷款2120万元，促进妇女居家创业就业。救助贫困母亲全面落实。全年完成贫困母亲救助1099人，救助资金物资共计90余万元。2013年底县房地产协会捐赠首批资金5万元，成立青神县贫困妇女儿童救助基金。

【项目工作】 2013年，对上争取实施妇女儿童发展项目17个，资金203万元。学校—家庭—社区支援网络建设项目，彩虹天空关爱青神留守儿童工作启动。引入专业社工入驻社区和学校，参与儿童的生活，培养社区儿童正面特质和应对逆境的适应能力，构建全方位儿童健康成长支援网络。上海联合劝募基金会“一个鸡蛋”营养项目持续在全县实施。作为政府“营养餐计划”的补充，在4个乡镇7所幼儿园（含民办幼儿园3家）实施，提供资金19余万元，为2166名学龄前的儿童和老师每天提供1个鸡蛋，并改进单一煮蛋形式，采取煎、蒸、煮汤等灵活多样加工方式确保儿童营养，受到学校、家长、儿童好评。续签“爱达讯”妇女文化素质提高项目；继续实施“中国农大留守人口干预”、“国际小母牛社区综合发展”、“灾后重建生计发展”等项目，新争取到中国妇基会“母亲健康快车”项目。

【巾帼创业就业基地】 围绕县委、县政府关于做大做强竹编特色优势产业的战略部署，以实施妇女小贷财政贴息政策为契机，以实现妇女“留的住、有技术、能致富”为目标，依托产业优势，建基地、强培训搭建城乡妇女创业就业平台。推进妇女居家灵活就业，初步形成农村种养殖业、传统手工编织、玩具皮鞋等来料加工为主的妇女居家灵活创业就业模式，建成居家灵活就业基地12个，依托基地先后组织1000多名妇女参加竹编、毛线、网商培训，带动妇女居家就业1万余人。3月22日，全国妇联党组书记崔郁一行来青参观妇女居家就业基地，对实施妇女小贷为契机建基地抓培训促就业工作予以肯定，明确将全国妇女居家灵活就业基地挂牌县内，确定青神竹编妇女作为全国发展手工编织促进妇女居家灵活就业现场会观摩点之一。

【妇女素质提升工程】 多层次多渠道开展妇女素质提升工程，促进妇女长足发展。全年开展妇女健身操、家庭教育、妇女卫生保健、竹编、种养殖技术等培训3000多人次。组织优秀女干部分批次到清华、省妇干校培训，组织全县创业女能人、女企业家开展妇女创业综合能力提升培训，并建立女企业家同学会联谊机制和平台。组织女编织能人前往天津、义乌考察学习手工编织产业发展；组织农村辍学贫困大龄女童前往北京参加农家女幼师专业培训，结业后实现100%就业。

（谭丹梅）

科学技术协会

【概况】 2013年，县科协有在职人员3人，退休职工2人。所属17个县级学会、4个县级研究会、53个农村专业技术协会，乡镇科协10个。省级科普示范基地1个，市级科普示范基地11个，县级科普示范基地15个，四川省青少年科技教育示范学校1个。2013年3月，青神县科协被四川省科协表彰为科普工作先进集体。4月，被四川省科协、省教育厅等7个部门联合表彰为四川省第28届青少年科技创新大赛优秀组织单位。12月，被四川省科学技术协会表彰为2013年度四川省“金桥工程”优秀组织单位。

【项目工作】 “基层科普行动计划”项目顺利实施。“青神县茶叶协会”、“青神县天池村竹基地”被中国科协、财政部表彰为“基层科普行动计划”先进单位，分别获补资金20万元。“青神县竹乡人果茶协会”被省科协、省财政厅表彰为“科普惠农兴村”先进单位，获补资金10万元。“黑龙镇建川社区”被省科协命名为省级科普示范社区，获补贴资金10万元。完成金桥工程项目申报4项，市级立项4项，实施金桥工程项目产值2.17亿元，利润0.27亿元。验收2010年—2012年金桥工程项目10项目，推荐9个项目参加市委、市政府的3年一度表彰奖励。其中，1个项目被评为省的优秀项目。

【科普宣传】 承办“科技之春”送科技文化卫生法制“四下乡”活动。3月6日，组织“四下乡”成员单位在河坝子场镇举办“青神县科技、文化、卫生、法制‘四下乡’活动启动仪式”，向群众发放近15万份宣传资料，展出科普挂图300余幅，提供展板150块，接受群众咨询20000人次。分散活动中26支科普小分队先后深入全县40个自然村，向农民群众进行农机提灌维修技术、椪柑高换技术、种植管理、现代生猪养殖技术培训等各类农业讲座近50场次，发放科普资料10万份。县科协、县妇联、县总工会在建川社区一起开展的“携手健康、喜迎三八”的游园活动以及和老年书画研究会一起向群众送春联、送祝福的形式宣传普及十八大精神深受群众好评。

【银会合作】 主动联系邮政储蓄调研县农技协，促进邮政储蓄与县农村专业技术协会友好合作，为全县农村专业技术协会的发展解决资金短缺问题。

【农技协建设】 2个协会被评为市级优秀农技协，1个基地被评为市级优秀农村科普示范基地。1名农村优秀人才被表彰为农村科普带头人。

【社区科普】 2013年3月7日成功邀请四川省科协副主席刘进到青神凤阳社区和黑龙建川社区指导科普工作。4月24日县科协组织县城中心社区书记、主任到德阳参观学习。5月24日省科普中心梁进主任到黑龙建川社区和青城凤阳社区指导社区益民行动工作。黑龙镇建川社区于2013年4月被四川省科协命名为四川省第二批科普示范社区，被省科协、财政厅表彰为社区科普益民行动项目，获补贴资金10万元。凤阳社区科普志愿者（总支书记）被市委、市政府表彰为群团工作先进个人。

【青少年科普】 选送105个作品参加四川省第28届、眉山市第12届青少年科技创新大赛，获省中科生物创新奖1项、安捷伦科技立志奖1项、一等奖3个、二等奖11个，市一等奖17个、二等奖22个、三等奖18个。

【学会、研究会工作】 充分利用科普志愿者QQ交流群，加强全县科技工作者的交流联系。鼓励全县科技工作者撰写科技论文，认真总结，创新开展工作。

（罗志清）

工商业联合会

【概况】 2013 年，县工商联共有在职员工 7 人，下属乡（镇）商会 10 个，行业商会 8 个，异地商会 1 个。发挥商会优势，主动作为，锐意进取，不断创新工作举措，在商会组织建设、对外招商引资、引导县内企业抱团发展及引导企业积极投身社会公益事业等方面取得成效。2013 年，县工商联被为眉山市主动创一流先进集体，获得市委、市政府表彰 2 次，县委、县政府表彰 4 次。

【思想组织工作】 以党建工作为抓手，推进非公有制经济人士思想政治工作。向非公企业指派党建工作指导员，指导非公有制企业党支部健全规范各项规章制度，做好非公有制经济人士党员的培养工作，不断壮大非公有制企业党支部队伍。全县规模以上企业实现党组织全覆盖。健全激励表彰机制，营造良好氛围。先后推荐企业家参加眉山市“优秀中国特色社会主义事业建设者”、“首届非公有制经济十大杰出人物”、“光彩之星”等评选表彰活动，引导全县上下形成“重商、亲商、护商、安商”的浓厚氛围。

【招商引资工作】 发挥商会组织内引外联优势，开展多种形式的招商引资活动，着力“招大引强”。通过“内引”，充分挖掘商会内部资源，建立会员企业信息互通、资源共享机制，发挥会员企业家社会“关系网”作用，动员和引导全体会员广泛开展招商引资，形成“以商引商”资源网络，新引进 3 个项目落户青神和 3 个合作项目。通过“外联”，加强与发达地区工商联、商会的交流合作，先后与成都机械商会、浙江嵊州商会等缔结为友好商会，捕捉招商引资信息，引进合作项目。发挥商会民间优势，先后配合县委、县政府开展“百名企业家走进青神”、“三一集团 · 青神机械企业对接会”等重大招商活动。通过德阳市工商联机械行业商会、浙江嵊州商会顺利邀请到两地 50 多位机械企业负责人莅青考察，展示青神优良的投资环境、产业基础，实现成功对接，向县委、县政府提供有价值招商引资信息 10 余条，为企业提供 15 余条订单。亲力亲为，主动收集并整理中国机械工业 100 强企业名单及在川投资情况，制定对接方案，开展外出考察、对接、洽谈活动 10 余次。8 月，三一执行董事长梁林河及三一集团领导莅青考察，并正式签订青神县人民政府 · 三一集团有限公司战略合作框架协议。此次合约的签订为打造享誉川渝、辐射全国的“机械之都”起到助推作用。配合三一集团专家初步完成三一集团西南产业园的可行性分析报告编制工作。

【商会建设工作】 指导机械商会为新会员企业服务，多次走访调研企业，了解企业生产和发展情况以及目前所面临的困难，及时为企业排忧解难，出谋划策，下发调查问卷 4 次，撰写调研论文 1 篇，并结合实际情况，开展各类学习培训，通过专题会、座谈会、联谊会等多种形式，增加商会的凝聚力，丰富会员的生活，提高会员整体素质，提升县机械产业的实力，推动企业优化升级，确保企业可持续发展。先后举办 3 余次的培训，邀请专家与 60 余位会员企业家进行面对面的沟通交流，分析当前形势，指导未来发展方向，对引进新企业，扩大增量和如何优化产业布局方面提出意见，并亲自下车间为企业提供技术服务，为实现机械产业技术创新能力的整体跃升、科学发展搭建“桥梁”。

【会员服务】 开展 6 次培训，分别针对企业负责人开展政策、企业管理的培训，专门邀请省工商联、省经信局的领导进行政策讲解和剖析，邀请成功企业家进行企业管理经验交流；针对中层和财务人员开展财税政策和涉税风险防范等财税知识的培训，专门邀请西南财经大学财税培训中心的老师和省税务部门的专家进行培训；针对企业最基层的班组长管理人员开展的提高沟通能力、管理能力和执行能力的管理技能提升培训，专门邀请全国百强培训师、金牌讲师进行培训。针对企业负责人邀请成都市经信局处长，结合当前国际国内市场形势，企业发展方向和需要关注的问题开展培训，在培训形式上不断创新，有当地成功企业家的现身说法，经验共享，由知名专家的指导、开启，请专业人员进行专业指点。在培训方式上既有课堂上的讲解，也有深入到企业的现场操作培训，更有县工商联为企业受训人员建立的网络QQ平台的及时交流和培训指点，深受企业好评。组织企业家外出考察。引导会员企业积极参与对外经济合作，加快"走出去"步伐，帮助会员拓宽视野，增强商会凝聚力和影响力。分别于4月和5月组织丹甫、奥信等8家企业13人次赴德国、意大利等欧洲5个国家、赴澳大利亚参加德国汉诺威工业制造展览会和参加澳大利亚国际工业机械周，帮助企业拓展国际市场，寻求合作伙伴，寻找商机。5月，由县委黄书记带队，组织丹甫、德恩等9名企业家赴湖南长沙三一重工、上海三一重机和江苏昆山三一产业园考察、交流、学习。

【助企融资】 牵头组织召开"青神县企业家联谊暨政银企座谈会"，搭建政银企交流平台，合力解决中小企业融资难问题。配合乐山商业银行、眉山建设银行、县人民银行、信用联社等11家县内外银行向会员企业宣传、推荐新出台的小、微企业联保贷款等新金融政策，拓宽小微企业融资途径。推进县银通小额贷款公司筹建工作，协助其顺利通过审批。2013年1月18日正式挂牌营业。

【参政议政】 围绕"两个健康"、非公企业党建、机械产业发展等内容，撰写调研论文2篇。下发调查问卷，配合市工商联开展企业劳动关系调研、企业培训需求调查等4次调研活动。组织企业召开各类学习会、座谈会等，深入联系村和会员企业将党的十八大精神、中央"八项规定"、省委、省政府"十项规定"、十八届三中全会和各级经济工作会议精神、惠企政策等及时传达给广大群众，提升干群的整体素质。引导工商联界别的政协委员、人大代表认真履行职能，参与政治协商和民主监督，共提交提案、建议20件，推动县民营企业的科学发展具有参考价值。

【百企联百村工作】 引导企业参与三农建设，逐步实现以工促农、以城带农、城乡共同发展。将百企联百村工作与"省级新农村示范片区"建设、"直接联系服务群众"等工作有机结合起来，确立"集中打造新亮点"、"重点引导签约企业带动县特色产业发展"的工作思路。印发《2013年青神县百企联百村工作要点》(青委办〔2013〕65号))等文件。签约企业当年新投入资金4859.90万元。签约企业投入4348.26万元，推进产业基地和基础设施建设。扶贫助困投入18.9万元，资助贫困学生、优秀学生119人，投入14.88万元，走访看望资助贫困户和老人。惠民献岗，促进就业。企业为签约村提供岗位2229个，解决就业2304人，开展培训4438人次，投入金额53.73万元。

【外宣工作】 承办市工商联1月在江湾神木园召开的三届二次执委会议，宣传青神新"名片"，拓展宣传渠道，充分利用网站、新闻媒体、稿件等形式大力宣传党的路线、方针、政策，宣传非公有制企业、非公有制经济人士的典型事迹。县工商联被评为先进集体，工作在《中华工商时报》、《中商情报网》、《四川日报》、《四川政协网》、《眉山日报》、四川电视台等中央、省、市报刊、杂志、电视台报道25余篇(次)，印发《商会工作》26期、创办《青神商界》刊物，通过广泛的宣传报道，提高工商联影响力，宣传新时期工商联工作和民营企业的新形象，为非公有制经济人士健康成长和非公有制经济企业健康发展创造良好的社会舆论环境。

(许 丹)

文联工作

【概况】 2013 年，县文联有主席 1 人，兼职副席 10 人。事业编制干部 1 人。有文学艺术、书法美术、音乐舞蹈、摄影、影视、老年书画研究、收藏艺术、民间文艺等 8 个专业协会。有会员 300 多人。2013 年，县文联在青神县第二次哲学社会科学文学艺术体育突出成就奖评奖活动中获组织奖；在“青神系列歌曲大家唱”活动中获优秀组织奖；在眉山市举办的“最美眉山”第三届原创歌曲展演展播活动中获组织奖；被眉山市文联表彰为先进区县文联。

【阵地建设】 2013 年，争取省市文联的支持和关注，在县竹艺城建立市眉山市文学、书法、绘画、民间艺术 4 个创作基地。省文联、省民协在县内建立“四川省竹编艺术创作培训基地”和“四川省民间文艺传承基地”。办好《中岩》刊物。结合县内实际，不断改进和完善，全年办刊 2 期。利用周二报刊《青神》，办文艺栏目“中岩风”专版 14 期。在县政府网站开办“青神文苑”栏目，每月进行更新，全年刊发全县作者文艺稿件 100 多篇。

【队伍建设】 召开县第二次文学艺术代表大会，大会坚持便于工作、合理调配、促进繁荣的原则，选出文化工作主战场和专业文艺家协会的领军人物作为文联新一届班子成员。成立县民间文艺家协会，召开民协第一届会员大会，选举产生以黄云华为主席的县民间文艺家协会第一届理事会和主席团成员。县书法美术家协会、收藏艺术家协会完成换届选举。黄云华、唐志敏等 8 名会员加入市民间文艺协会；刘培林、李立无等 5 名会员加入市戏剧家协会；吴建堂被中国美术家协会吸收为会员，被省民间文艺家协会授予四川省民间艺术大师称号；吕应鑫被中国收藏鉴赏家协会等媒体评为中国最具收藏价值的 20 位花鸟画家。

【学习交流】 县文联各协会坚持“走出去”与“请进来”相结合，加强与县市外文化组织的合作，组织会员外出采风交流学习，邀请省市著名作家、诗人、画家、书法家、摄影家到县座谈、笔会和举办培训。《中外文艺》杂志主编等到县，和县内作者交流座谈，为县刊发专栏文章。老年书画研究会联合东坡区、洪雅县、丹棱县举办以牡丹创作为主的联展交流点评活动。眉山市诗歌协会、东坡区作家协会到县开展学习交流活动，通过参观、座谈、诗歌朗诵等活动，宣传青神，增进友谊。县摄协、老年书画研究会等协会多次组织会员到云南、西藏和县内建设工地采风创作，学习交流。

【文艺下乡】 县文联组织文艺家进农村、进企业、进军营、进校园、进社区开展惠民文艺活动。春节前夕，组织各文艺协会开展送春联下乡和文艺演出活动，为广大群众书写春联 300 多幅，送文艺演出下乡近 10 场次。2 月，组织县音乐舞蹈、摄影、作协会员 60 多人，到青神岷江航电工程汉阳工地采风，并精心组织一台丰富多彩的文艺演出表示春节的祝贺和慰问。5 月，“六 · 一儿童节前夕，县老年书画研究会开展送书画进校园活动。8 月，县文联和县艺术中心联合开展送文艺到军营活动。

【文艺活动】 5 月，老年书画研究会和县教育局联合举办老少书画联展和笔会活动。9 月，县书法美术家协会和县纪委联合开展廉政书画征集评奖和展出活动。12 月，县文联、县摄协配合县房交会举办县城市建设摄影展。全年县文联组织联络指导协会会员参与文化丛书《锦绣青神》“青神文化”篇、“青神人物”篇和青神画册《中国青神》、《青神竹编》的编撰工作；协助政协完成“乡镇文化与生态绿地规划指导”、“青神老八景史料的收集整理”。参与县系列歌曲大家唱活动“青神歌手选拔比赛”，“团体演唱比赛”两大赛事活动的组织策划、指导和表演。参与大型情景歌舞剧《竹韵天下》编创、排练和演奏。

【文艺创作】 县作协邵永义主编的《发现青神》散文集由作家出版社出版。该书是一本立足青神本土,盘点青神文化旅游资源,发现青神美丽风光,激发热爱青神之情的游记散文集。县摄影协会李正安编著的《瑞峰龙舟与东坡》画册由四川美术出版社出版。该画册图文并茂地介绍苏东坡与独具特色青神龙舟文化活动。《2013 友好之春—走进青神》元宵灯舞活动中,组织摄协会员全程摄影,按要求完成编印《2013 友好之春—走进青神》宣传画册的任务。县老年书画研究会组织会员深入县内城乡社会经济建设主战场,采风创作的"建国 65 周年纪念长卷"完成征稿创作工作。创作《美丽新青神》、《青神红》等歌曲。

【文艺成果】 邵永义编导的戏剧小品《牛舞春风》在眉山市"第二届职工戏剧小品(小戏)大赛"中获得创作二等奖、表演三等奖 2 项奖励。县艺术中心编排的舞蹈《竹乡小丫》代表四川省的节目入选在民政部、中国社会工作协会联合中央电视台举办的"同在蓝天下—爱心·希望"大型文艺晚会,并获得特别金奖"、"最佳舞蹈编导奖"、"最佳音乐创作奖"、"最佳表演奖"和"最佳组织奖",节目在中央电视台播出。在 2012－2013 年度央视新闻"最美中国"摄影作品征集评选活动中,4 名会员 4 幅摄影作品入围,其中有 3 幅作品是以县境内景物为题材。在首届眉山"国家电网杯"职工摄影大赛中,选送近 90 幅作品展示青神发展成就的作品参赛,2 幅作品获得三等奖,5 幅作品获得优秀奖,4 幅作品入展。在 2013 年"中国好声音"与百事可乐联手推出"百事最强音"唱歌比赛活动中,涂若云获得成都唱区季军。在第六届"东坡文艺奖"评选活动中,11 件作品获得奖励。其中贡献奖三等奖 1 件,百花二等奖 10 件。在全市仅有的 2 件电视类奖项中,县内有 1 件作品。在"最美眉山"第三届原创歌曲展演展播活动中,有 5 首歌曲获得奖励。在全市 20 首获奖作品中,全县获得铜奖 2 首,入选奖 3 首,占全市获奖总数的 25%。吴建堂、杨幼平的书法美术作品在省社联、省文联联合举办的长征杯暨纪念毛泽东诞辰 120 周年书画活动中分别获得特等奖和二等奖。陈云华原创作品彩色竹编精品《苦乐清凉》获第十一届中国民间文艺(最高奖)"山花奖"。开展"第二次社科文学艺术体育突出成就奖"评奖活动,初评出获奖文艺人才和组织 50 个。

(袁超群)

社科联

【概况】 2013 年,县社科联有专职主席 1 名,由宣传部副部长兼任,兼职副主席 7 名,专职秘书长 1 名,下属社科学会(协会)15 个。全面完成市、县各项工作任务。被眉山市社科联表彰为"2013 年度先进区县社科联";被四川省社科联表彰为"全省社科联系统 2013 年度先进集体"。

【学会管理】 加强与学会(协会)主管部门的沟通和联系,争取主管部门重视和支持学会工作,特别是为课题调研提供基础保障,以学会建设推动部门工作,以研究成果为党委政府科学决策提供参考。召开学会经验交流座谈会,让基础相对扎实、活动开展较好的学会把好的工作经验和取得的成效进行交流,为其他学会开展工作提供借鉴。

【科普宣传】 组织县级相关社科协会深入河坝子镇等乡镇、村社开展科技、文化、卫生、法制"四下乡"和科普宣传活动。有科普展览、科技咨询、文化演出、免费义诊、赠送科技书籍,现场讲解指导农业新技术、新品种推介和优良品种展示等。"四下乡"和科普宣传活动的开展,提高农民群众科学知识,服务新农村建设。

【社科研究】 开展 2013 年度眉山市哲学社会科学研究规划项目申报工作,《对青神县非物质文化遗产保护的调查与思考》被列为重点课题,《眉山市青神县打造省级竹编特色产业的调查与思考》、

《保持农民收入持续较快增长促进城乡统筹发展》被列为一般课题，全面完成课题调研工作已结项。

【社科课题评奖】 组织全县各社科协会(学会)参加眉山市第八次哲学社会科学优秀成果，其中，获市政府二等奖1个，三等奖1个，社科界优秀成果奖2个，获奖个数名列六区县前列。开展青神县第二次哲学社会科学、文学艺术、体育突出成就奖评奖工作，评选出青神县第二次哲学社会科学、文学艺术、体育突出成就奖107个。其中，哲学社会科学类获奖43个，一等奖2个，二等奖5个，三等奖16个，优秀组织奖10个，优秀人才奖10个。

【科普基地管理】 印发《青神县哲学社会科学普及基地管理办法(试行)》，组织全县符合条件的基地申报县、市社科普及基地。青神县竹编博物馆、青神县学道街小学学生素质教育实践基地、青神县图书馆汉阳分馆3家单位被授予“青神县哲学社会科学普及基地”。

(何韦霞)

武装建设◎

青神县人民武装部

【概况】 2013年，青神县人武部坚持以民兵预备役工作为中心，以遂行多样化任务为牵引，把大项任务与作风建设结合起来，把战备训练与安全稳定结合起来，把集中精力抓阶段性工作与坚持不懈抓常态化建设结合起来，着眼打基础，着力抓落实，圆满完成年度各项工作任务。

【思想政治建设】 坚持经常性思想教育，开展"三互"、"三责"活动，因势利导实施思想疏导，杜绝人员安全隐患。扎实开展"坚定信念，铸牢军魂"、"学习贯彻党章，弘扬优良作风"两项重大教育和成都军区"强军梦官兵的梦"专题活动，实施省军区"六类倾向性问题"专项治理，在党的群众路线教育实践活动中开展基层风气专项整治，坚决反对"四风"，改进工作作风，干部职工听党指挥、爱岗敬业、遵章守纪的意识增强。

【机关建设】 全面贯彻《青神县人武部全面建设三年规划》，按照"一年打基础、两年树形象、三年大变样"的工作思路，继续量化建设经费保障数额，改变过去"要点、给点、建点"的被动局面。加强经费节流，严格审批管理，卡住出口关，确保有限的经费用在刀刃上。乡镇武装部规范化建设初见成效，青城、南城、西龙镇武装部通过军分区达标验收。落实军分区精细化管理要求，创新行政管理模式，通过定期召开交班会、办公会、党委会，全面管理得到加强；通过明确岗位责任，人员履职尽责意识得到加强；通过落实集中体能训练、周三夜校、周四学习日和周五组织生活制度，干部职工能力素质和体能水平提高。

【党委班子建设】 坚持抓班子带队伍、正风气树导向、强能力促发展，着力提升部队在上级党委机关中的形象、在地方党委政府和人民群众中的形象、在友邻单位和部队中的形象，部党委凝聚力、创造力、战斗力全面提高。坚持以课题为牵引，抓好党委班子理论学习，结合岗位分工研究课题，班子科学决策能力大幅提高。认真贯彻党风廉政建设责任制，突出对营区硬件建设、福利发放、评功评奖等热点敏感问题的廉政监督，确保树好形象、不出问题。开展廉政文化"进党委、进机关、进基层、进岗位、进家庭"活动，人人签署《党员干部廉洁从政公开承诺书》，干部职工廉洁自律意识增强。

【干部队伍建设】 坚持从严治官，抓好思想教育、干部讲评和责任追究制度落实，强化权利监督。严格落实干部请销假和在外人员思想汇报制度，确保人人时时处于组织管理中。规范干部考核机制，落实干部代职和换岗锻炼，坚持德才兼备、以德为先、注重实绩的用人导向，营造靠素质立身、靠能力进步的良好氛围。坚持与县委组织部联合任命专武干部，利用召开整组、训练、征兵会等时机见缝插针开展业务培训，全县专武干部岗位任职能力和履职意识提高。

【军事斗争准备】 实施统分结合训练模式，在机关训练中突出岗位训练和体能训练，在民兵训练中突出队列训练和射击训练，促进训练质量提升，在军分区竞赛性考核中夺取1个二等奖、5个三等奖。民兵组织建设，先后召开民兵整组暨军事训练动员部署会和基干民兵点验试点现场会，规范民兵整组和基干民兵点验程序，提高民兵训练水平，在上级抽查中受到军分区肯定战备质量建设，采取请领与购买结合的方式，配齐民兵综合应急连125人的战备物资。落实"三分四定"，建立物资台账，指定专人管理，配齐兵器柜，定期维护保养装备和到市民兵武器库擦拭保养武器，确保武器装备始终保持良好的战技术性能。根据汛期防洪抢险需求，针对性补充部分防汛救灾器材，健全乡镇民兵信息员报告制度，确保民兵应急连能够随时应急出动。

【征兵工作】 圆满完成从普通高校毕业生直接招收士官、军校招收应届毕业生、地方高校招收国防生和定向培养直招士官工作，2名应届高中生被军警院校录取。针对征兵时间调整实际，通过打电视滚动字幕、接受电视台采访、开辟征兵专栏、宣传车流动广播、悬挂横幅标语、成立征兵咨询站及干部职工走村入户动员等手段，广造征兵舆论声势；开展打一个电话、发一条短信、寄一封邮件等活动，加大政策宣传力度，确保兵役法规特别是大学生服役优惠政策家喻户晓。2013年全县适龄青年报名人数256人，上站体检人数248人，体检合格136人，政审合格132人，批准入伍113人（含女兵3人），大学生入伍数比上年提高近3倍，完成年度兵员征集任务，实现连续两年零退兵。青神县人民政府征兵办公室被省人民政府、省军区联合表彰为征兵工作先进单位。

【芦山抗震救灾】 5月2日，青神县人武部奉命抽组30人的民兵救援分队赶赴雅安芦山地震灾区执行抗震救灾任务，5月14日圆满完成任务并安全归建。累计为雅安市芦山县清仁乡仁加村、大板村、卢溪村、同盟村等地灾民拆除危房70座，抢运各类家俱2000余件，指挥疏导车辆3000余辆，装卸救灾物资约10吨，抢收油菜10亩，清理塌方道路1500余米，拆装灾民安置点帐篷30余顶，平整场地约3000平方米，搭建木结构安置房70座约150余间，受到上级首长机关和灾区群众的广泛赞誉。民兵张福贵、谢志宏、卢中军、钟成龙经眉山军分区抗震救灾临时党委批准火线入党。中央电视台十三频道和四川卫视分别于5月12日、13日就青神民兵执行任务情况进行专题报道。

【防洪抢险】 6月30日，青神县境内突降暴雨，粤江河水位迅速上涨，淹没漫水桥，将高台乡麻柳村2名渡河群众和1名见义勇为青年吞噬。接地方政府求援电话后，青神县人武部迅速启动应急机制，紧急集结130名民兵赶赴事发地点，利用皮划艇在沿河30公里水域展开搜救，同时迅速沿河查勘、疏散群众，防止灾情扩大，于7月1日将3名遇难者遗体打捞上岸。7月上旬，岷江水位暴涨，青神县人武部迅速启动防洪预案，组织民兵综合应急连100余人沿江警戒巡逻，观察水位变化，同时要求各乡镇民兵信息员随时观察，做好应对突发情况准备。7月11日4时20分，接东坡区通报，岷江上游2艘采砂船失控漂流，随时可能威胁青神岷江大桥。部长郭慧兵、政委柏晓明迅速赶赴河堤实地查看汛情，紧急组织青城、南城、黑龙、西龙、白果5个乡镇应急民兵200余人赶赴事发地点，沿辖区江段及上游水域搜索失控船只，及时予以拦截，消除重大安全隐患。

【后勤建设】 抓好党委理财，落实军政主官经费联审、部党委定期议财和财务定期通报制度。坚持先预算后开支，规范大项经费审批程序，提高经费使用效率，确保收支综合平衡。深入开展"六节约"活动，健全定期检查、资产损耗申报、采购审批规定，控制水电、公杂、接待等易超难管经费，提高物资经费使用效率。抓好后勤战备建设，及时修定后勤保障预案，结合年度民兵训练，开展后勤保障训练,提高后勤保障质量效益。

【安全稳定】 加强节假日及敏感阶段安全教育,落实每月安全大检查、每周卫生大检查、节日安全检查周制度,规范营院管理秩序,突出八小时外人员监控和保密制度落实,开展“严格军车管理、维护军队良好形象”专项整顿,加大军车和驾驶员管理力度,确保“六个管好”落到实处。发挥民兵信息网作用,加强与县政府双向联系和情报信息搜集研判,搞好涉军信访维稳,带领民兵圆满完成“友好之春·走进青神”、“百名企业家进青神”、“迎元宵”等大型活动安保和重大节日县辖旅游景点、重要地段巡逻执勤任务,确保辖区安全稳定。

【参建参治】 紧紧围绕县委“1171”发展思路,发动民兵积极参与全县打造“万亩竹海”、“万亩柑橘林”、“万亩无公害蔬菜基地”活动,先后组织干部职工和民兵1000余人次、车辆200余台次参加植树造林、扶贫帮困等活动。认真落实优抚安置政策,全县退役士兵优抚金标准由1200元提高到4942元。解决现役军人家属、军烈属生活和医疗补助24万元,在现役军人随军家属工作调动、子女入学入托、落实专武干部待遇、复转军人工作安置、革命军人、伤残军人抚恤上,达到6个100%。结合直接联系服务群众,协调民政部门开展拥军优属活动,20余户重点优抚对象得到结对帮扶,生活质量得到改善。组织干部职工和民兵投身创建平安青神活动,加大治安巡逻、护厂、护矿、护林力度,协助地方排查房地产租赁、医患纠纷及其他涉及群众利益易发群体性事件类矛盾纠纷,化解成功率为90%。

（李　颖）

武警青神县中队

【概况】 2013年,武警青神县中队始以强军目标为统领,坚持举旗铸魂把方向、聚焦打赢保中心、注重内涵打基础、改进作风强班子、务实创新求发展,不断提高政治工作质量效益,为扎实推进强军实践,努力建设一支能打仗、打胜仗的部队和有效履行职责使命提供可靠政治保证、强大精神动力、有力人才支撑。中队2013年度被武警四川省总队评为“基层建设先进中队”,12人被评为优秀士兵,1人立三等功,2人被评为优秀党员。

【执勤和处置突发事件】 以“六查”活动为契机,规范查勤方式方法,坚决做到“到、问、查、考、教”,不走形式,不走过场,确保查铺查哨制度落到实处、发挥实效。落实执勤制度,突出抓好夏秋季执勤中常见病、多发病的治理,规范执勤秩序。深入研判执勤形势,适时开展执勤、形势任务和战备教育,确保哨兵时刻保持清醒头脑和高度警惕。树牢“以训保勤、以技强勤”思想,做好专勤专训和应急处突训练,通过对执勤理论、执勤动作、情况处置等科目进行周会操、月考核和季度评估的方式,确保遇有情况能够有效处置。全年出动兵力1500余人次,圆满完成“两节”、“走进青神”元宵晚会、青神县“三会”、“青神文化节”、“青神端午文艺晚会”等23项现场警卫、城市武装巡逻和看守所武装押解勤务,官兵形象佳,任务完成好。

【军事业务训练】 以《军事训练与考核大纲》为标准,针对当前国内外反恐形势的严峻性,强化应急班反恐处突建设,把提升官兵遂行多样化能力作为“能打仗、打胜仗”硬性工作来抓,采用主官组训、干部跟训,训有榜样、练有标准等方式,突出训练的实际运用,克服空对空,不深不细等训练误区。收集在训练中的好的意见和建议,专门针对个别基础较为薄弱的科目,开展结对训练、军事会操、技能比武等活动,颁发奖状奖品,树立训练标兵,着力营造比、学、赶、帮、超的浓厚训练氛围。全年完成180个训练日,参训率达到90%以上,培养3名优秀“四会教练员”,所训科目经支队考核均达到良好以上,总评优秀。中队在参加支队军事业务技能和反恐比武中,获得团体总分第一,单科目三项第一。

【政治教育和文化学习】 抓好经常性教育。结合当前任务特点，开展形势任务教育、执勤教育、安全警示教育、战斗精神、戒骄防满和“四反”等教育，使官兵保持头脑清醒，树牢安全发展理念，摆正位、履好责。同时适时开展随机教育(“3·14”、“6·4”，国际国内形势)；开展十八大和三级党委扩大会议精神的贯彻落实以及主题教育多样化学习，主要通过专题教育，理论学习，召开支委会，军人大会，班务会进行分析和总结，并通过办橱窗，个人小结，加深对主题教育的认识和理解，以及通过一些教育配套活动等形式，深化主题教育活动成果。坚定官兵听党指挥、跟党走的理想信念。

【安全管理】 始终坚持从严治警方针，依据条令严格部队和人员管控，正规部队“四个秩序”，确保部队安全稳定。一是抓条令学习，强化条令意识。开展每月“条令学习日”活动，加强官兵对条令的学习掌握，做到经常学，经常考，学用结合，规范好官兵言行举止，确保部队按条令运转；二是密切“三对关系”。建立和谐的内部关系。通过三互活动，谈心聊天等形式，真正走进战士心里去，和官兵打成一片，营造和谐稳定的内部关系。三是以总队“六查”和“安全大排查活动”为契机，消除安全隐患。利用“五抓五防”、“五个一遍”等载体。紧盯人、车、枪、钱、哨、酒、密、火、电、毒等敏感环节的预防工作。严格按照总队、支队的指示要求，对人员思想，执勤秩序，水电气，涉密载体等彻底进行排查，认真查找中队存在的安全隐患，对检查中存在的问题，定责任人，定时限，及时进行整改，确保把安全隐患控制在萌芽状态和部队安全稳定。

【警民共建】 先后与文化馆、青神中学和子辉铸业等多家单位结成共建对子，共同学习，共同管理，共同促进社会主义精神文明建设；在警政警民共建中，中队教育官兵牢固树立“驻地我的第二故乡”的责任意识，牢记全心全意为人民服务的宗旨。在驻地开展精神文明建设活动，参加城乡综合治理，利用节假日组织官兵清整街道卫生，协助清除垃圾，每逢过年过节，中队官兵广泛开展爱民助民活动，“八一”建军节期间，中队与共建单位成功举办庆“八一”警民联欢晚会，受到驻地人民群众称赞，进一步加深警民友谊。在重大节日活动和敏感期，配合驻地公安民警做好城市武装巡逻和设卡任务，献身驻地建设，受到政府领导和驻地群众一致好评。

(陈　智)

青神县公安消防大队

【概况】 2013 年新建青神县城市消防于南城镇红桥村竹艺大道，消防站规划占地 7.5 亩，主要修建业务用房和业务附属用房及训练塔，总建筑面积 3542.20 平方米。青神县公安消防大队下辖政府专职队 1 个，有干警 8 人，政府专职队员 25 人，消防执勤车辆 4 辆。负责全县 10 个乡镇的防火灭火、抢险救援工作。

【安全管理】 始终把部队安全稳定作为头等大事来抓。落实《公安消防部队安全管理规定》和《公安消防部队事故防范细则》，强化安全思想教育，完善安全工作机制，定期召开部队安全防事故分析会，以“人、车、酒”为重点，通过召开民主生活会、分析会、工作会认真查摆部队管理工作中存在的问题和事故隐患，分析原因，防微杜渐，切实把安全隐患消除在萌芽状态。全年未发生一起安全责任事故和行政责任事故，确保安全稳定。

【防火体系建设】 2013 年，贯彻消防工作预防为主、防消结合的方针，按照政府统一领导、部门依法监管、单位全面负责、公民积极参与的原则，实行消防安全责任制，建立健全全社会消防工作网络，全力构建社会火灾防控体系。一是落实政府主体责任，加强政府对消防工作的统一领导；二是落实部门消防安全责任，明确各部门消防安全职责；三是落实单位、企业消防安全主体责任，提升单位、企业内部火灾自防自救能力；四是加强消防宣传教育培训，普及群众消防常识，全面提升全社会火灾防控能力。

【火灾隐患整治】 2013年，按照省消防总队、市消防支队和青神县委、县政府统一安排部署，以消除火灾隐患、确保全县消防安全为工作目标，开展“除火患、保平安”、深化“平安四川”清剿火患、“大排查大整治”、消防产品、易燃易爆场所专项整治等一系列消防安全专项整治行动，遏制全县较大以上火灾事故发生。全年检查单位、场所611家，发现火灾隐患184处。全县消防安全环境得到改善。

【火灾与救援】 2013年1至12月，消防队共接警出动124起，参加社会救援94起，处置火灾6起，出动车辆158台次，出动人员420人次，疏散人员25人，抢救财产价值10万元。无重特大火灾事故发生。

【消防宣传教育】 以训促宣，开展各单位场所消防安全教育培训，全年共开展各类消防教育培训15次，受训人员达3000余人。采取多形式立体化宣传，创造良好消防环境。协调移动通信发送消防温馨提示短信，设置宣传片循环播放点，在全社会构筑立体化消防宣传新格局。以“3·15”消防产品专项、“安全生产月”宣传月、“119”宣传日等重大节假日为契机，通过举办消防知识培训、组织消防安全演练、发放宣传资料等一系列形式多样的消防宣传活动，群众的消防安全意识增强，提升群众的自防自救能力。

【应急救助建设】 以打造“消防铁军”为目标，认真履行应急救援职责，狠抓应急队伍建设。一是以政府专职消防队为依托，按照省消防总队和市消防支队要求，成立大队应急救援攻坚班。二是加强应急救援装备建设，按照市消防支队抢险救援攻坚班应急救援配备标准，配置相应的抢险救援装备。三是向县委、县政府汇报，将消防应急救援建设纳入县政府综合应急队伍建设，整合资源，形成工作合力。

【正规化建设】 以《条令条例》和《公安消防部队机关（基层）正规化建设管理规定》为依据，以建立和保持正规的战备、训练、工作、生活秩序为重点，抓班子、带队伍，内强素质、外树形象，坚持依法治警、从严治警，大队正规化建设取得成效，连续四年被市消防支队评为“基层工作先进大队”。

【执勤训练】 从实战需要出发，从岗位需要出发，坚持“练为战”的指导思想，以打造“消防铁军”为契机，以“强化官兵能力训练，提升整体作战实力”为总体目标，深入开展“大练兵”活动，通过理论学习、战例研讨、辖区“六熟悉”、体能训练、技术训练等方法手段，提高训练的针对性，全面提高技、战术水平和综合实战能力，增强队伍灭火作战能力，圆满完成以执勤灭火为中心的各项工作任务。

（刘斐然）

◎法 制

政 法

【概况】 2013年，全县政法工作按照打造“三个最好”地区之一的总体要求，坚持服务围绕中心、服务大局、服务群众，坚持“网格管理、亲情服务、民生优先、幸福和谐”工作理念，制定创新社会治理工作方案，成立十大社会治理专项工作组，构建三大体系，推进平安建设、法治建设、依法和谐三大建设，为全县社会经济发展创造和谐稳定的社会环境、公平正义的法治环境、优质高效的服务环境。

【创平安“两节”、“两会”活动】 组织部署“双创”活动，集中开展不稳定因素和社会矛盾“大排查”、“大调处”。开展“平安青神”、“肃毒害、创平安”、涉网“破案会战”、“打假”等专项行动，成功侦破“8·26”系列故意伤害、强奸、抢夺案等一批大案要案。开展极端事件大防控，对公共运输、公共领域、学校医院等检查布控以及监督，未发生重大的群体事件和暴力恐怖事件，实现元旦、春节、两会期间“零”进京、“零”到省非访。

【法学研究】 2013年，青神县法学会紧紧围绕“繁荣法学研究，推进依法治县”的要求，开展一系列丰富多彩的活动。加快发展个人会员和团体会员，全年新发展市法学会会员7名，6名会员被眉山法学会第二次会议代表会选为理事。参加全国地市法学会干部培训班。各会员单位紧扣活动主题和实践，先后组织开展宣传动员、专题辅导、讨论交流等40场次，参加干警1000余人次，广泛开展“中国梦”大讨论和征文活动，撰写心得体会190余篇，征文80余篇。6月，开展“深入基层执法办案”、“共建平安家园、同创法治青神”、“开放日”和“6·26”禁毒宣传日等“法治基层行”系列活动。推进“千警联万户”“警民亲”活动深化直接联系服务群众工作，组织广大干警开展走访慰问困难群众和党员400人次，帮助解决问题25个，办实事43件。健全完善调研工作机制和围绕重点领域开展调研。推进普法跟着项目走、推进常年法律顾问制度、推进常态法制宣传工作和推进法制宣传创新工作。开展“巡回法庭”，“调解一次纠纷，上好一堂法制课”、“快乐普法行—送法进社区”等活动，组织会员全程参与进行法律指导。开展“千案千评”工作，全年评查案件110件，其中优秀36件，合格74件。通过党政网、县人民政府网站等方式，向社会广泛公开政法委及政法各部门服务民营企业热线电话和投诉举报电话。强化涉法涉诉信访工作，全年无市挂牌督办信访案件。

【宣传教育】 2013年，政法工作被中央、省级、市级媒体共刊(播)发478篇(条)，其中中央级主要媒体刊播29篇(条)，省级主要媒体刊播271篇(条)，市级主要媒体178篇(条)。印发《2013年全县政法宣传工作要点》、《青神县2013年政法信息宣传工作考核办法》，明确考核项目和指标，将宣传工作考核结果作为评比表彰维稳、综治工作先进集体的重要内容。开展“平安青神”、“雷霆行动”等专项行动和5次社会治安集中清查行动，成功侦破“5·30”特大贩毒案、“8·26”系列故意伤害、强奸、抢夺案等一批大案要案。“8·26”专案被央视《今日说法》、四川卫视《焦点》等主流媒体宣传报道。人民网、四川卫视等多家媒体对“监听卡诈骗案”等案件进行报道。开展“快乐普法行—送法进社区”、“法治基层行”、“护航—青春无毒”、“6·26禁毒宣传”等专题活动。全县举办各类法制讲座16场，组织法律知识考试2次，开展大型主题宣传活动8次，组织文艺演出5次，开展“法律六进”活动5场，发放宣传资料10万余份，解答群众咨询5000余人次，展出法制挂图200余幅，悬挂标语100余幅。围绕抗震救灾开展宣传，法制网、四川新闻网、《眉山日报》等多家媒体对抗震救灾工作进行宣传报道。构建“县、乡镇、村、组”四级立体化平安宣传大格局，坚持“进村到组入户”开展宣传，全县发放群众路线教育实践活动“先行先改”平安建设服务卡12万份，发放到企业、个体工商户和6800余户，在交通要道、乡镇场镇和居民聚集点悬挂平安宣传牌300个。深入10个乡镇开展“平安建设·法治建设”专题文艺巡演活动，全面扩大宣传覆盖面。

【队伍建设】 紧扣活动主题和实践，突出特色，不断丰富载体，先后组织开展宣传动员、专题辅导、讨论交流等40场次，参加干警1000余人次，开展“中国梦”大讨论和征文活动，撰写心得体会190余篇，征文80余篇。“4·20”雅安芦山地震发生后，全县政法机关全警动员，开展救助疏导、灾情排查、治安防控，共出动干警1100多人次，警车240余台次，清理山体滑坡3处，走访慰问受灾群众95余人，送去慰问物资6.8万元，及时发现化解涉灾矛盾纠纷67起。开展政法队伍“转变作风，司法为民”活动，抓住群众反映强烈的问题，从制度建设入手，推进队伍纪律作风建设。全面清理修改与“八项规定”“十项规定”“六个坚持”不一致的制度。

【平安建设】 深入开展乡镇和行业、单位等基层平安细胞建设，全县各乡镇、村（社区）、乡镇级中小学校、旅游景点、规模以上企业、县级部门100%参与平安创建活动。10个乡镇全部被评为市级平安示范单位，市委、市政府命名县内市级平安示范单位54个，县委、县政府命名县级平安乡镇、单位、村（社区）、企业、学校、医院等125个，命名平安文化市场65个，平安寺庙7个，平安景区2个，平安警（营）区2个。组织部署“双创”活动，开展不稳定因素大排查，排查社情民意，排查不稳定苗头隐患，排查信访积案，对重点信访案件努力化解，坚决防止到省赴京上访。开展极端事件大防控，对公共运输、公共领域、学校医院等检查布控以及监督，防止重大的群体性事件和恐怖暴力事件。全面加强道路交通安全监管、消防安全监管和民爆物品安全监管，坚决制止和打击各类违规违法行为。

【治安管控】 2013年，开展社会治安集中清查整治行动4次，刑事打击6人，行政拘留34人。做好网络信息管理工作，加强研判和正确舆论引导。建立每日巡逻制度，对重点网站进行全天候巡查，全年搜集舆情信息64条，处置有害信息204条。加强应急管理处置体系建设，修订完善群体性事件处置预案，做好10余次重大活动的安保维稳，妥善处置20余件突发事件。最大限度地把警力摆上街面，形成集巡警、交警、武警、派出所民警、机关民警“五警合一”的巡防机制，确保“白天见警车、夜间见警灯、街面见警察”，震慑违法犯罪行为，群众安全感和平安建设满意度达到95.8%。

【特殊人群监管】 完成4个社区矫正工作示范点和3个刑事解教人员过渡性安置帮教基地建设。对重性精神病人和艾滋病人加强服务管理，推进“青神精神康复医院”项目建设。对全县357名重性精神疾病患者和艾滋病人建立健康档案，并坚持每季度开展1次的随访管理。投入400万元建立青神县特殊人群管理中心，对全县重度精神病人、艾滋病人和吸毒人员进行收治。

【专项整治】 制定全县“三电”设施保护专项行动方案,召开全县“三电“设施保护暨“三定”工作经验交流、现场观摩会,继续深入推进“双三定”。以抓关键、求实效为原则,突出综治、教育、公安、工商、卫生、文化、司法等主要职能部门的作用,落实所有乡(镇)、校园开展校园及周边环境整治。探索“以证管人”、“以房管人”、“以业管人”的流动人口管理模式,制定《关于开展流动人口服务管理创新试点工作的实施方案》和《关于进一步加强流动人口服务和管理工作的实施意见》,按照1000:1的比例,聘请流动人口协管员200余人。准确采集暂住人口信息900余条,出租房屋信息300余条。

【创新社会治理】 将全县10个乡镇分为工业、旅游、农业三类乡镇,分类优化“2+X”内设机构、分类下达目标任务、分类整合乡镇干部、分类实施绩效考核,全面推行“五三”制,转变乡镇工作职能,强化乡镇服务功能,提高乡镇建设科学化水平。新建青城镇、汉阳镇、瑞峰镇3个乡镇社会管理服务中心。按照村“1+6”,社区“1+8”公共服务中心模式,深入推进23个村(社区)阵地规范化建设,全面打造基层社会管理综合服务平台。社区工作用房平均达到325平方米,社区居委会职数平均达到5.5人,确保工作顺利开展。通过公开招聘等方式,新增社区工作人员4人。推行“定网格、定职责、定人员、定制度”等“四定”工作法。青神县中心城区辖3个社区,17094户住户,实有人口近5万人。按照“便于服务、便于管理、便于自治”、“尊重基层、尊重现状、尊重历史”的原则,结合不同社区居民的构成特点,在广泛征求青城镇、中心城区各社区书记、主任及相关部门意见的基础上,组织人员认真研究,制定方案,以明显、清晰的小区或街、路为分界线,按照不同情形进行科学划分,共划分出38个网格,探索建立网格员工作制度。

【大调解工作】 建立矛盾纠纷“三化”排查机制,矛盾纠纷分类调解机制和跟踪回访机制。对排查的小纠纷,实行“当日排查,当日化解”,并于24小时内办结。对一般性纠纷,7日内化解完毕。7日内不能调处的矛盾纠纷,转入重大疑难纠纷范围,实行领导包案化解。2013年,全县各级调解组织共受理各类矛盾纠纷1558件,调解成功1545件,成功率99%。延伸调解组织网络,全面推进调解组织向社会末梢延伸,系统打造农村中心户“五站”模式,每个乡镇建立2个规范化“五站”示范点。全面推进调解组织向企业、园区和项目工地延伸,在企业、园区和项目建立46个“一线”调解室,全面规范十大重点工作推进组调委会,排查纠纷403件,成功调解395件。全面推进调解组织向社会化、职业化和专业化方向发展,新建2个个人调解室,在全市率先成立律师调解委员会。制定《2013年深化“大调解”工作体系责任分工方案》,全面加强医患纠纷、劳动争议、农村集体土地争议等16重点大领域矛盾纠纷排查化解,出台《青神县关于建立婚姻家庭矛盾纠纷化解机制的实施意见》、《青神县医患纠纷预防和调处暂行办法》和《青神县处置医患纠纷突发事件工作预案》等文件。全面推进“诉非衔接”。印发《青神县“诉非衔接”工作实施意见》,成立诉调对接中心,建立诉讼辅导室、交通事故巡回法庭、调解员进驻办公室。制定民事诉讼前置调解程序制度、司法确认案件制度、无异议调解方案认可制度、无争议事实记载制度、赋予调解协议合同效力制度和委派、委托、联合调解机制。全年,诉讼辅导率100%,委托调解案件24件,调解成功21件。委派调解119件,调解成功61件。邀请、联合调解503件,调解成功477件。刑事和解成功率100%。司法确认案件27件。

(杨　源)

公　安

【“五警合一”巡防机制】 整合警力形成集巡警、交警、武警、机关民警、派出所民警“五警合一”的巡防机制,采取分片包干、定人、定时、定区域、定责任的方式开展大密度的巡逻防控。在此基础上又抽调局机关30岁以下民警，组成“青年突击队”，对中心城区加强巡逻。整合社会各界力量，构建“大清查、大整治、大巡防”格局。全年接警3189起，与上年同期相比（以下简称同比）下降28起，发生刑事案件723件，同比下降16件，受理治安行政案件718件，同比下降31件。在“2013年四川省各市（州）所辖县（市、区）公安机关政风行风建设群众满意指数调查中”，青神县治安秩序名列全市第一。

【维护社会稳定】　全年收集各类情报信息215条，其中83条被市局评为甲级情报信息。向县领导上报《情况快报》43期，成功防范多起突发事件和非访事件；组建一支80名警力的常备处突力量，完善各类突发事件处置预案，开展机械产业园区征地拆迁，锦绣大道征地拆迁，岷江航电工程建设、震后维稳等稳控工作；开展互联网舆情引导和稳控，共删除、处置有害信息12条，舆情引导50余次；在“4·20”芦山地震、“6·4”、“7·1”、“7·5”、“成都财富论坛”、“两节”以及“十八届三中全会”等敏感时期维稳工作中，以“四个前所未有”的攻坚态势，维护全县政治、经济、治安三大秩序。

【严打整治】　侦破“8·26”系列案，被县委、县政府授予“突出贡献奖”，中央电视台“今日说法”和四川电视台“焦点”栏目争相报道。破获“4·18王某某故意杀人案”、“9·16故意伤害致人死亡案”等一批社会影响较大的刑事案件。将涉及群众切身利益案件侦破工作置于突出地位，通过细心走访摸排，破获一系列涉及民生利益的小案。成功破获以外出务工交纳300元保证金为由，实施诈骗犯罪的“王委系列诈骗案”，追回赃款5万余元，为50余名民工伸张正义。破获“7·20系列飞车抢夺案”、“曾某某、方某敲诈勒索案”等一批人民群众特别关注的侵财性案件。侦破廖某某团伙系列盗窃案，破案25件。侦破“10·22”系列入室盗窃案，打掉长期流窜于眉山、乐山、成都等地实施抢劫、抢夺、盗窃的9人犯罪团伙，破案65件，涉案金额达30余万元。全年破案230件，打击处理101人。

【治安防控】　实施“扫黄禁赌”春雷行动、“打击游艺场所专项整治”、“夏秋社会治安整治”等专项行动，捣毁涉黄、赌、毒窝点41个，刑事打击17人，行政处罚263人，同比上升95%，其中行政拘留133人，同比上升90%，销毁赌博机具371台，强制戒毒6人，行政拘留吸毒人员70人，同比上升133%。建成智能化道路交通管理系统，全面提升全县道路交通管理信息化、智能化水平。向案侦部门提供各类线索39条，破案14件，成为全县社会治安防控体系的重要组成部分。运用“DQB”系统充分展开分析、研判，成功侦破“吕某某系列诈骗案”，抓获犯罪嫌疑人7人，破案15件，追回赃款40余万元。全年应用信息化手段破获各类案件25件，抓获违法犯罪嫌疑人18人。

【安全监管】　加大枪支弹药、烟花爆竹和爆炸、剧毒等危险物品的管控力度。全年收缴、上缴各类枪支14支，其中气枪3支、火药枪5支、其他枪支6支，炮弹2枚，收缴易制爆化学品25千克、管制刀具176把、射钉枪弹5盒、铁砂子400克、各类军用子弹135发，收缴并销毁价值10余万元的伪劣烟花爆竹，发整改通知书7份，整改隐患7处，训诫4人。开展“扫黄打非”，定期开展对图书、音像制品、计算软件制品及电脑、电子市场的全面检查。检查出版物市场4个、店档摊点30余个、印刷复制企业2家，收缴盗版图书100余件，盗版音像制品50余件，批评教育20余人。

【道路交通管理】　全年出动警力7215人次，警车2156辆次，查处各类交通违法行为19388起，其中，醉酒驾驶5起，饮酒驾驶15起，涉牌涉证1521起，扣留机动车3601辆，教育警告19560人次。交通肇事逃逸案15起，打击处理14人，行政拘留3人，抓获网上逃犯2人。开展客运电动三轮车专项整治，查扣非法运营电动三轮车93辆，行政拘留1人，客运电动三轮车非法运营问题得到根本治理。

【车辆年审】 全年办理电动自行车登记入户10817辆，新办摩托车驾驶证1314人，摩托车新车入户登记1836辆，年检摩托车9474辆，注销摩托车2418辆，小汽车入户登记57辆。

【事故处理】 开展"压事故、保平安"百日攻坚行动，确保全县连续14年无一次死亡3人以上的特大交通事故发生。全年发生各类交通事故980起，死亡5人，受伤680人，事故直接经济损失70余万元。事故总数同比下降1.23%，死亡人数持平，受伤人数同比上升4.94%，经济损失下降3.45%。排查出30处道路交通安全隐患上报县政府及相关职能部门，完成整治28处。

【服务经济】 以"转变作风，司法为民"活动为载体，制定《窗口单位工作规范》，推行微笑服务、延时预约、"一站式"服务，实行急事急办、特事特办，开辟多种"绿色通道"，窗口单位实现服务"零推诿"。创新"警务跟着项目走"，开展保护重点企业发展、重点项目建设"雷霆行动"。破获各类经济案件14件，打击处理8人，挽回损失100余万元。建立重点工程项目辖区派出所责任制，在"航电"、"高铁"等重点工程指挥部派驻民警，取缔航电工程建设中出现的10个非法"项目部"。严格按照中央"八项规定"要求改进安保工作。以超常付出、超常举措，圆满完成"友好之春、走进青神"150余名外宾和驻华使节参加的重大涉外安保任务，"百名企业家走进青神"等30余次安保工作，促进青神形象提升，营造良好招商引资环境。

【信访办理】 开展"联动大接访"、带案下访、预约接访等活动，及时化解一大批可能引发信访案件的苗头性问题。接待信访群众85人次，受理公安职权范围内涉法涉诉信访案件15件。办结国家信访局交办信访案1件、省厅交办信访案2件，上级公安机关和县领导交办的信访案件全部办结。

【队伍建设】 大力践行人民警察核心价值观，开展"实现伟大中国梦，建设美丽富裕和谐青神"主题教育以及"转变作风、司法为民"活动，不断加强民警思想政治教育、执法规范化教育、纪律作风教育。制定从优待警10项措施，划拨24万元专项资金，解决基层民警"免费就餐"，争取9套公租房供外地民警免费使用。优化干部结构，提升民警政治待遇，新提拔副科级干部9人、中层副职14人。以日常督察为抓手，加强警队纪律作风整顿。开展警务督察200余次，发布"督察通报"24期、通报批评部门、个人20余次、诫勉谈话9人次。组织开展内勤工作、户籍工作、"一法两规"、信息化应用等培训16期，参训800余人次。组织全局40岁以下民警进行法律法规知识、信息化应用以及体能考核，合格率100%。全年被省厅、市局采用信息200余条，被各级媒体采用信息600余篇，制发《公安工作简报》30期，无负面舆情炒作，无负面新闻事件。

【监所管理】 始终把确保监所安全放在各项工作的首位，贯彻公安部防事故、防非正常死亡"两防一退"工作，最大限度地预防各类事故的发生。发挥警种优势，提高深挖犯罪工作水平，深挖线索18条，协助侦查部门突破多起疑难案件。

（周　攀）

审　判

【概况】 2013年，坚守公平正义，推进"诉非衔接"，为民司法、服务大局，为全县经济社会跨越发展提供司法保障，全年受理各类案件1562件，结案1509件，结案率96.61%；审判质效综合评分超过全省法院"一流值"。

【刑事审判】 全年受理刑事案件85件104人，审结83件104人，结案率为97.6%。刑事审判中，刑庭干警深入学习和理解新修订的刑诉法，树立打击犯罪和保障人权并重的理念，审结的83件刑事案件，公开审理率96.39%；简易程序适用率80.72%；当庭宣判率96.39%。被告人服判率91.57%。办案的效率和案件质量均得到提高。坚持贯彻落实宽严相济的刑事政策，维护社会稳定，全年审理交通肇事案件12起，被告人均积极赔偿受害人、受害人家属经济损失，取得谅解，12名交通肇事罪犯均判处缓刑；审理被告人唐仕兵故意伤害、强奸、抢夺、非法买卖枪支一案，被告人疯狂作案，造成多人受伤，财产遭受损失的严重后果，最终判处被告人唐仕兵有期徒刑13年，人民群众拍手称快。眉山中院指定青神法院审理6件在眉山市影响比较大，社会比较关注的职务犯罪案件，通过反复熟悉案卷材料、钻研法律规定和司法解释、与公诉人、辩护人进行沟通，青神法院顺利在1个月内审理完成。

【民事审判】 受理民事案件1193件，结案1147件，结案率96.14%。民商事审判中，注重开展“诉非对接”工作，做实“二培三接”对接方法，全年调解496件、撤诉355件，调撤率74.2%。协助处置中岩历史遗留问题、红色西山纪念景区原业主解约等事宜；出台《服务工业园区和竹编园区工作意见》，获得县委领导肯定性批示。提升统一执法水平，研究制定类案处置机制，选取典型案例制发《案例参考》，一审服判息诉率95.85%。提升释法析理水平，让裁判结果获得当事人和社会大众的认同，保持信访投诉率为0。对案发频率高、矛盾纠纷频繁的区域重点开展巡回审理，全年青神法院民庭、汉阳法庭共开展巡回办案50余次；立案庭与县交警大队合作成立“交通事故巡回法庭”，全年审理机动车交通事故案件487件，调解结案320件，撤诉结案167件，调撤率达100%；形成集审判、调解、执行、普法等工作为一体的巡回与“流动法庭”相融合的便民利民模式，收到事半功倍的效果。

【行政审判】 受理行政案件4件，结案3件。行政审判工作中，以支持和监督并重为原则，支持行政机关依法行政，保护行政相对人合法权益。以全程沟通和协调为原则，推行庭前对话等工作方式，“先化解情绪，再化解纠纷”，诉前即调结行政纠纷6起，减轻法院行政诉讼压力，缓解官民矛盾。以联动整合和信息共享为原则，支持行政机关建立行政决策涉诉风险评估机制，形成解决纠纷的整体合力。

【判决执行】 全年受理执行案件277件，执结274件，结案率98.6%，案件实际执行率99.63%，实际执行标的到位金额1016.12万元。连续10年无涉执信访案件，被省高院以“涉执信访工作成绩突出”通报表彰。执行工作中，推进规范执法，依法采取联动执行、曝光执行等有力措施，提升执行工作效率。初步建立执行联动威慑机制，初步形成利用社会各方面资源，党委领导、人大监督、政府参与、政协支持、各界配合、法院主办的综合解决“执行难”的工作格局。创新执行工作方法，强化执行和解工作、与基层组织联系，对于有财产但拒不履行生效法律文书确定义务的案件，严格按照法律规定采取强制措施，促使被执行人履行义务，全年累计采取各类执行强制措施近200件次，公开曝光4名“老赖”，3名被执行人信息发布到全国征信系统数据库，对当事人自觉履行义务产生威慑作用。查找财产线索，一经核实果断采取措施，立即予以执行。3月至9月，开展涉金融案件专项执行活动，清理出涉金融案件35件，总执行标的额727.07万元，截至12月底35件涉金融案件案件全部结案3件涉案标的正在拍卖之中，到位执行标的额194.5万元。

【立案工作】 全年审查立案1440件，受理当事人来信14件，接待来访群众172人次，院领导接待48人次。2013年8月将原立案庭改造成为集查询、咨询，立案审查，材料收转，诉讼引导，立案调解，信访接待，判后答疑，救助服务等多功能为一体的诉讼服务中心。立案预登记制度的有效运行，自

4 月份实行立案预登记以来，共预登记案件 348 件，其中调解成功 80 余件，有效节约司法资源。

【审监工作】 全年常规评查共评查各类案件 1227 件，开展裁判文书评查 73 次，开展“千案千评”活动，对每月所结案件的电子卷宗进行完整性、准确性及同步性的检查，检查结果每月进行通报。审判管理工作中，推进“预结案制度”的落实，稳步推进质效评估工作开展，每月进行案件质效评估工作，并对评估结果进行分析研究，全年发布审判管理通报 12 期，确保青神法院全年质效评估体系得分达到全省一流值要求。

【强化救助】 对于涉及到农民工、低保户、“三养”案件当事人等经济上确有困难的社会弱势群体开展司法救助，全年共减、免、缓交诉讼费 4.46 万元(19 件)，退诉讼费 2.3 万余元。对于被执行人确无履行能力、权利人生活特别困难的依法给予当事人司法救助，2013 年上报司法救助 6 案，救助金额 5.5 万元，实际拨付 3.5 万元(其余 2 万元次年拨付)。

【队伍建设】 打造一流班子，倡导“厚德、崇法、公正、为民”的青神法院精神。强化班子带头作用，带头学习政治理论，带头依法办案，带头遵守法官职业道德，带头廉洁，将法院班子建设成为政治坚定、勤政廉明、团结协作的战斗集体。打造一流队伍，选派 4 名优秀干警到北京大学参加培训，邀请著名民法学家梁慧星教授来院讲授《侵权责任法》。构建廉洁司法防控体系，开展“廉政教育日、廉政专题课、廉政警示案”3 个系列廉政教育活动，做到“有令即行，有禁即止”。全年无任何干警违法违纪事件发生。打造一流形象，主动向县委汇报法院工作，坚持在县委领导下全面推进各项工作。主动邀请人大代表、政协委员现场监督法院庭审和执行，推行阳光司法。主动面向社会、开明开放，把社会各界的监督落到实处。“一对一”帮扶栗子村农户 44 户，提供帮扶资金 41900 元，帮助栗子村成为化解矛盾纠纷“示范村”。

【处置涉诉信访】 以信访工作规范化、制度化为目标，抓好信访日常工作机制建设，构建信访维稳工作体系，严格落实制定的《涉诉信访可能性评估及预防化解稳控办法》，对当年新收案件均进行风险评估和排查。落实信访工作首问责任制度，确定专人接访，力争把隐患消除在萌芽状态。按照《涉诉信访接访、下访工作制度》规定，完成院领导接访工作。群众来信，落实到位，即落实包案领导，落实牵头单位和办案人员，落实办结时限，落实稳定措施。严格执行案件排查制度，对所有收案案件每月排查，对可能产生涉诉信访案件或不稳定因素案件，逐案建档，制定措施，落实责任，确定专人跟踪督办、协调，保证案件能够按期办结。对省、市、县交办案件，按照“一个案子、一名领导、一个专门班子、一套工作方案、一抓到底”的要求，落实包案领导和办案部门的责任，限期办结上报，做到信访案件件件有着落、事事有交待、案案有结果。强化信息沟通，于每月 20 日向县维稳办委报送《不稳定因素排查表》和《社会稳定风险评估统计表》，全年无错报、漏报、迟报。

【司法公开】 按照最高法院深化司法公开的工作要求，推进司法公开“三大平台”建设，拓宽司法公开渠道。将各项司法活动纳入规范化轨道，通过健全制度、完善程序、落实要求等措施，确保司法权在阳光下行使。完善旁听庭审制度，对社会关注的热点案件，通过庭审直播、录播等方式及时让公众知晓案件进展情况，提高审判工作透明度。以提高审判科技含量为关键，依托科技法庭和全省法院四级联网办公系统，不断提升信息化水平，保障人民群众对司法工作的知情权、参与权和监督权。建成互动式门户网站，为“公开”搭建一流平台，立案、庭审、执行、听证、文书、审务等司法活动全面公开。加快“裁判文书上网”建设，扩大裁判文书公开范围。

（杨　洪）

检　察

【概况】 2013年,青神县人民检察院内设机构有办公室、政治处、案件管理办公室、侦查监督科、公诉科、反贪污贿赂局、反渎职侵权局、监所检察科、民事行政检察科、控告申诉检察科、未成年人刑事犯罪检察科、纪检组、法警大队、司法调解中心、派驻汉阳镇检察室等15个。全年围绕全县发展大局,忠实履行宪法和法律赋予的各项职责,推进检察工作均衡发展。

【逮捕必要性审查机制】 2013年5月7日,侦监科创新制定《捕前社会危险性证明和捕后羁押必要性审查工作机制》,对证据材料及逮捕必要性进行认真审查,在审查逮捕意见书中对逮捕必要性进行分析说明,并说明作出决定做出批准逮捕或不批准逮捕的决定的理由。完善听取逮捕必要性意见制度,试行对逮捕必要性进行听证,并在审批逮捕过程中引入刑事和解,把刑事和解结果作为逮捕必要性的重要考查内容,尽可能化解社会矛盾,促进社会和谐。

【庭前会议工作机制】 2013年5月10日,由公诉科与法院联合制定《庭前会议实施细则》,通过明确召开庭前会议的适用范围,规定庭前会议的启动方式、参与人员和议事范围,以及重视被告人权利保护,保障涉及诉讼的未成年人的合法权益,提高刑事案件开庭审理的针对性、连续性和稳定性,缩短开庭时间和次数,提高庭审效率。

【民事行政检察】 全年受理民行申诉案件6件,其中,支持起诉2件,开展执行监督1件,息诉化解3件,参与市检察院领办的民事违法行为案件调查14件。深化“四率促和谐”工作机制,促成民事和解2件。

【刑事犯罪检察】 机关和检察院自侦部门提请批准逮捕各类刑事案件54件75人,经审查后批准逮捕55人,不批准逮捕20人;加强刑事立案监督,监督并纠正应当立案而不立案案件3件,不应当立案而立案1件1人。受理公安机关和检察院自侦部门移送审查起诉各类刑事案件87件115人,结案87件,审结率为100%,经审查后向人民法院提起公诉81件102人,移送市人民检察院审查起诉1件1人,不起诉5件12人。开展检调对接工作,化解轻微刑事案件,促成案件和解6件。

【查办和预防职务犯罪】 年查办职务犯罪案6件7人,其中,贪污贿赂犯罪5件6人,渎职侵权1件1人,县处级国家工作人员职务犯罪要案1件1人,为国家挽回经济损失160余万元。配合市检察院完成6件职务犯罪案件审查起诉。开展预防职务犯罪工作,对查办的6件职务犯罪案件开展“一案一防一建议”工作;提供行贿犯罪档案查询1次;与县公安局汇签《关于在看守所联合开展预防职务犯罪工作实施办法》;组织对县公安局、住建局、城管局等部门130多名干部开展预防职务犯罪专题讲座,邀请市检察院预防职务犯罪宣讲团为全县300多名科级干部开展预防宣讲。

【控告申诉检察】 办理接待群众来信来访35人次,开展法律宣传暨释法说理工作20次;办理刑事被害人救助案件5件5人,发放救助金1万元;加强执法办案风险预警评估,将不批捕、不起诉等27件案件纳入风险评估,强化释法说理工作;连续15年涉检信访保持零到市、零上省、零进京,被四川省检察院授予“全省检察机关控申举报文明接待室”称号。

【监所检察】 全年对辖区内监管场所的违法情况提出书面纠正意见9件;开展羁押必要性审查,提出释放或变更强制措施建议3件3人,均被采纳;参与判前评估13次,假释评估8次,对社区矫正违法情况提出书面纠正意见8件,提出撤销缓刑检察建议1件,收监执行1人。

【队伍建设】 开展直接联系服务群众、政法干警核心价值观、"中国梦"等主题教育活动,捐资1.5万元,援助汉阳镇新路村修建蓄水池1。全面推行"争创学习型检察院、争当学习型检察官"活动,开展主题学习交流会12次,组织干警参加高检、省院、市检院各级各类培训50余人次,全年新闻稿件被国家级、省级、市级媒体采用36篇。先后5项工作被县委、县政府和市检察院表彰为先进集体;"5·7办案组"被市检察院记集体三等功;1项创新工作被市检察院记嘉奖;1名干警被市检察院记个人三等功,9名干警被县委、县政府表彰。加强检委会机构建设,增补2名检委会委员,完善检委会委员旁听庭审制度,主动邀请公安机关列席检委会研究疑难案件6次。

(龙　隆)

司法行政

【普法宣传】 召开全县普法和"法治县"创建工作会议,与各乡镇、各部门签订目标责任书,明确创建目标和工作任务。争取县委、县政府支持,将"全国法治县"创建工作写入政府工作报告并纳入全县目标绩效考核内容。组织全县领导干部开展"我是依法办事好干部"庄严宣誓大会,县委书记、县长带头宣誓。开展"我是依法办事好干部"、"干部大讲堂"、"法治示范单位创建"等主题活动,不断推进政府的法治化进程。组建青神县"竹韵"法制文艺宣传队和"六五"普法讲师团,在黑龙、河坝子、汉阳等7个乡镇举行以"法治、平安、和谐"为主题的文艺巡演。健全法律顾问制度,全县各级政府聘请政府法律顾问13人,为全县重大决策提供法律咨询50余次。组织全县各级干部、学生、居民代表等5000余人参加"中国梦·法治路"普法知识竞赛,提高群众的法治能力和理念。组织开展"三月法制宣传月"、"法治基层行"、政法部门"开放日"、"法律服务暖民心"、"快乐普法校园行—法律援助在行动"和"返乡农民工专项维权月"等活动。建立律师调解委员会和党员法律援助服务队,加强对弱势群体援助力度。全年举办各类法制讲座20场,组织法律知识考试3次,开展大型主题宣传活动13次,组织文艺演出15次,开展"法律六进"活动1场,共发放宣传资料10万余份,解答群众咨询2万人次,展出法制挂图200余幅,悬挂标语100余幅,制作法制宣传展板20个。

【人民调解】 在全县建成21个农村中心户调解室"五站"模式规范化示范点,其中率先成立1个景区院落调解室,努力打造农村中心户调解室品牌。全年,农村中心户调解室调解纠纷162件,参与处置涉农合同争议5件。在青城镇凤阳社区、南城镇兰沟村、白果乡甘家沟村、黑龙镇建川社区及汉阳航电站试点建立司法工作站。全年,5个司法工作站为300余人提供法律咨询,受理调解矛盾纠纷35件,调解成功35件,调解率达100%。在全市率先成立律师调解委员会,深化"诉非"衔接工作开展。全年,接受委托调解23件,办结23件,成功调解20件;委派调解106件,办结84件,成功调解61件。创新建立深入基层开展人民调解员实地参观培训模式,取得良好效果。新增2个个人调解室,全县6个个人调解室共调解纠纷105件,调解成功103件,调解成功率达98.1%。全年,指导各级人民调解组织调解案件1390件,涉及当事人数2871人,调解成功1366件,调解成功率达98.3%,涉及金额463.88万元;防止群体性上访事件36起,制止群众性械斗5起。

【安置帮教】 全年新接收刑释解教回归人员78人,安置78人,安置率为100%。建成四川省丹甫制冷压缩机股份有限公司、四川省民众日化有限公司、青神裕华纺织有限公司3个刑释解教人员过渡性安置帮教基地和4个社区矫正和安置帮教工作示范点。联合四川省眉州监狱召开服刑人员亲属大走访现场会,30余名青神籍服刑人员家属参加座谈,现场对特困服刑人员家庭发放慰问金,同时对服刑人员家庭留守儿童进行走访慰问。联合雅安监狱开展服刑人员亲属大走访活动,对服刑在教人员亲属进行走访慰问,以促进监狱服刑人员认真改造,早日回归社会。

【社区矫正】 全年累计接收矫正对象57人,在册109人。其中管制4人、缓刑97人、假释6人、暂予监外执行2人,无1人脱管、漏管和重新犯罪。全年,汇同公安、检察院、村(居)委会组织开展调查评估案件22件,其中,判前调查评估14件,拟假释调查评估8件。评估意见被法院采纳率达100%。探索建立社区矫正异地委托管理制度。成功办理3例矫正对象异地委托管理交接。首例违反《社区矫正实施办法》管理规定的社区矫正对象被收监执行。

【基层法律服务】 全县有中兴法律服务所和青城法律服务所2家基层法律服务所,通过参与诉讼与非诉讼代理、法律援助、解答法律咨询等方式,为人民群众提供方便、快捷的法律服务。全年办理各类诉讼代理108件,非诉讼代理8件,接受各类法律咨询985人次,协助调解纠纷17件,办理法律援助案件13件。

【律师工作】 全县有四川江洋律师事务所、四川蜀青律师事务所和四川华铭律师事务所3家律师事务所。围绕县委、县政府中心工作,参与服务全县主要工业园区的项目建设。为县委、县政府重点项目、重点工程、招商引资等提供专业法律建议40余条,参与修改或完善合同(协议)等法律文书50件,参加重大纠纷案件的调处5件。全年共办理各类法律事务320件,挽回经济损失3000余万元。

【法律援助】 围绕民生工程法律援助项目工作部署,共受理承办各类法律援助案件105件,其中:刑事法律援助案件4件,民事法律援助案件101件。办理其他法律援助事项(包括法律咨询、代写法律文书、出具法律意见书等)1922件。为困难群众提供法律援助服务2132人次,完成全年民生工程目标任务的130%。挑选10名优秀共产党员建立"党员法律援助服务队",组织开展送法下乡、法律进社区、法律援助进工地等公益活动。当年新建成4个法律援助工作站。全县10个乡镇全部建成规范化法律援助工作站,覆盖率100%。充分发挥援助中心调委会职能,县法律援助中心调委会成立至今结案的近200起民事案件中,约60%的案子由调解结案,及时化解矛盾纠纷,节约群众维权成本。

【队伍建设】 结合"实现伟大中国梦、建设富裕美好和谐青神"和"转变作风,司法为民"主题活动,进一步强化队伍建设。组织全体干警学习"中国梦"的内涵,开展学习讨论活动,撰写心得体会和调研文章10余篇。组织学习中央《八项规定》、《六条禁令》,对全局党员干部工作作风、会风、会务接待等方面做具体要求。组织全局党员干部观看廉政警示教育片,筑牢思想防线。邀请眉州监狱到县开展干部警示教育活动。开展干部廉政约谈,全体干部进行批评和自我批评教育。全年,组织全局干部集中开展帮扶慰问5次,走访慰问群众24人次,协助联系的黑龙镇新光村修建垃圾池20余口,帮助困难家庭9户,资助困难群众、贫困学生现金和物质25000余元,为群众解决实际问题12个。结合司法行政工作职能,帮助挂联村群众提供法律诉讼援助2件,调解纠纷3件,挽回经济损失6万余元。

(吴秀梅)

◎工　业

综　述

【工业经济运行】 2013 年,咬定“做强工业,建设顶天立地机械之都”的目标,按照“四个立足”的工作举措,实施招大引强和项目建设。全县全部工业增加值 29.22 亿元,比上年增长 10.7%。其中规模以上工业总产值 62.54 亿元,增长 28.8%;实现增加值 17 亿元,增 10.9%;规模以上主营业务收入 59.1 亿元,增 22.9%,利润 3.16 亿元,增 43.6%;入库税金 2.39 亿元,增 3.5%;工业投入 26.36 亿元,同比增长 53.4%,其中技改投入 20.4 亿元,同比增长 20.5%。

【工业经济发展】 2013 年,全县规模以上工业企业 56 户,完成产值 62.54 亿元,利润 3.16 亿元。工业从业人数 2.5 万人,工业入库税金 2.39 亿元。工业拉动 GDP 增长 7.1 个百分点,对 GDP 增长的贡献率 67.5%,工业形成的地方一般预算收入占财政一般预算收入的 65%。全县税收 1000 万元以上 5 户,3000 万元以上 2 户。园区平台逐渐夯实,青神工业开发区规划建设占地 17 平方公里,建成三横四纵的园区道路骨架,建成面积达到 3 平方公里。全县拥有 6 个省级名牌产品,3 个省级著名商标,17 个市知名商标;21 户企业获得 ISO9001、ISO14000 国际标准质量保证体系认证,2 户企业获得国家药监总局质量认证;17 户企业拥有自营进出口权。

电力工业

【概况】 国网四川青神县供电有限责任公司座落在眉山市南部青神县城东振兴路,担负着青神境内 10 个乡(镇)、153 个村、979 个经济社及周边地区乐山市区、眉山、井研、夹江、仁寿等县部分村社的供电任务。有 110 千伏变电站 2 座(兰店站、青竹站),总容量 143 兆伏安;35 千伏变电站 2 座(罗坝站、穆家埂站),总容量 13 兆伏安。配电变压器 839 台,总容量 106.465 万千伏安;辖区内有 110 千伏线路 4 条,线路长度 40.85 千米;35 千伏线路 4 条,线路长度 28.7 千米;10 千伏配电线路 17 条,线路长度 568.39 千米。公司有在岗员工 288 人(其中主业 112 人,农电 176 人),设置 8 个职能部门(办公室、党群部、生产技术部、安全监察部、营销部、农电部、财务部、调度中心),1 个生产班组(操作中心)、3 个营销班组(电费管理中心、用电检查班、用电业务班)、1 个调度运行班组,5 个供电所(黑龙、青城、西龙、瑞丰、白果)。2013 年,公司全年完成供电量 2.85 亿千瓦时,增长 14.45%,售电量 2.67 亿千瓦时,完成综合线损率 6.29%,电费回收率 100%。全年公司没有发生一起人身、电网和设备事故,公司持续健康发展,获全国“安康杯”竞赛优胜单位、青神县优秀企业等称号。

【安全生产】　全面落实安全生产责任制，实施“四个专项”行动，强化作业现场安全生产过程管控，公司领导班子随时到基层，了解一线员工工作困难，掌握工作进度，监督安全生产落实情况。从实际出发，适时转变管理模式，坚持每月对员工安全和生产技术授课，引领员工统一思想，提高安全生产的认识。公司坚持以标准化操作、标准化巡视、标准化作业为抓手，强化风险管理，全面开展变电运行考核评比，将工作业绩与安全运行水平挂钩，建立完善的考试考评机制并加以落实。先后组织一线运行人员进行针对性培训、晋级考试、比武练兵等活动，组织员工进行安规考试，对违章及时处理。开展标准化作业，强化安全风险预控，建立健全考试考评机制，全年没有发生有责任的人身、电网、设备、交通、火灾事故以及考核范围内的不稳定事件，顺利通过四川省电力公司县级供电企业安全管理标准化评价验收，截止12月31日，实现连续安全生产4383天。

【电网建设】　成功投运110千伏青竹站和35千伏西纸站、35千伏吉达站，青神电网供电能力得到提升；高效完成35千伏兰黑线和汉阳航电10千伏农网迁改，支持地方经济发展；协调推进城、农网建设，提升配网供电能力。

【优质服务】　以服务常态运行管控为切入点，坚持每季度召开优质服务和行风建设分析会，深入排查工作中存在的问题，落实整改措施，强化执行，严格考核，持续提升供电服务水平。开展居民用电服务，走访社区和工业客户，主动上门了解市场情况、用电需求以及客户的意见和建议，指导企业做好用电策划，努力稳定存量市场，不断拓展增量市场。开展营业窗口“晨训＋培训”专项提升活动，不断缩小城乡供电服务差异。切实规范故障报修服务，严格考核抢修到场时间，全面兑现供电服务承诺。全年累计新装增容高压客户10户34175千伏安，为售电量持续增长奠定坚实基础。

【农电管理】　6月9日正式启动“包片进村”工作，成立5个工作组，由公司领导带队，深入到供区86个行政村、8个社区，走访农户225户，发放问卷225份，实地掌握农村供电情况，收集供电服务意见和建议。通过问题梳理分析，落实人力、物力研究整改，协调解决用电问题93个。通过开展“包片进村”工作，坚持问题导向，强化整改提升，形成10个课题成果，有系统、分层次开展供电所管理提升，农村供电服务和农电管理水平提升。

【创先争优】　以“五好”和“五带头”为目标，在党员中开展“十创十争”和“八个模范”创先争优活动。组织志愿者实施“一帮一”帮扶活动，看望6名孤寡老人和11户困难家庭，资助2名贫困学生。加强党员队伍建设，2名预备党员转为正式党员，吸收4名入党积极分子为预备党员。规范农电支部、农电党员的组织管理，建立困难党员结对帮扶常态机制。开展“一月一品”等文化传播，促进企业文化落地。开展标准化供电所和星级供电所创建，完成3个供电所办公场所和营业厅整治，5个供电所全部被命名为“四星级班组”。

【企业文化】　企业文化落地生根。高标准完成操作中心和黑龙供电所企业文化建设，顺利通过专家组验收；坚持突出特色、注重实效的原则，推进调度中心和西龙供电所企业文化建设。

【作风建设】　作风建设扎实有效。结合实际制定机关、生产、营销、农电等四类员工作风建设“十个不准”，借助看板管理制作车辆去向情况公示牌、员工出勤情况公示牌，促进员工工作作风明显改变，部门工作质效提升。

【财务管理】　加强财务财务预算管理，建立以业务预算为基础的全面预算指标管理体系。结合实际，合理安排资金，为生产、经营提供有力保障。坚持每季度经济活动分析，加强内部控制制度，制度年度项目和资金计划，严格实行各类项目计划上报审批制，真正做到“先算后花”，形成费用闭环管理，取得成效。

【依法治企】 依法治企不断深化。结合“三集五大”体系建设，落实《眉山公司科班长管理办法》，完善集体企业机构设置和人员配置，调整交流重要关键岗位12人；优化业务流程、健全工作机制，切实防范经营风险。坚持依法治企，依法诚信经营，公司再次获县纳税大户称号。

【后勤管理】 做好机关后勤事务的管理。对于办公用品、劳保用品及时购置和发放，保证公司的正常运转；做好公司卫生和辖区和卫生工作；做好车辆的调配、使用和管理，全年没有发生任何事故；做好安全、消防、稳定、值班工作，全年没有发生重大安全责任事故。及时对工作场所和职工住宿小区的绿化、水、电等进行维护管理，保持市级“园林式单位”和县“十佳小区”称号。

【存在的主要问题】 一是外部市场环境存在诸多不利因素，经营环境复杂多变，受国家宏观调控政策影响，富强金属等3家企业一直处于停产状态，这些不确定因素影响公司售电量的增长，增大电费回收的风险。二是公司安全基础仍然不够扎实，电网建设相对滞后，网架结构不合理，城网转供能力不足，农网低电压问题突出。三是员工老龄化趋势严重，高素质技术技能人才匮乏。四是企业基础管理有待进一步加强，仍然存在业务流转不及时、流程和业务脱节、环节衔接不畅等问题。五是企业与规范管理、市场导向的发展要求还有较大差距。

（吴华羽）

机械工业

【概况】 2013年，全县机械产业经营单位超过130户，机械企业规模以上19户，从业人数7000余人，从事设计和工艺的技术人员530人。2013年实现产值23.2亿元，比上年增长22.8%；利润2.27亿元，增43.9%；入库税金1.12亿元，与上年持平，分别占全部规模工业的37.12%、68.25%和43.43%。全县机械产业达到15万吨铸件/年、20万吨加工（初、精）能力/年、自主产品4000万台（套）/年以上生产能力，初步形成集铸造毛坯—粗加工—精加工—自主产品为一体的完整产业链，形成以上市公司丹甫股份以及青城机械、德恩机械等骨干企业为龙头，巴斯迪科、津鑫机电、奥信紧固件等100多户中小企业协作配套的机械产业集群，其中丹甫股份、青城机械、强力机械被评为国家高新技术企业，丹甫股份被评为国家创新型试点企业。青城机械的“中岩”牌木工带锯机、“青城”牌单片锯和四面刨，丹甫股份的“建川牌”冰箱压缩机等3种机械产品获得四川名牌产品；德恩公司正努力申报“CPT”传动件品牌。丹甫股份、青城机械、德恩机械、奥信紧固件等9户企业获得IS90014000质量体系认证。有9户机械企业拥有自营进出口权，机械产业是全县最大的出口创汇产业。

【技术革新】 全县机械产业拥有省级技术中心3个（丹甫股份技术中心、德恩机械技术中心、青城机械技术中心）；国家高新技术企业4户（丹甫股份、青城机械、强力机械、津鑫机电），国家级创新型示范企业1户（丹甫股份），集产学研一体化的“大学生创业园”1个（德恩机械公共技术服务平台）。全市首家独立上市公司1户（丹甫股份）。青神县成为全国机械产业集群百强县之一。

【产业优势和特色】 小规格压缩机：主要企业为四川丹甫制冷压缩机股份有限公司，全市唯一一家独立上市公司，公司为国内小型制冷压缩机的龙头企业，拥有近40年的军工制冷技术经验，是中国制冷空调工业协会和中国电子专用设备工业协会会员单位，为国内第一批创新性示范企业、国家级高新技术企业。木工机床：主要企业为四川青城机械有限公司，公司拥有世界先进的数控加工、先进的生产工艺和检测设备400余台套，拥有主轴精密装配室和完善的计量检测体系，通过 ISO9001 国际质量体系认证和产品欧盟 CE 安全认证，具有自营进出口经营权，产品覆盖德国、波兰、美国、意大利、阿根廷等世界 50 多个国家和地区。作为中国最具实力的实木加工机械行业的专业制造商，在行业率先推出木工四面刨、双面刨、多片锯、单片锯、双端铣等五大系列，是省工省料、安全高效、经久耐用的中高端木机产品。公司累计获 31 项国家专利。2013 年实现产值 1.687 亿元，上缴税金 2089 万元。传动件：主要企业为四川德恩机械有限责任公司，2003 年，拥有 40 余亩的专业铸造车间和 200 余亩的专业机加车间，铸件生产线有开式线、挤压线以及树脂砂生产线等；机加工设备全部采用数控装置，拥有 CNC150 余台、加工中心和钻铣中心等，是一家集铸造、机加、销售为一体的现代化企业。公司拥有国家各类专利专有技术 35 项，其中发明专利 4 项，外观设计专利 1 项，实用新型专利 30 项，是四川省知识产权示范（示点）企业、国家级高新技术企业、省级创新型企业、拥有进出口经营权。产品主要包括皮带轮、胀紧套、联轴器、轴承座、滑轮、同步带轮、锥套、链轮、齿轮，齿轮箱，减速机和其他机械设备备件及各类非标件。2013 年实现产值 5.55 亿元，上缴税金 4606 万元。

纺织工业

【概况】 全县规模以上纺织企业 7 户，实现销售收入 8.84 亿元，比上年增长 28.3%，总量占全县比重达 14.8%；实现利润 2009 万元；实现税金 1465 万元，增长 38.99%。全县纺织产业初步形成纺、织、染、制衣一条龙的完整产业链条，产业集中度提高，集聚效应显现。

【产业优势】 7 户纺织企业中，具有外商及港澳台投资企业 2 户，具有进出口业务企业 6 户，出口创汇能力强劲。其中，宽庭环保被指定为世界 500 强瑞典宜家公司的供货商，远销欧美；裕华纺织的蜡染和印染产品深受非洲人民的喜爱，在非洲市场同类产品中，具有一定的市场份额。坤元丝业的丝织品和丝制品，远销南亚的印度等地。

医药化工

【概况】 全县有 9 户规模以上医化企业，其中销售收入过亿元企业 1 户，作为县内“十二五”重点发展企业之一，2013 年，实现产值 10.4 亿元，比上年增长 62.5%；销售收入 9.05 亿元，增长 41.4%；工业利润 1664 万元，增长 97.16%；入库税金 1.07 亿元，增长 14.6%。

【产业优势】 民众日化充分发挥企业招商，成功招引广州立白，组建四川立白，不断打造广州立白西南生产基地。年可产洗衣粉、液 15 万吨，餐具洗涤剂 6 万吨，皂类产品 2 万吨。彩虹制药拥有国家正式批文的药类品种 37 个，主导产品有中西成药的片剂、复方板蓝根、维 C 银翘胶囊等感冒类系列产品以及藿香正气水、龙胆碳酸氢钠片等，产品通过 GMP 认证。公司固体车间和液体车间生产能力年产药品 5000 吨。

竹木产业

【概况】 全县拥有 5 户规模以上竹木业企业，其中销售收入过亿元企业 3 户，2013 年实现产值 8.5 亿元，比上年增长 14.86%；销售收入 9.05 亿元，增长 28.7%。

【产业优势】 竹木产业形成生态竹浆生活用纸研发、生产、销售为一条龙，集林、浆、纸于一体，形成从原料基地的培育到原纸生产，从原纸生产到深加工的完整产业链。2013 年西龙纸业实施转型升级战略，突破传统造纸工艺，引进竹纤维本色浆及全价利用技术进行产业升级。其中丹妮纸业形成以"花间集"系列产品为主的自主品牌，开发荷花、欧美风情、富贵、简约、抽象、海洋等系列生活用纸。美联家居作为瑞典宜家（IKEA）在西南地区指定的第一家供应商和全球纸灯生产基地，以生产纸灯灯饰为主，包括吊灯、台灯、落地灯等多种系列的灯饰产品，全部销往全球50多个国家和地区。

工业开发区

【概况】 青神县工业开发区规划面积15平方公里，东起机械大道，西至西龙镇钟家山，南起锦绣大道，北至东坡区张坎镇，已开发面积近3平方公里，有规模以上企业48户，重点发展机械制造产业，是"四川省高新技术产业化基地"、"四川省小企业创业基地"和"四川省知识产权试点园区"。

【园区建设】 2013年，新签约机械产业及其配套项目14个，总投资43.68亿元，项目开工建设7个。德鑫航空一期、鑫和机械、吉达机械、兴业路等15个项目竣工投产。青城机械技改项目、德恩机械20万吨铸造项目、润源铸造、新鑫元机械、众泰铸造等10个项目加快建设。清退青衣神茶业、鑫和机械二期等4个项目，盘活低效和闲置工业用地76.57亩。推进机械产业基地二期900余亩土地征用和180余户农户的拆迁工作，启动园区三期道路、污水处理厂等基础设施建设前期工作，促进园区西拓北展。全面完成兴业路、建业路、35千伏兰黑线等基础设施建设项目和园区绿化、亮化工程，建成长约6公里的"三纵三横"骨干道路体系及配套电力、供排水、燃气、通讯管网。园区建设实现大投入、大改观。

【产业发展】 园区重点发展机械及其配套产业，形成集铸造毛坯—粗加工—精加工—自主产品的产业链，可年产铸件15万吨、基础零部件23万吨、冰箱压缩机800万台、木工机械7000台。丹甫股份小规格制冷压缩机市场占有率居全国第一；德恩公司机械传动件市场占有率列国内同行业前3位；青城机械该在全国实木加工机械细分行业中排名第一，其主要产品单片锯占市场71%的份额、四面刨占47%的份额。2013年，全县规上机械企业完成主营收入24.16亿元和工业增加值4.5亿元，完成工业税金1.63亿元。其中，德恩机械（含控股企业）、丹甫股份、青城机械分别上缴税金4606.45万元、3638.45万元、2089.14万元，名列全县前三位。

【科技创新】 2013年，园区企业新申请专利62件，获专利授权43件。机械企业中拥有省级技术中心3个（丹甫股份、德恩机械、青城机械），国家高新技术企业6户（丹甫股份、青城机械、德恩机械、强力机械、神力机械、津鑫机械），国家级创新型示范企业1户（丹甫股份），产学研一体化的"大学生创业园"1个（德恩机械），省级名牌产品6个、四川省著名商标3个。全市首家独立上市公司1户（丹甫股份）。四川省知识产权试点示范和优势培育企业4家，其中丹甫、德恩成功申报为省级知识产权优势培育企业（眉山市仅有6家）。

【经济效益】 2013年，园区共实施千万元以上重点工业项目25个，其中亿元项目5个。园区规模以上工业企业实现总产值57.3亿元；实现主营业务收入54.8亿元；实现工业投入18.69亿元，其中工业技改投资17.5亿元；实现入库税金1.63亿元；新增规模企业5户，转变产业工人700人。

（杨　莉）

重点工业企业选介

【四川丹甫制冷压缩机股份有限公司】 四川丹甫制冷压缩机股份有限公司是青神县机械产业龙头企业。公司占地面积23万平方米，主要生产销售制冷压缩机、冷冻冷藏设备、冷气工程、环试设备。

公司是中国电子专用设备协会理事单位、高新技术企业、四川省建设创新型企业示范企业，获得ISO9001:2000质量管理体系认证证书和ISO14001环保管理体系认证证书。公司公司现有专利16项，拥有七大系列80多个品种产品，其中PW、DF系列小型全封闭无氟压缩机获四川省名牌产品称号。是中西部冰箱压缩机的龙头企业，生产的小规格压缩机在国内市场上占有率达50%。

2010年3月12日公司成功在深圳中小企业板上市，成为眉山市第一家上市公司，募集资金5亿元。其投资1.83亿元的R600a高效节能冰箱压缩机募投项目全面投产，可年产冰箱压缩机800万台。

2013年，公司完成工业产值5.83亿元，比上年下降11.49%；实现主营业务收入6.06亿元，增长5.03%；利润5314万元，增长18.09%；上缴税金3638万元，增长15.13%。有员工21500多人。

【四川德恩传动机械股份有限公司】 四川德恩传动机械有限公司由原四川德恩机械有限公司、四川德恩铸造有限公司和四川眉山强力机械有限公司进行股份制改造组建。主要生产机械传动零部件，是全球最大的带轮生产企业，创建“CPT传力”品牌，新组建四川泰禾机械有限公司，专业生产高速铁路接触网配件及设备。

公司占地300余亩，资产总额3.6亿元。公司技术力量雄厚，设备先进，管理严格，集铸造、机加、热处理、包装为一体。公司以“做强、做大、创新、创优”为发展宗旨，拥有17项国家专利，产品主要出口欧美等60多个国家和地区。公司是中国机械会员企业、眉山市械产业龙头企业，获得高新技术企业、信息化示范企业、外贸出口先进企业、知识产权试点企业、省级技术中心、四川省制造业信息化示范企业、四川省创新企业等称号，产品通过ISO9001:2000、ISO/TS16949:2009质量认证。

2013年，公司完成工业产值5.54亿元，比上年下降38.08%；实现主营业务收入5.75亿元，降22.97%；利润9265万元，增长76.51%；上缴税金4606万元，增长42.51%；用工2388人。公司计划投资9.5亿元新上20万吨铸造及机械加工项目，项目占地200亩，完成主体工程建设。

【四川省青城机械有限公司】 四川省青城机械有限公司始建于1970年，总资产7900多万元；是木工机械设备专业生产厂家，拥有强大的创新研发能力，顶尖水平的CNC数控设备和规模化的产品装配中心，产品远销俄罗斯、德国等10多个国家和地区，是全省为数不多的拥有自主知识产权和整机出口的企业之一。

公司秉承推陈出新、永无止境的产品理念，长期注重技术创新和技术改进，走加工现代化、品种规模化、管理科学化的发展之路，在木工机械行业占据高端市场。年产木工带锯系列、木工单片锯系列、木工四面刨系列等各类小型木工机床5000台。通过ISO－9001国际质量体系认证；“青城”商标被评为四川省著名商标；木工带锯系列、木工单片锯系列、木工四面刨系列被评为“四川名牌产品”。

2012年，公司在青神县工业开发区征地200亩，将原有的厂房进行整体搬迁。

2013年，公司完成工业产值1.68亿元，比上年增长20%；实现主营业务收入1.39亿元，增长8.59%；利润3825万元，增长13%；上缴税金2089万元，增长0.48%；用工360人。

【四川立白实业有限公司】 四川省民众日化有限公司成立于1998年，是一家生产销售洗涤日化用品的企业。主要产品有洗衣粉、餐具洗涤剂、洗衣液、肥皂、三漂液、卫生杀虫剂、以及表面活性剂等。2013年8月，广州立白企业集团有限公司与四川省民众日化有限公司成功实现重组，成立四川立白实业有限公司，承接原四川民众的生产经营业务。

公司是一家集自行开发、生产、销售和对外加工服务为一体的洗涤用品生产企业。公司借助广州立白的产品品牌效应和先进的管理方法，以过硬的产品质量占领市场，发展成为西南最大的日化加工生产基地。

企业以“讲求信誉，以诚相待，共同发展”的经营理念，以“以人为本，管理与技术并重；与时俱进，制造民众满意产品”的质量方针，严格遵循“全过程控制，全方位改进，严格挑剔出真品”的企业宗旨，秉承“严谨务实、开拓创新、持续改进”的企业精神。可年产洗衣粉15万吨，餐具洗涤剂6万吨，皂类产品2万吨。

2013年，公司完成工业产值4.8亿元，同比增长49.71%；主营业务收入同比增长46.23%，利润同比增长36.7%；上缴税金1.13亿元，增长26.78%。

【青神裕华纺织(集团)公司】 青神裕华纺织(集团)公司1988年6月由青神县棉织厂转制而成，由青神县裕华纺织有限责任公司、青神县华榕纺织印染有限公司、青神华傲塔基纺织有限公司、青神华力塔基热电有限公司4公司组成，企业以“发展企业规模、做强做大企业；坚持以人为本，创新为魂”为宗旨。有纺纱5万锭，织布机1000台和2蜡染印花布生产线，具有年纺纱1.2万吨、织布2800万米、综合印染5000万米的生产能力，集纺、织、印染为一体。

公司拥有一台35t/h中温、次中压循环流化床锅炉和一台3MW背压式汽轮发电机组，于2010年1月设备全部安装并进入并网运行试生产。2013年，公司进行1纱技改扩建，引入大提升生产效率的气流纺纺纱机，减少人工成本。

2013年，公司完成工业产值6.63亿元，比上年增长35.31%；实现主营业务收入5.21亿元，增长16.29%；利润1784万元，增长1.2倍；上缴税金1396万元，增长49.95%；用工1400人。

(张云雾)

农 业◎

综 述

【概况】 2013年,按照全省产村相融成片推进新农村建设工作部署和全市实施都市近郊型现代农业发展要求,扎实推进"以农为主转变农民为现代农业业主"和产村相融成片推进新农村建设,特色产业发展成效好。粮食产量85912吨,同比增产831吨,比上年增长3.7%;油菜籽总产量5941吨,减少0.7%。全年农业增加值增速4.1%,位居全市第四位;农民人均纯收入9215元,增长14.3%,位居全市第二位。被省委农村工作领导小组评为"三农"工作先进县、农民增收工作先进县;对上争取到新村基础设施建设项目专项资金700万元;完成固定资产投入1000万元;农口系统完成农业招商引资及对上争取6.2亿元。

【以农为主统筹城乡】 新增现代农业业主140户,其中:种植业33户,畜牧业91户,林业11户,水产业5户。

【新农村建设】 甘家沟椪柑产业示范片建成2个新村聚居点,已新发展椪柑基地5000亩。完成10个新农村综合体详规编制工作;建成兰沟村新农村综合体,全面启动龙凤新区综合体建设,新建成11个新村聚居点,兰沟竹编产业、甘家沟椪柑产业2个市级新农村示范片年度建设任务全面完成。

【农业基础设施】 完成农业建设项目65个,项目总投入6.4亿元。完成渠道水毁修复85处,渠道防渗整治62公里,清淤420公里,新建、整治山坪塘24口,新建蓄水池42口,新建石河堰3道,恢复和新增有效灌面0.9万亩,完成市下目标任务0.3万亩的266.7%。市下达的7座小(二)型病险水库整治项目全面完成。解决农村饮水安全人口1.6万人。更新改造维修提灌机械430台次,建设农村便民机耕道155公里。硬化村道公路10公里。新建高标准农田1.2万亩。完成农村实用技术培训6万人次。新建农村户用沼气500口。全面完成1个市级农田水利基本建设示范片年度建设任务。

【特色效益农业】 整合项目资金1000万余元,打造高白椪柑产业环线25公里,重点推广中熟椪柑留树保鲜,延迟采收两个月以上。整合坡改梯、土地整理等项目,新建标准化椪柑基地1000亩。打造汉阳种养结合环线15公里,种植马克斗5650亩,与四川巨星集团合作,新建全自动标准化养殖小区21个,养殖场面积达31500平米,年出栏肉鸡约120万只。打造万沟优质白茶环线10公里,建成标准化白茶种植园面积3000多亩,名贵珍稀苗木种植1000亩,自动节水喷灌1000亩,太阳能频振诱杀2000亩。打造南城5公里的优质稻米粮经复合环线,建成全市唯一的优质稻米(川优6203)示范基地1200亩,环线内基本实施基础设施现代化、农业产业现代化、农业设施现代化。新建成以白果乡楼坊溪村、白云村为核心的万亩农业基地1个。新注册家庭农场26家，新培育标准化农民专合经济组织7个，其中种植业3个，畜牧业2个，林业1个。

【农业产业化经营】 完成一年一度的一村一品系统录入工作和省、市农业产业化经营重点龙头企业监测（递补）工作。全县规模以上农业产业化龙头企业达21家，市级龙头企业13家，其中省级龙头企业3家，新增农业产业化省级重点龙头企业1家（彩虹制药）；一村一品专业村60个，一村一品专业镇2个，示范带动率达到70%以上；农民专业经济组织177家，其中，新增专合社14家，新增市级专合组织7家，新增省级示范专合社2家（蚕丛蚕业、桂花鸡），新增省级示范专合组织1家（竹乡人果茶），新增省级协会1家（竹乡人果茶），新增国家级协会1家（茶叶），其中省级专合社达8家，省级协会达6家，省级专合组织达5家，国家级协会达3家，带动率达到80%以上；农产品品牌建设方面，省级著名商标1个（康森），市知名商标4个。

（窦小群）

种植业

【概况】 县农业局内设机构有办公室、政策法规股、农产品质量安全监管和市场与经济信息股、计划财务审计股，下属事业单位有县农业局经营管理站、县农村能源管理办公室、县农业综合执法大队、县农业局土肥站、县种子站、县农技站、县科教站、县农业局多经站、县植物检疫站、县农机监理站、青神县农产品质量安全监督检验检测站和10个乡镇农技推广站（派出机构）。在职职工99人，其中：高级农艺师4人，高级农经师2人，农艺师18人，农经师1人，经济师1人。2013年，推进“以农为主、统筹城乡”发展战略，全面完成各项目标任务。完成非工业类固定资产投资1550万元，对上争取项目16个、争取资金1400万元。全县粮食播种面积23.18万亩，粮食总产量8.91万吨。椪柑、茶园、蔬菜总面积分别达到21万亩、4.8万亩、5.07万亩。

【特色效益产业】 青神椪柑是全县农民增收的主导产业。2013年重点建设连接白果乡、高台乡10个村的椪柑产业大环线和汉阳镇的杂柑产业环线，全年新植高换椪柑1.5万亩，在甘家沟实施坡改梯建设标准果园1000亩。

【特色效益农业园区建设】 整合涉农资金1000多万元，建设以白果乡甘家沟村为核心，辐射坛罐窑、白云等村“白果桔乡”都市近郊型现代农业示范区，面积3万亩。2013年在示范区新建1000亩标准果园，完成坡改梯1000亩，其中以林换果600亩，硬化道路3公里，整治沟渠1公里，新建生态休闲农庄1处。整合涉农资金1400多万元，建设以西龙镇万沟村为核心，辐射金花、鹰台、新农、桂坪、马槽寺等村的“西龙茶山”产村相融示范区，面积3万亩。2013年在核心区新植白茶1500亩，新建白茶基地观光环线5公里、观景走廊1公里、沟渠5公里。绿色防控技术覆盖面积1500亩，喷灌设施安装覆盖1000亩。

【农业产业基地建设】 椪柑：2013年建设连接白果乡甘家沟、高台乡百家池等10个村30多公里的椪柑产业大环线；建设连接汉阳镇新路等村约15公里的杂柑产业环线。重点开展以林换果、坡改梯建标准果园，全县新植（高换）椪柑1.5万亩。茶叶：2013年打造以西龙镇万沟村为核心的“万亩白茶”基地建设，协助青神县茶叶专业合作社建设标准茶园和万沟河景点建设，打造观光旅游环线。蔬菜：2013年在汉阳镇小三峡村建立高端蔬菜黄秋葵示范区，示范面积250亩。粮食：2013年在南村镇百花村、花桥村和大兴村打造现代农业产业水稻高产创建示范基地，面积0.43万亩，推广优质水稻（川优6203）1200亩。全年绿色防控技术推广3.5万亩，协助金兴食品有限公司成功申报茶叶有机食品转化认证，完成青神县爱媛椪柑专业合作社爱媛椪柑、花生无公害农产品认证。

【农业产业化经营】 重点培育农业产业化龙头企业、农民专业合作社、家庭农场、种植大户、营销大户,调动龙头企业、专业合作社、家庭农场等的引领带动作用,推广标准化生产技术,健全和完善电子商务、连锁直销、冷链物流配送等营销渠道,逐步实现产业化、规模化经营。全县有椪柑专合组织10家,家庭农场20家、种植业现代农业业主40户。通过电子商务、经纪人和营销户多头并进,在全国建立椪柑销售网点30多个、电商30家、椪柑经纪人230人、营销户120户。

【农业基础设施】 全年新建和硬化农村机耕便民道250公里,维修改造提灌站70处,新增提灌机械每532千瓦53台,提水保灌面积7.7万亩。建设高标准农田1.2万亩,新建沼气池500口。

【农业行政执法】 设立青神县农资110报警电话,发放110警示牌130个;开展部门联合执法3次,立案查处农资违法案件13起;调解农资质量(事故)纠纷3起。

【农村经营管理】 在全县10个村,开展村两委负责人任期经济责任交叉审计,审计整改管理不规范资金636.43万元;严格执行农民负担监管制度。完成56个一事一议项目的审核和验收工作;全县农村土地承包经营权确权登记颁证工作在河坝子镇试点。全县农村土地流转面积6.54万亩。

【农村专合组织建设】 2013年青神县三农农机专业合作社成功创建为"全国农机合作社示范社";青神县蚕丛蚕业专业合作社、青神县桂花鸡养鸡专业合作社成功创建为"省级农民专业合作社示范社"。全县农民专业合作社达到123个,拥有注册成员5258人,其中:部省级示范专业合作社1个、省级示范专业合作社8个、市级示范专业合作社4个。

【农广科教工作】 实施农村劳动力转移阳光工程,培训新型农民1300人;开展椪柑新植高换、病虫综防、大小春生产等农村实用技术6万人次。

(李兰英)

青神椪柑

【综 述】 青神椪柑是全县农民增收的主导产业,主要分布在白果、高台、河坝子、汉阳等乡镇。青神是全省唯一获得原产地证明商标的宽皮柑桔产区,2013年全县新植改良椪柑1.5万亩,重点建设连接白果乡甘家沟、高台乡百家池等10个村30多公里的椪柑产业大环线和连接汉阳镇新路等村约15公里的杂柑产业环线。

【基地建设】 按照"东山优质果、西山明前茶、坝区大地菜"产业布局,重点建设连接白果乡甘家沟、高台乡百家池等10个村30多公里的椪柑产业大环线,实施退林还果、坡改梯建设标准果园1000亩,完成白果乡易家湾节点雕塑建设;建设连接汉阳镇新路等村约15公里的杂柑产业环线。

【椪柑生产】 2013年全县新植改良椪柑1.5万亩,建立无病毒苗圃10亩,椪柑母本园30亩,新品种示范园50亩。在椪柑产业大环线重点村推广"以螨治螨"、诱黄板、太阳能频振式杀虫灯、生物农药等绿色防控技术3.5万亩,推广椪柑增糖降酸留树保鲜技术8万亩,基地良种覆盖率达到100%,病虫害综合防治率90%以上,农产品无公害率100%。

【椪柑销售】 培育营销龙头企业,发挥龙头企业的带动作用,建立"企业+合作社(家庭农场)+经济人+农户"抱团闯市场模式。通过电子商务、经纪人和营销户多头并进,在全国建立椪柑销售网点30多个、电商30家、椪柑经纪人230人、营销户120户。青神椪柑主要销往成都、绵阳等省内市场,畅销西北、华北、东北市场,部分销往沿海和马来西亚、韩国等东南亚市场。2013年椪柑销售量达10

万吨,均价每公斤 5 元,其中晚熟椪柑达每公斤 6 元,产值达 5 亿元。

(杨素英)

农业机械管理

【概　况】 2013 年全县农业机械总动力达 19.3 万千瓦。其中:拖拉机 470 台、耕整机 1792 台、联合收割机 18 台、机械化插秧机 30 台、植保机械 594 台、增氧机 1588 台、投饵机 363 台、畜牧养殖机械 3107 台、离心泵 34561 台。

【农业机械化作业】 2013 年全县农业机械化水平达 56.38%。农业机械在提水灌溉、机耕、机收、植保、农副产品加工、农业运输等方面起到作用。全年开展农作物机耕 20.9 万亩、农作物机收 11.47 万亩,秸秆还田 0.5 万亩。

【农机安全】 对拖拉机、联合收割机等各类农业机械的监督管理,开展 2013 年度农业机械及驾驶操作人员年检审查工作,全年年检拖拉机 116 台。组织技术人员对全县机电提灌设施进行拉网式检查、维修,确保农业生产安全。

【农机执法】 学习贯彻农机"一法三条例",加强农机安全管理和执法队伍建设。开展"黑车非驾"专项治理,提高农机的年检率和上牌率;开展"百日专项"整治活动,坚决查处无证驾驶、无牌行车、违章改装、违法载人等行为。全年开展安全联组学习会 4 次,参加人员 600 多人次,签订安全责任书和严禁违章载人承诺书 300 多份。全年无重特大农机安全事故发生。农机市场整顿中,检查各类农机产商品 200 台(件),检查农机销售、维修网点 22 家。

【农机科技推广】 重点开展水稻机械化育插秧技术和油菜综合机械化技术的示范推广。2013 年全县完成机械化插秧 4.4 万亩,5 月在南城镇召开眉山市油菜综合机械化技术现场演示会,成为眉山市农机机械化发展的亮点;实施农业部油菜机械化生产示范项目,在全县 3 个乡镇的 3 个村示范推广油菜机械化生产 5500 亩。

(沈秀连)

蚕茧业

【蚕桑生产】 开展蚕桑生产技术培训 10 次,培训蚕农 2200 人次;全县小蚕共育 1300 张,推广"两广 2 号"2000 张,推广新型复合微生物肥 35 吨。全县省力化养蚕推广使用 60% 以上,优良簇具推广使用 95% 以上,以种带药全面普及。为鼓励蚕农科学养蚕,坤元公司收购优茧每公斤高于普蚕 1 元,对全县蚕农实行二次返利每公斤 3 元,对育苗栽桑、共育户、养蚕大户进行扶持奖励 85 万元。2013 年,全县发放蚕种 4053 张,产茧 140 吨,蚕农养蚕收入 525 万元;小蚕共育新置切桑机 6 台、升温处湿设备 6 套、共育盒 300 个、大蚕降温设备一套;新栽桑 200 亩,低产桑改造 350 亩。

【生丝生产】 坤元丝业有限公司生产生丝 70 吨,完成工业产值 4000 万元,实现销售收入 4200 万元,上缴税金 90 万元。白厂丝商检平均等级达到 $5A^{60}$。

【蚕业协会】 合作社对蚕农开展一对一专业技术服务,召开一年一度的会员大会,表彰奖励 2013 年蚕桑生产先进个人、小蚕共育户、养蚕大户共 63 户 8 万元,平均每户养蚕 18 张、收入 2.16 万元。建立县、乡、村、社和共育户的服务网络,成功创建青神县蚕丛蚕业合作社为省级专业合作社示范社。

(杨　平)

畜牧业

【概况】 2013年全县出栏生猪22.05万头、肉兔236.38万只、小家禽1223.89(其中肉鸡855.97万只)、牛出栏0.45万头、羊出栏0.67万只,完成目标任务的102%、102.7%、100.3%(其中肉鸡100.7%)、104.3%、100%;新增奶牛283头,完成101%;肉、蛋、奶产量分别为18492吨、3630吨、15674吨,同比分别增长8.1%、2.1%、15%;生猪、肉兔、肉鸡为主的主要畜禽规模化比重达68%,良种化水平达97%;全县畜牧业产值达13.5亿元,增长28.57%;增加值3.02亿元,增1.6%。农民人均牧业纯收入增加361元。

【生猪产业】 青神县年出栏优质生猪达22.05万头以上,全县全年出栏50头以上的适度规模养殖户2068户,年出栏500头以上的标准化规模养殖场25个。

【肉兔产业】 青神县年出栏肉兔达230万只以上,全县全年出栏500只以上的适度规模养殖户660户,年出栏2000只以上的养殖大户65户。

【肉鸡产业】 青神县年出栏肉鸡达850万只以上,全县全年出栏2000只以上的适度规模户375户,年出栏10000只以上的养殖大户79户。

【奶牛产业】 采取"公司+基地十合作社+农户"的发展模式,建成蒙牛乳业十八牧场千头优质牛场、西源奶牛场、兴达奶牛场等标准化养殖小区5个,存栏奶牛3860头,年产奶1万吨以上。

【项目建设】 严格按照项目批复,实行专帐管理,落实专人负责;强化部门协作,发挥项目"四两拨千斤"的作用,确保管好用好有限的项目资金。全年完成2012年青神县奶牛标准化养殖场建设项目、2012年省级财政深化试点现代畜牧业专项资金(肉鸡)项目、2012年现代农业生产发展资金(肉鸡)项目、桂花鸡生态养殖专业合作社项目4个项目的建设任务并全部通过验收。对2013年现代农业生产发展资金(肉鸡)、2013年省级财政深化试点现代畜牧业专项资金(肉鸡)、2013年生猪标准化规模养殖场(小区)建设等项目顺利实施。

【疫病防控】 预防免疫注射畜禽2940.65万头只次:预防注射生猪230.02万头次,其中:预防猪瘟68.95万头次、口蹄疫68.95万头次、猪兰耳病68.95万头次、其它猪病23.17万头次;预防注射牛羊口蹄疫6.21万头次;预防注射禽流感1430.18万只次、鸡新城疫1274.24万只次。

【安全监管】 全年全县组织开展畜产品质量安全排查2次,检查畜禽养殖场1320户,送检鸭蛋10份进行兽药残留检测,抽检猪尿液样品共计1680头份,其中生猪养殖环节"瘦肉精"检测952头份、检疫环节728头份,检测结果全部为阴性,实现养殖、屠宰、运输环节的全覆盖,落实畜产品安全监测任务。

【现代产业基地】 黑龙镇新平村100万只肉兔养殖基地:以青神县黑龙镇新平村为中心,以众鑫养兔专业合作社为平台,"采取专合组织+农户"模式,该合作社到2013年底,建成标准规模化原种兔场1个、肉兔养殖小区17个、适度规模养殖场39个,总兔笼达7.5余万孔,可长期存栏肉兔100万只以上,养兔户户均纯收入2万元以上。青神县三个年出栏100万只特色肉鸡养殖基地:西龙肉鸡养殖基地位于青神县西龙镇新农村,是依托2012年现代畜牧业深化试点项目打造而成的一个环形肉鸡养殖区。该基地现有肉鸡养殖小区11个,面积24000平方米,可一次性存栏肉鸡24万余只。罗波肉鸡养殖基地位于青神县罗波乡西坝村,是依托2012年现代农业发展资金(肉鸡)项目,通过开山造路,形成以环线为主的肉鸡养殖基地。该基地建成肉鸡养殖小区14个,面积3万多平方米,可一次性存栏肉鸡30多万只。

汉阳肉鸡养殖基地,依托2011年《现代农业生产资金(肉鸡)项目》,在汉阳镇上游村和新路村马克斗柑橘环线配套建设发展林下肉鸡生态养殖,种养结合。该基地建设养殖小区9个,建成鸡舍面积约2万平方米,可一次性存栏肉鸡20万余只。

(王　敏)

林　业

【概况】 2013年全县森林覆盖率44.05%,实现林业总产值26.23亿元,完成巩固退耕还林成果5.9万亩,实施天保工程森林管护21.96万亩,农民人均从林业上获得收入1476.6元。成功创建森林公安执法示范单位、成功创建森林防火"三进六有"示范乡镇3个,2013年4月成功创建全国绿化模范县。

【"绿海明珠"建设】 牵头进行岷江水上绿色走廊、复兴水库周边、县城绿地、重点集镇的绿化规划,启动建设。绿化主要以中岩片区、竹编产业园区辐射片区、竹艺大道、眉青路、青关路、青仁路、青乐路、锦绣大道、江河流域等为重点,推进绿色城镇、绿色通道、绿色村居、绿色经济建设,林业重点项目工程顺利推进,每个乡镇都建有1个绿化示范点,起到示范作用,特别是西龙镇、瑞峰镇、南城镇等乡镇绿化示范点面积在200亩以上。投入近300万元进行眉青快速通道节点建设,对眉青路两侧进行景观改造,植竹造林,提升青神形象,营造青神竹编氛围。

【森林资源保护】 一是森林采伐管理有序。结合竹木经营许可证年检、年审,对经营加工场所进行清理,有效遏制竹木非法经营。二是森林防火工作取得成效。通过加强宣传、强化野外火源防控、落实各级责任、加强物资储备、加大案件查处力度等有效措施,全县没有发生重大森林火灾,平稳度过春节、清明节等重要时段。三是森林病虫害防治有创新。与乐山师范学院生命科学院共同在瑞峰镇尖山村开展万亩长足大竹防治实验,取得成效。获得省市领导的高度肯定,成立了青神省级森林病虫害中心测报点。四是加强林业执法力度。组织开展省、市组织的"打击破坏野生动物资源专项行动"、"零点行动"等专项行动5次,查处林业行政案件102起,林业刑事案件1起。

【造林工作】 2013年,全县完成栽竹2万亩(含零星栽植),道路绿化32公里(含村道绿化),栽植紫薇、三角梅等40万株。在竹艺大道、锦绣大道、眉青路、青乐路等的可视范围内,栽植完成以竹为主,配植有四季不同色彩的多色谱林业景观带。启动实施低产低效林改造、采伐改革试点、森林生态效益补偿、林业政策性保险等工作;成功创建专合组织市级2户,新建2户;创建工业原料林万亩以上基地1个。

【天然林资源保护工程】 全年实施的森林管护面积21.96万亩,聘请40名管护人员,落实管护责任,全县森林得到有效管护;按照森林生态效益补偿政策将2013的森林生态效益补偿基金兑现到农户;全年完成天保工程公益林建设人工造林2000亩的作业设计、项目实施等工程建设任务。

【现代林业产业基地建设】 以打造现代林业产业基地为主要目标,坚持造、封、管、节一起抓,建立包括造林育林、采伐运输、加工利用、森林旅游等功能基本齐全的、能独立运转的林业产业体系。按照"整体打造、集中成片、综合示范"要求,通过政府引导、工程推动、社会参与,现代林业产业基地面积不断扩大,截止2013年,全县建成以工业原料林为主的现代林业产业基地25.3万亩,其中木质原料林基地11.8万亩,竹林基地13.5万亩。基地内优良品种使用率、使用技术到位率、林业有害生物防治率均达到100%,且单位面积产量比一般林地高50%以上。配合竹编产业发展,打造现代新型林业,通过种植区的合理配置,优化林种、树种结构,把竹产业作为青神林业主导产业发展。以优势企业为龙头,专合组织为纽带,充分整合利用项目、资金,鼓励业主、企业参与建设,加快产业基地建设步伐,提高林地资源利用率。

【特色林产工业发展】 2013年,启动竹编产业园区基础设施建设,各项加工能力逐年提升,制造竹木家具40.4万套(件)、竹浆造纸及生活用纸8.4万吨。发展林下养鸡108万只,生态旅游接待人数达30.3万人次。在中岩片区建设"万亩林亿元钱"示范区1个,新建农村农民专合组织3个。

(杨海燕)

水利水保

【概况】 2013年,争取到各类涉水项目21项,争取到位项目资金4697.53万元;争取到第五批小农水重点县项目,为全省首批13个粮食产量3亿斤以下项目县之一,被县委、县政府授予"突出贡献奖"。

【水利建设】 复兴水库扩建项目前期工作顺利启动,完成工程正常蓄水位选择专题报告、工程坝(闸)址(渠线)选择专题报告和工程施工总布置规划专题报告的编制上报工作;完成总投资1285.88万元的青神县瑞峰镇思蒙河防洪治理工程建设,新建生态堤防2.25公里,河道疏浚2公里;完成省级投资360万元的鸿化堰小塘堰支渠、教化堰支渠、羊叉堰支渠、长流堰支渠、茅林支渠、埂子沟和槽沟支渠及歇马台水库灌区末级渠系改造工程,共整治渠道26.1公里;完成总投资150万元的西龙镇万沟村白茶基地农业节水示范项目建设,新建、整治渠道15.6公里,整治山坪塘1口,新建、整治石河堰3道;完成总投资1176.79万元重点小(二)型水库除险加固项目建设,除险加固病险水库7座;完成总投资600万元的2012年规模化节水灌溉增效综合示范项目,新建、整治山坪塘3座,新建蓄水池9口,新建、整治渠道4543米,铺设喷灌、滴灌输水主管道约35公里;鸿化堰取水口导水堰工程实施方案顺利通过市级审查批复,工程估算总投资1212.88万元;中央投资2398万元的"十二五"第一批农村饮水安全项目顺利推进,青城水厂建成投入试运行,新增城乡供水能力每日1万吨,解决1.8万人饮水安全问题。全年新建、整治渠道78公里,新建、整治山坪塘36口,新建、整治石河堰17道,新建蓄水池82口,新增蓄水能力60万方,新增有效灌面1万亩,新增节水灌面0.5万亩,适时实现全县水稻适时满栽满插。

【水资源管理】 严格执行水资源论证制度、取水许可制度、入河排污口审查制度和建设项目节水三同时制度;依法足额征收水资源费和污水处理费;开展取水户取水口监控能力建设;对水功能区加强管理,编制完成《青神县水功能区纳污能力核定和分阶段限制排污总量控制方案》,编制《青神县水资源保护规划》和《青神县城市集中饮用水水源地保护规划》;以复兴水库为重点,对饮用水水源地进行保护,对《青神县饮用水水源保护管理办法》进行修订和完善,并于10月1日发布实施;制定《青神县城市地下水开采和污水排放管理实施办法》,严格控制城区地下水开采,改善和保护环境,促进城区水资源的可持续利用;节水型社会建设稳步推进,编制完成《青神县节水型社会重点县建设方案(2012—2016年)》,实施部分农业节水改造项目;加强水行政执法,严格行政审批,努力营造良好的水法制环境,全年累计查处各类违法案件6件,依法办理行政(审批)许可174件。

【水土保持】 深化水土保持预防监督,全面落实水土保持"三同时"制度,扎实推进水土保持综合治理,审批开发建设项目水土保持方案19件,治理水土流失面积10平方公里。

【防汛安全】 做到防汛预案、责任、物资、队伍、值守"五落实",抓好各阶段防汛工作,战胜"7·10"特大洪涝灾害,确保全县安全度汛。全面落实安全生产责任制,强化"一岗双责"和安全生产主体责任落实,开展安全生产专项整治活动,强化隐患排查治理,抓好水利工程运行安全、在建工程施工安全、渔业船舶安全、水产品质量安全、供水安全、生产安全等,实现全系统安全生产“零”事故。

【抗灾救灾】 2013年大春用水期间,鸿化堰渠水流量严重不足,灌区出现前所未有的干旱,造成青城镇、南城镇、黑龙镇2万余亩农田秧苗栽插困难,用水矛盾非常突出。为缓解鸿化堰灌区旱情,采取有效应对措施,投入55千瓦潜水泵3台套、28马力柴油抽水机具8台套、10千瓦潜水泵4台套、柴油发电机组2台套从岷江提水补充水源,改造电力线路600余米,抗旱用油20余吨,并向灌区用水困难的村组提供抗旱机具近百台套,圆满实现了灌区适时满栽满插。“4·20”芦山地震发生后,对水库、塘堰、渠系、堤防、供水工程的巡查排险,防止次生灾害发生。

【“7·10”洪灾】 2013年7月10日,县境内遭遇特大洪水袭击,岷江青神段最高洪峰水位达391.4米,最大洪峰流量达每秒8500立方米,超警戒水位0.4米。洪灾来袭,迅即启动Ⅳ级防汛应急响应,协同民政、交通、国土、建设、农林、公安、武警、应急办等重点部门,开展防洪抢险救灾工作;适时对岷江大桥、西龙大桥、南城大桥采取交通管制,确保行人行车安全;成功稳控3艘遇险失控采砂船;整个抗洪抢险救灾过程措施得力,巡查、抢险到位,信息发布及时,民心稳定,无人员伤亡和重大财产损失。

【水产养殖】 2013年,发展现代水产产业业主5户,举办水产养殖技术、水产品质量安全培训各3期,培训710人次。新培育水产专业合作组织1个,增殖放流黄颡、长吻鮠(江团)等鱼种7万余尾,完成水产品产量7500吨,渔业产值13870万元,渔业经济总产值18000万元。

(周　缓)

竹编产业◎

综　述

2013年,围绕省政府"打造全省特色产业,建设国际竹编艺术城"的总体目标,落实市委"产城一体、景城一体、文城一体"的要求,按照县委"1171"工作思路,强力实施"抓好竹编产业,提升青神形象"战略,努力把"青神竹编"打造成"誉满神州、名扬世界"的品牌。青神竹编产业总产值占县域总产值的16.3%,销售收入近3.32亿元,带动农民增收3500万元。

竹林基地培育

按照"整体打造、集中成片、综合示范"的要求,通过政府引导、工程推动、社会参与,现代林业产业基地面积不断扩大,全年新栽竹10000亩。截止2013年,全县已建成竹林基地13.2万亩。

竹林经济发展

【竹林经济】 青神县竹林经济主要以林下养殖和生态旅游为主,依托林业产业基地和森林生态环境,整合农林牧项目,实现资源共享、优势互补、循环相生、协调发展的生态农业发展模式。2013年全年实现林下经济产值1.3亿元,比上年增长3.17%;其中,林下养鸡出栏数近108万只,实现产值10200万元,增75.35%;全县生态农家乐86户,生态旅游收入达3.9亿元,增4.75倍,开辟农民增收的新渠道。

【水竹·怡庄】 水竹·怡庄位于青神县竹编产业园区核心区,集竹海、竹艺、竹城为一体的"三竹缩影"新农村综合体,占地113亩,共计230户,吸纳社会资金7000多万元,整合项目资金600万元。该项目按照"高起点规划、高标准建设"的要求,聘请成都易德景观建筑设计公司进行总体布局规划和房屋结构、外观风貌、绿化景观设计,营造"满眼见绿、满眼见竹"的竹文化、竹元素氛围,给人一种清新自然、竹韵浓郁的美感。

青神竹编

【概况】 青神当代竹编产品丰富,可分为平面竹编、立体竹编、瓷胎竹编、竹家具和竹包装五大类。2012年11月,青神县被中国竹产业协会、国家林业局国际竹藤中心授予"特色竹乡"称号,"云华竹旅"被评为中国竹业龙头企业。2013年,平面竹编《苦乐清凉》获得中国民间文艺“山花奖”。

【平面竹编】 平面竹编指用薄篾层编织出平面图案的竹编产品。根据不同的艺术水准，将平面竹编分为：粗竹编、中档竹编、高档竹编、精档竹编四大类。粗竹编即人们使用的竹扇、晒垫、凉席、枕席等日常生活用品。中档竹编指采用每厘米 10 - 12 丝的标准竹丝编织而成的工艺品，编织技艺较高，能较逼真再现所编织对象的风姿。高档竹编指选用优质慈竹，以每厘米 13 - 18 的丝竹丝精编而成的竹编工艺品，主要代表作有《瘦竹图》、《竹石图》、《连年有余图》、《知足常乐》等 100 余个品种。精档竹编指用每厘米 19 - 32 条细如发丝的竹丝，以特别高超的技术编织而成的艺术珍品。人物形象逼真，栩栩如生，编织技艺精湛，堪称世界民间艺术的一朵奇葩。主要代表作有《乡间风情》、《百子图》、《老北京》等 50 余个品种。

【立体竹编】 立体竹编指用横切面是矩形的竹丝编织出立体造型的竹编产品，具有一定的艺术造型、观赏价值和实用价值。花篮（盆）类：供装饰用的各式各样的花篮、花盆等 30 余个品种。帽类：有竹丝博士帽、女士花帽等 20 余个品种。包装箱（盒）类：多用于包装食品，如月饼盒、腌腊食品盒、酒类包装盒、药材盒、水果盒等；还有用竹丝编织的旅行箱、书箱等。竹灯罩类：有圆形、椭圆形、圆筒形、盆式、方形、竹房形等各种样式 30 余种。仿生动物类：有鸟、鸡、牛、马、熊猫、鹰等 20 余种。

【瓷胎竹编】 瓷胎竹编指用经过严格挑选的特长无节慈竹，经过破竹、烤色、去节、分层、定色、刮平、划丝、抽匀等十几道工序，全手工操作，制作出精细的竹丝。瓷胎竹编所用竹丝断面全为矩形，在厚薄粗细上都有严格要求，厚度仅为一两根头发丝厚，宽度也仅有四五根发丝宽，根根竹丝厚薄均匀，粗细一致。观者无不赞叹其难。瓷胎竹编在制作过程中根根竹丝依胎成形，紧贴瓷面，所有接头之处都做到藏而不露，宛如天然生成、浑然一体。主要代表作有《瓷胎花瓶》、《瓷胎茶具》。

【竹编精品】 竹编精品是指用每厘米 48 根以上竹丝编织成似绸、似锦的艺术珍品。竹编精英们用细如发丝、薄如蝉翼的柔软竹丝蒙在书画面上，按图案样式，用“竹针”挑拨竹丝，以编织成图案一样的画卷。这类精品的代表作有：《中国百帝图》、《隐形观音》、《清明上河图》等。

（杜晓荣）

城乡建设◎

综　述

按照“半城山水半城竹”的城市发展定位，启动“一河（护城河）一堰（鸿化堰）”竹形水系景观设计。投入8.5亿元实施城镇建设，新增城区0.68平方公里，开发房地产22.87万平方米，比上年增长42.1%；总投资5.31亿元，增96.6%；商品房销售额8.11亿元，增161.6%；促进农村居民转变为城镇居民8250人，占城镇居民的42.28%。投入5500万元完成城市道路综合整治，实施拆墙透绿栽竹绿化，新增绿地11.5万平方米。交通建设总投资11.53亿元，12月锦绣大道竣工通车，成绵乐铁路客动专线（青神段）稳步推进；启动虎渡溪航电枢纽工程，总投资5.36亿元。5月，成乐高速“张坎”站更名为“青神”站。

城市建设

【市政基础设施建设】 完成城镇建设投入8.5亿元，其中房地产投入5.31亿元，市政基础设施建设2.65亿元，房地产开工面积22.87万平方米，销售面积17.9万平方米，建筑业产值9.34亿元，比上年增长27%。

【城乡规划】 按照《城乡规划法》的要求和国家级休闲度假区的标准，编制城市水系、绿化、亮化、风貌等专项规划；协助相关部门编制工业园区总体规划和控制性详细规划、竹编产业园区规划、旅游发展规划、河坝子镇中心片区控制性详细规划；建立乡镇“六规”与5家规划设计单位战略合作关系，投入692.4万元编制乡镇“六规”，并协助乡镇完成总规编制或修编。

【房地产开发】 全年新开工房地产项目6个，开工面积达22.87万平方米，竣工面积达20万平方米。加快转移人口市民化进程，研究制定《促进我县房地产健康发展的实施意见（试行）》，引导和鼓励农民进城入住，商品房销售面积17.9万平方米。新增房地产企业2家，新增房地产单位从业人员500名，增长10%，劳动报酬人均每月增加300元，增长30%。组织房地产企业组团参加眉山（拉萨）房交会，开阔了企业视野，拓展青神房地产市场。

【城市道路综合整治】 投资1.17亿元，完成城市道路综合整治和青衣大道以北片区市政道路工程建设。

【保障性住房建设】 投资1100万元，完成130套公共租赁住房建设；投资1.8亿元，推进773户城市棚户区改造；遵循公开、公平、公正的原则，完成40户廉租住房、78户公共租赁住房的实物配租和900户低收入家庭住房租赁补贴发放；投资1195万元，完成239户农村危房改造，全面完成档案资料收集和农户档案管理系统录入。

乡村建设

【村镇建设】　全年办理农房审批704户，建筑面积10.4万平方米。其中：平房408户，建筑面积48960平方米；楼房296户，建筑面积55040平方米。

【新村建设】　全年新、改建农房214户，建筑面积达10.4万平方米。采取省上补、农户投、自身挤、整合筹等形式多元筹资，加快新村基础设施建设，改善新村（聚居点）生活条件，增强服务功能。全年投资3750.79万元（其中：省级补助资金700万元，县财政投入350万元，引导社会资金投入238.7万元，带动农民筹资投劳2462.09万元），初步完成瑞峰镇黄桷村，南城镇兰沟村，汉阳镇新路，西龙镇马槽寺村、万沟村，白果乡白庙村、罗湾村等新村建设。

建设管理

【工程报建】　全年报建工程项目70个，建筑面积30.36万平方米，总投资42903万元，核发施工许可证70本，报建率100%。监督招投标工程34个，招投标金额20593万元，招投标率100%。无违规违纪行为。

【行政许可】　全年核发《建设项目选址意见书》、《建设用地规划许可证》、《建设工程规划许可证》256本，用地面积54.54万平方米，建筑面积53.05万平方米。

【监察执法】　全年查处违法建设96起、面积约29570余平方米，其中强制拆除4起，自行拆除4起，整改5起。

【安全生产管理】　建筑工程安全方面：全年对全县在建工程进行安全生产大检查20次，日常巡查100余次。发出停工整改通知书9份，施工安全隐患整改通知书5份，隐患整改率100%，做到零伤亡、零事故。共成功申报市级标准化工地4个。液化石油气安全方面：加强液化石油气安全监管，全年开展安全检查近20次，计查处违法违规经营户3户。顺利完成《燃气经营许可证》换证、办证工作。

【建筑工程设计】　完成“1＋6”公共服务中心10个，建筑面积3078平方米；宽庭玩具创意安置点61户，建筑面积27597.87平方米；新农村建房效果图7套；农村建房通用图出图362套。

【城建档案管理】　全年整理文书档案39卷，接收16个项目工程档案，整理、录入工程档案2336卷（其中图纸217卷）。接待查阅100余人次、提供利用档案资料复印70份、图纸复印10份。

建设工程质量监督管理

【建设工程质量监督管理】　当年新开工工程93个，2012年未完工程32个，共监督工程125个，工程受监面达100%。新开工项目全部签订安全生产责任书，严格按相关规定要求收取工程安全保证金，从源头上消除安全隐患。全年未发生一起质量事故，工程合格率100%。

【施工安全监督】　在全县范围内推广应用建设工程质量安全数字化监控管理系统，落实专人负责建安网的管理工作，督促各建施企业加大安全生产专项投入，做好建安网的推广工作。全年对全县在建工程进行安全生产大检查7次，日常巡查100

余次。发出停工整改通知书9份,施工安全隐患整改通知书25份,隐患整改率100%,做到零伤亡、零事故。2013年争创市级安全文明施工标准化工地3个,申报市级标准化工地4个。

【竣工验收及监督检查】 严格执行竣工验收备案管理制度。是年竣工工程备案20个,竣工工程备案率100%。

建筑业管理

【建筑业发展】 全县有施工建筑企业6家,房地产企业8家。完成青神县青城建筑工程有限公司、青神县岷江水利水电建筑工程有限公司办理资质审批。

【建筑业产值】 2013年全县建筑业完成投资9.34亿元,比上年增长27%,实现增加值3.37亿元,增19.7%。房地产开发面积22.87万平方米,增42.1%;完成投资5.31亿元,增96.6%,超额完成年初市、县下达的目标任务。

【建筑业培训】 做好一、二级建造师、建造员的申报考试工作,是年全县有1人通过二级建造师考试取得资格证,3人通过二级建造师增项考试取得资格证,按照要求进行注册执业。全年有100人进行岗位证书复检。

公共事业

【城乡环境综合治理】 以中心城区、场镇集镇、县道村道、河流沟渠为中心,开展为期3个月的以治理"垃圾乱扔,摊位乱摆,车辆乱停,广告乱贴,工地乱象,污水乱流""六乱"为重点,以"社会秩序"、"市容市貌"、"环境卫生"、"建筑工地"、"场镇环境"为内容的"五项"专项治理行动。建立起"政府主导,社区主体,分工明确,权责一致,整体联动,全民参与"的中心城区环境(综合)治理网格化管理制度(和运行机制),组建"文明劝导员"和"义务监督员"共8支队伍,充分发挥居民自治作用,推行居民小区楼栋(长)制度。开展"大力治环境,攻坚促深化"、"查问题、促整改、添措施、保长效"、"持续治五乱,整洁迎新春"、"金秋迎双节"和"青神县乡村旅游椪柑节"等专项治理行动。依照《四川省城乡环境综合治理条例》和行业法律法规,依法查处机动车乱停乱放476起,抛洒滴漏87起,赃车和货车入城27起。查处违法电动三轮车86辆,非法改装电动三轮车82辆,取缔无照电动三轮车经营户1户,主动停售8户。检查餐饮单位348户次,下达监督意见书156份,责令整改6户,行政处罚警告3户。办理违法建设87件,强制拆除3件。关停整改5家污染企业。清理"牛皮癣"2000多处,规范8处墙体广告栏,取缔私拉横幅广告180余幅。落实大型餐饮单位潲水回收处理制度,对簧门外街16家餐饮单位开通"透明厨房可视系统",实施视频监控。投资14万余元清除护城沟淤泥1600余方,鸿化堰淤泥、杂草400余吨。社区组建"文明劝导队"和"卫生监督队"共8支,发动驻区单位参与责任片区大扫除2次。对建筑工地安装建安网实行24小时视频监控管理。

【城市环境卫生】 建成"城乡统筹、综合处理、可持续化发展"处于全省先进的生活垃圾压缩站,全面提高城乡环境卫生水平。全年新增、更换果皮箱600余个,新建青衣广场三星级公厕一座,新建、维修垃圾池260余口,新建、升级垃圾中转站和垃圾地库4个,新建建筑垃圾消纳场1个,新建小型污水处理厂2个,新增、更换垃圾转运车130余辆,维修垃圾压缩站1个。建成区绿地面积13万平方米,绿化覆盖率34.23%,绿地覆盖率29%,公共绿地面积26.79万平方米,人均公共绿地面积6.41平方米。重点对青衣大道、中岩公园、东坡广场、桥头广场和竹艺大道的绿化效果进行提升性形象改造,突出"竹"植物造型,增植花卉植物,采用杜鹃、黄花槐、铁角海棠、红继木等30个品种，绿花改造面积3万多平方米。新安装中岩路、机械大道、锦绣大道、西街、东街路灯700余盏，路灯亮化率95%以上，保证节日期间城市道路的正常运行。

【人民防空】 通过人防宣传月活动开展，全县有36个机关、3个大中型企业、8所学校、4个社区开展人防知识学习教育，受教育人数2.7万人次；在县竹编广场设点宣传2次，东门广场设点宣传1次，在政府门口、警报设点单位、在建项目、主街区以及学校悬挂横幅标语120余幅，制作人防知识宣传展板18个，出动宣传车12台次，设立社区公益宣传栏7个，发放人民防空常识、居民防空防灾应急手册3200余册，发放宣传彩页5000余份，通过青神县电视台滚动播出防空警报鸣放通告5天。

【防震减灾】 2013年4月20日芦山地震发生后，成立城镇居民灾后恢复重建工作的领导小组，下设办公室于房管局，具体负责灾后恢复重建组织、协调、管理等工作。会同县规划局、各乡镇人民政府做好"4·20"芦山地震灾后恢复重建城镇居民住房建设规划编制工作，并对各乡镇城镇居民住房灾后恢复重建工作进行统筹指导；会同建设股、质安站、城监大队负责城镇居民房屋灾后恢复重建和维修加固的质量安全监管、巡查和排查。组织开展"4·20"地震灾后恢复重建工作，组织村镇建筑工匠全力投入灾后恢复重建，优先保障灾后恢复重建施工任务。组织精兵骨干上省厅、到市局主动进行对接，争取重建资金。

（胡　辉）

房地产业管理

【概况】 2013年，全县房地产开发总面积22.87万平方米，比上年增长42.19%；开发投资总金额5.31亿元，增长99.6%。全年办理房屋所有权登记发证2369件，发证面积50.78万平方米；办理房屋交易过户863件，成交面积15.62万平方米，增13.4%；商品房销售8.11亿元，增161.6%。

【房地产市场管理】 对房地产法律法规、政策文件进行宣传，对开发楼盘每季度进行一次检查，严肃查处无资质开发、未取得商品房预售许可证预售、捂盘惜售、哄抬房价等各类违规行为，要求各开发企业和中介机构必须按规定公开标示房价。深入县内各房地产企业进行指导和调研，了解企业在经营过程中存在的困难和问题，协助企业排解问题，对存在具体困难的开发企业，配合县委、县政府的决议，特事特办，支持企业发展。完善房屋产权登记管理信息化建设，严格实行商品房预（销）售合同网上签约和预售登记备案管理，完善商品房预售制度和备案制度，保障买卖双方的合法权益。

【住房保障】 2013年，全县保障性安居工程建设目标任务为：新增公共租赁住房103套、城市棚户区改造773户；发放2013年廉租住房租赁补贴900户。投资新建第二期公共租赁住房建设项目，计划总投资1100万元，新建公共租赁住房130套。实施青衣大道城北路棚户区改造项目，计划总投资1.8亿元，拆迁安置773户，2013年竣工163套，其余610套计划于2014年年内竣工。2013年实施廉租住房租赁补贴集中发放236户，发放金额37.64万元；配租廉租住房40套，配租公共租赁住房107套，全部完成入住。

【装饰装修管理】 严格装饰装修登记备案程序，严格装修过程中拆、改主体结构审批手续，对装修企业规范化管理。结合县城乡环境综合治理活动，对装修施工工地打围作业加强日常巡查和管理。全年办理装修备案登记374件，面积3.61万平方米，备案率达到100%；查处违规装饰装修行为3起，对打围不规范行为5起进行说服教育。

【权属登记】 全年办理房屋所有权登记发证

2369件，发证面积50.78万平方米；接待各类咨询300余人次，处理房产纠纷10余起；发放商品房预售许可证6件，面积7.09万平方米，投资金额约1.28亿元。

【交易管理】 全年办理房屋交易过户863件，其中住宅742件，成交面积7.05万平方米，成交金额8479.4万元，商业121件，成交面积8.03万平方米，成交金额1.01亿元；办理房屋产权抵押登记1348件，抵押面积54.27万平方米，抵押金额8.8亿元。全年各开发公司共完成商品住宅预销售797套，面积77158.72平方米，销售金额32976.17万元。

【集镇管理】 为农村、集镇农户办理房屋产权上门服务，全年办理集镇房屋产权登记220件，登记面积3.8万平方米；完成测绘面积审核约12万平方米。

【物业管理】 贯彻《四川省物业管理条例》，组织物业管理企业法人和从业人员岗位资质培训2期，在《青神报》刊登物业管理知识30期，发放宣传资料5000余份。全年办理物业服务企业备案登记3家，指导和协助社区、建设单位对2个符合条件的住宅小区选举产生业主委员会，抓好2个示范住宅小区的管理制度建设；接待来访30人次，处理来信来访8件，协助处理物业纠纷10余件，来信来访回复率100%。

【白蚁防治】 签定《原有房屋白蚁防治合同》31份，面积6438.37平方米；签定《新建房屋白蚁防治合同》10份，面积5.08万平方米，全部完成白蚁防治施工；全年接到蚁害报告25户，全部进行白蚁灭治，灭治面积4364平方米；完成装饰装修白蚁预防施工374户，面积3.61万平方米。

【房屋安全管理】 加强对城区危旧房屋的日常监管和定期巡查。根据青建通〔2013〕25号《关于立即开展安全生产大检查的通知》要求，5月16日，房管局房屋安全检查小组对全县中心城区危旧房屋和房屋装饰装修现场展开一次大规模的汛前安全检查，检查面积约5万平方米；6月7日，对房管局自管公房进行汛前安全检查。并按照局《危险房屋抢险应急预案》的要求作好部署。

【房屋经营】 协调、会同县工商局和公安等相关部门治理、整顿全县城镇房屋租赁市场，做好城区房屋租赁的登记备案工作，办理房屋租赁许可70件。

（曾　桢）

城市供排水

【城市供水】 县供排水公司严格水处理工艺，强化水质检测，全年生产自来水376万吨，确保优质售水286万吨，与2012年相比售水量增加49万吨，同比增长20.6%；发送追缴、停水通知单1026多份，短信催缴3200余条，水费当年回收率99.16%；抄表到位率100%；全年完成旧户改造230户，户表安装3024户，新立户2611户，新建用户档案2611份。

【供水网改造】 2013年，中心城区新铺设DN110毫米－DN600毫米主管约5000米；完成外南街、新业路、建业路供水管网及岷江大桥原水管网DN110毫米－DN600毫米主管改造1600米；城乡一体供水铺设DN32毫米供水管网25750米，DN50毫米供水管网22750米。

【污水处理与监测】 县城市生活污水处理厂运行正常，污水处理各项指标均符合国家一级A的排放标准。2013年，累计处理城市生活污水200万吨，城市生活污水处理率为70%。

（周　媛）

城市管理

【概况】 青神县城市管理委员会办公室内设办公室、市容管理股，下设城市管理监察大队，有干部职工32人，其中城管办机关工作人员8名，城市管理监察队员13名、协管员12名。2013年，依法行政、文明执法、认真履职，深入开展城乡环境综合治理工作。获得青神县"综合交通工作"先进集体、"城镇建设工作"先进集体、城乡环境综合治理"七进"活动先进集体、"维稳综治信访大调解防邪工作"先进集体等荣誉，被市城管局评为"城市管理综合"先进单位。连续十七年无行政诉讼案件。

【内部管理】 实施目标管理，各项目标任务全面完成。按照"任务目标化、目标责任化"要求，将全年工作分解落实到每个环节、每个职工、责任到人；制订和完善各项内部管理制度，以制度管人、以制度管事。强化队伍建设，树立良好执法形象。全办干部职工中牢固树立服务意识、大局意识，坚持管理就是服务的宗旨，坚持宣教先行、以人为本、文明执法、堵疏结合的工作原则，开展城市管理；深化人事制度改革，创新管理机制。实行中层干部聘任制，所有中层干部一律实行竞争上岗，打破了干部职工的身份界限，激发全体干部职工的积极性、主动性及创造性。开展"中梗阻"专项治理。开展优质服务活动，实行承诺服务、限时服务、微笑服务，努力转变工作作风，最大限度地细化处罚额度、审批时限、收费标准等方面的自由裁量权，切实缩短办事周期，提高行政效能。以一流的服务赢得市民和商家的依赖和支持。强化廉政建设，推行阳光政务，公布监督电话，接受社会各界监督、指导、建议和批评，深入开展"筑防线、保廉洁、树形象"杜绝"吃、拿、卡、要"等行为。

【直联工作】 与联系户进行对接，签订承诺书，通过点对点、面对面服务，做到摸实情、解民忧、增感情、办实事；与社区的联系，帮助社区编制完善五年发展规划，召开社区干部、党员、群众代表联席会6次，增进与群众的联系；开展"送温暖、献爱心"、"下基层、助春耕"等走访慰问活动，看望群众12户，送去慰问金、物资等共计9000元；4月20日，芦山地震发生后，帮扶干部第一时间走访联系帮扶社区和群众，及时了解情况，排查隐患，安抚群众，最大限度降低和消除群众恐慌情绪，协助做好受灾群众安置、帮扶等工作；到社区与社区党员干部开展"中国梦"主题教育活动学习讨论，深刻领会"中国梦、四川梦、青神梦"内涵，并围绕县委"1171"工作思路和创新"四种模式"加快"四个转变"，奋力推进"三抓三提升"重点工作，就加强社区建设和扎实推进城市管理工作开展讨论。

【依法行政】 利用每周例会党员学习会时间，组织干部职工学习城市管理相关法律法规及上级文件精神。除每季度聘请法律专业人士开展《行政许可法》、《行政处罚法》等行政执法知识培训外，还安排3人参加省市城管系统举办的法制培训会，通过学习提高干部职工的执法能力和业务水平。全年未发生一起群体性上访和诉讼案件。树立城管依法行政、文明执法的形象。

【打造示范街】 以大北街、西街、南街、东街、黉门街为主，打造无骑门摊、无棚伞、无占道经营、无乱停乱放的"四无示范街"。全年规范座商6000多家，取缔查处违章占道经营摊点和"游动摊"、"骑门摊"500多家，发放宣传资料10000多份；完成城区临时停车收费管理前期工作，力争明年初在城区开始实施，逐步完善城市功能配套。

【户外广告管理】 2013年，取消中心城区横幅广告的悬挂设置；为确保户外广告设置安全，对中心城区破损、违规设置的户外广告进行告知整改、拆除，统一规划设计店招、店牌、灯箱等。全年送达整改通知书40余份，拆除破损、违规广告60余幅；

针对城区“牛皮癣”无孔不入、屡清不止情况，组建一支小广告清理组，专门负责对城区“牛皮癣”进行监查、清理，并购置专用设备—小广告清洗器1台，以提高工作效率。全年清理“牛皮癣”小广告800余处，及时制止小广告张贴行为20多起，城区“牛皮癣”明显减少。

【城乡环境专项整治】 根据城区道路黑化工程、各片区特点等，因地制宜地制定出整治内容不尽相同的实施方案，按照“点面结合、以点带面、典型引路、全面铺开”的工作思路，有重点、有步骤地开展“城区市容环境专项治理”、“校园周边环境专项治理”等行动，以“严盯死守”和“流动巡查”相结方法进行治理。全年清理整治城南市场、城东市场、学校周边流动摊200余家，规范骑门摊400余家。配合交管部门加大对城区交通秩序的管理力度，规范乱停乱放人力三轮车、摩托车、自行车6000多辆次。

【维护社会稳定】 成立社会治安集中整治工作领导小组，参与政府和部门开展的法制宣传活动，散发法制宣传资料10000多份。“4·20”芦山地震发生后，协助做好受灾群众安置、帮扶等工作，并利用街面执法优越性，安抚群众，最大限度降低和消除群众恐慌情绪。对于群众来访反映的问题，及时办理，处理群众来信4件，热情接待来访群众600多人次。参加全县性维稳行动，保证全县重大项目工程顺利施工；完成县上各类庆祝活动现场秩序维护；顺利完成一年一度的中高考考场秩序维护。

（姜　华）

◎环境保护

综述

2013 年，开展流域水污染防治和工业污染治理，农村生态保护、环境监测能力取得成效。全年环境治理投入 1100 万元，城区空气质量达标率 89.3%，饮用水质达标 100%，城镇生活污水处理率 75%，比上年提高 5 个百分点。全年烟尘排放量 1582 吨，下降 3.5%；氮氧化物排放量 1906 吨，下降 4.9%；工业二氧化碳排放量 2422 吨，下降 15.9%。生态环境保护得到加强，生态环境质量提高。

（周国玉）

项目审批

【审批服务】 对满足环境准入条件的项目，简化手续，加快评估、缩短时限；全年共审核审批大小建设项目环评报告 35 项。

【重大项目审批】 对重点项目开辟环评审批"绿色通道"，实行专人负责制，提前介入、主动服务；协助市环保局完成对四川省西龙生物质材料科技有限公司造纸废水处理技改项目、四川赞宇科技有限公司年产 5 万表面活性剂项目二期、四川立白实业有限公司（四川省民众日化有限公司）年产 25 万吨液体洗涤剂生产线项目和四川青神新久源实业有限公司（原四川省久源酒业有限公司）年产 3 万吨酒精生产线技改项目、每小时 35 吨燃煤锅炉改建项目、年产 1.8 万吨二氧化碳回收技改项目验收。

环境治理

【工业污染治理】 结合实际制定好全年工业污染治理规划，确定好污染治理项目。完成西龙纸业、华力塔基热电有限公司锅炉废气脱硫工程；完成西龙生科造纸废水，华榕印染纺织废水深度治理；推进青神县工业园区集中污水处理建设；推进企业清洁生产，将企业的末端污染治理向全程控制转变，开展赞宇科技、丹甫制冷、裕华纺织清洁生产技术改造工作。

【农村环境治理】 完成总投资 1110 万元的西龙镇江滩村、马槽寺村、钟家山村、长池村和瑞峰镇黄桷村、中岩村、杨柳槽村村庄环境连片整治项目。其中西龙镇配套资金 400 万元，利用中央及省级资金 340 万元，资金投入 740 万元；瑞峰镇配套资金 200 万元，利用中央资金 170 万元，资金投入 370 万元。完成 2013 年度西龙镇、青城镇环境连片整治治理项目工程量的核实，等待省厅批复。完成 2014 年南城镇、西龙镇的环境连片整治治理项目编制方案。提供农村畜禽资料，完成畜禽减排任务 11 家，其中9家畜禽资料通过专家审查并认定减排量。

【城市环境治理】 护城河和鸿化堰污水治理工作取得成效，城市环境质量改善。协调督促相关部门各司其职，对护城河破损管道进行修复，清淤整治350米，清淤800余方，打捞漂浮物18吨。对30余户餐馆进行厨房废弃物和排水沟进行整治，确保不影响护城河水质。对中心城区40余户烧烤店进行规范，责令20余户餐饮店油烟进行治理。禁烧秸秆，严格控制扬尘污染，禁烧区出动执法车辆39台次，出动执法人员270人次，焚烧秸秆行为得到控制，城区空气质量有所改善。每周组织相关人员对责任片区（民生路）环境卫生情况进行整治，对不文明行业进行劝导，责任片区无乱停乱放现象。

【污染减排】 全面完成主要污染物总量减排工作目标任务，化学需氧量削减315吨、氨氮削减5.7吨，氮氧化物削减45.7吨。从工业、生活、农业污染治理入手，通过统计减排和工程减排，完成化学需氧量减排量456.3吨，氨氮48.6吨，二氧化硫102吨，氮氧化物35.6吨，超额完成目标任务，名列全市第二。

【项目管理】 对上争取项目10多个，到位资金1030万元，其中，向上争取国家农村环保资金675万元、省级转移资金80万元、业务用房建设资金65万元，其他资金200多万元。

环保生态建设

【生态县创建】 2013年2月青神县获得省级生态县命名。经征求多方意见于11月形成《青神县创建国家级生态县工作方案》，政府常务会和县委常委会审议通过后全县各乡镇、部门启动《青神县国家级生态县建设规划》编制。联系纪委、财政、审计3个部门确定《生态县建设规划编制合同》，四川省环科院为编制单位。

【农村生态保护】 河坝子镇通过国家级生态乡镇验收，待环保部命名。完成6个（西龙镇长池村、钟家山村、商家沟村、万沟村；河坝子镇杨店村；瑞峰镇黄桷村）市级生态村和60户（西龙镇龙潭社区）市级生态家园的申报。启动瑞峰镇、汉阳镇创国家级生态乡镇规划编制工作，西龙镇创省级生态乡镇规划编制工作

【环保宣传教育】 全面开展环保宣传活动，提高群众环境意识，推动低碳社区的建设。结合世界环境日、地球保护日和无车日等纪念日，开展各类活动普及生态保护知识，倡导绿色生活理念。

环境监测

【环境质量】 县空气自动站报送的数据显示，计生局站点（监测站）全年空气质量达标率（达到二级标准天数）为88%，气象局站点（背景站）全年空气质量达标率为89.3%。在环境质量指标考核中，城区大气质量可吸入颗粒物、二氧化硫浓度、二氧化氮浓度均达到《环境空气质量标准》（GB3095－1996）二级标准要求。交通干线噪声平均值62分贝，区域环境噪声平均值为54.2分贝，均达到相关标准要求。一江五河断面（复兴水库、岷江黑龙段、岷江罗波段、思蒙河西龙大桥处、思蒙河南城大桥处、金牛河金牛大桥处）监测，水质达标率89.4%。

【常规监测】 做好对全县企业的监督性监测及委托性监测，对复兴水库饮用水监测每月不少于12次，乡镇集中式饮用水监测每月不少于4次，对其他一般性污染企业每季度至少监测1次

【专项监测】 全年开展建设项目环境影响评价和污染治理工程监测9余家，努力为环境监督管

理和经济建设提供技术服务,全年完成监测收费 32 万余元。

环境监管

【重点污染源监管】 对全县 50 多户机械制造、医药化工、纺织印染企业进行了全面彻底的清查,确保环境安全、群众身体健康;重点对县内涉及危化品使用企业、畜禽养殖行业、涉水和涉气大户企业的整治和违法排污企业的打击力度,同时对核技术利用单位进行拉网式排查,保障全县的环境安全;每月对饮用水源地进行监管巡查登记,对乡镇集中供水站的检查,确保饮用水源安全。全年开展现场监督检查 2000 余次,出动车辆 750 辆次,促使各企业污染治理设施正常使用,确保达标排放。对 3 户违法排污企业实施行政处罚,对 1 家违法排污企业报请县政府实施停产治理,对 5 家违法排污企业实施关停。

【排污费征收】 依法征收排污费 158.22 万元,比上年增长 13.83%;其中建筑噪声排污费 294492 元。

【信访投诉】 加强信访投诉调查处理,确保社会稳定;共接待来信来电 150 多次,其中主办人大代表、政协委员提案 1 件、协办 2 件,办理省厅批转件 1 件,办理市长热线 7 件,县长热线 3 件,网站投诉 3 件,“12369”投诉 68 件,调解结案率为 100%,群众满意率 100%。

(郑永曦)

交通·邮政·信息◎

综 述

交通运输生产及建设继续呈现良好发展势头。全年实现交通运输、邮政业增加值1.51亿元,增长7.2%。

交通基础设施更加完善。投资2.95亿元的成绵乐铁路客运专线青神站至县城快速通道建设顺利完工。高铁车站站前广场和汽车(出租车)客运站项目顺利推进。完成岷江大桥维修加固。新(改)建农村公路24.9公里。全年完成货物运输周转量11171万吨公里,增长22.0%;完成客运周转量10911万人公里,增长22.1%。2013年末公路总里程达到481公里。

邮电通信业持续发展。全年邮电主营业务收入10837万元,增长23.7%。年末固定电话用户33000户,增长10.3%。年末移动电话用户达16.3万户,增长20.9%。互联网宽带接入用户18800户,增长20.2%。

(周国玉)

交 通

【概况】 2013年底,青神县共有公路481.16公里,其中:县道9条,136.78公里,乡道9条,50.27公里,专用公路3.64公里,村道290.47公里;按公路技术标准划分有高速公路2.12公里,二级公路11.49公里,三级公路38.58公里,四级公路431.09公里。按路面类型分,沥青混凝土路面14.78公里,水泥混凝土路面442.59公里,简易铺装路面23.79公里。

【重点公路建设】 成(都)绵(阳)乐(山)铁路客运专线青神段 成绵乐铁路客运专线青神段途经青神县西龙镇和罗波乡,在青神境内长17.25公里,设计时速每小时250公里,预算总投资21亿元。2009年开始征地拆迁,2010年9月正式开工建设,分两个标段,建设单位分别为中铁五局集团建筑工程有限责任公司和四川路桥公司。2013年完成投资5.2亿元,累计完成投资20.8亿元,占投资总额的99%。

快速通道(锦绣大道)工程 成绵乐铁路客运专线青神站至县城快速通道(锦绣大道)工程项目全长6.6公里,宽66米,概算总投资约2.95亿元,由地方政府筹资建设。设计单位为中国华西工程设计建设有限公司,施工单位为四川尚高建设有限公司,监理单位为四川公路工程咨询监理事务所。该项目分县城至西龙场镇段和西龙场镇至高铁车站段两个标段实施,2013年完成投资1.4亿元,累计完成投资2.8亿元,2013年12月6日建成通车。

锦绣大道西龙场镇至高铁车站段 工程项目经市发改委批准立项,概算总投资约1.20亿元,总长度约6.24公里。其中安置区主干道长3.3公里,一级公路技术标准,沥青路面宽 66 米(其中道路宽 36 米,道路两侧各 15 米堆坡绿化),配套建设道路沿线雨污管道、道路照明、绿化、交通管理设施等。项目业主为青神县国土资源局,设计单位为中国华西工程设计建设有限公司,施工单位为四川四海建设工程有限公司,监理单位为四川城市建设监理公司。2012 年底该项目一期工程场平标段完工;二期工程(道路建设)排水管安装完成。2013 年 11 月底完成一期工程场平标段和二期工程一期场平标段施工,正在抓紧二期工程人行道砖安装和路面面层施工。

【“张坎”收费站更名为“青神”】 按照县委、县政府要求,县交通运输局攻克难关,勇于创新,积极对上汇报和对外协调,终于取得省交通运输厅的更名复函和成乐高速公司的支持。2013 年 5 月 1 日,完成成乐高速“张坎”收费站更名为“青神”收费站及相关标牌的更换工作,被评为青神县 2013 年“十大创新”工作。

【农村公路建设】 2013 年,完成通村水泥路 5 公里,完成目标任务的 100%;完成通乡水泥路 14 公里,完成目标任务的 140%。

华青路 华阳至青神,地方上称为青仁路,起于双流华阳,经仁寿清水、龙正、青神河坝子,止于青神。青神境内全长 16.88 公里。技术等级三级,路基宽度 8.5 米,路面宽度 6 米,水泥混凝土路面。2013 年投入资金 1400 元,安装农村公路养护责任牌 2 个。

乐青路 乐山至青神公路(简称乐青路),起于 k22 +898 处的乐山王高山,经乐山市市中区悦来、青神罗波、瑞峰、南城,止于 k44 +744 处的青神县城,全长 21.85 公里。路基宽 7.5 米,为三级沥青混凝土路面。2013 年投入资金 1400 元,安装农村公路养护责任牌 2 个;投入资金 11165 元,修补乐青路沥青砼破损路面 122.7 平方米。

井洪路 又称青井路、青夹路,起于 k27 +927 处的乐山交界处,止于 k51 +933 处的坛三口,全长 24.01 公里。2013 年投入资金 1400 元,安装农村公路养护责任牌 2 个。通过项目整合,2013 年底实现完工通车。

青关路 起于 K0 处的岷江大桥,止于 k28 +003 处的乐山界,全长 28 公里。青关路路面改造工程于 2013 年 10 月 28 日开工,2014 年 1 月 10 日完工,累计投资 872 万元。设计单位为四川捷通公路工程勘察设计有限公司,监理单位为四川省城市建设工程监理有限公司,施工单位为郑州市正岩建设有限公司。

骑河路 起于 k41 +037 处,止于 k45 +029 处的连心桥,全长 3.99 公里。2013 年投入资金 1400 元,安装农村公路养护责任牌 2 个。

眉青路 起于 k9 +276 青神眉山交界处,止于 k20 +77 处的青神县城西五更桥,全长 11.49 公里。路基宽 12 米,行车道宽 9 米,设计时速为每小时 80 公里,为二级沥青混凝土路面。2013 年投入资金 1400 元,安装农村公路养护责任牌 2 个;投入资金 8368 万元,修补眉青路沥青砼破损路面 79.7 平方米。

江白路 起于 k52 +381,止于 k61 +831 处的青神白果乡政府,全长 9.45 公里,三级水泥混凝土路面。2013 年投入资金 1400 元,安装农村公路养护责任牌 2 个。

丹黑路 起于 k52 +476,止于 k55 +621 处的青神黑龙镇政府,全长 3.15 公里。2013 年投入资金 1400 元,安装农村公路养护责任牌 2 个。

龙娴路 起于青神县西龙镇 K7 +324,止于东坡思蒙镇界 k25 +26,全长 17.94 公里。2013 年投入资金 150 万元,完成龙娴路 10 公里安保工程实施,安装波形护栏 3022 米、标志标牌 220 套,混凝土护柱 904 个;投入资金 1400 元,安装农村公路养护责任牌 2 个。

【公路养护】 2013 年,对 136.78 公里县道公路和 48 座大、中、小桥梁开展日常养护、维修、汛期抢险、排障等工作,做到所养护的路段路面整洁、边沟畅通、路肩无杂草、垃圾、纸屑、堆积物。全年投入资金15.33万元，修补乐青路、眉青路、青关路和南竹路破损路面1499.4平方米；投入资金9.93万元，铺筑岷江大桥便桥引道路面1204.6平方米；投入资金2.52万元，对全县9条县道和9条乡道进行农村公路养护责任牌安装，共安装责任牌36个；投入资金1.64万元，修补乐青路罗波场镇段路面坑凼180平方米；投入资金1.5万元，清理眉青路边沟垃、圾杂。

【交通安全生产】 成立安全工作领导小组，落实工作责任和工作目标。县交通运输局与局属各单位签订2013年安全目标责任书5份，组织每月安全学习例会12次，专题会议8次，综合工作会议48次。完成全县129辆客运车GPS监控系统安装；投入资金1000万元，完成青神岷江大桥安全隐患整治；投入资金1.5万元，新增青关路波形护栏48米，标线87平方米，道路标志标牌13个；投入资金1.2万元，新增河坝子桥桥面两侧波形护栏58米；投入7万元，对青乐路、井洪路、龙娴路被损坏的安全警示桩、波形护栏进行安装；投入3.2万元，对青挂1、青渡3号船进行大修，投入5.5万元，对洪水冲垮的汉阳渡口码头、新路口码头、筏之渡行人道进行修复处理；至年底，新增钢绳400米，灭火器28支，救生衣、救生浮具290件，新增2个栓船柱。在打非治违专项整治活动中，检查客运车辆1985辆次，检查货运车辆760辆次，检查客货运输企业106次，检查客运站、维修、驾校61次，查处违章货车78辆次，安全排查客运车辆551辆（包括出租车、公交车）。开展为期3个月的安全生产大检查行动，排查陆上运输企业39家，水上运输企业30家，县乡道路143公里，桥梁48座；排查客运车辆326辆次，营运船只27艘；排查治理隐患11起（重大隐患2起）投入隐患治理经费1.5万元。全年年审客动车辆68辆，出租汽车50辆，货运车辆2287辆，公交车8辆，船只27艘。拆除非法公路标志、标牌10块；取缔违章占道、摆摊设点83处；查处违章建筑12起；控制红线59起；审批管线、杆线9起；处理损坏路产案件16起，办理路政许可案件11起，办理行政处罚12起。在治超工作中，对严重超限超载车辆坚决采取卸载、处罚、转载三管齐下的办法，检查超限运输车辆45000台次；劝返车辆15560台次；查处严重超限运输车辆236辆次，卸货2600吨。

【交通运输市场管理】 2013年，开展“打非治违”专项行动，围绕“杜绝重特大事故、降低一半事故、保交通生产安全，保交通畅通”的目标，加强组织领导，严格执法，强化隐患排查治理力度，严厉打击非法违法生产经营行为，坚决整顿治理、关闭取缔非法、违法和不符合安全生产条件的生产经营单位，切实解决影响和制约安全生产的突出问题，规范安全生产法治秩序，继续开展出租汽车、客运车站、驾驶培训学校、维修企业等行业文明创建活动。推进“隐患治理年”各项工作的部署落实，切实维护人民群众生命财产安全，促进交通运输安全生产形势持续稳定。

【客运市场管理】 2013年，全县有客运车辆126辆，客运线路24条（跨市5条，跨县2条，县内17条），完成客运量285.06万人次，比上年下降13%，客运周转量10911.52万人公里，增长22.1%。

【货运市场管理】 2013年，加强道路货运市场管理，依法规范经营行为，道路货运市场持续发展。全年完成货运量275.16万吨，比2012年下降10%；货运周转量11171.12万吨公里，增长22%；新增货车84辆，791.21吨，货车拥有量为2287辆；完成客运客车68台、出租车50辆、公交车8辆、货运车辆2287辆年度审验。

【交通企业管理】 全县有一类维修企业2家，二类维修企业7家，三类维修业户57家，鑫源汽修厂由二类维修企业升级一类维修企业，新建一条二级维护质量检测线。完成汽车整体大修210辆次，总成修理6500辆次，二级维护6600辆次，汽车小修及专项修理21万辆次，各类摩托车维修25万辆次；

完成7家二类汽车维修企业维修质量信誉考核，并配合市运管处对全县2家一类汽车维修企业进行考核；完成顺江汽车服务中心搬迁厂址并升级筹建二类汽车维修企业业务指导，并组织审核小组对该厂址实地核查验收，验收合格后核发二类小型车维修道路运输经营许可证。

【出租车管理】 2013年，加强出租汽车行业管理，深化公司经营，倡导文明驾驶，优质服务，不断提高服务水平和服务质量，提前按照省、市对出租汽车相关文件精神，提出延续经营申请，对50辆有偿使用经营权出租汽车，按时更换延续经营期限，化解公司内部矛盾，确保出租汽车行业稳定。

【机动车驾驶培训】 2013年，以"保安全、抓质量"为目标，对驾校实行动态管理，督促驾校落实各项安全管理制度，组织教练员开展新教学大纲的轮训工作；加强驾培市场监管，上半年配合市运管处查处彭山泰运驾校非法设点招生培训违法行为进；全年驾校完成驾驶学员培训4180人次，比2012年增长1%。

【城市一元通公交】 2013年11月28日，县交通运输局与四川省乐山汽车运输有限公司签订《青神县"一元通"2路城市公交项目合同》。2路公交线路全程12公里，共20个停靠站，站间距500至800米，运行时间为每天6:00～20:00，实行终起点同时对发，每10分钟一班，投入公交车10辆，2014年1月10日正式投入营运。

（王小梅）

岷江航电枢纽工程开发建设

【项目推进】 2013年7月15日，汉阳航电枢纽工程取得省发改委项目核准批复，至此，汉阳航电枢纽工程完成规划、预可研、可研、核准专题审批工作。全年完成生产、生活用房、拌和站、场内交通、风、水、电管线路及小型临时设施。

【工程建设】 截止2013年12月，完成投资5.28亿元，其中：土方及砂卵石开挖460651立方米，石方开挖408837立方米，河道疏挖1150247立方米，混凝土浇筑267883立方米（含左岸防护堤），钢筋制安3392.7吨，基础灌浆465.5米，金结制造832.5吨，金结安装175.5吨。

【移民安置】 汉阳航电枢纽工程涉及搬迁安置移民38户，100人。移民搬迁安置工作全面启动。瑞峰镇搬迁安置点2013年8月25日完成地勘，2013年10月12日场平、路基、保坎等工程分别开工，2013年10月20－21日签订移民安置协议，2013年12月9日完成电力设备施工，2013年12月10日安置房全面动工。汉阳镇搬迁户完成选址、场平工作。

【工作举措】 发挥"政府主导、企业主体"作用，引导企业实施项目建设，通过成立航电工作机构、强化服务意识、明确纪律要求等举措推进航电工程进展。一是责任人人担。县航电办制定详细的工作职责与工作制度，合理分工、责任到人。二是工作周周清。每周星期五，由指挥部常务副指挥长主持召开周例会，做到每周工作每周完成。三是困难件件破。航电工程难点在移民，县航电办移民组、保卫组人员坚持现场办公，配合公司、乡镇现场指导开展工作，认真听取群众意见、及时解决群众诉求、迅速处理突发问题。

【协调机制】 人员保障。从全县相关部门、乡镇抽调具有综合协调、移民、国土、财务、保卫等工作经验22名干部分别充实到各工作组。资金保障。项目实施中，财务组与公司协调划拨青苗补偿以及移民征地补偿款，完善报批手续，协助乡镇及时兑付。维稳保障。制定应急预案，提前对工程建设过程中涉及乡镇、村、组开展摸底调查，排查安全问题。

（何　伟）

邮　政

【概况】 2013年,有在岗职工70人,其中:合同工31人,聘用工7人,劳务工30人,外包工2人。设一室一部(综合办公室、市场部),下辖2个生产班组、1个车辆管理组、7个邮政储蓄代理网点、15个农村委代办点;有生产、办公、住宿用房5282.68平方米;有生产和行政用车6辆,汽车邮路里程全年7万公里。

【通信建设】 2013年度,企业基础建设方面,西街邮政营业所增设集邮展厅,为广大集邮爱好者提供交流平台;在城区新增自助存取款机一台;西街邮政储蓄所实行转型升级,在软件硬件方面加大投入,提升网点员工整体服务能力和企业外部形象;新增城市投递电瓶三轮车3辆,确保报刊、邮件、包裹在投递过程中不因天气变化而受损坏;加强城区职工食堂、职工娱乐室硬件投入,为企业职工提供更加方便舒适的工作生活条件。

【经营成效】 全年实现业务收入1426万元,完成市局下达计划任务1446万元的98.62%,入围市局绩效评分考核。其中报刊实现收入86万元,完成计划任务的104.87%,列全市第一名,其中零售报刊实现收入19.22万元,完成计划任务的128%,列全市第一名;汇兑实现收入11.5万元,完成计划任务的95.83%,列全市第一名;电子商务专业实现收入108.31万元,完成计划任务的123.09%,列全市第一名。

【企业管理】 完成全局金融网点人员的轮岗,施行员工履职考核,调动员工发展业务激情。规范和完善劳动用工配套管理办法,依法规范各类用工,确保劳动合同、劳务派遣协议规范签订率100%;对员工进行教育培训,提升队伍素质,完善落实企业规章制度。定期召开班组长以上管理人员经营分析会和安全生产联席会议,坚持定期检查和突击检查相结合,严防案件的发生,定期组织防抢和消防演习;做到全年无安全事故,无资金票款案件,无媒体曝光事件发生。

(宋　平)

电　信

【概况】 中国电信股份有限公司青神分公司是青神县主体电信企业和综合信息服务商,位于青神县城北路121号,有正式员工34人,劳务派遣员工6人,设销售中心、城区分局、农村支局、综合支撑部、综合维护班组。县城有9个营业厅,农村代办营业厅有23个,担负着全县综合信息服务任务。中国电信青神分公司按照集团公司打造世界级综合信息服务提供商的战略。始终坚持品质领先和服务领先办企业,提供3G、4G业务、天翼手机、宽带、网络自动化办公、视频网络监控、IT应该等各种信息化业务、着力打造全光县城。

【经营效益】 全年收入完成计划的100%,业务发展全年完成计划的100%。青神电信是唯一将税收交在当地财政的通信运营商,全年上缴税收109万,比上年增长20%。

【信息化新农村建设】 市政府下达全年任务5个,完成12个,完成计划的240%,超额完成计划。宽带信息化村的建设,为当地农村经济、信息获取和维护视野提升起到推动作用,融入到同步世界的信息、经济和文化圈。

【项目投资】 3G、全光到户信息化建设等各项通信设施累计投资2000万元。

(唐　宇)

移　动

【概况】　中国移动青神分公司位于青神县青竹大道安置街,公司下设综合后勤中心、市场数据部、网络部、政企客户中心、营业厅、城区营业部、农村营业部共7个部门。截止2013年12月,有员工37人,其中拥有本科及硕士研究生学历人员占比为38%,大专学历人员占比为53%。青神移动成为覆盖范围广、通信质量高、业务品种丰富、服务水平一流的移动通信网络公司,在全县所有乡镇及城区主要街道设立营业厅,拥有上百个社区和村级服务网点。

【移动4G】　2013年12月,工业和信息化部向中国移动通信集团公司正式颁发“LTE/第四代数字蜂窝移动通信业务(TD－LTE)”经营许可。中国移动青神分公司作为青神首家提供4G服务的运营商,启动迅速、快速建设,年底完成青神县城区政府单位、主要街道、热点区域的覆盖,城区4G网络覆盖率达60%以上。移动4G网络室内情况下,下行峰值速率可达100Mbps,上行峰值速率可达到10Mbps;室外情况下,下行峰值速率可达到80Mbps,上行峰值速率可达到20Mbps。移动4G高速率、低时延、快响应、丰富的终端类型将为全县用户带来更安全、更高速、更大容量、更丰富多彩的手机上网体验。

【企业发展】　2013年全县移动用户累计突破10.8户,增长14.3%,全年实现业务收入5500万元,增长13.2%。全年总投资约8000万元,新建生产楼1处,新建基站74个(村通基站19个,4G基站50个,室内分布站5个),通信管道20管程公里。全县拥有移动通信基站总数达160个,光缆总长达960公里,区乡网络覆盖99%,乡镇、城区覆盖率100%。新建集团专线260条,其中包括西龙纸厂厂区监控、纪委视频会议、透明厨房、环保在线、车辆二级维护、交警队卡口监控及便民服务系统等大型项目。新建光纤宽带端口数8220线,城区移动光纤宽带覆盖小区218个,覆盖率70%;区乡场镇100%覆盖,村社覆盖达30%。

【宣传教育活动】　中国移动青神分公司秉承集团公司“正德厚生臻于至善”的核心价值观,以“打造当地最受人尊重的企业”为目标,结合县公司“全责、全力、全心”“三全”文化抓手,致力于社会公益活动的开展。成立应急民兵通信小分队,不断提升自身的应急通信保障能力,圆满完成“元宵节”、“第二十七届瑞丰龙舟会”、“成艺签约仪式”、“百名企业家进青神”等县内大型集会和节假日的通信保障工作;开展创先争优活动,结对帮扶汉阳镇场镇社区3名贫困户。倡导青年团员参加志愿者服务活动,组织开展“3・12植树节”、“4・20地震”百人祈福活动、“汉阳敬老院关爱”、等志愿者服务活动。开展公民道德建设宣传教育月活动,开展“3・15”消费者权益日、“5・17”电信日、“12・4”法制宣传日等主题宣传活动。

(简　涛)

党政网建设

【概况】　青神县党政网管理中心为青神县委机要局下属参公事业单位,机构级别副科级。2013年,县党政网管理中心认真履行党政网建设和管理,以及电子文件管理等职能,扎实推进电子政务内网信息化工作,为全县电子政务工作提供技术保障和信息服务。

【网络信息监管】　按照“谁上网,谁审查,谁负责”的原则,严格执行网络信息责任制和信息发布审核制。落实专人负责上网信息的审查、发布和日常巡网检查工作,做到每日巡网、全网全覆盖,全年巡网检查信息1万余条,确保党政网信息的安全性、及时性和准确性。

【信息服务】 按照《青神县党政网建设与管理工作目标考核细则》(青目发〔2012〕10号)的要求,实行网站信息季度通报制,督促乡镇、部门加强网站建设,确保网站内容及时更新,信息安全有效。全年上传门户网站主页信息6874条,单位之间互报信息8279条,乡镇、部门网站上传信息4421条,起到宣传青神、展示青神的积极作用。全年上报“省党政网三个信息库”信息202条,被省上采用20条,上报市局专报信息7条,被采用2条,信息工作名列全市前列,为各级领导提供优质的信息服务和决策参考。

【网上办公应用】 加强党政网首页各个栏目的日常管理和维护工作,确保网站正常运行,栏目信息及时更新,全年更新信息6874条。对定点维护人员开展新版公文交换系统应用的培训,同时采用上门服务、电话指导、上传资料等方式,对部门和乡镇党政网管理人员进行指导和培训,确保新版电子公文交换系统按时启用。及时制作更换电子印章189枚,保证各级各部门工作的正常开展,提升党委系统信息化工作水平。

【定点维护工作】 牵头召开由县委保密局、县财政局、电信公司和定点维护公司参加的工作协调会,明确定点维护工作的范围、目标、重点和具体举措。以县委办、县政府办的名义下发《关于对涉密计算机和涉密网络实行定点维修的通知》,将全县100多个单位的党政网和财政网计算机及设备纳入定点维护范围;开展技术培训,对定点维护单位的技术人员进行2期培训,提升定点维护人员的业务技能和保密意识,确保网络和设备安全稳定运行。

(刘一江)

广电网络

【概况】 四川省有线广播电视网络股份有限公司青神分公司是集青神县有线广播电视综合信息传输、数据信息服务,视频点播服务等业务的综合信息服务商,位于青神县小南街有正式员工16人,招聘员工5人,设综合部、市场客服部、工程技维部、财务资产部。在县城设收费点2个,新建中心机房1个,原传输机房1个,担负全县广电综合信息服务任务。按照省级公司关于打造全省一级信息服务商的战略,坚持以优质服务为先,诚实守信经营,逐渐将传统有线电视转变为以有线电视为平台集数据信息服务、视频点播、电子产品制造等为一体的信息综合体。

【经营效益】 全年收入完成计划的462万,业务发展全年完成计划的104.32%,全年上缴税收15.19万,比上年增长11.46%。

【项目投资】 2013年在完成全县由模拟电视到数字电视整转任务的同时,对全县进行数字双向传输网络改造。改造小区15个,新架设城区光缆主干线48公里,农网电缆十线3公里,新建双向传输小区3个,投资180多万元。

【维护工作】 对老化线路进行整治和更换,提升线路传输质量,解决以前电视收看噪声大、图像模糊、维修不及时等问题,同期进行的双向网络彻底根治这些问题。广电故障维护时间调至晚10点,让用户享受到更周到的服务。

(王 苇)

◎非公有制经济

综　述

【概况】　2013 年,全县非公有制经济有 6882 户,比上年增长 7.8%;注册资金 18.58 亿元,增 20.2%;户均注册资金增长 27 万元,增 11%;从业人员 46057 人,增 12.12%。全年完成固定资产投资 44.8 亿元,增 27.9%;社会消费品零售总额 14.74 亿元,增 14.2%。全县非公有制经济增加值 36.15 亿元,增长 12.9%,增速比地区生产总值增速高 2.4 个百分点,其中,第一产业非公有制经济增加值 6.01 亿元,增长 3.6%;第二产业非公有制经济增加值 20.70 亿元,增长 15.6%;第三产业非公有制经济增加值 9.44 亿元,增长 12.6%。完成税收入库 4.96 亿元,增 21.57%。非公有制经济增加值占全县国内生产总值的比重为 66.9%,比上年提高 1.2 个百分点。非公有制经济对全县经济增长的贡献率为 80.3%,拉动经济增长 8.4 个百分点。

【存在的问题】　一是经济总量低,规模化程度不高。县一、二产业缺乏规模大、实力强、增长点突出的企业。二是产业结构不合理。非公有经济有相当部分属于第三产业,且多从事批零贸易、餐饮、理发及美容、娱乐等业务,新兴产业比重不大,高新技术产业还未形成气候。三是名牌产品少,科技含量不高。大多数企业在新产品开发资金投入方面不足,品牌竞争意识还不强。全县注册商标多,但没有驰名商标,只有省级著名商标 6 件。四是多数企业实力不强,参与市场竞争能力较弱。主要表现在企业自身人员水平不高,企业生产技术设备落后,产品档次低、品种单调,缺乏跨地区、跨行业的大型企业集团的产业群体。

【对策建议】　加强对国家和地方产业政策的宣传指导,组织、引导非公有经济调整好产业结构,进行产业组织创新和技术创新,进行企业的整合和发展,解决企业间的过渡竞争和企业规模小、产品质量差异的问题。改进对个体私营经济的服务与管理。强化对个体私营经济的服务,切实帮助他们解决发展经济中所遇到的困难和问题,支持和鼓励有条件的中小企业做强做大。强化对非公有制经济业主及其从业人员的教育培训,不断提高自身素质,提高技术和管理水平,做到依法经营,依法纳税,公平竞争。培育具有市场竞争力的企业和品牌。协助企业制定人才引进措施,帮助企业培养人才,鼓励和引导企业开发新产品,打造新品牌,有计划的培育知名、著名、驰名商标。

（陈　容）

个体私营经济

【概况】　2013 年,全县拥有个体私营经济 6874 户,比上年增长 7.76%;从业人员 45287 人,增 12.35%;注册资金 18 亿元,增 20.97%。完成固定资产投资 11.13 亿元,增 38.95%;全社会消费品零售总额 13.23 亿元,增 22.1%。完成国民生产总值 34.4 亿元,增 12.9%;占全县国民生产总值的 63.7%;其中:第一产业实现增加值 6.01 亿元,增

3.6%,占全县第一产业增加值的78.4%;第二产业实现增加值18.95亿元,增15.8%,占51.2%;第三产业实现增加值9.44亿元,增12.6%,占68.6%。规模以上个体私营经济工业实现增加值16.8亿元,增22.1%。完成建筑业总产值9.34亿元,增27%。

【行业结构】 第三产业按主要行业分类:交通运输、仓储邮政业64户,增36.17%;从业人员512人,增1.12倍;注册资金608万元,下降26.32%;完成货运量9618万吨公里,增22.5%;客运量9173万人公里,增23.1%。实行增加值1.49亿元,增6.3%,占全县交通运输、仓储邮政业的98.7%。信息传输计算机服务和软件业44户,增22.22%;从业人员354人,增3.07倍,注册资金372万元,增8.77%。实现增加值2669万元,增5.3%,占94%。批发和零售业4666户,增8.21%;从业人员14101人,增19.45%;注册资金2.51亿元,增56.25%;实现增加值1.95亿元,增10.9%,占98%。住宿和餐馆业546户,增8.98%,从业人员1632人,增13.49%;注册资金3305万元,增10.28%;实现增加值1.31亿元,增4.5%,占97.6%。金融和保险业5户,增66.67%,从业人员53人,增1.65倍;注册资金7003万元,与上年保持不变。房地产业23户,增43.75%;从业人员689人,增89.23%;注册资金1.74亿元,增22.54%;全年商品房销售额8.11亿元,增1.62倍;实现增加值2.37亿元,增13.2%,占96.1%。租赁和商务服务业51户,增34.21%;从业人员1059人,增43.5%;注册资金1.32亿元,增10.92%;实现增加值1423万元,增10.4%,占96.9%。科研服务和地质勘查业7户,增2.5倍;从业人员121人,增3.03倍;注册资金1163万元,增78.92%;实现增加值116万元,增17.6%,占11.2%。居民服务和其他服务业572户,增6.12%;从业人员1425人,增5.79%;注册资金1204万元,增11.69%;实现增加值1.17亿元,增10.5%,占97.4%。新增教育业1户,从业人员4人,注册资金10万元,实现增加值4043万元,占41.9%。卫生和社会工作21户,增5%;从业人员80人,增1倍;注册资金54万元,增1.25倍;实现增加值2554万元,增13.2%,占61.7%。文化体育和娱乐业13户,增30%,从业人员79人,增36.2%;注册资金86万元,增5.14倍;实现增加值745万元,增14.6%,占85.3%。上年的其他行业79户全部注销。

港澳台经济

2013年,全县有港澳台企业2户,分别是眉山协兴纺织有限公司、名扬橡胶制品有限公司。从业人员450人,注册资金304万元;完成国内生产总值1.39亿元,增12.9%,占全县国内生产总值的2.6%,均属第二产业。其中规模以上工业实现增加值680万元,增11.1%。

外商经济

2013年,全县外商经济企业6户,从业人员320人,注册资金5456万元。全年完成固定资产投资3940万元,比上年增长14.9%;全年实现国内生产总值3641万元,增12.8%,占全县国内生产总值的6.7%,均属第二产业。其中规模以上工业实现增加值1310万元,增19.1%。

(周国玉)

◎商　务

商务流通

【概况】 青神县商务局(青神县供销社)内设办公室、对外经济贸易合作股、商贸流通股、市场管理股、法规股、供销股等 6 个股室,有工作人员 24 人,其中正科级领导职数 2 名,副科级领导职数 2 名。2013 年,突出"抓外贸、促消费、调结构"三条主线,凝心聚力,攻坚克难,奋力推进商务工作加快发展,圆满完成各项目标任务。与商务部投资促进事务局中国国际投资促进中心签署产业投资促进合作框架协议,被县委、县政府评为"2013 年十大创新"工作;青神县被省委组织部、省委农工委、省商务厅评为"四川省农村商务信息服务试点县";青神易网电商基地被评为"四川省电子商务示范基地"。

【对外合作】 2013 年,青神县商务局加强世界 500 强企业信息的收集整理,制定《外出拜访境外 500 强企业国内办事处方案》。加强对外衔接沟通,与博世公司、四川婺商投资有限公司、成都市金华商会和四川鑫磊达商贸有限公司等建立经常联系。配合做好"友好之春 · 走进青神"、"百名企业家走进青神"等活动,对负责的 7 家机构和企业进行回访对接。加强与市博览局的对接,通过市博览局积极推荐全县工业开发区和重点招商引资项目,并就德国拜仁州(巴伐利亚州)投资相关事宜进行了沟通。

【合作协议】 2013 年 7 月 9 日,青神县人民政府与商务部投资促进事务局中国国际投资促进中心签署《产业投资促进合作框架协议》。商务部投资促进事务局中国国际投资促进中心成为青神新的招商引资平台,双方将在向国内外企业推荐青神、探索园区合作共建、促进青神企业对外交流等方面进行广泛深入的合作。2013 年 12 月 5 日,由商务部投资促进局和华南美国商会主办、四川省投资促进局承办的"跨国企业四川行 · 青神站"活动成功举办,来自商务部投资促进局、21 个跨国企业及商会的 40 名领导、企业家和商会代表莅临县投资考察。活动深化与商务部投资促进局的合作,增进与华南美国商会和西南美国商会的联系,并与意向企业达成投资合作的意向。

【外贸经营】 2013 年,为全面把握县外贸出口状况,对全县外贸企业逐一走访调研,形成调研报告,为县委、县政府加快外贸发展提供依据。全县实现外贸进出口 2659.92 万美元,完成市定目标任务 102.3%。

【行政审批】 2013 年,青神县商务局经县政府法制办核定,保留行政审批项目 3 项、公共服务项目 13 项。

【商贸服务业】 2013 年,做好万村千乡市场工程监管。立足"服务民生、改善民生",扩大内需,促进农村市场繁荣。全方位宣传“万村千乡市场工程”，推进信息化建设，做好监督管理工作，鼓励群众积极消费。加强全县商品零售行业管理。推动连锁经营多领域、跨区域发展，提高流通现代化水平；强化青神大酒店、联华超市等限额以上企业的统计和指导，全年实现社会消费品零售总额14.74亿元，同比增长14.2%。

【专项整治】 2013年，深化城乡综合治理网格化管理。制发《青神县商务局关于进一步做好城乡环境综合治理工作的通知》（青商务〔2013〕21号），以“六乱”治理为目标，将农贸市场、生猪定点屠宰场（点）、商业网点规划和单位内部环境整治工作责任细化到人，分片包干，确保落实。

【市场运行监测】 2013年，召开行业管理工作会。分别召开成品油、生猪定点屠宰、再生资源回收、酒类、茧丝绸管理工作会议，签订《安全责任书》、《承诺书》，明确职责。依法开展备案登记、营业执照年检工作，加强市场运行监测，促进商贸流通企业健康发展。加强生猪定点屠宰管理。针对“瘦肉精”事件，联合工商、畜牧等部门开展专项检查5次；加强出场（点）猪肉质量检查，严厉打击私屠滥宰、注水猪等行为，强化无害化处理监管，实现上市肉品质量100%达标。

【农村市场流通】 2013年，与相关部门合作，广泛征求意见，拟定并上报《青神县集贸市场近期建设规划方案》。促进开发商引进，多次与有意向的投资商进行洽谈。城北综合市场建设项目已纳入“城市之星”项目整体招商建设。

（罗桂金）

粮油购销

【概况】 2013年，粮食局内设办公室、业计股、财会股、粮食流通监督执法大队、行政许可股5个股室。下辖国粮管理有限公司和瑞峰粮油收储营销公司（挂牌）2个国有企业。局机关在职职工19人，退休职工21人；国粮管理有限公司职工18人，瑞峰粮油收储营销公司职工1人。完成对上争取任务228万元，占任务数的114%。

【经济指标】 全年粮食收购计划1.9万吨，完成20688吨，占计划的109%；粮食销售计划4.7万吨，完成52652吨，占计划的112%；油菜籽收购计划1.6万吨，完成18263吨，占计划的114%；食用油销售计划0.7万吨，完成7220吨，占计划的103%；物流贸易计划5万吨，完成5.1万吨，占计划的102%；加工转化产值计划2.2亿元，完成2.25亿元，占计划的102%；乡村粮油超市和放心粮油便民店计划11个，完成13个，占计划的118%；项目建设投资计划300万元，完成310万元，占计划的103%；仓储规范化计划仓谷5000吨，油罐1000吨，全面完成。

【粮油管理】 坚持每月粮情、油情的监管，做好登记；坚持粮（油）情检查制度，按时进行检查，应用好计算机粮情测温，认真登记做好分析，掌握解粮（油）情变化；改造升级计算机粮情测温系统，规范操作；开展规范化储粮管理，做好粮油安全存储；对直属仓库库区与宿舍区进行隔离维修改造，保证库区安全；新安装一台80吨电子衡，方便粮食出入库。加强汛期储粮安全，确保粮油安全渡讯。

【粮食收购】 按照中央要求，联合中储粮和农发行，按保护价开展中籼稻托市收购，切实保护种粮农民利益。全年收购稻谷1133吨，10月15日省粮食局副巡视员吴晓林来青督查时予以好评。

【粮食经营】 开展经营活动，多渠道多方位加强合作，自筹资金，经营玉米、小麦、稻谷5万多吨，收购当地稻谷2000多吨。协助成都成华国良公司做好代储省级储备小麦轮换，完成3000吨代储小麦轮换。

【清仓查库】 按照省局要求，对2013年3月25日时点的库存粮食进行全面彻底的清查。经查库存的粮食帐表、帐帐、帐实相符，通过省、市、县的验收。

【粮油统计】 举办一期粮油统计工作培训会，学习《粮食流通管理条例》、《四川省〈粮食流通管理条例〉实施办法》、粮食流通统计制度，以及统计工作相关知识，各类粮油经营企业提高对统计工作的认识，主动按时上报统计报表。

【安全工作】 与4个民营企业签订安全生产责任书，全面落实企业的安全生产主体责任和主管部门的监管责任。开展"百日安全生产活动"及"百日安全生产竞赛活动"，每月坚持对全县所辖的粮所(点)、库区、办公区、经营场所的消防和安全生产及粮食储存安全进行全面检查。重点检查各储存粮油库点、出租场地的管理情况；储存的粮油安全；化学药剂管理和领用情况。新添置消防灭器53具，检测储粮仓库避雷针接地线12个，及时排查和整改各类隐患，无一例安全责任事故。

【食品安全】 开展食品安全检查6次，参加人员26人次，检查生产企业12家，粮油销售门市30个，确保销售网点无非法添加和滥用食品添加剂的粮油食品，为粮油市场供应安全提供保障，让市民吃上放心粮油。

【抗震救灾】 "4·20"芦山地震发生后，立即启动应急预案，在第一时间赶到直属仓库、桂花仓库、北门油库储粮(油)现场，了解掌握受灾情况，组织抢险，开展好自救工作。同时收集其它仓库受灾情况和受灾图片，及时上报灾情，请有关部门对受灾的仓库仓房及房屋进行排查鉴定，及时进行维修。及时上报基础设施建设规划和灾后重建计划。

【直联工作】 引进真诚油脂公司到西龙镇鹰台村和光辉村投资1.7万元，建良种油菜籽种植基地6000亩，让农民得到实惠；赞助鹰台村2000元维修沟渠，支持春耕生产；对16户联系户每户给予500元支持"双抢"工作；组织人员到鹰台村进行"十八大"和"中国梦"的宣讲活动；协助鹰台村两委会进行换届选举。

(刘庆华)

烟草供销

【营销管理】 2013年青神卷烟营销管理在货源分配、需求预测、卷烟销售政策宣传、客户管理、营销服务上实行个性化、差异化服务指导，全年保持卷烟销量稳中有进，注重卷烟销售结构的优化，货源分配尽量满足市场需求，实现客我双赢，2013年末，在满意度测评中，青神市场客户满意度综合测评位居全市第一。提升网建基础，完善电子商务服务工作，为现代卷烟零售终端的广泛应用做好准备，全年网上订货率(含手机订货)100%，网上订货成功率(含手机订货)99.85%，年度电子结算完成率(金额比)98.48%。组织各类培训，提升经营服务技能，借助"135"工作方法的灵活使用使得对市场的把控能力、客户的服务能力、品牌的培育能力提升。

【卷烟销售】 全年累计销售卷烟5761.815箱，完成年计划5960箱的96.67%，比上年同期5963.415箱减少201.6箱、减幅3.38%；其中娇子品牌销售1369.936箱，完成年计划1570箱的87.26%，比上年同期1288.356箱增加81.58箱、增幅6.33%；一类娇子全年累计销售165.104箱，完成年计划165箱的100.06%，比上年同期120.156箱增加44.95箱、增幅37.41%；全年累计销售七匹狼51.48箱，完成年计划50箱的102.75%。

【专卖管理】 以"抓重点、查源头、端窝点"为主要工作方式，通过路上查、关口堵、市场管等综合监管方式，依法行政、依法监督水平提升。全年查处各类涉烟违法案件155起(其中大要案9起)，罚没款44377.92元。其中假冒卷烟案件11起，走私案件2起、当地烟草专卖批发企业进货案87起、无证经营案55起，没收卷烟58.4条。汇同县公安、工商等职能部门建立长期协同互动关系，定期进行工作交流，适时开展联合检查。在“全省烟草市场集中打假专项行动”、“卷烟市场综合整治专项行动”、“雪茄烟市场治理专项行动”中，出动检查人员1503人次，检查各类经营场所2556户次，查处各类违法违规案件116起。立足青神实际制定《青神县烟草制品零售点合理布局规划》，并召开听证会审议通过，在严格落实许可证管理规范的前提下，统筹安排许可证换发，确保证件管理工作顺利开展。

【法制宣传】　深入开展“3·15”、“6·29”、“12·4”等法制宣传活动，以法律知识讲座、摆放宣传展板、接受现场咨询、散发宣传单为主要形式，向广大群众宣传识别假冒卷烟的方法、生产假冒卷烟对社会的影响、对人体的伤害，并公布12313社会举报电话，增强零售户的守法经营意识，营造“知法、懂法、守法”的法制氛围，全县持证经营率始终保持在96%以上，市场净化率始终保持在96.5%以上。

【经济效益】　2013年全年累计实现卷烟销售收入15375.6万元，比上年增加65.6万元、增幅0.42%；累计销售卷烟单箱均价26685元，增加1012元、增幅3.94%；实现毛利额3320.84万元，实现毛利率25.27%，实现利润2845.59万元，单箱费用893.02元。

（杨海琳）

食盐供销

【概况】　四川省盐业总公司青神支公司是省属国有企业，非独立核算单位，实行报帐制，隶属四川省盐业总公司乐山分公司，负责青神县盐的供应和销售；青神县盐政管理所隶属眉山市盐政市场稽查处，负责青神县的盐政市场管理工作，并承担着全县全面实现消除碘缺乏病目标的任务。四川省盐业总公司青神支公司和青神县盐政管理所实行两块牌子一套人马。2013年公司在岗职工6人、内退职工1人、退休职工1人。内设办公室、业务科、财务科、盐政科、青神县政务服务管理中心盐政管理所分中心、行政许可股及川盐连锁青神店。

【营销业务】　作为国有专营企业，公司始终秉持维护食盐市场安全、保障合格碘盐供应的宗旨，由川盐连锁青神店对全县100个食盐销售网点进行配送，确保网点覆盖率，保障全县人民吃上合格的加碘食盐。根据企业改革发展的需要，开展酒、味精、洗化等非盐产品经营，拓展企业发展空间。加强企业内部管理，严格控制各项费用，落实分公司“保证目标”的各项要求，全面完成各项经济指标。2013年，依托东坡泡菜加工基地，蔬菜加工用盐量增长较快，销售各类盐产品6706吨，比上年增长6.26%；其中小袋碘盐750吨，同比下降2%；普精盐5956吨，增7.86%；实现非盐销售107万元，顺利完成了上级下达的目标任务，实现国有资产的保值增值。

【盐政市场管理】　市场管理是保障食用盐市场安全的根本，而青神行业盐用量较大，因此盐政管理所把盐政市场管理作为中心工作常抓不懈，采取定期和不定期检查，随时了解和掌握全县食盐市场状况，同时重点针对行业盐用户、、小油坊等违规盐产品潜在用户重点突击检查。2013年盐政所共出动100车次，出动执法人员380人次，检查餐饮业、蔬菜及腌卤制品点、小油坊2000余次，零售网点1500余次。对行业用盐的管理，坚持实行购盐卡制度，盐政股严格把好审批关，对每一申请用盐户都要进行实地考察，合理核定用盐量，用户凭卡购盐，经常对其不定期督查，避免流入食盐市场。利用市场检查，定点宣传等机会向群众讲解相关法律、法规知识和食用加碘食盐的重要意义，向群众发放宣传资料2000余份，接受群众咨询300余人次，群众识别真伪加碘食盐的能力提高，自我保护意识增强。

（林　俊）

天然气供销

【概况】 青神公司股东为四川华油集团有限责任公司,持股 100%,注册资本 1000 万元。公司正式员工 10 人,聘用人员 15 人,其中管理人员 10 人。设办公室、财资部、生产技术部(含用户管理部),办公地址是青神县中岩路 1 号。经营区域是青神县主城区和眉山市东坡区松江工业走廊。中压管管线 Φ108 为 25 公里,Φ89 为 8.5 公里,Φ57 以下为 38 公里。

【经营情况】 2013 年公司全面完成华油集团公司下达的各项生产经营任务指标,全年销售收入 2409 万元,比上年增长 41.55%;净利润 18 万元,下降 37.94%;累计开户 1.2 万户,增 20%。

【安全工作】 公司本着"安全为天、安全第一"的原则,加强员工的安全知识和安全操作技能培训,加强 HSE 管理知识培训,确保公司安全平稳生产。公司每季度进行一次全面的检查,在"五一"、"十一"等重要节假日之前进行强化检查,在定期检查的基础上,提高随机检查的频率。在检查过程中,坚持"实事求是、细致全面、不留死角、不走过场"的原则,针对薄弱环节和可能出现的问题,认真进行全面排查,重点检查安全制度是否落实,安全措施是否到位,消防器材是否完好,漏洞隐患是否纠正。公司累计投入 200 多万元,换管段,改阀门,严查私拉乱接;搞好入户安全检查和安全用气知识宣传,确保安全生产。全年实现无大小安全生产和交通事故发生,实现零事故、零伤亡、零污染。

【企业管理】 狠抓生产经营管理,加强投资和财务管理,各项管理工作日趋规范。加强财务管理和成本控制。严格执行各项财务管理制度,认真搞好会计核算,资金入户率 100%,做到财务状况真实有效。加强合同、工商、法律事务管理,完善合同会审制度,工程设计、施工、检测、监理、材料采购均实行分公司和华油集团准入制度,严审承包商营业执照和资质证书,并签订合同,坚决维护公司的合法权益。突出班子建设,提高执行能力、解决问题、发现问题的能力,强化作风建设,领导以身作则,率先垂范,着力在质量、计量、标准化、制度、流程等方面下功夫。

【教育培训】 2013 年选送相关岗位员工参加华油组织的干部、工程技术、企业内控管理、人事劳资、HSE 管理以及财务管理方面的培训,通过培训,提高员工的基本素质和业务技能,促进公司 2013 年各项生产任务的全面完成,确保安全平稳供气。

(柏　平)

财政·税务◎

财　政

【概况】 2013年财政局机关有在职职工50人。其中:行政编制20人,事业编制30人;局机关内设办公室、农财股、企财股、行财股、社保股、综合计划股、预算(基建、税政)股、国库股、会计监察股共9个机构,下辖国库集中支付中心、财政投资评审中心2个单位。

【争取资金】 全年全县对上争取到位资金52550.74万元,比上年增长10.44%。

【财政预算执行情况】 全年全县完成地方财政收入72220万元,占年初预算的171.84%,比上年同期增长81.91%。其中:地方公共财政预算收入完成31155万元,增长115.42%。全年全县财政总支出166105万元,占年初预算的93.11%,增长55.95%。其中:地方公共财政预算支出120095万元,占年初预算的100%,增长30.58%。

【惠民政策投入】 加大财政惠农补贴力度。全年发放退耕还林补贴304.38万元,与上年持平;良种补贴321.5万元,增16.84%;农业机械购置补贴40万元,下降25%;粮食直补资金169万元和综合补贴资金1521.5万元,与上年持平。

【农业投入】 坚持量入为出的原则,加强管理和支农专项资金监管力度,确保农口部门正常运转和各项民生支出。2013年全县农业投入总额共计6.49亿元,增1.41%。

【社会保障投入】 对城市低保、农村低保、农村五保、优抚救济全部实行绿色通道,全年共发放城市低保和农村低保以及农村五保户169427人次,发放资金2517.04万元,增长23.38%;完善城乡统筹基本养老保险、农民工综合保险、征地农转非人员社会保险、农民养老保险等各项制度,衔接和转移有序推进,全年按时足额发放养老金16066万元,增长13.06%,退休人员社会化管理和发放率达100%。

【教育投入】 2013年教育财政拨款为19271万元,比上年增加3258万元,增长20.35%。农村中小学生均公用经费为中学生每人每年700元、小学生每人每年500元。农村中小学贫困寄宿生生活补助标准为中学生每人每年1250元,小学生每人每年1000元。

【预算外资金管理】 实行综合财政预算管理,实行"先入后支、量入为出、综合平衡、约有节余"的原则。基本支出预算落实到实有人数,项目支出预算安排到具体项目,非税支出预算一经批复以指标文件形式下达后,即成为该部门和单位年度资金安排的依据。按照部门和单位支出预算及缴入国库或财政专户的非税收入进度拨付资金,人员经费和公用经费按月拨付,项目经费按照项目主管部门的项目计划和可行性报告,结合实际收入按进度拨付。

【财政监督检查】 加强收入监管,确保应收尽收。全县行政事业单位的各项收入一律视为财政资金,纳入单位统一核算,实行综合预算管理。所有非税收入必须全额上缴财政预算外专户。实行“收支两条线”管理,严禁坐收坐支和私设“小金库”。加强支出监管,提高资金使用效益。加强办公费、差旅费、设备购置费、车辆燃料和维修费及基建修缮费等一般性支出管理,严格按照规定的开支范围和开支标准执行,从严把关,减轻财政负担,提高资金使用效益。加强政府采购监管,降低运行成本。凡属《政府采购目录》范围内的设备和事项,全部实行政府采购。特别是对公务车辆、办公设备、大宗生产物资购置等实行按计划申报、集中统一办理采购,切实降低成本。加强监督检查,规范财务管理行为。充分发挥财政部门职能作用,加强对各乡镇和各部门、单位年度预算收支情况的监督检查和跟踪问效,做到资金运行到哪里,监督工作就延伸到哪里,对违规违纪行为,按照相关法律、法规和制度,进行严肃处理。

【会计管理】 全县全年组织194人参加2013年度全国会计职称考试和会计从业资格考试的报名及考务工作,完成会计从业资格证书的后续管理、注册登记、掉转登记及变更工作。根据2013年从业资格证会计人员继续教育的要求,完成710人会计从业资格持证信息采集表审核工作、换发新证工作和继续教育工作。

(李思扬)

国家税务

【概况】 2013年,青神县国家税务局共有在职职工46人,其中公务员编制37人(试用期3人),工人编制9人。全局设有办公室、纳税服务科、政策法规科、税源管理一科、税源管理二科、人事教育科、稽查局、机关党委办公室。全局大专以上学历43人,占全局人数的93%。全局以组织收入为中心,严格遵守中央“八项规定”,狠抓“四风”整改,提升纳税服务水平,推进依法治税,税收任务圆满完成。

【税收收入】 截止12月31日,全局组织收入实现22732万元,完成市局下达任务的100.28%,同比增长11.88%,增收2413万元;其中,增值税实现17263万元,增长18.37%,增收2680万元;所得税实现5227万元,完成计划的106.68%。

【税收管理】 成立风险管理办公室,建立风险分析预警机制,对“两头在外”的商贸企业和农产品收购加工企业实行全面数据监控,核查“两头在外”的商贸企业5户,企业自查补税174.8万元;核查农产品收购发票使用企业15户,转出不符合抵扣范围的税款34万余元;核查当年固定资产进项税额数额较大的企业4户,查补税款23万元;清算辖区内出口退税企业5户,计提销项税金14.8万元;清理财政资金企业27户,入库企业所得税361万元;核查超市、木材、皮鞋等行业29户,查补税款117万元。通过强化风险查补税款700多万元。对辖区内连续两年亏损的18户企业以及3户房地产重点企业进行纳税评估和数据二次分析,实现评估收入970万元。对4户企业进行专项核查,查补税款231万元,加收滞纳金12.5万元,罚款5.3万元,共计249万余元,全部入库。强化出口退税业务审核流程,专人专岗,确保企业出口退税工作按期进行,全年办理免抵调库1105万元,出口退税341万元;全面落实减免税企业的优惠政策,为辖区159户减免税款4241万元。其中,增值税315万元,所得税3890万元。

【征管服务】 作为全省“两化建设”试点单位,以“变征管为服务”为理念,打造“标准化、规范化”的全职能纳税服务大厅。联合县纪委举行联合接访活动1次，集中接访1次，企业宣传2次，接访50余人次，解决涉税问题超过20个，采纳建议10余条。开门纳谏，直接面对纳税人，主动接受纪委和社会各界监督，"联合接访"这一创新服务的举措在受到广泛好评，被《中国税务报》专题报道。做好"营改增"试点。按照"上下联动、分组实施、分类突破"的工作思路，联合地税、工商部门，采取走出去、请进来的办法，对试点纳税人清册进行核实，逐户进行宣传和辅导，确保相关税收政策、涉税注意事项通知到位。截至12月底，全县有试点纳税人46户，征收税款55.04万元。推进"全职能办税服务厅"建设。从9月1日起，县局将管理环节的审核、审批权限移交办税服务大厅，将所有涉税事项集中到大厅办理，实现"一窗受理、一厅办结、一次办完"。设置导税岗引导办税，购置自助查询机，利用电子屏滚动信息解答和政策宣传，削减程序，缩短时间，提高服务效率。全年受理各类涉税文书1412户次，平均办理时间不超过10分钟，较以前效率提升10倍以上。开展"问需求、查问题、抓整改、促提升"纳税服务专项活动。从2013年4月起，走访纳税人50余户，发放征管服务调查问卷100多份，收到意见建议50余条，采纳15条。对工作中"懒散、拖沓"的个别现象进行大力整改，提升国税形象。

【队伍建设】 开展中层以上干部对16户困难群众和8户有影响力群众进行一对一的帮扶和联系活动；与村党组织开展结对共建，过组织生活2次，上党课1次；配合完成村级阵地规范化建设，协调解决部分办公设备；协调发展规模养殖大户，重点养殖鸡和生猪；协助硬化社道5公里，基本实现"路到户"。充实班子成员2名，班次成员参加省局培训2人，建立班子岗位职能"AB制"，强化班子整体领导和职能互补。按季开展学习经验交流座谈，制定青年干部培养计划，对40岁以下青年干部实行分类培养，完善青年干部激励机制，对通过"三师"资格证考试的干部给予重奖，对参加市级以上比赛获奖者给予加分，在干部提拔任用时优先考虑。贯彻省局"453"教育工程计划，参加省市局培训29人次。各科室签订《党风廉政责任书》和《行政执法责任书》，按季召开党风廉政分析会，按时召开述职述廉报告会和特邀监察员座谈会。开展中层以上领导干部作风和效能测评，邀请20名纳税人代表、15名国税干部对县局3名分管领导和4名中层干部进行了民主测评，满意度均达96%以上。开展税务文化活动。连续举办3期道德讲堂，分别以"郑毅同志见义勇为英雄事迹"、"退休职工鲁建才勤奋敬业"、"四川孝女"孙艳女士孝老爱亲感人事迹为主题，让干部职工从鲜活的事例中汲取营养、反省自我、升华思想；与县纪委联合举办青神县第八届廉政书画展，收到社会各界参展作品158幅，营造风清气正的廉政环境。

(陈　鹏)

地方税务

【税收收入】 至2013年12月31日，青神地税共组织收入26711万元，同比增长30.21%；其中，税收收入25434万元，同比增长32.24%；地方公共预算收入16940万元，同比增长38.60%。

【税收征管】 成立房地产业、建筑安装业和重点项目清理小组，重点清理查补工程项目进展过程中漏缴、少缴的税款。以房地产税收专项检查为契机，组织8户房地产企业进行自查，清查房地产开发项目17个，检查面达到100%，合计应补税款119万元，已入库71万元。成立房土两税、土地增值税、所得税和砂石资源税清理小组。对于房土两税，加强个体户清理，对房土两税计税依据核定偏低的，在对同地段、同面积管户税负比对的基础上重新核定。对青神县城镇土地使用税征税范围、等级税额标准进行了调整，从2014年1月1日起执行，经测算，土地使用税调整后将同比增加530.53万元，增长124.05%。对于土地增值税，抓紧清算符合清算条件的项目，截至2013年11月，入库土地增值税

913.72 万元，同比增长 117.69%。对于所得税，以 2012 年度汇算清缴为契机，加强审核，确保企业如实汇算清缴，截至 2013 年 11 月，入库企业所得税 2906.67 万元。成立其他三产及娱乐行业清理小组，重点查补税务登记证办理情况。对新开业户进行源泉控管，及时评定营业额，纳入正常管理，2013 年新开娱乐业天一、名都、名门共计缴纳税款 65 万元。

【依法治税】 开展房地产税收专项检查、重大水利工程建设基金专项检查和理财公司专项检查，整顿税收秩序，提高税法遵从度；重点对建筑安装、房地产、垄断行业、微利企业、长期亏损企业、零申报企业开展稽查。截至 2013 年 11 月，完成检查企业 4 户，结案 4 户，查补入库税费 91.81 万元，加收滞纳金 12.84 元，罚款 45.58 万元，合计入库 150.1 万元，同比增长 12%。落实西部大开发等税收优惠政策，加大政策宣传力度，严格审核资料，全年依法审核确认 4 户企业享受 2012 年度西部大开发税收优惠，减征税款 815.88 万元。加强内部监督，加强执法监督检查，按照日常的半年、年终对各部门进行执法检查，当年还按季度、按月考核。要求各基层单位的法制员对执法行为进行严格监督和把关，确保依法治税，切实维护纳税人的合法权益。

【信息建设】 建设 MAS 税务服务短信平台，每周都会向相关纳税服务对象、其他行政管理部门发送最新涉税信息，发送对象达 700 多户；建设房地产（存量房）评估征税系统，标准房数据采集 1300 多条，是同等规模区县地税局的数倍，同时不断更新数据；稳步推进有奖发票手机充值平台建设，截至 2013 年 10 月，累计充值次数 1125 次，充值金额 5860 元；推进税库银横向联网建设，通过公示栏、显示屏等进行固定宣传，青神地税分管领导还亲自到征收大厅向广大纳税人面对面地宣传，让纳税人充分认识横向联网的优越性和便捷性。税收管理员和大厅征收人员的培训，让其熟练掌握税库银联网操作流程，实现年底企业实际管户及达起征点个体户签约率达到 80%、联网扣款笔数占总交易笔数比例达到 80%、联网扣款金额占总入库金额比例达到 80%。

【税务稽查】 开展房地产税收专项检查、重大水利工程建设基金专项检查和理财公司专项检查，进一步整顿税收秩序，提高税法遵从度；重点对建筑安装、房地产、垄断行业、微利企业、长期亏损企业、零申报企业开展稽查。截至 2013 年 11 月，检查企业 4 户，结案 4 户，查补入库税费 91.81 万元，加收滞纳金 12.84 元，罚款 45.58 万元，合计入库 150.1 万元，同比增长 12%。依法审核确认 4 户企业享受 2012 年度西部大开发税收优惠，减征税款 815.88 万元。

【纳税服务】 更新大厅服务设施，在全市地税系统中率先在纳税服务大厅安装排号呼叫系统，为纳税人提供更加有序、舒适、温馨的纳税环境。严格落实办税公开制度、首问责任制度和全程服务、限时服务、延时服务、预约服务、提醒服务等内容，不断为打造“服务优质、办税高效、纳税人满意、社会认可”的办税服务厅而努力。对重点项目（如成绵乐城际铁路客运专线项目）实行特事特办、延伸服务和上门服务的多种管理举措。

【队伍建设】 党组班子坚持与各股室、各税务所每周进行一次政治业务知识集中学习，重点学习领会党的十八大和十八届三中全会精神，用科学发展观武装头脑，县局党组被县委评为党组中心组理论学习先进集体；加大作风建设力度，班子成员严格按照中央八项规定要求自己，以身作则，严于律己，为全局干部职工树立清正廉洁、为民务实的典范；加大民主公开力度，认真开好领导班子民主生活会，虚心听取干部职工意见建议，不断完善工作、修正自我；加大联系基层力度，结合党的群众路线教育实践活动，深入群众，沉入基层，做到每月前往自己联系的税务所调研次数不少于 3 次，了解动态，协调工作，解决问题。组织干部职工参加省市县各级相关业务知识培训，全年参加省、市、县各级培训12期，共计52人次，内容包括税收业务培训、稽查业务培训等；开展内部培训，内容包括小企业会计准则培训、税务稽查培训等。选派人才参加省局和市局举办的征管能手考试、人才库考试等，激励干部职工不断加强学习、提高技能。为人才骨干提供脱颖而出的机会和平台，开展“实现伟大中国梦，建设富裕美好和谐青神”主题教育活动，将教育活动和税收任务同时推进、统筹兼顾，全局干部职工深刻领会中国梦的内涵和意义，在县委和市局举办的征文比赛中获佳绩，在全市地税系统演讲比赛中蝉联第一名。与县纪委、县教体局联合举办以“妙手丹青、精品教育、敬廉崇洁、和谐地税”为主题的第五届“地税杯”青少年廉政书画展，送展作品近300幅。

（任秋桔）

◎金　融

人民银行

【概况】 2013 年,中国人民银行青神县支行职工总人数 17 人。下设办公室、综合业务科、基础业务科。贯彻落实稳健的货币政策,辖内经济金融运行平稳。截止 12 月末,全县金融机构各项存款余额 620342 万元,比年初增加 94797 万元,增长 18.24%。金融机构贷款余额 262045 万元,比年初增加 62676 万元,增长 31.44%。完成县政府奋斗目标 5.6 亿元的 126.61%。

【国库业务】 履行经理国库职责,准确、及时办理各级预算收入入库、财政拨款、企业退库、调库。全年办理各级财政收入缴库 4524 笔,金额 9.95 亿元,财政拨款 370 笔,金额 17.13 亿元;办理企业退库 58 笔,金额 1576 万元。推进推动税库银横向联网,促进财政收入及时入库。截止 12 月末,国、地税横向联网缴税签约户数达 888 户,占比 94.87%;横向联网缴税笔数 9011 笔,占比 66.75%;横向联网缴税金额 28835 万元,占比 67.94%。

【支付结算"迅通"工程】 推动 ATM 在乡镇的安装工作。与农信联社和邮储银行多次协商,分解任务,要求他们积极到乡镇安装 ATM 机。截止 12 月末,邮储在黑龙镇、瑞峰镇、罗波乡、观金场安装自助服务设备 ATM 机 6 台,信用联社汉阳营业网点正在加紧改造,2014 年安装到位。

【人民币管理】 10 月开展人民币反假、人民币流通管理等业务检查,促进金融机构认真执行人民银行法规政策和管理制度。

【依法开展行政许可】 开展贷款卡发放年审、银行账户核准等行政许可工作。截止 12 月末年审贷款卡 57 户次;受理行政许可事项 256 次,其中:核准银行账户 255 户次;审查发放贷款卡 17 份次,做到程序合法,手续齐全,资料完整,无一例投诉。

【金融生态环境建设】 人民银行与金融国资局共同制定 2013 年金融生态环境建设工作规划,组织开展 2012 年金融生态测评,全县金融生态建设得分 73.75 分。

【信用体系建设】 组织金融机构参与"中小企业信贷培育工程",通过开展企业信贷培育,县内中小微企业融资状况得到改善,县内各银行机构对 24 户培育对象授信 4.55 亿元,累计发放贷款 3.3 亿元,成功率 61.54%。开展农村青年信用示范户创建,推动农村信用体系建设。按创建标准评定 200 信用户,20 户信用示范户。持续推动农村信用体系建设,截止 12 月末,累计建立农户信用档案 27955 户,覆盖面 49.67%;评定信用农户 2183 户,覆盖面

3.88%；农村信用社制定信用农户优惠利率政策，向建已立建信用档案的农户累计发放贷款13417万元，讲信用、有发展能力和发展意愿的农户得到金融支持。

【农村金融体制改革】 6月，组织开展农村信用联社央行专项票据兑付后续监测、支农再贷款管理、存款准备金缴存现场检查，规范农村信用社的经营行为。

【金融管理】 完善金融稳定风险监测制度，增强风险监测预警能力，系统地开展金融风险排查，防止发生系统性金融风险。重点关注县内小贷公司、政府平台融资和房地产等领域的风险。截止12月末，青神县银通小贷公司资金7000万元，发放贷款7160万元；政府平台融资11750万元，比年初增加4480万元；未发现异常。做好金融机构综合评价，督促金融机构认真执行金融重大事项报告制度。各科室建立台账，记录日常工作中发现的各银行机构的问题，为综合评价提供客观依据；将各专业综合评价标准发给银行机构学习，要求他们对照检查，规范操作。搞好行政执法检查，规范金融机构经营行为。全年组织实施人民币反假和流通管理、支农再贷款、统计、征信、国库经收、账户管理专项检查6次。开展贷款卡发放年审、银行账户核准等行政许可工作。

【专题活动】 “机关作风建设月”活动，全行干部职工始终保持“争创一流、开拓创新、昂扬向上”的精神状态，树立基层央行良好形象。“作风建设大讨论，群众路线大家谈”活动，结合工作实际组织开展“四谈”、“四查四看”，围绕“查问题、转作风、解难题”三个重点，在全行党组织和广大党员干部中广泛开展作风建设大讨论、群众路线大家谈活动。开展“履行央行职责，给力中国梦”主题教育活动，引导全行干部职工把思想统一到伟大中国梦上来，自觉把个人愿景融入中国梦之中。开展“三践行”活动，结合全行党员岗位践行党章、践行诺言、践行科学发展观，努力争做“思想最纯、作风最正、工作最实”的三最党员干部。开展“岗位廉政风险防控年”活动，对重点领域，重点环节，重点岗位的监督，对照《中国人民银行岗位（廉政）风险防控指南》，共梳理职权职责项27项，编制工作事项目录55项，权力运行流程图54个，排查出岗位廉政风险点312个，修订制度6项。

（王茂春）

农业银行

【概况】 2013年，中国农业银行青神县支行内设综合管理部、运营财会部、客户部3个部门。对外设3个营业网点：营业部、东街分理处、西街分理处。全行在岗员工69人。落实“夯实管理基础，突出价值创造，提升可持续发展能力”的总体要求，深入实施“转方式、调结构、强基础、增效益”的工作重点，促进资产、负债、中间业务齐头并进，发展速度明显加快，市场份额稳步提升，全年各项工作目标任务圆满完成。

【存贷款业务】 全力以赴抓好“春天行动”等综合营销主题活动和推行劳动竞赛，以中高端客户为主要营销目标，公私联动，抢抓岷江航电移民补偿资金代理发放。2013年末，各项存款余额13.39亿元，比年初净增1.53亿元，其中：储蓄存款净增1.36亿元，对公存款净增1734万元。历时7年营销，向岷江汉阳航电枢纽工程开发业主青神金弘能源投资有限公司授信5亿元，投放贷款2.45亿元。支持县域中小企业扩能、技改，新发放贷款2550万元。拓展新业务，为企业办理362万元承兑汇票贴现业务。营销优质个体工商户、微小企业主，拓展个贷市场；以个人住房（商用）按揭贷款产品为支撑，支持县域基础建设。2013年，实现个人贷款新增1641万元，其中非住房个人贷款新增891万元，个人住房（商用）按揭贷款新增750万元。各项贷款余额5.27亿元,比年初净增2.55亿元。

【中间业务】 突出传统中间业务优势,拓展新兴业务,狠抓代理保险、银行卡及电子银行业务,加强银保合作,全年实现中间业务收入816万元,同比多收入339万元。其中实现投行业务收入300万元、代理保险手续费收入105万元,实现个金业务收入129万元。

【风险处置】 加强未到期逾期贷款催收力度,"一户一策",通过上门催收、诉前财产保全等措施,全年催收不良贷款8万元。不断加大对委托资产的清收力度,对委托资产清收工作进行周密有效地部署,全行共清收委托资产本息396万元。2013年,新增贷款不良率为零,各项贷款不良率仅为0.1%。

【优质服务】 加快网点硬转型和软转型建设,加强现场管理,固化文明标准服务和营销技能提升"双导"成果,不断提升金融服务水平,总行文明优质服务"暗访"连续4个季度得分排名全市农行第一名。上报东街分理处迁址和江湾神木园离行式自助服务区的规划,提升社会形象。2013年度,支行服务品质检测得分居全市农行第一。在政风行风暨软环境测评中,支行在公共企事业和金融服务类13个单位中排名第一,县级各部门满意度测评中,名列县级5家金融机构第一。

【内控监管】 落实党风廉政建设责任制,执行党风廉政建设及案件事故防范目标责任制量化考核办法。增强依法合规经营意识,持续开展"三化三铁"创建工作,深入开展"三化三达标"和平安农行创建活动,圆满完成"三化三铁"、"三化三达标"创建工作任务,内控综合评价初评为一类行,全年无重大事故和案件的发生,被省分行评为全省唯一4家连续十年以上"无经济案件、无刑事案件、无重在违规"的县级支行。

（徐　敏）

农业发展银行

【概况】 中国农业发展银行青神县支行内设3个部室:办公室、客户业务部、会计结算部,有干部职工17人。2013年,围绕年初制定的工作目标和措施,狠抓落实。以"至诚服务、有效发展、以人为本、构建和谐"为宗旨,坚持"两轮驱动",服务于县域经济的发展,全面发挥在农村金融中的骨干和支柱作用,实现"一结零,三增长,三确保"。

【业务经营】 截止12月末,累计投放贷款12158万元,收回贷款9710万元,年末各项贷款余额23579万元,比年初净增加2448万元;各项存款余额为5355万元,比年初增加468万元;贷款利息综合回收率101.72%(商业性贷款收息率为100%,清收回98年政策性挂账贷款的历年欠息22万元);不良贷款"双结零"。

【贷款管理】 2013年,贯彻执行国家粮棉油收购政策,做好收购信贷资金供应和管理,以保证省市县储收购资金需要。认真执行粮食库存定期核查,坚持封闭运行和购贷销还原则,确保信贷资金安全。截止12月末,粮食企业贷款余额2037万元,全为储备类贷款。启动中籼稻最低价收购预案。做好此次最低价收购预案,优先保障收购资金的供给,做到"钱等粮",绝不造成"打白条"、"卖粮难"等现象。实行"一库一人"的原则对每一个收购库点进行专人监管,确保收购的真实有效性,防止收购资金的挤占挪用。截止12月末,完成中籼稻最低价收购4750吨,库存值1282.5万元。成功申报钟家山土地整理项目,支持农业农村基础设施建设中长期项目贷款6200万元。树立"存款增效、存款兴行"的经营理念,制定存款营销专项活动方案。截止2013年12月,存款余额为5355万元,日均存款约6140万元。加大欠息清收力度,做到早打算、早安排、早协调,通过多方努力,县财政于8月27日划拨专项资金35.18万元,用于清收青神县粮食局1998年6月1日后财务挂账利息历年欠息。

【队伍建设】 开展交心谈心活动,了解员工的思想动态,增强员工对组织的归属感,巩固员工的事业心和责任感;重视对员工的再教育。只要有需要就积极安排员工去相关部门学习,并将学习内容推广至所有员工,支持员工参加有关职称考试;开展创文明活动,巩固精神文明成果;开展"送温暖"活动,集体组织帮扶联系村、联系户。

【内部管理】 建立健全内控组织。按照农发行内控管理要求,建立内控管理委员会、财务审批委员会等内控组织,并由行领导直接主持有关工作,严格监控员工在日常工作中的操作行为。完善内部管理制度。建立健全和完善内部管理、风险管理、财务费用管理等方面的内部管理制度,明确各职能部门的责任与权限,实现以制度管人、合规经营。严格考评纪律。通过严格的考勤签到,员工精神面貌有了较大改观,各项基础工作得以稳步推进。加强"人防、物防、技防"工作。以搞好"人防、物防、技防"为保障,认真抓好安全保卫各项工作制度的落实。建立周会制度,坚持每周一召开行务会议,总结上一周的工作开展情况,汇报本周工作打算,研究解决工作中的重点难点。

（张　珏）

农村信用联社

【概况】 2013年,青神县农村信用合作联社各项存款余额277867万元,比上年增加58778万元,增幅26.82%;各项贷款余额161331万元,增加23865万元,增幅17.36%;五级分类不良贷款余额比上年下降1660万元,占比1.85%,下降1.54个百分点;计提呆帐准备金1100万元,呆帐准备金余额11778万元,贷款损失准备充足率187.50%;拨备覆盖率153.17%;资本充足率13.32%,增加3.79个百分点;实现总收入22449万元,增加4243万元,增长23.31%。

【信贷支农】 推进"惠农兴村"和"扶微助小"两大工程,勇当"两化"互动服务先锋、争做统筹城乡金融后盾。以占全县金融机构44.82%的存款,发放全县60.47%的贷款。努力解决县域中小企业融资难题,支持县域中小企业做大做强,切实推进"扶微助小"工程。截至12月末,发放工业企业贷款17175万元。小微企业贷款29户2176万元,实现小微企业信贷投放"两个不低于"。小微企业贷款覆盖率达43.65%,规模以上企业贷款覆盖率68.15%。支持新农村建设,做实涉农产业信贷支持,推进"惠农兴村"工程。累放涉农贷款91572万元,其中:新农村建设贷款17309万元,茶叶产业贷款1970万元,林权抵押贷款1745万元,竹产业贷款8631万元。涉农贷款余额158291万元,占比98.11%,实现涉农贷款投放"一个高于"。做好创业、助学、消费等贷款的发放,开辟贷款新增长点。发放创业贷款1369户,金额7392万元,占全县金融机构创业贷款总额的88.29%,其中:妇女创业贷款7294万元。发放商住房按揭贷款443户,余额7374万元。发放生源地助学贷款194户,余额208万元。

【票据兑付】 2013年,青神县农村信用合作联社继续按照既定的置换不良贷款处置计划,按原贷款属地原则落实好清收处置工作,现金收回央行票据置换不良贷款709万元,占比14.38%。

【电子化建设】 依托省联社的IT技术与产品创新平台,科技引领业务经营转型,ATM、POS机、EPOS、网上银行、短信平台、手机银行等构成全方位、多渠道、不间断的服务体系。投入运行ATM等自助银行设备15台,发展POS商户54户,安装运行POS机66台,推广网银累计1420户、短信平台业务6440户,发行蜀信卡268206张,覆盖全县87%以上的人口；成立 EPOS 助农取款服务点 157 个，覆盖全县所有村社，成功打造农村信贷支持、农村支付结算和农村代理服务“三个平台”，全县 20 万群众享受“足不出村、人不出户、方便快捷”的金融普惠制服务。

【内控监管】 廉政风险防控机制建设和制度落实年等活动。开展营业网点装修改造、抵债资产、大额贷款等专项稽核检查以及业务经营弄虚作假行为、商业贿赂等专项治理活动 16 次。严格执行违规积分管理办法，将积分纳入绩效考核。落实执行中央“八项规定”、反对“四风”等，抓好党的思想建设、组织建设和作风建设，加强党的领导，扎实推进党风廉政建设和党建规范化。开展警示教育 83 人次。做实合规文化建设，培养员工合规意识，出具合规意见书 4 份。按季开展员工安全技能培训和演练，加大安防设施建设投入力度，全县 18 个营业网点安防全部达标。

（邓情予）

工商银行

【概况】 2013 年，中国工商银行股份有限公司青神支行内设行长室、办公室、市场营销部。对外有 1 个营业网点，4 个自助银行服务区。在职员工 21 人，其中劳务派遣员工 1 人，共有党员 9 人。转变发展理念，大力支持县域经济的发展，做大做强市场份额，努力提升县支行综合竞争能力，为全县奋力实现“次级突破，翻番到位”的工作目标，提供良好的金融服务。

【存贷款业务】 2013 年度，全行各项存款余额达 9.56 亿元，比年初净增 1.29 亿元，完成分行下达确保目标的 93.71%。各项贷款余额达 1.82 亿元，比年初净增 6516 万元，完成政府目标任务的 108.6%，其中：工业贷款净增 4170 万元，完成目标任务的 104.25%；个人贷款净增 2346 万元，完成目标任务的 117.3%，年末支行余额存贷比为 19.05%，较上年提升 4.9 个百分点，完成目标任务的 122.5%。

【中间业务】 全年实现中间业务收入 293 万元，较上年增长 24.2%，完成分行下达确保目标任务的 87.3%，实现人均中间业务收入 13.32 万元。

【经营管理】 全年投放中小企业贷款融资 5470 万元，首次为中小企业签发国际进口信用签证 200 万美元（约 1300 万人民币），支持全域中小企业的流动资金需求。定县域房地产市场，支持房地产市场健康发展，对个人购买新房，投入个人住房按揭贷款 2600 万元，受公积金中心委托，投放个人住房公积金贷款 3500 万元。加强市场调研，开展客户拓面工作，截止 2013 年末，法人客户总数 339 户，较年初净增 111 户，增幅为 48.68%，个人有效客户总数 40946 户，较年初净增 4681 户，增幅 12.91%；全年代发工资客户数 12500 户，代发工资总额 2.48 亿元；销售各类理财产品 2.46 亿元；代理各类基金 846 万元；代理保险 550 万元；新发银行卡 7240 张；全年销售实物黄金 1.61 公斤，销售积存金 1.24 公斤。利用电子渠道的服务优势，发展企业网上银行 200 个。个人网上银行和手机银行客户 15000 户，做到办理银行结算等业务方便、快捷，足不出户，全年实现离柜业务占比 76.24%。

【优质服务】 按照“建一流银行，树一流形象，创一流口碑”的优质服务目标，着力构建大服务格局。贯彻工商银行《营业网点规范化服务标准》，以工商银行“服务价值年”活动为契机，在全行开展“巾帼建功示范岗”、“岗位技术能手”、“服务明星”、“服务先进集体、个人”、等劳动竞赛活动。加强服务技能培训，修订完善《支行优质服务考核实施细则》。全行整体服务质量、服务效率提升。完善服务监督体系，聘请行风监督员，统一对外公布服务投诉电话，形成政府、社会、银行“三位一体”严密的服务监督网络。

【内控管理】 2013年在全行开展党的群众路线教育实践活动,树立党的宗旨意识,群众观念和为民务实廉洁准则,提升全行员工综合素养。坚持以“一岗双责”为重点,以“全行重视,全员参与,全面覆盖,全程控制”为目标,强化内控刚性约束管理,层层签订安全防范、事故责任书及党员廉洁责任书。加强党风廉政教育,加大专项治理力度,深入开展员工异常行为排查,按月召开案件事故分析会,内控案防“三不为”长效机制不断强化,全年实现“零发案”,无重大差错事故。

(蔡伯金)

邮储银行

【概况】 2013年在岗职工21人,劳务工17人,支行机构下设综合管理部、综合业务部。生产、办公面积560平方米。2013年11月,县邮储银行办公地点由西街7号迁址至黉门外街66号。

【基础建设】 2013年11月完成办公场所的迁址工作,实现银监局网点与行政办公同址的要求,提升邮储银行的社会形象,以更加良好的环境为全县人民提供更加优质的服务。

【经营状况】 全年贷款投放规模突破亿元大关,达到新增投放12249万元,完成县政府下达的贷款总投放3000万信贷目标的408.30%;储蓄存款余额达4532万元。

【贷款业务】 创新小额贷款发展模式,推动小额贷款可持续发展。与青神县联合生猪养殖协会合作发放生猪养殖所需的饲料款,为会员养殖户发放贷款39笔192万元,解决养殖户的饲料困难。完成新增投放总奋斗目标4000万元的306.23%;其中工业贷款投放1861万元,净增1083万元,余额1427万元。完成县政府下达的工业贷款1000万信贷目标的186.10%,完成奋斗目标的93.05%。三农及其他贷款投放10388万元,净增5301万元,余额9716.09万元,完成县政府下达的三农及其他贷款投放2000万元信贷目标的534.40%。对资产质量加强管控,贷款逾期金额21.37万元,逾期率0.002%;不良金额21.37万元,不良率0.002%。

(万 昊)

◎保　险

人寿保险

【概况】 2013年,中国人寿保险股份有限公司青神县支公司设1室5部,即经理室、综合管理部、个险销售部、团险销售部、银行保险部、客户服务部。2013年公司全年完成总保费7758万元,比上年增长5.26%,其中:期交总保费1095元,趸交总保费2319万元;短险总保费844万元;续期总保费3500万元;短险赔付率70.5%。处理各类给付案件400万元。为140名下岗、待业人员解决就业。

【品牌建设】 通过长期持续的品牌建设、品牌价值和品牌影响力提升。推进"行业品牌向社会品牌"、"国内品牌向国际品牌"、"知名品牌向杰出品牌"转变的品牌战略,致力于打造世界一流的金融保险品牌。

【队伍建设】 公司根据市场竞争的需要,高度重视员工思想政治教育、理论知识、专业技能的学习和党员先进性教育,全面提升员工政治思想素质。

【优质服务】 构建新一代信息技术体系,依托先进IT技术培育公司一流的经营管理能力、风险管控能力和客户服务能力,市场份额连年第一。向个人及团体提供人寿、意外和健康保险产品,涵盖生存、养老、疾病、医疗、身故、残疾等多种保障范围,全面满足客户在人身保险领域的保险保障和投资理财需求。坚持依法合规经营和诚信服务的原则,加强员工的教育和管理,不断提高员工的综合素质来适应市场竞争和客户服务的要求。在各类给付案件中对材料齐全、责任明确的案件当天处理;对于突发性的伤亡案件公司接到报案及时组织人员赶赴出事地点,协助抢救,事后主动协助客户办理索赔相关手续。

【文化宣传】 开展农村小额团体保险,充分发挥保险在涉农领域防灾减灾、经济补偿、社会保障等方面的作用,减轻政府救助压力,派出驻乡服务员到各乡镇进行宣传与售后服务,张贴宣传栏,并与青神电视台合作报道,特别是重大案件赔付采取现场报道,及时编写简报,广大客户亲眼目睹寿险公司的赔付真实可信。积极参与县上的重大活动和公益事业,在社会和公众中树立中国人寿良好信誉和形象。

（蔡　宇）

财产保险

【概况】 中国人民财产保险股份有限公司青神支公司简称"人保财险青神支公司",设一室两部,即经理室、业务管理部、综合部,有员工17人。主营财产保险、责任保险、信用保险等财产保险业务以及意外伤害保险和短期健康保险。2013 年实现保费收入 3112 万元,比上年增长 14.45%;赔款支出 1845 万元,增 34.48%。全年共处理各类赔案 4000 多件,全年累计向地方交纳各种税费 140 万元,增 9.38%。为当地政治稳定、经济发展作出贡献。

【经营管理】 坚持理论学习,提高两个素质,促进公司稳健经营。坚持以业务发展为中心,注重险种结构调整,增加业务发展总量。增强内控制度的建设,加强"三防一保"工作,新增"110"直属管理下的保安兼门卫。全年无一例经济案件及治安案件发生。"安全文明小区"顺利验收合格。为职工工作和生活营造一种安全、和谐的氛围。

【优质服务】 以"忠诚服务、笃守信誉"为企业宗旨,开展机动车辆创名优工程服务。咨询做到"热情、周到、有问必答、百问不厌"。理赔上"主动、及时、准确、合理"。制定优质服务制度,机动车辆优质服务 8 条措施在青神刊物上登,向社会公布优质服务承诺,接受群众监督,特意聘请 5 名行风监督员。向社会承诺,通过改善公司的服务质量,促进保险业务的发展。365 天无休日,让保户随时都能办理业务、领取赔款。人保优质、快速的服务在青神逐步深入人心。

(杨　惠)

社会保险

【概况】 2013 年完善措施,狠抓社会保险征缴扩面,严格基金监督管理,积极进取,主动作为,社会保险工作落到实处,民生工程做的有声有色。

【养老金发放】 继续把确保养老金按时足额发放作为中心工作来抓,1 至 11 月为全县 11414 名离退休人员发放养老金 13991 万元,养老金社会化发放率达 100%。

【工伤生育保险】 将农民工扩面、实现农民工工伤保险全覆盖作为全年工作的重中之重。重点推进建筑行业、商业服务业农民工参保扩面工作。同时做好工伤、生育政策的宣传,把更多的企业涵盖在工伤、生育保险范围内,保护更多弱势群体的利益,维护社会的稳定。全年 9568 人办理工伤保险,其中农民工 5660 人;工伤保险享受待遇 288 人次,支出工伤保险基金 219 万元。生育保险享受待遇 17 人次,支出生育保险基金 26.2 万元。根据《关于 2013 年调整工伤人员相关待遇的通知》(川人社发〔2013〕25 号),对全县老工伤人员进行核实,对符合条件的 3 名老工伤人员按照该文件调整其相关待遇。

【内控制度】 为完善社保基金监督管理体系,提高基金管理和运行效率,升级账务系统,以金保工程专线为载体,单独新建基本养老、机关养老、工伤和生育保险基金账务,便于财务数据直接导入报表,实现财务数据与月报和季报的有效对接。

【服务群众】 效能建设活动中,全体干部职工进一步明确社保工作的特殊性,服务对象的广泛性。在业务服务过程中,全体干部都能做到"用心服务"、"满意服务"、"文明经办"。7 月,与银行联系在缴费大厅窗口安装 2 台银行刷卡机。8 月开始,所有参保人员缴费只需持银行卡即可,且不收取任何手续费。真正实现"一站式"服务。这一措施,得到参保人员的一致好评。

(易　佳)

医疗保险

【概况】 2013 年,全县基本医疗保险工作以"民生工程"为重点,不断提高服务质量和业务水平，圆满完成各项工作任务，保障全县参保人员的基本医疗需求。

【城镇居民基本医疗保险】 城镇居民基本医疗保险参保22579人，其中低保1820人，重度残疾40人，“三无人员”21人。城镇居民基本医疗基金收入806万元，其中财政补贴收入656万元；基本医疗保险待遇支出811万元，其中住院支出771万元，门诊大病支出30万元，门诊统筹支出10万元。期末累计结余562万元。

【城镇职工基本医疗保险】 城镇职工基本医疗保险参保11700人，基金收入2673万元，其中统筹收入1662万元，个人账户收入1011万元。基本医疗保险待遇支出2371万元，其中统筹基金支出1618万元，个人账户支出753万元。离休人员医疗保障支出47万元，公务员医疗补助支出198万元。期末累计结余2853万元。

【基金管理】 健全和完善医疗保险基金风险预警系统，做到及时统计上报基金运行情况。健全内部控制管理制度、财务管理制度、各业务股室岗位职责，做到每月各业务股室与财会对帐，财会与财政、财会与银行对帐。按照财务制度管理基金，做到医保基金帐目清晰、拨付及时准确，始终坚持医保基金收支两条线制度，确保全县医保基金稳定安全运行。在留足预备资金情况下，将城镇职工基本医疗保险基金和城镇居民基本医疗保险基金转入定期存款，实现基金的保值增值。

【医保服务】 对服务大厅进行“一站式”服务标准建设，将医保业务经办流程、岗位监督、医保政策、投诉电话等重新布局上墙公示，并开设办证、个人信息输录、医疗费用审核和报帐受理办结“一站式”服务落实到位。以全县开展创建“五星级”服务窗口活动为契机，转变干部职工作风，要求干部职工对前来办理医保事项的服务对象实行首问责任制，并必须做到“三声、四到”即：来有迎声、问有答声、走有送声；眼到、口到、手到、心到。

（祝芸雅）

经济管理与监督◎

国民经济计划管理

【综述】 全县国内生产总值(GDP)完成54.01亿元,比上年增长10.5%;三次产业结构比调整为14.2∶60.3∶25.5;全社会固定资产投资完成44.80亿元,增长27.9%,完成力争目标50亿元的89.6%;规模以上工业增加值增速10.9%,较力争目标20%低9.1个百分点;地方财政一般预算收入完成3.12亿元,增长38.5%,较力争目标30%高8.5个百分点;民生支出占地方公共财政支出的比重67.84%,全面完成目标任务;招商引资实际到位资金48.1亿元,增长18.3%;社会消费品零售总额达14.74亿元,增长14.2%;城镇居民人均可支配收入19134元,增长11%;农村居民人均纯收入9215元,增长14.3%;城镇化率提高1.25个百分点,全面完成目标任务;人口自然增长率为3.95‰,控制在目标任务5‰以内;全县万元GDP综合能耗下降2.1%,全面完成节能减排任务;全年居民消费价格总水平上涨3.08%,控制在目标任务4%以内;全县森林覆盖率45.83%,提高3.73个百分点。

【项目投资】 全年,9个市考核重点项目,计划总投资40.6亿元,当年计划投资12.22亿元,完成投入15.1亿元,完成全年目标任务的123.8%;2013年集中开工项目共计16个,计划总投资14.7亿元,当年计划投资8.3亿元,完成投资12.6亿元,完成当年投资计划的151.9%。

【工业固定资产投资】 2013年,完成工业固定资产投资26.4亿元,增长53.4%,其中技改投入20.38亿元,增长20.5%;工业入库税金2.39亿元,增长3.5%;规模工业总产值实现62.54亿元,增长28.8%;新增规模以上工业企业5户。以小型制冷压缩机、标准传动件、木工机械为特色的机械产业迅速壮大,实现机械产业产值13.36亿元、入库税金1.1亿元,分别占全县工业的37.4%、44%。全年实施千万元以上工业项目45个,其中机械产业项目21个。德鑫航空一期、鑫和机械等10个项目竣工投产,青城机械技改扩建、德恩20万吨铸造及机加工生产等7个项目快速推进,华塑电子、新鑫元机械等20个项目开工建设。新久源实现顺利复产,西龙生科(原西龙纸业)造纸废水治理项目建成投运。全面完成兴业路、建业路及配套设施建设。110千伏青竹变电站、35千伏西纸专线变电站、35千伏兰黑线建成投运,110千伏松黑线、天然气加气站等项目加快推进。清理盘活工业闲置用地76.57亩,启动机械产业基地土地整理。成功引进投资30亿元的立白集团西部日化基地、投资14亿元的上海优琪优传动设备有限公司减速机及其延伸产品生产项目,与三一集团签订战略合作框架协议。

(刘学文)

金融国资监督管理

【概况】 金融国资局核定编制10名,其中领导职数4名(一正二副增设一名纪检组长),中层职数3名,全局在职人员10名。下设青神县国有资产经营公司、青神发展投资控股有限公司。

【制度建设】 班子成员带头遵守党的政治纪律,严格执行"三重一大"制度,保证政令畅通,凡是要求大家做的,班子成员首先做到;凡是要求大家不做的,班子成员坚决不做。重大问题坚持集体讨论决定,做到民主决策、科学决策。开好民主生活会,党组会、支部会、开展批评和自我批评,沟通思想,形成团结协作的良好工作氛围。开展"为民务实清廉"群众路线教育实践活动,改进党员干部作风。深入调查研究,听取民意民声,为群众办实事、办好事。落实中央、省、市、县关于转变作风的规定,坚决查处吃拿卡要、"中梗阻"和"庸懒散"行为。做好党风廉政建设满意度调查,调查工作圆满完成。认真办理党代表、人民代表的批评、意见和政协委员的提案,满意率达100%。

【国有资产监管】 召开全县国有资产监督管理工作会议,强化国有资产管理意识,全年办理国有资产处置84起,收入46.75万元;全年收回各种欠款37万元;按照县政府安排,做好砂石的管理和销售工作。对国有企业安全生产进行监督检查,确保国有企业无重大安全生产事故发生。

【政府融资】 成功包装青神县钟家山土地整治项目,创造条件,经过一年多时间,从县农发行实现政府性融资6200万元,获县委、县政府"突出贡献奖"。通过搭桥方式用公司资产担保,以青神半山为贷款主体在县信用联社融资2000万元。探索债券信托直接融资方式,公司与省内外信托公司、融资租赁公司、产业基金、大型投资集团密切联系、商谈,探索适合公司和青神实际的直接融资方式,搭车市资产经营公司发行2亿元债券。

【信贷投放】 修改完善《县内金融机构新增信贷投放考核奖惩办法》,制定《县级政府类资金存放与信贷挂钩考核办法》。鼓励县内金融机构加大金融产品营销,完善金融服务,利用灾后重建金融信贷投放金融政策,加大对上争取投放规模力度。2013年,县内银行存款余额62.03亿元,较年初增长9.42亿元,增长17.92%;县内金融及准金融机构累计贷款余额27.398亿元,较年初增加7.082亿元,增长34.86%;其中县内金融机构累计贷款余额26.68亿元,较年初增加6.37亿元,增长31.33%,增速全市第一;银通小贷公司新增贷款0.71亿元。完成县政府下达工作目标4.6亿元的153.97%,完成目标5.5亿元的128.77%。全县余额存贷比43.05%,比年初38.71%提高4.34个百分点,银行增量存贷比67.59%。

【农村小额人身保险】 2013年农村小额人身保险超额完成市政府下达的目标任务,占市下达任务181万元的100.76%,全县实际参保人数为50380人,参保率达31.34%,比上年提高3.84个百分点。

(张　杰)

工商行政管理

【概况】 青神县工商局2013年有干部职工69人,其中在职40人,退休29人,离休1人。按照省局实施"257战略"的部署要求,围绕中心,服务大局,全面完成各项工作目标任务。

【商标培育申报】 推进商标品牌强县战略,"青神竹编"原产地证明商标申报注册和省著名商标认定取得突破。全年共培育申报商标注册15件,其中农副产品商标4件。指导培育驰名商标1件,指导申报著名商标1件,知名商标2件。“青神竹编”原产地证明商标于2013年4月1日向国家工商总局商标局申报,12月20日取得初审公告。四川彩虹制药有限公司“康森”牌商标、四川大有食品有限公司“大有美吉”商标获四川省著名商标认定。

【行政执法检查】 以“打假治劣”、“红盾春雷”行动、食品安全等为主线,整顿规范市场经济秩序。全年办结各类违法违章案件102件,办结率100%,所办案件无一起行政复议案、行政诉讼案和错案,全部网上录入并装订存档。规范行政指导和行政处罚自由裁量权,按规定录入政府网上。做好法制宣传和培训,开展法制宣传12次,印发宣传资料15000份,制作宣传标语20幅;开展法制培训6期。

【合同监管】 完成2户省级、1户市级“守合同重信用企业”复查考核,8户企业被评为“守合同重信用企业”。指导、监管和备案5份格式条款,完成备案任务数125%;立案查处合同违法案件2件,完成市局目标任务100%;受理并调解合同争议5件,完成调解任务数的125%;办理拍卖备案4次,完成拍卖备案任务数100%。

【市场监管】 结合青神实际,开展查处取缔无证照、虚假违法广告、格式条款合同和建材市场等专项整治取得成效。查处无证照经营53户,发出责令改正通知书108份,补办各种许可证和营业执照103户,依法取缔无证照经营5户,立案处理无照经营案件53件。清理广告经营户36户,核准登记户外广告2691幅,立案查处违法广告案件11件。检查建材经营户25户,立案查处不合格建材案件5件,无照经营建材案件2件。会同公安部门对易发生传销活动的区域进行联合检查,开展禁止传销宣传活动1期,发放《禁止传销相关知识》200余册;会同公安经侦大队对群众举报某经营部涉嫌传销情况调查核实,并对当事人行政告诫,予以驱散。

【红盾护农】 综合运用“红盾护农、合同帮农,专合强农”等支持服务新农村建设举措,促进农业增效,农民增收。全年抽样检测化肥29个批次,清理取缔农资无证无照经营户5户,查扣涉嫌涂改生产日期农药23件,立案查处农资案件17件;现场指导企业与农户签订蚕茧、蔬菜、茶叶等农副产品订单合同830份,涉农合同金额160万元,助农人均年增收入5000余元;新发展农民专业合作社19户;新登记家庭农场26户,其中,林场8户,农场18户。

【打击假冒伪劣】 5月7日晚,中央电视台《焦点访谈—“迷人”的山寨货》提及青神县个别零售摊点存在销售山寨产品现象的报道播出后,快速反应,组织人员,分头行动,与相关部门密切配合,对曝光事件和涉及的问题进行有效处置,牵头开展为期1个月的假冒伪劣商品专项整治行动。5月9日晚,《焦点访谈》再次对曝光事件进行正面报道,充分肯定青神工商在处理这件事情上所做的工作。事件处置结果受到市委、市政府和县委、县政府主要领导肯定。

【红盾春雷行动】 开展为期100天的“红盾春雷行动”。检查经营户2636户次,抽检肥料8个批次,建材4个批次,食品11个品种,收缴过期变质食品、茶叶、饮料、豆腐乳等50公斤,假冒商标酒20瓶,立案查处各类违法案件21件。被表彰为全市工商系统“红盾春雷行动”先进集体。

【食品安全监管】 强化责任,落实措施,明确职责,确保监管到位,职能划转安全移交。全年核发食品流通许可证130户,突出开展粮食、食用油、调味品、肉类、奶制品、副食品、儿童食品、酒类、肉制品等重点食品专项整治和质量检测。检查食品经营主体1225户次,检测食品17个批次,收缴不合格食品32袋,查获“三无”商品12袋,立案查处食品违法案件8件。流通领域食品安全监管职能和人员划转顺利完成。

【党风廉政建设】 一是抓好党风廉政建设责任落实。层层签订目标责任书,落实"一岗双责",细化党风廉政建设责任制落实。二是严抓反腐倡廉教育。4月份按照县纪委的要求,组织开展内容丰富、形式多样的廉政警示教育月活动。通过集中学习和自学、观看警示片、集体到监狱接受警示教育、"一把手"上廉政党课和撰写心得体会等举措,干部职工灵魂受到震撼,思想受到教育。三是推进效能建设改作风。主要开展"中梗阻"专项治理、"纪委书记下基层"和群众路线教育实践先行先改等活动。"中梗阻"治理范围和重点明确,措施到位,作风改进,效果明显;"纪委书记下基层"帮助解决村民实际困难2个,联系村民满意;群众路线教育实践先行先改活动动作标准,查找认真,解决存在问题4个。全县政风行风和发展软环境测评排位靠前。驻县政务服务中心窗口月月被评为"红旗窗口",正在申评"五星"窗口。窗口许可工作代表县委、政府接受省纪委的抽查,受到肯定。四是严格执行各项规定。严格执行中央"八项规定"、县委、县政府"十项规定"和省、市工商局的规定,从改进领导调研,精简文件、会议入手,在全局提倡厉行节约,反对铺张浪费取得成效。全年会务费、接待费、车辆运行费等全部下降,全局无一起违反规定的人和事。党风廉政建设工作被市局考核为优秀单位,被县委政府评为党风廉政建设先进集体,县局纪检组被县纪委评为2013年度全县唯一一个部门纪检监察工作先进集体一等奖;政风行风暨软环境测评在执法监督和经济管理类部门中排名第一。

(陈　容)

价格管理

【概况】 2013年,围绕进一步加强价格监管,维护市场价格秩序,确保物价总水平基本稳定的目标,加强涉农、涉企价格监管,着力解决民生价格问题,严格控制出台调价(收费)项目,加大监督检查力度,整顿规范市场价格秩序,为青神社会稳定经济又好又快发展做出贡献。

【价格调控】 关注市场价格动态,重点做好粮油、副食品、交通运输、旅游景点、医疗服务等价格和收费的监测、预测,确保信息畅通。安排专人对食品、副食品、生猪、农资、建材、特色产品等价格进行监测。重点对猪肉、大米、食用油、农资、建材、特色农产品等39种重要生活必需品和重要商品价格进行监测;随时掌握价格变动情况,实行价格监测周报制和月报制;并确保价格信息真实、准确。发现异常情况及时向县委、县政府报告。每月对居民消费价格指数进行测算和分析。2013年度全县居民消费价格指数与上年同期相比上涨3.08%,全面完成市上下达的目标任务。

【价格改革】 推进成品油价格形成机制和燃油税费改革,监督各加油站按时调整汽、柴油价格;及时公布执行当年小麦、稻谷、蚕茧等收购价格政策;规范实施"两管三线"入户安装收费;贯彻天然气价格调整政策,取消非居民生活用气外购价格;调整部分电价类别,规范农村电网改造升级工程农户出资标准。贯彻落实国家降低药品价格政策;在乡镇卫生院和村卫生室实施基本药物药品价格零差率销售政策;实行医疗服务价格公示和药品价格明码标价;对全县医疗服务价格和药品价格进行日常监管,确保国家药品价格和医疗服务价格政策落到实处。在全县实行城乡居民生活用电与四川省电网同价。实施后全年为全县城乡居民减轻电费支出1134万元。采取措施确保城乡"低保户"和农村"五保户"免费用电基数政策有序实施。全年发放城乡"低保户"和农村"五保户"用电补助金额58.14万元。

【收费标准管理】 贯彻国家和省上降低收费标准、取消和免征部分行政事业性收费的精神,及时清理涉及县内的取消和免征行政事业性收费项目以及降低收费标准,取消收费项目3个,免收的收费项目5个,降低收费标准3个。取消、免征收费项目和降低收费标准后每年减少收费金额40.40万元。认真做好涉农负担的治理和各项惠农收费政策落实的监管,制定2013年涉农收费(价格)公示表,免费发放到乡镇,维护农民的合法权益。对2013年所有的收费部门(单位)涉及企业的收费进行清理、审核、公示,对各执收单位申报的涉企收费项目进行逐一清理和审核,做到不重、不漏。共清理收费部门(单位)34个,清理收费项目80个,取消收费项目1个。将审核后的收费项目和标准下发收费单位执行,规范各单位的收费行为。并在青神县人民政府网站上进行公示,让企业明白缴费。对2012年度全县收费所有收费部门进行收费年度审验。应参加年审收费单位105个,实际年审收费单位103个,审验《收费许可证》234个(其中:《收费许可证》正本105个,副本129个),年审率为100%;所有的收费部门(单位)都实行收费公示,收费公示率100%。全县2013年度收费总额9729.46万元。对县级部门的短期培训收费加强管理。严格按照《四川省短期培训收费管理办法》规定,依法开展县级部门短期培训收费的工作,规范县级部门的短期培训收费。

【监督检查】 围绕落实国家强农、惠农、富农政策,促进农业增产、农民增收、农村发展,改善民生,增强农业综合生产能力,开展涉农价格和收费专项检查。重点对农村中小学收费、医疗服务价格、农民建房收费、农业生产资料和农产品价格等内容的检查。配合市局对畜牧系统的收费和县级医疗机构医疗服务价格进行专项检查。对全县房地产开发企业的商品房销售价格明码标价情况实施备案和执行情况进行检查。加强12358价格咨询举报电话值守。实行24小时值班制度,安排专人值守12358价格咨询举报电话,及时处理价格举报案件。全年查处价格违法案件3件,查处价格违法金额23.2万元,其中:退还消费者15万元,没收违法所得6.2万元,罚款2万元。全县市场价格秩序良好。

【价格服务】 开展涉案财物价格鉴证。对从业人员加强业务培训,对从事价格鉴证工作的人员安排到省上参加培训,提高价格鉴证业务水平。按照客观、公正、科学的原则,对每件涉案财物价格鉴证案件都严格按照规定的程序,依法进行价格鉴证。2013年开展涉案财物价格鉴证案件47件(其中:刑事案件44件,行政案件3件),涉案财物的标的额1269.02万元;开展价格认证4件。

(刘学文)

国土资源管理

【概况】 2013年国土资源局内设局办公室、财务室、纪检室、规划股、耕保股、土地整理中心、地籍地政股、土地利用股、法规监察股、地矿股,下设土地储备中心、地籍地政事务所、土地统一征用中心、土地执法监察大队4个事业单位,设青城、白果、瑞峰3个基层国土资源所。县砂石资源开采管理领导小组办公室调整到县国土资源局管理,砂管办主任由县国土资源局党组成员兼任。全局有职工55人,主要承担土地资源管理、矿产资源管理两大职能。

【耕地保护】 落实最严格的耕地保护责任制,强化县、乡、村、户四级耕地保护责任体系建设,重点完善乡镇级基本农田保护目标考核制度。完成基本农田划定,签订到乡镇、村目标责任书10份,到户目标责任卡44134份,制作安装保护标志牌16个,界桩150个。以建设促保护,实施完成土地综合整治项目4个,总建设规模3.7万亩,总投资3717.31万元,新增耕地3129.57亩;投入617.7万元完成白果乡和青城镇部分村组高标准基本农田建设,建成高标准农田1.82万亩,确保县内耕地16492公顷,基本农田14877公顷,数量不减少,质量不降低,用途不改变。

【用地预审】 严格执行土地利用总体规划，加强建设用地预审，坚持建设用地预审会审制度等，禁止向不符合国家产业政策项目、“两高一低”项目及产能过剩行业供地，确保节约集约利用。调整并获批准规划指标791.44亩，完成24宗建设用地预审，预审面积约1.3万亩。坚持“三到场”制度，搞好建设用地审批，全年审批农村居民建房451户，面积83.85亩，促进城乡统筹发展。

【征地拆迁】 按照“领导挂帅、专人蹲守、密切追踪”的工作方式，推进土地报批进程，保障项目用地需求。2013年获城镇批次建设用地指标1793亩，保障机械产业园区、竹博园区、立白园区、成都职业艺术学院和保障性住房等项目的用地需求。制发《青神集体土地征地拆迁补偿安置暂行办法》，严格执行“两公告一登记”制度，依法征收农村集体土地1447.3亩，各项补偿费均及时足额支付到位，全县未发生一起群众集体上访或群体性事件。对符合条件的失地少地农民基本养老保险做到应保尽保，涉及7个乡（镇）21个村43个组3206人参保。

【土地经营】 优化资源配置，加强分析土地市场需求，科学制定土地出让计划，强化市场营销，参加2013年全省土地项目推荐会，坚持100%“净地”出让，提升城市品位的同时实现政府收益最大化。全年出让土地46宗，面积785.739亩，实现土地出让总价款2.08亿元、土地纯收益1.24亿元。出让青衣大道以北约80.7亩土地，创新招商模式，精心编制土地出让方案，经过60多轮激烈竞价，最终以1.83亿元成交，高出起拍价0.78亿元，每亩单价226.76万元。

【地籍颁证】 全面开展2013年度土地变更调查，完成集体土地所有权登记省级验收。完善各项制度，定期不定期开展效能建设明查暗访，强化中介机构管理监督，提高服务效率。依托县政务中心电子政务系统及国土弘图土地登记发证系统，快速高效办理土地登记2707宗，其中国有土地登记2200宗、土地使用权抵押登记321宗、农村宅基地登记186宗。

【矿产资源管理】 严格按照《中华人民共和国矿产资源管理法》、《眉山市河道采砂管理办法》等规定，理顺全县砂石资源管理体制，建章立制，强化日常监管，加大联合执法和纠纷调处力度，调处开采纠纷3件，查处罗波乡超面积开采1件，没收违法所得12万元并罚款2万元。深化市场配置，实现砂石资源拍卖出让收入2717万元。

【地质灾害防治】 坚持“以防为主、防治结合”的方针，扎实推进地灾防治“十有”县建设，编制地质灾害防治“安全网”，有效整合防治力量，突出重点，分工协作，严防死守，全县无一重大地灾事故发生。特别是“4·20”地震后，全县立即启动应急预案，坚持24小时应急值守，冒着余震不断的危险，全面深入排查，落实防灾责任人和监测员等，密切关注、监测隐患情况，确保987人生命财产安全；编制《青神县2013年地质灾害避险搬迁安置实施办法》、《“4·20”芦山地震后青神县灾后重建地质灾害防治专项规划》等，按统一规划，突出重点，分步实施的原则，科学规划和选址，监管工程质量，完成地质灾害避险搬迁安置144户，是前5年的4倍。

【土地执法】 完善国土资源执法监管共同责任机制，开展动态巡查90余次，发现并制止土地矿产违法行为16次，并对2宗违法用地进行立案调查，罚款2.5万元。实现违法行为制止、报告率100%。开展土地例行督察检查这项全新工作。先后组织外出考察、召开专题会、邀请市领导莅青指导等，自查整改完善卫片监测图斑105个，面积3919.2亩；清理装订检查档案368卷；催缴土地出让金1313.074万元；撰写专题报告18个，顺利通过检查。此次督察，全县无重大违法违规用地现象发生，无一人因土地问题而被问责，违法问责比例全市最低，受到市、县主要领导肯定。

【国土资源宣传】 利用“世界地球日”、全国“土地日”及全县重大活动、重要会议等形式，精心策划、周密组织国土法律法规宣传。开展“干部小讲堂”10期，开展全县征地拆迁知识培训班1期；开展“4·22”地球日、“6·25”土地日、“12·4”法制日等宣传活动，接待咨询4000人次，散发宣传资料3000份；结合直接联系服务群众工作，开展送法下乡、进村、入户200余次；编写《青神国土信息》58期，并报送相关领导、部门、报刊、网站等；强化国土资源门户网站维护、更新，助推了阳光政务。国土资源门户网站被省国土资源厅授予“2013年度四川省县级‘国土资源政务信息网上公开示范单位’”称号。

（杨群星）

食品药品监管

【概况】 2013年，青神县食品药品监督管理局有在职职工25人，退休职工7人；内设办公室、应急管理股、政策法规股（行政许可股）、食品安全监管股和药品化妆品医疗器械监管股；下设县食品药品稽查大队（挂食品药品投诉举报中心牌子，副科级参公事业单位）、食品药品检验检测中心（挂药品不良反应监测站牌子，股级事业单位）和青城镇、南城镇、黑龙镇、西龙镇、瑞峰镇、罗波乡、白果乡、河坝子镇、高台乡、汉阳镇10个乡镇食品药品监管所。辖区内有餐饮经营户587家、学校食堂42家、食品经营单位569家、化妆品经营单位28家、食品生产企业31家、药品生产企业4家，药品（医疗器械）批发、零售药店及医院药房等监督管理单位300余家。

【食品药品体制改革】 2013年11月6日，青神县人民政府办公室出台《关于印发青神县食品药品监督管理局主要职责和人员编制规定的通知》（青府办发〔2013〕66号），明确青神县食品药品监督管理局主要职能及编制、内设机构、下属机构和基层所的设置，11月26日，质监、工商划转人员全部到位。12月2日新组建的青神县食品药品监管局正式挂牌运行。

【餐饮服务食品安全示范】 上下齐心，克服监管力量薄弱和全县餐饮单位人员素质不高、硬件设施差、监管对象分布广、管理水平低等不利因素，采取分片包干、示范带动等办法，建成省级餐饮服务食品安全示范街1条，省级餐饮服务食品安全示范单位1户，市级餐饮服务食品安全示范单位9户。2013年4月，青神县被国家食品药品监督管理总局正式命名为全省首批国家餐饮服务食品安全示范县（全省仅4个），城区黉门外街建成具有县内特色的示范街标牌、LED显示屏、餐饮食品安全灯箱和路灯；制定优惠政策，餐饮业主对厨房等硬件设施进行升级改造。

【信息化建设】 投入60余万元，建设食品药品监管信息平台系统。16家中小型餐饮单位和4家大型餐饮企业开通“透明厨房可视系统”，青神大酒店等4家大型餐饮企业开通“透明厨房”远程监管系统；50家零售药店建立“药品流通实时监控系统”，实现对药品流通环节的全过程电子监管。

【食品安全监管】 实行网格化管理，城区餐饮服务单位、旅游景区餐饮服务单位、规模农家乐和学校、幼儿园监督覆盖面达100%；大、中型餐饮单位和示范街餐饮单位均按要求做到“三建立”和“六统一”；倡导消费者开展到示范街区和寻找“笑脸”就餐活动。落实餐饮单位量化分级管理，实施量化分级管理率100%，2013年度量化评级341户，其中A级餐饮单位8家，B级267家，C级66家；待评定60家。全年新办餐饮服务许可证150户。对全县26家学校食堂和16家幼儿园食堂开展3次专项检查，突击检查19所农村义务教育学生营养改善计划试点学校，确保学生营养餐的食品安全。保障全县“三会”、中高考等重大活动饮食安全13次。全年抽检餐饮食品12个品种23批次；受理投诉举报6

起，举报投诉案件处理率和调查处理结果回复率100%，群众满意率100%。

【药品安全监管】 强化药品生产源头监管，在药品生产企业坚持"两书一报告"和月巡季查制度，对基本药物生产企业实行挂企监督管理，加强对特殊药品的监管，开展"两打两建"等专项整治行动。全年开展医疗机构药学技术人员培训、药品从业人员继续教育培训及药品不良反应培训3次，培训300余人次。实施药械不良反应事件监测报告，全年上报药品不良反应病例107例，其中新的一般不良反应报告40例，严重的不良反应报告3例。医疗器械不良事件报告21例。开展药品抽样103批次，医疗器械抽样3批次，合格率92.5%。修订完善规范药房标准，指导各乡镇监管站验收医疗机构药房189家，规范药房达标率98%。对药品、医疗器械、保健食品违法广告进行监测，及时移送5起违法广告案。

【保化市场监管】 建立保健食品、化妆品经营企业电子档案，对特殊用途化妆品进行备案。与大型保化企业签订质量责任协议，与所有经营保健食品、化妆品的企业签订《质量安全承诺书》；开展保化品的宣传培训，对100余名从业人员进行集中培训。开展化妆品诚信经营示范创建活动，指导蓝天化妆品连锁二店等2家企业成功创建"眉山市化妆品诚信经营示范店"。

【专项整治】 开展学校食堂安全、无证小餐饮、保健食品、药品、打"四非"和药品、成人用品等专项行动，打击辖区食品药品违法违规行为。全年监督检查餐饮单位960户次，下达监督意见书685份，责令整改83户。对存在违法行为的16户餐饮单位实施行政处罚，其中警告10户，罚款6户，没收违法产品20公斤、罚款金额1.9万元。检查涉药涉械单位540余家次，受理投诉举报5件，查处违法案件41件。其中一般程序立案18件（药品16件，医疗器械2件），当场行政处罚23件，没收违法物品货值金额1637元，罚没款9.46万元（其中货值金额5000元以上大案要案上报3件，罚没款金额在5000元以上5件）。检查保化品经营企业200余家次，发出《监督意见书》15份、责令整改5家，当场行政处罚7件，受理化妆品投诉举报1件，立案3件，罚没款1495元。

（刘媛媛）

质量技术监督

【概况】 2013年，县质量技术监督局内设综合股、业务管理股、监督监察（法规）股；下属事业单位2个：青神县计量检定测试所、抽样站。在职职工14人，其中行政人员9人。全年质监工作坚持"1171"工作思路和"三抓三提升"工作重点，抓质量、保安全、促发展，确保全县特种设备和食品生产两大安全，并在助推青神本地产品以质取胜上主动作为，为县域经济的平稳、健康发展提供保障。

【计量与认证管理】 强化计量检定，检定加油机、压力表等在用计量器具1893台（件），集贸市场、超市、医疗机构等民生计量器具检定率95%以上。强化体系认证，帮助德鑫航空、云华竹旅、红运鞋业、隆源机械4家企业通过ISO9001质量体系认证。全县有26家企业通过ISO9001、ISO14001等认证。

【标准化管理】 抓好标准制修订工作，制（修）订地方标准5个，帮助3个企业建立标准化体系，新备案企业标准1个、复审2个；宽庭公司产品配套床上用品采用国际标准，河坝子淡水鱼省级农业标准化示范乡建设项目以94分的高分顺利通过省级验收；新办商品条码7个。

【产品质量监督】 对辖区内的企业组织宣传贯彻国家《质量发展纲要（2011－2020年）》、省市质量发展"十二五"规划等法规及规范性文件，提升企业全员质量管理的意识。牵头制定并经政府印发《关于深入推进质量强县战略促进跨越发展的实施意见》，强化政府负总责、部门强协同、企业是主体的质量工作机制。强化品牌战略，在第十一届四川名牌争创中，助推宽庭公司和丹妮纸业2家积极争创，宽庭公司通过现场审查。强化产品检验检测，完成286个批次的省、市产品监督抽查，合格率95.8%，较上年上升0.3个百分点，对不合格产品实施综合分析并帮助企业实施整改。

【食品质量安全监管】 食品企业安全主体责任落实，推行安全岗位责任制的落实。严格市场准入，审验生产许可证26张，换证5张；强化证后监管，对企业的巡查与隐患排查，从进货查验、配料、生产、成品等环节进行彻查规范，检查食品企业196家（次），消除安全隐患31个，在承担食品生产加工环节监管期间未发生食品安全事故。2013年11月27日食品安全监管职能及人员正式划转县食药监局。

【特种设备安全监察】 开展特种设备"打非治违"专项行动，全面落实特种设备使用单位安全主体责任，推进安全生产标准化建设，完成3家企业风险评价和分类监管试点。全年开展12次特种设备安全检查，检查设备543台次，排查并消除安全隐患29处。全县特种设备连续13年安全运行无事故。

【建材质量安全监管】 按照一企一档的要求，对全县所有建材生产企业建立质量档案，并签订质量安全承诺书。对所有建材产品全部进行抽样送检。督促建材企业建立批批检验制度与出厂产品销售登记制度。严格备案管理，建材生产企业检测报告与销售记录定期报质监部门备案。

【打假治劣】 深化依法行政，全面推行说理式执法文书。深入开展"质检利剑"执法打假行动，严厉打击生产和经销假冒伪劣产（商）品违法行为，检查农资、食品、建材等生产加工企业285家（次），查办违法案件4件，全部结案。

（杜志军）

公共资源交易管理

【概况】 公共资源交易中心是全县公共资源交易的有形市场和统一服务平台，负责建设工程招投标、政府采购、土地（矿权）出让、产权交易等各类公共资源交易活动的组织、服务。内设综合股、工程招投标股、政府采购股、土地（矿权）交易股、财务股。2013年，强化服务职能，创新工作方法，各项工作顺利完成，成效显著，全年为财政溢价节资1.53亿元。

【管理制度】 实行限时办结工作制度，项目接件后从制定招标公告、招标文件、部门备案到上网不得超过3天。对进场交易的政府投资重点项目，实行时间上优先、服务上优质，特事特办、急事急办、该办即办、能快则快，完善绿色通道，使重点工程在招标阶段赢得时间。加强项目招标和采购事前、事中、事后服务，与项目建设单位的沟通联系，为招投标当事人提供政策咨询、程序引导、业务指导等服务，坚持"问得清、答得明、转得准"，及时协调处理项目招投标及政府采购过程中的困难和问题，统筹安排招标工作，促进招投标顺利进行、如期完成，实现目办结率100%，有效质疑投诉为零。实行党务、政务公开，把工作职能、办事程序、收费标准和项目信息等在中心公示栏和网上公布，方便群众办事和监督。

【体制改革】 按照"公开、公平、公正和诚实信用"原则，全县的招投标工作继续实行"三权分立"模式：由县招管办、县财政局政府采购中心、县国土局、县金融国资局等部门对进入中心的政府投资工程建设项目招投标、政府采购、土地（矿权）和国有产权交易活动进行审批、核准,县公共资源交易中心负责执行,县招监办负责交易监督。招监委定期组织相关部门召开招监联席会,议定各部门提出的议题,规范在交易过程中出现的问题。

【效能建设】 开展"中梗阻"治理。解决形式主义、官僚主义、办事效率低下、作风不扎实问题。2013 年中心制定《公共资源交易服务标准》全体干部以身作则,模范遵守各项规章制度,努力改进工作作风,创新工作方法,不断增强服务意识,提高服务水平。新电子招投标系统和新政府采购网的推广运用,减少人为因素,防止串标、围标,最大限度地体现公开、公平、公正。推广运用科技防腐新利器,实现政府增收节资效益最大化。紧贴中心工作实际,从教育形式、内容、机制等关键入手,执行"三重一大",在交易过程中主动无违规违纪的人和事发生,实现"程序不减、时间缩短、效率提高"目标。

【内部建设】 建成新的电子招标系统。在全市区县中率先建成电子交易平台建设并上网运行。1 月 29 日、8 月 8 日、8 月 29 日,《青神县丰收水库枢纽病害除险加固工程项目》,国有建设用地 MSQ2013—6 地块挂牌出让,县人民医院医疗设备采购项目分别在全市统一的电子交易服务平台上发布并成功运行,实现新电子招标系统建成并投入使用。在全市率先实现网络监控体系。在全市率先将监控体系延伸至县招监办、县招管办、县财政局政府采购中心,实现监督部门对交易过程的远程监控和实时监控,确保交易过程的公开、透明。在全市区县率先建立健全中介服务机构库。现已建立健全勘察、设计、监理等 19 类中介机构服务商库,中介服务商库由业主在中介服务商库中直接选择确定报价合理的中介服务商,加快县政府投资项目前期工作,提高项目效率。

【交易成效】 2013 年,中心完成项目交易 320 件,增收节支 15315.59 万元(其中:土地溢价 10967.87 万元,招投标节资 4347.72 万元)。完成五大重点工作:完成锦绣小区招商及土地拍卖工作;协助锦绣小区完成安置房的设计、监理、施工等相关的招投标工作;完成河坝子东山商贸城的招商和土地拍卖工作;完成 MSQ2013 - 13 号地块拍卖(簧门街 1.6 亩土地带规拍卖工作)、MSQ2013 - 20 号地块拍卖(城市之星 80.7 亩带规拍卖)以及 MSQ2013 - 12 号地块拍卖(青衣大道以北 28 亩);协助完成城市道路整治二期工程的有关招投标。

(刘　杰)

审　计

【概况】 2013 年青神县审计局编制 20 名,其中:行政编制 7 名,事业编制 11 名,工勤人员编制 2 名。有在职人员 22 人。内设办公室、投资审计股、行政事业财税金融审计股、法制股,下属单位经济责任审计分局(副科级)、审计信息中心。计划审计项目 28 个,完成 122 个。审计查出违规资金 514.46 万元,管理不规范资金 21187.55 万元,核减工程造价 1127.41 万元。审计信息外宣被《中国审计》采用 1 篇,被《中国审计报》采用 5 篇,被《现代审计》杂志采用 4 条,被市审计局采用 5 条。履行审计监督职责,经济社会发展、廉政建设、保障民生,促进增收节支。

【行业审计】 根据市审计局的统一部署,抽调 4 名业务骨干组成审计组,6 月,对洪雅县公安局 2011 - 2012 年度财政财务收支情况进行交叉审计。

【预算执行审计】 围绕预算执行的真实性、完整性和科学性,以税收征管、预算管理和资金分配为重点,注重从体制、机制和制度上揭露问题,分析原因,提出建议,完成本级财政预算执行情况审计、地税局征管情况审计等 4 个审计项目。查出违规资金 28.85 万元,管理不规范资金 18591.30 万元。

【政府性投资项目审计】 投资审计工作制度化进程加快。审计重点关注财政建设资金的使用效益，实现增收节支的目标。完成政府性投资审计项目98个，其中：竣工决算审计项目15个，结算审计确认项目83个。工程项目送审总金额16,476.13万元，审减1,127.41万元，审减率6.84%。对眉青快速通道（青神段）工程、城市供水管网改造工程、成绵乐铁路客运专线（青神段）拆迁安置区道路市政工程、青神县城市道路综合整治工程、成绵乐铁路客运专线青神至县城快速通道建设项目（青神城区—西龙站）等重大项目工程进行跟踪审计。

【经济责任审计】 为切实加强对科级领导干部的监督和管理，正确界定领导干部任期责任，受县委组织部委托安排并实施完成正科领导干部任期经济责任审计项目10个，其中：任中审计项目9个，离任审计项目1个。审计查出违规资金485.60万元，管理不规范资金2582.67万元。争取省内审协会到区县开展内审人员的培训、考试、发证工作。通过考试，10个乡镇共20名乡镇审计站人员实现持证上岗，持证人员统一纳入村（社区）干部经济责任审计人才库。5月，从村（社区）干部经济责任审计人才库抽调人员组成审计组，分东山、坝区、西山3个片区开展对全县10个乡镇共10个村的村两委干部任期经济责任交叉审计工作。扩大经济责任审计监督覆盖面，助推干部监督和党风廉政建设。

【专项资金审计】 以涉农资金、社会救济资金等为审计工作重点，查处资金的管理使用情况、效益发挥情况、有无重大违法违规等问题，开展专项资金审计项目9个。查出应调整处理资金12万元，其他不规范资金1818.78万元。

【临时审计】 配合市审计局完成地方政府性债务审计、青神县信用社资产负债损益审计和青神县2012年财政决算审计；与县发改局、县财政局、县监察局共同对政府性工程增减量的审核工作；与县纪委、县监察局共同对惠民政策落实情况进行监督检查工作；与县纪委、县监察局等部门对“4·20”芦山地震抗震救灾款物进行监督检查等。

（王　萍）

统　计

【概况】 2013年，青神统计局有工作人员14人（含临聘人员4人），公务员4人，机关后勤人员1人，下设参公管理事业单位普查中心有5名参公人员。内设4个机构：办公室、国民经济核算综合股、农村经济统计股、工业能源与投资统计股。负责对全县各乡镇、县级各部门统计工作的指导和综合协调，对统计调查项目、统计标准和统计数据发布的监督和管理；承办县委、县政府交办的其他事项。

【统计调查】 完善专业统计数据的采集、审核和上报工作。完成地区生产总值、固定资产投资、工业统计、农业统计、城乡住户调查、商贸、教育、人口等24项统计调查工作。5月初成功举办青神县2013年统计知识培训会，提高青神县乡镇、部门和企业的统计员业务水平。5月下旬完成城（乡）居民收入调查向城乡一体化调查的顺利过度，取得效果。8月下旬展开青神县第三次全国经济普查工作，经过准备、培训、摸底、正式登记和核查等阶段，主体工作基本完成。此次经济普查，共成立1个县级领导小组，32个部门和乡镇领导小组，招用普查员、指导员和普查专员179人。青神县经济普查工作多次接受省市领导调研和检查，得到好评。

【统计执法】 按照《条例》、《意见》的规定设置统计检查机构，建立统计执法制度，制定执法工作计划。定期到各乡镇和企业宣讲统计法。7－8月份，开展统计“三查“专项活动，抽查72户“四上”企业，严格按照发放执法检查通知书、送达通知书、整改通知等执法程序，到企业和单位进行执法检查。对执法检查中发现的问题，要求企业或单位即时进行整改。

【统计管理】 9月上旬，出台《关于全面加强统计工作的意见》，明确各个部门的统计职责，提高数据质量和统计服务，加强统计队伍建设，统计局新增总统计师1名和普查中心参公编制5名，建立统计"人财物"的保障机制。同月中旬出台《关于进一步加强经济工作目标管理的通知》，加强各个部门经济目标管理和经济指标数据的统计，为提升县经济指标综合排位建立保障和奖惩机制。严格按照《统计从业资格考试管理办法》等法规、文件要求，组织开展统计从业资格考试工作。

【统计服务】 编制《统计月报》和《统计年鉴》，印发县四大家领导和县级相关部门；并为县委、县政府及时提供统计资料。严格执行统计保密制度，统计数据经上级部门核定后，方对外公布，对没有核定的数据，决不擅自公布。对县级各部门发布的资料认真审核，对出现歧异的地方提出意见。每季度定期发布各专业统计分析报告、统计信息。2013年，撰写统计分析30篇，统计信息45篇。

（刘　勇）

教 育◎

综 述

全县各类教育机构67个。其中,普通高中、中等职业学校(含竹编艺术职业学校)、教师进修校、县职教中心、资助中心、教研室、技装站、体校、校地办、川南农村社区学院各1所(个),九年一贯制学校6所,单设初中8所(含民办1所)、小学11所(含民办1所),幼儿园32所(含民办16所)。全县在职教职工1482人,在校学生20115人(含在园幼儿4515人)。2013年,县教体局获县委、县政府以上表彰28个,局机关创建为"廉政文化进机关示范点",县教体局评为"全国安全教育工作先进单位";学校获国家级奖项6个、省级奖项12个、市级奖项11个。

基础教育

【德育工作】 立德树人,开展民族精神、时代精神教育,培养学生良好的行为习惯和道德品质。组织开展"我的中国梦"、"勤俭节约 反对浪费"、"红领巾相约中国梦"等主题德育活动10次。开展城乡环境综合治理"进学校"、法制教育"六个一"活动、素质教育基地实践等系列活动。评选表彰省、市、县三好学生231名、优秀学生干部81名、先进集体93个。参加眉山市"亲近经典"诵读比赛获二等奖1人、三等奖2人。参加"中国梦·眉山实践"征文活动,获市一等奖2人、二等奖5人、三等奖10人。县教体局获"2012年全国优秀家长学校实验基地创建活动优秀组织奖"、"第二十届全国青少年爱国主义读书教育活动组织优秀奖",被眉山市委评为"关爱留守学生先进集体"。

【学前教育】 以"扩大公办园、建设中心园、规范民办园"为工作思路,学习贯彻《3-6岁儿童学习与发展指南》,发展学前教育。完成实验幼儿园一期工程,乡镇中心园新(改)建4所、开工2所。创建市首批普惠性民办幼儿园3所。建立城乡幼儿园结对帮扶机制、"一上一下"锻炼机制,选派乡镇中心园业务副园长5名,转岗培训幼儿教师10名,开设讲座、举行开放日活动10余次。幼儿3年入园率达90.1%。2013年11月,全市学前教育项目工作现场会在青神召开,县教体局作经验交流。2013年10月27日,省政协副主席黄润秋批示"青神县教育局在促进农村幼儿享受学前教育方面做了大量的工作,取得了很好的经验,值得总结推广"。

【义务教育】 制定《青神县"十二五"学校布局调整规划(2012-2030)》《青神县义务教育学校布局调整规划(2013-2015)》,整合初中6所,城区学校托管农村小学1所。划片招生,起始年级"大班额"全部消除。开展城乡教师"结对帮扶、送教到校"、教育信息化平台远程送教等活动。完成中小学学籍管理系统信息化建设。举办青神县首届中小学生艺术节，法制教育、艺术教育、科技教育增强。聘请县政府督学1名、责任督学5名，启动省政府义务教育均衡发展验收迎检工作。学生思想品德考核合格率达100%，优良率达90%以上；课程标准规定的学科考试（考核）合格率达95%以上。小学入学率、辍学率、完成率、文盲率、毕业率分别为100%、0、100%、0、100%；初中入学率、辍学率、完成率、毕业率分别为100%、0.54%、99.1%、99.2%。四川省第九届中小学生优秀艺术人才大赛197人次获奖，获奖比例76.7%；四川省第28届青少年科技创新大赛获省中科生物创新奖1项、安捷伦科技立志奖1项、一等奖3个、二等奖11个。

【普通高中教育】 统筹发展高中阶段教育，普高招生860人，普职招生比49 ∶ 51，高中阶段在校生巩固率93.6%，毕业率98.9%，高中阶段毛入学率89.3%。邀请省、市专家到校指导，开展高中教育调研并形成调研报告。高考文考本科上线412人，完成市下达目标任务的133.8%；文考本科上线率首破40%，达41.3%，比上年增加8.6个百分点，增幅全市第一；艺体本科双上线100人，王继涵以专业满分被北京体育大学录取。省二级示范高中顺利通过复核确认，青神中学被评为眉山市环境优美示范学校、文明单位、高中教学管理二等奖。县教体局获市“高中教育质量管理一等奖”。

中等职业教育

2013年，中职招生895人；对口升学单招录取13人、高考录取24人，升学率68.5%；毕业307人，就业307人，就业率100%。新建中职校综合楼5188平方米、阶梯教室528平方米、食堂2196平方米，装备机械加工、三电、信息技术设备304台（套、件）。资助中职学生6465人次，资助金额96.98万元、免除中职学生学费2006人次，免学费金额193.28万元。7月，青神中职校木材加工（竹编工艺）专业被教育部、文化部、国家民族事务委员会确定为首批100个全国职业院校文化传承与创新示范专业点（四川省仅7个），12月由眉山市教育局认定为市级重点专业。中职校代表四川省参加全国职业院校学生技能作品展洽会获一等奖1个、二等奖2个、三等奖3个。参加眉山市第五届“文轩杯”中职学生素质大赛获团体二等奖。

成人教育

【就业培训】 培训竹产业工人1248人、机械产业工人1073人。农村劳动力转移培训3316人，就地就业3316人，就地就业率100%。青神竹编艺术学校名誉校长陈云华被教育部全民终身学习活动周工作小组、中国成人教育协会评为全国“百姓学习之星”。

【县校合作】 2013年4月20－22日，邀请西南大学、成都大学、重庆交通大学、西南交通大学、四川大学锦城学院、重庆科技学院6所院校参加“川渝高校走进青神活动”，西南大学、成都大学与县政府签订县校合作协议。6月，与四川大学合作举办全县干部城镇化建设专题培训班；7月，与西南大学合作举办青神县中小学校（园）长研修培训班；9月，在西南大学举办全县干部旅游专题培训班。同月，完成成都艺术职业学院（青神校区）一期500亩用地征地拆迁工作，向成艺交付土地。

教育投入

推进校舍安全工程、中西农村初中校舍改造工程等项目建设，对上争取4300万元，固定资产投入8000多万元，完成续建和新开工项目28个，新建校舍面积27369平方米，维修加固校舍面积10669平方米。教育技术装备投入1774.6万元，在全市率先建成青神县教育信息化平台建设，建设高清录播教室4间，装备数字教室140间，配备图书220万元。实验中学创建市级现代教育技术示范学校。

队伍建设

【学习培训】 推进机关干部素质培训工程、学校干部队伍能力提升工程、教师队伍师德建设工程。机关干部集中培训18次，举办“读书沙龙”2期，参加省教厅“十二五”第五期公务员培训1人。举办校（园）长论坛3期，与西南大学合作举办中小学校（园）长高级研修班培训1个。举行师德师风演讲及论文比赛，开展名师、省市骨干教师远程送教活动和“骨干教师帮扶”活动。幼儿教师培训302人次、中小学教师全员培训1706人次、普高新课程改革跟进性培训94人次、骨干名师培训21人次、中小学校级干部培训113人次、其他培训项目800人次。其中，国家级培训31人次、省级培训268人次、市级培训69人次、县级培训2938人次。教师每人每年完成72学时以上培训，其中规范性学时36学时以上。

【教师职务评审】 晋升中学高级专业技术职务教师7名，晋升中级专业技术职务教师41名。

【对口支教】 筹资10万元，支援凉山州会理县前马希望小学维修加固教学用房1000平方米，配置相关教学设备。选派4名中小学骨干教师分别到通安中学、杨家坝小学担任支教工作。2013年秋季学期，青神中学新接收60名会理学生免费就读，会理学生在青神中学校就读人数151人。

【教师资格认证】 教师资格认定29人，其中中等职业学校教师7人、初级中学教师10人、小学教师2人、幼儿教师10人。公开招聘教师11名，其中高中英语教师1名、物理教师1名、计算机教师1名、中小学艺体教师3名、幼儿教师5名。考核录用引进高中紧缺学科教师3名。

招生自考

【普通高校招生】 2013年普通高等学校招生考试（以下简称普通高考），全县报名1020人（其中文科考生460人，理科考生500人，对口高职60人），参加考试995人。上四川省最低录取控制分数线948人（其中普通类本科388人，专科533人，对口高职27人），上线率95.28%（上线人数与实际参加考试人数之比）；录取789人，录取人数占实际参考人数的79.30%（其中普通类本科录取299人，艺体类本科83人，普通类专科322人，艺体类专科48人，对口高职类专科37人。艺体类本科双上线100人。

【成人高校招生】 成人高校招生报名132人（其中文科8人、理科64人、专升本60人），实际参考126人。上省控制分数线109人，上线率86.51%。录取总人数109人。

【高等教育自学考试】 高等教育自学考试报名50人、90科，参考54科，合格25科，合格率46.39%，毕业2人。

教育科研

【立项与成果推广】 立项市级课题2项（实验幼儿园《依托亲子早教活动解决新生“入园关”策略研究》、青神中学《普通高中生物新课程实验教学设计的研究》），立项县级课题3项（实验中学《通过寄宿制管理提高留守儿童“三自”能力研究》、南城中学《农村初中寄宿制学生生活能力培养策略研究》、青竹小学《塑造农村小学生外显形象促进良好学习习惯养成研究》)。在研课题15项,开展课题研究指导20余次,小课题研究培训3次。

【课程改革】 在县初中、实验中学、南城中学启动高效课堂的实验改革。与山东昌乐二中和山东师大附小、莘县实验小学、德州跃华学校小学部、乐陵市实验小学等学校建立友好合作联系。邀请省教研员,市教科所专家到青神中学开展课程调研指导等多种途径,对全县教师进行新课程教学理念、教学方式的培训,促进教师转变观念,改革课堂。

【教学研究】 开展教研教改活动47科次,组织人员参加各类学科培训或专题培训,省级6人次、市级120人次。开展学科论文、教学案例评选活动,论文或教学案例获奖省级7篇、市级112篇、县级34篇。

【科研获奖】 西龙小学《多功能基地育人功能发挥研究》、学道街小学《知行合一的小学水土保持等环境教育策略研究》分获四川省人民政府第五届普教教学成果二、三等奖,县教研室《县域九义学校班额悬殊学生学业水平调查研究》获四川省第一届两类专项课题成果评选三等奖。眉山市第八届社科联优秀科研成果评奖获优秀奖1项,眉山市第四次小课题成果评奖获一等奖5项、二等奖8项。青神县第二次哲学社会科学、文学艺术、体育突出成就评奖中,获一等奖2项,二等奖2项,三等奖11项。

教育督导

开展学校学年综合督导评估考核,评出一等奖5名,二等奖9名。按照国家《教育督导条例》《中小学校责任督学挂牌督导办法》聘请5名责任督学,划分责任片区,落实督学责任,启动省政府义务教育均衡发展验收迎检工作。

民办教育

【民间办学】 民办中、小学各1所、民办非学历教育培训机构1个、民办幼儿园16所,年检合格率100%。各校(园)累计投入资金100余万元,改善办学条件。汉阳镇蓓蕾园、青城镇柳溪计协园、南城镇金贝贝园创建为眉山市首批普惠性民办幼儿园。英语实验学校参加云南首届葫芦丝音乐节暨云南省第三届葫芦丝巴乌全国邀请赛决赛获金奖3人、获“优秀指导老师奖”1人。

(姚志文)

2013年重点高校招生录取名册

姓 名	性 别	学 校	姓 名	性 别	学 校
邓梦蝶	女	太原理工大学	文 翔	男	陆军军官学院
张 敏	男	江西财经大学	唐宇豪	男	成都理工大学
周康利	男	成都理工大学	徐 嘉	男	成都理工大学
张 依	女	西南大学	罗淑方	女	华中师范大学
黄雨晴	女	西南政法大学	刘 凌	女	重庆医科大学
杨 流	男	北京师范大学	鲁 益	女	青岛理工大学
张 启	男	西南科技大学	何 娴	女	川北医学院
宋 坤	男	中国矿业大学(北京)	余佳威	男	成都理工大学
任 曾	男	浙江理工大学	陈俊吉	男	南京理工大学
胡嘉豪	男	南京理工大学	魏可可	男	中国矿业大学(北京)
王成杰	男	重庆大学	杨璐瑶	女	华中师范大学
唐 绪	男	西南交通大学	刘诗芸	女	中华女子学院
刘林江	男	郑州大学	宋佳静	女	重庆大学
殷崇曦	男	广东工业大学	余 叶	女	西南大学
余 莉	女	西南科技大学	郑媛渊	女	东北师范大学

◎科学技术

科学技术

【概况】 2013 年,全县新申请专利 68 件。获专利授权 48 件,比上年增长 26.3%。青城机械被认定为省级木工机械工程技术研究中心,津鑫机电成功创建为国家高新技术企业。丹甫股份、德恩机械成功申报四川省第三批知识产权优势培育企业,青成机械、神力机械成功申报四川省第三批知识产优势企业。

【科技成果】 新认定省级科技成果鉴定 1 项(青城机械 QMB 系列高速双面木工刨床),组织四川省青神神力机械有限公司申报 2013 年度眉山市科技进步奖,《冷弯型钢多功能自动成型生产线》被评为二等奖。

【科普与培训】 利用 3 月 14 日的法制宣传日、2013 年"四下乡"宣传活动和科技活动周,组织技术人员深入到乡镇重点围绕全县重点产业开展先进农村适用技术的培训,发放各种宣传资料 2 万余份,接待各类群众咨询 2000 人次,培训人数 5000 人次。

【科技管理】 制发《关于印发青神县贯彻落实四川省知识产权战略纲要实施意见 2013 年推进计划的通知》(青府办发〔2013〕19 号)。用政策加强科技管理。

【项目工作】 申报 2013 年省市科技项目 16 项,立项 15 项,立项资金 590 万元,到位项目经费 440 万元的,同比增长 278%。

【科技示范】 以省级科技示范园—眉山市青神县新农村示范片椪柑科技园区建设为重点。开展新品种、新技术、新模式的试验示范,建立示范基地 3 个,同时开展技术培训和服务,为县内椪柑产业发展提供技术支撑。打造西龙镇万沟村茶叶科技园,以四川省农业科学院茶叶研究所为依托,提升产业的种植技术水平,创建市级农业科技园。培育西龙镇新农村、河坝子安家坝村为市级新农村示范村,重点在养鸡和养鱼产业上通过专业协会和科技特派员对养殖户开展定期培训,采用"公司 + 协会 + 农户"的方式把这两个村打造成全县的科技示范村。

【科技服务】 组建以专家、技术人员为主青神县第三批 5 个主导产业的科技特派员团队 25 人,建立科技示范片 11 个,各类先进种植技术示范点 85 个,培育科技示范户 246 户。申报"江湾神木园"为省级科普示范基地。云华竹旅公司成功申报市级竹编工程技术研究中心。成立农村产业技术服务中心。根据川科农〔2012〕25 号"四川省科技厅关于印发《关于加强农业科技服务推进农村产业技术服务中心建设的指导意见》”的通知精神，结合全县农村产业对科技的迫切需求，整合科技资源，更好地服务农村产业科学发展。11月通过民政部门登记，正式成立青神县农业产业技术服务中心。全年向联系户提供现金21500元，其中春节“送温暖、献爱心”看望群众15户，送慰问金4500元；“下基层、助春耕”看望群众12户，送慰问金4500元，抗旱资金6000元，提供技术信息18条，为联系户解决实际困难6件。

【品牌工作】 青神县国家传统知识知识产权保护试点县顺利通过验收(川知发[2013]101号)。省知识产权试点园区成功通过验收(川知发[2012]137号)，园区知识产权工作纳入2013年知识产权工作推进计划，省级知识产权试点园区工作落到实处。3家省级知识产权试点企业顺利通过考核验收，青城机械被评为省级先进集体，德恩机械、丹甫公司具体负责人被评为全省知识产权工作先进个人。组织有关企业成功申报第三批四川省知识产权试点示范和优势培育企业4家，其中丹甫、德恩成功申报为省级知识产权优势培育企业(眉山市仅有6家)，青城机械、神力机械成功申报省级知识产权试点企业。神力机械正式获高企认定，津鑫机电认定为新申报高新技术企业。帮助青城机械、德恩机械、云华公司建立产、学、研合作关系。组织推荐展祥和巴斯迪科申报2013年眉山市2013年眉山市地方名优产品评选。

【专利申请】 2013年新申请专利68件(发明专利10件)，同比专利申请量增长53%，其中发明专利增长200%，获专利授权48件。

【专利转化】 围绕全县重点产业，筛选技术含量高、市场前景好的专利实施项目申报四川省专利实施与促进专项资金。全县有2个项目获得省专利专项资金20万元的立项支持。新申报省专利实施项目2个。2013年全县共组织实施专利项目167项，新增产值90281.8万元，同比增长33.38%，高于全县GDP增长。全县专利产品创汇984.06万美元，同比增长30.77%。

(程 艳)

气象科技

【概况】 2013年，全年平均气温18.0℃，比历年平均偏高1.0℃；年总降水量1063.0毫米，较历年偏少1%；年总日照时数1214.3小时，较历年偏多9%；无霜期338天。

【气象预报】 气象预报准确率稳定提高。加强天气会商分析，做好灾害性、关键性、转折性天气的跟踪监测、滚动预报。利用电子显示屏，手机短信，腾讯微博等发布天气预报、预警信息，及时传达给各级领导和广大群众。准确预报强降温天气过程，为政府和相关部门应对转折性天气提供科学决策，受到地方领导和群众好评。全年决策气象服务长期有效率为86%，中期有效率为100%，短期大雾、寒潮、暴雨有效率为90%，专题预报服务有效率为98%，加密雨量收集传输及时率为99.8%。

【气象服务】 加强气象服务的组织领导，成立春季和汛期气象服务领导小组，主动做好为农业生产趋利避害的气象服务。认真做好岷江大桥改造天气预报服务，制作岷江大桥周预报14期，及时提供雨情，发送气象信息快报65期，其中雨情通报34期；农用天气预报20期，重要天气消息11期。做好灾害性、关键性、转折性天气的跟踪监测、滚动预报、有效服务，提高监测预报的准确性、灾害预警的时效性，为政府和相关部门抗灾救灾提供科学决策。与水利、国土、林业等部门的协调与配合，共同做好防汛抗旱、地质灾害预报预警和森林防火等工作。6月开通电视天气预报节目，切实做好公众气象服务工作。

【人工增雨】 3至4月,针对县内50年不遇的严重旱情,抓住有利时机实施3次人工增雨作业,降低森林火险等级和缓解旱情。进入5月,鸿化堰灌区严重缺水,为全力做好抗旱保春灌气象服务工作。5月13日至16日,连续4天实施人工增雨作业,全县各地累积降雨量达40－65毫米,旱情缓解确保秧苗的栽插。成立人工影响天气工作领导小组,进一步加强全县人工影响天气工作的组织领导。

【依法行政】 2013年共办理行政审批事项75件。12月,县气象局纳入全省行政权力网上公开透明运行平台。

（段 焕）

党史研究

【概况】 2013年,青神县史志办响应"两化互动"、"文化立县"的战略,加强地方文化资源开发利用,广泛开展史志研究、编纂、宣传、教育和服务经济社会工作。

【党史资源开发】 启动《中国共产党青神县委组织史》的编写工作,该书准确、全面、客观记述1993年至2013年,青神县党、政、军、统、群系统的组织沿革和活动,是党的组织建设、政权建设和各项事业发展建设经验的集中体现,可为工作提供宝贵的经验和借鉴;开展红色文化宣讲,丰富红色文化宣讲内容,深入乡镇、村、学校等开展红色宣讲会6场;加强党史研究工作,在毛泽东诞辰120周年时,撰写《毛泽东与两弹一星》的研究文章,上报省委党史研究室,撰写革命遗址保护的调研文章上报市委党史研究室。

【联系服务群众】 多次深入所联系青神县西龙镇马槽寺村,与村、社区干部展开座谈,共同商谈帮扶计划。通过赠送联系卡,发放慰问金和慰问品,签订承诺书,结对帮扶贫困户张仕均、邵其明、潘华利、赵新中,贫困母亲饶玉彬,对他们提供帮扶物资、资金折价4000余元。宣扬"三自精神",开展抗震救灾工作。雅安市芦山县地震发生后,史志办将抗震救灾作为第一要务,主动出击,开展抗震救灾工作,为灾区捐款500元。开展"中国梦"宣讲活动,深入联系村,向村民宣讲"中国梦",并为其做好规划,助其努力实现个人的"中国梦"。开展以为民务实清廉为主要内容、以"聚焦'四风'先行先改促进发展"为目标,以强化作风建设制度规定执行为切入点的群众路线教育实践活动,切实查照突出问题,并进行认真整改。参与全县经济建设,多次安排干部参加全县百名企业家走进青神的接待工作。

【党风廉政建设】 严格落实党风廉政建设责任制。特别是在"八项规定"出台以后,先后多次召开专题会议,向干部职工包括退休干部传达相关规定。严格执行规定要求,特别是在中秋、国庆等节假日,坚决禁止用公款购买月饼等礼品,在年底杜绝用公款购买台历、贺年卡,禁止违规发放津补贴。

（周国玉）

地方志

【《青神县志》点校整理】 为抢救传存珍贵历史资料,响应"文化立县"战略,将具有重要开发利用价值的3本古县志之一的光绪版《青神县志》,作为旧志整理开发的重要内容,聘请1名有丰富古文知识和旧志整理经验的退休人员进行《青神旧志》(光绪版)点校工作。邀请有丰富旧志点校经验的四川大学古籍研究所教授李文泽为光绪版《青神县志》进行二次点校工作,并为旧志注释。为确保旧志点校整理质量。在征询各方意见之后,结合青神实际,与点校整理人员达成一致观点,即在保证旧志原有风格,实现"修旧如旧"前提下,尽量使用现在史志语言、风格,让旧志更适用于当代人查阅、阅读,使旧志真正成为服务当地政治经济和文化发展的工具。12 月,《青神县志》(光绪版)出版发行。

【《青神年鉴》编纂】 调整年鉴编纂篇目、体例,突出"五位一体"内容和民生内容。3 月,以青神县人民政府办公室名义发出《青神年鉴》(2013)编纂资料报送的通知,4 月完成全县各部门年鉴资料的收集工作。10 月,《青神年鉴》(2013)付印成书。该书设 32 个类目,314 个分目,986 个条目,53 万字,全面、系统、翔实记载全县经济、社会等领域发展成就,为县内外各界人士了解青神提供依据。

【史志宣传】 在"青神县人民政府门户网站"、"青神党务公开网"、《青神》报开辟红色文化专栏,通过刊发青神革命斗争历史文章,宣传红色历史,弘扬革命精神;将《青神年鉴》在"青神县人民政府门户网站"、"青神党务公开网"进行登载,方便群众随时查阅。继续面向全国发行续修《青神县志》,扩大县志知识辐射范围。利用地情资料展示、宣传青神改革开放以来的发展成果。全年完成包括省内外各地志书交换近 50 本。通过眉山《博周刊》上《志说眉山》栏目,开辟青神政区沿革、特色文化、名人大家、风景名胜、民风民俗、名优特产 6 期节目,全方位介绍、普及、展示青神文化,并参与《志说眉山》文集的编写修改工作。在省、市年鉴编撰中宣传青神,3 月,四川年鉴社下发通知,撰写的稿件《青神县》被评为 2012 年卷《四川年鉴》优秀稿件。参与青神文化系列丛书中《青神文化》、《青神人物》编撰,开发地情文化,为青神地方文化增添更多文化内涵。

【史志队伍建设】 建立健全工作制度,加强作风建设。完善办公室工作程序和纪律制度,规范和提高办公室工作程序和工作效率,推进工作制度化、规范化运行,提高工作水平。深入学习十八大精神结合起来,增强全体干部就新形势下加强和改进地方志工作重要性的认识。向组织部门申请并公开选拔 1 名副科级干部,解决人员缺编和人手不足问题,优化知识结构,提高战斗力。10 月底 11 月初,安排 2 人参加全省县(市、区)地方志办公室主任培训会,系统学习"怎样当好地方志办公室主任、地方志与依法行政、地方志基本属性与编纂体例、综合年鉴编纂若干问题、地方志信息化建设"等内容,提升地方志干部队伍素质。安排干部参加县上组织的档案、保密等工作培训。9 月中旬,《四川省志》分卷承编单位主任(主编)学习培训会在青举行,参与会议接待和后勤保障工作,并参加培训会。

【存在的问题】 年鉴编写工作中,因具体业务人员思想认识、业务水平有限,导致年鉴编写工作中存在进展缓慢、质量有待提高的问题;因对相关工作法律法规宣传不到位,导致部分单位、领导对党史地方志工作重视不够。对党史资源、地情资料的研究、开发、利用还有待加强。

(周国玉)

2013 年在市级以上报刊发表论文情况表

报刊(社)名称	文章标题	发表日期	撰稿人情况	
			姓名	工作单位
学苑新报	高中语文自主探究性阅读教学之浅说	2013. 7. 28	鲁劲秋	青神中学
学苑新报	浅议"关注学生"的理念参透和实施	2013. 8. 25	鲁劲秋	青神中学
学习周报社	诗歌教学中重视诵读能力的培养	2013. 9. 11	李雪波	青神中学

续上表

报刊(社)名称	文章标题	发表日期	撰稿人情况	
			姓名	工作单位
少年智力开发报	从自身做起,培养学生良好习惯	2013. 3. 27	杜　涛	青神中学
少年智力开发报	班级管理中的“首因效应”	2013. 11. 8	刘珉英	青神中学
乐山师范学院学报	简谈在课堂教学过程中培养英语思维的方法	2013. 2. 5	宋　燕	县初中
乐山师范学院学报	也谈英语教学中的互动交流	2013. 2. 5	颜　征	县初中
乐山师范学院学报	浅谈初中生英语学习习惯的培养	2013. 2. 5	李全民	县初中
乐山师范学院学报	用心养育,促孩子健康成长	2013. 3. 10	李　为	县初中
乐山师范学院学报	拓展运动项目在体育课中的运用和好处	2013. 3. 10	张仕伟	县初中
乐山师范学院学报	让玩石绽放美丽	2013. 3. 10	王　宁	县初中
乐山师范学院学报	“生日歌”留下的启示	2013. 3. 10	王　宁	县初中
乐山师范学院学报	陪孩子一路成长,给孩子一片蓝天	2013. 3. 10	任淑琼	县初中
乐山师范学院学报	浅谈学生学习数学兴趣的培养	2013. 2. 5	先臣江	县初中
乐山师范学院学报	初三数学总复习策略	2013. 4. 20	杨　波	县初中
乐山师范学院学报	再谈语文阅读教学的高效策略	2013. 2. 5	黄翠英	县初中
乐山师范学院学报	初中生作文有效批改初探	2013. 4. 20	黄翠英	县初中
乐山师范学院学报	古诗文教学考点分析	2013. 4. 20	胡晓琴	县初中
乐山师范学院学报	我与多媒体的不解之缘	2013. 12. 1	李　为	县初中
乐山师范学院学报	浅谈初中物理教学中对后进生的转化	2013. 12. 1	艾建强	县初中
乐山师范学院学报	提高化学课堂效益策略	2013. 12. 1	肖　平	县初中
乐山师范学院学报	浅谈中学英语课堂教学的有效性	2013. 7. 2	陈　聪	县初中
乐山师范学院学报	提高初中英语书面表达能力的策略	2013. 7. 2	黄卫勤	县初中
《语言文字报》	浅谈学校管理的有效性	2013. 12	张泽军	青神县学道街小学
《教育研究》(国家级学术刊物)	小学生写作兴趣的培养	2013. 2	阳琴	青神县学道街小学
《教育改革与发展文论》	在读中听在听中读	2013. 6	杨利芬	青神县学道街小学
《教育研究》(国家级学术刊物)	如何提高小学生的作文水平	2013. 8	胡淑芳	青神县学道街小学

续上表

报刊(社)名　称	文章标题	发表日期	撰稿人情况	
			姓名	工作单位
《教育研究》(国家级学术刊物)	如何当好一名合格的班主任	2013.7	苟敏	青神县学道街小学
《教育研究》(国家级学术刊物)	思想品德课教学的实践与思考	2013.7	李旭英	青神县学道街小学
《教育研究》(国家级学术刊物)	试谈小学作文教学训练的方法与实践	2013.8	余筱璇	青神县学道街小学
团结出版社出版的《跨越文化巅峰校长教坛论道》	说普通话写规范字构建和乐校园—青神县学道街小学创建四川省语言文字规范化示范校工作报告	2013.9	张泽军 欧　建	青神县学道街小学
《教育研究》(国家级学术刊物2013年9月)	试谈小语阅读中学生能力的培养	2013.9	王晓梅	青神县学道街小学
素质教育	竹文化在幼儿教学中的应用	2013.10	万　丽	青神县幼儿园
新课程实验研究	关注学生经历学习的过程	2013.10	李　勇	南城小学
中华教师网	少年宫活动放飞留守儿童梦想	2014.1	李琴利	南城小学
《现代审计》	进一步加强县乡党政“一把手”监督	2013.3.25	王宇雄 杜桂英	青神县审计局
《现代审计》	应加强对“帐外资产”的审计监督	2013.3.25	杨锐	青神县审计局
《现代审计》	深化基层经济责任审计工作的思考	2013.5.25	王宇雄 杨　锐	青神县审计局

◎文化·卫生·体育

文　化

【概况】　2013 年，全县有公共图书馆 1 个，图书 4.6 万册，全年投入 53 万元，对图书馆综合楼进行维护，增加图书阅览室桌椅 10 套，60 个座席，期刊阅览架 10 个。10 月，图书馆被文化部评为二级馆。年接待读者 413 万人余，外借书刊 2.1 万册；收集地方文献 12 种 23 册，期刊 5 种 37 册。组织承办十八大宣传图片屏、新春送书、“4·12”汉阳图书馆周年庆、“4·23”世界读书日、关爱留守儿童暨经典诵读、“亲近经典”专题诵读、中国梦宣传图片展、社区图书室业务培训等活动，收到良好社会效果。完成全县广播“村村响”工程，发展地面数字电视用户 2000 户。

【文学艺术创作】　对全县文学艺术活动进行指导、辅导、监督、检查；完成青神文化丛书《锦绣青神·文化篇》《锦绣青神·人物篇》的出版发行；指导创作、编排的原创舞蹈《竹乡小丫》参加民政部举办的“同在蓝天下”活动并在央视演出，获“最佳舞蹈编导奖”、“最佳音乐创作奖”、“最佳组织奖”；邵永义主编的游记散文集《发现青神》出版；非遗竹编画《苦乐清甜》获中国民间文艺家协会“山花奖”；捻条画传人、县文化馆退休职工吴建堂加入中国美术家协会；小品“牛舞春风”参加眉山市职工戏剧（小品）大赛，获创作二等奖，表演三等奖；县文化馆、图书馆免费开放，组织开展书法、美术、音乐、绘画培训。

【文化活动】　先后主办或承办“青神之春”、“张灯结彩迎新春”、“2013 美好之春·走进青神”、“竹乡之春”文艺晚会、全县广场舞比赛等文化艺术活动；组织开展送文化下乡演出 40 场。4 月，完成大型情景剧“竹韵天下”的编排、彩排。6 月，在中岩广场举行首次全县群众广场舞比赛，来自全县乡镇和部门的 18 支队伍参赛。开展为期 5 个月的“青神县系列歌曲大家”唱歌手选拔赛和团队赛活动，全县 100 多名选手和 11 个乡镇和部门党（工）委参赛。完成农村公益电影放映 912 场。

【阵地建设】　县图书馆评为国家二级图书馆；完成 10 个乡镇综合文化站、89 个村（社区）社区图书、设备（器材）配送；完成全县 76 个村广播“村村响”工程建设；图书馆按照第五次全国公共图书馆评估定级要求，投入 5 万多元，对图书馆综合楼进行维护，增加图书阅览桌椅 10 套，60 个座席，期刊阅览架 10 个；完成 5 万元年度图书采购计划，新增馆藏图书 1986 册，报纸 12 种，成人期刊 48 种，少儿期刊 45 种；收集地方文献 12 种 23 册，期刊 5 种 37 册。

【文物管理与非遗保护】　中岩寺摩崖造像入选第七批全国重点文物保护单位；落实经费对文物

库房安装监控报警设备，确保馆藏文物安全；启动全国第一次可移动文物普查工作，对不可移动文物的安全巡查，馆藏文物实行24小时值守制度；完成全县重要不可移动文物现状调查工作；加强文物行政执法工作，及时将在中岩景区内发现有文物犯罪现象的情况通报给公安机关，在白果乡官厅坝村收回出土的15件石刻类宗教人物造像，填补该类藏品的空白；完成青神县收藏协会古玩旧货经营交流市场的调查和材料上报工作；对中岩寺摩崖造像、玉蟾寺摩崖造像、德云寺和汉阳火神庙4处宗教活动场所的文物保护单位开展摸底调查，向使用单位发送《关于加强宗教活动场所文物保护工作的通知》。配合部门开展《文化及生态绿地规划》、《青神旅游发展总体规划》编制和《青神老八景调查》等工作。

【文化市场管理】 对全县文化市场各类经营场所进行年审验（换）证；对全县文化产业法人单位进行清理、登记、录入；全县文化市场经营单位基本情况和经营状况录入全国文化市场技术基础信息采集系统；对全县各类文化市场无证经营场所进行清理，并及时函告工商行政管理部门予以查处，协助工商管理部门查处取缔1家黑网吧，查缴电脑主机3台；审批办理2家新开办的复打印店、受理变更网吧经营事项2件、受理演出团体的演出经营活动1件。2013年，全县有各类文化市场经营场所83家，其中：互联网上网服务营业场所18家，歌舞娱乐场所32家，音像制品经营单位5家，出版物经营5家，印刷、复打印18家，艺术品经营5家（备案登记）。

【查处文化市场】 加强文化市场的日常巡查力度，发现违规及时查处，与公安、工商等相关职能部门协调配合、信息互通。截止12月，共出动执法检查人员237人次，出动检查车辆20台次，检查各类文化经营场所489家次，与相关职能部门开展联合检查4次，召开职能部门协调会议4次，召开经营业主学习培训会议5次，立案查处网吧违规经营案件2件，向县工商行政管理部门通报并查处“黑网吧”1家，查扣电脑主机3台。

【新闻出版】 健全完善《青神县文化、新闻出版市场长效机制综合整治方案》；对无证音像、书刊、盗版等非法出版物经营现象开展专项整治；与文化、新闻出版业主签订《责任书》，查处违规经营业主25家，收缴非法书刊、音像制品280册（盘、套）。

（黄智勇）

旅　游

【概况】 2013年，投入1.54亿元建设旅游基础设施，接待游客176万人次，比上年增长20%；旅游收入13.5亿元，增34%；第三产业增加值增长11.9%，农村居民转变为三产经营者或从业者3750人。全县有国家AA级景区2个，四星级酒店1家，三星级标准酒店2家，规模商务酒店5家，高档娱乐会所4家，旅行社分社（门市部）5家，旅游商品生产企业约20家，省市县特色旅游商品20多个，特色餐饮店20余家，星级农家乐（乡村酒店）24家。

【旅游规划】 完成青神县旅游发展规划、竹编产业园区总体规划和如意湖片区修建性详细规划编制。启动中岩风景名胜区总体规划、中岩东坡文化城控制性详细规划编制。

【旅游项目】 竹编产业园区完成思蒙河（兰沟段）整治和“水竹·怡庄”一期建设，启动中国首家竹林湿地和竹艺街西延线、竹艺大道南延线、滨江新区南通道建设。青神竹编参展第九届国际文博会和第十四届西博会。青神竹编艺术列入文化部申报世界非物质文化遗产储备名录。青神竹编原产地证明商标申报注册进入初审公告阶段。中岩寺历史遗留问题处置取得重大进展，成功竞购中信公司四川分公司持有的四川泰港公司债权。中岩寺摩岩石刻申报为国家级文物保护单位。开工建设红色西山纪念景区,完善江湾神木园游客服务中心等配套工程,统筹推进蚕丛祠—甘家沟农桑文化景区和汉阳水府建设,完成“老八景”保护和恢复调研、文化挖掘整理工作。

【会节活动】 成功举办古中岩老庙会、第十三届竹编文化艺术节、第五届东坡初恋地旅游文化节、首届美食文化节、第二届相亲会、2013 年乡村旅游椪柑节等会节活动。

【宣传营销】 参加各级各类旅游推介活动,编印《青神旅游》画册,完成青神形象宣传片、系列歌曲专辑、宣传用语和标志及《锦绣青神 · 青神人物篇》、《锦绣青神 · 文化篇》编撰出版,成功举办青神系列歌曲大家唱活动。完成旅游标准化标识标牌、城区道路标准化标识标牌的制作安装。

【乡村旅游】 通过旅游景区开发、旅游集镇建设、乡村旅游发展等路径,促进全县农村居民向三产经营者和从业人员转变 3750 人,培训旅游三产业主和从业人员 800 余人次。创建星级农家乐 2 家,AAA 级特色旅游商品购物点 1 家,星级旅游厕所 1 个。

【特色商品】 加强行业管理、服务培训、整合营销、学习交流,开发特色旅游商品,“青神东坡竹宴”初具雏形。举办青神县优秀旅游商品、优秀旅游购物场所、特色餐饮所评选活动。竹编制品、青神椪柑、汉阳花生等旅游商品深受消费者青睐,青神竹编产品在香港、北京、深圳、成都等地参加国际国内文博会、非遗节等活动,受到与会者好评和媒体广泛关注。

【市场规范】 加强《旅游法》等相关法律法规的宣传教育活动 5 次,依法行政,开展旅游市场综合执法检查 12 次,旅游市场专项检查 8 次,全年未发生旅游投诉案件。重视旅游安全生产工作,开展应急培训 2 次,演练 2 次,全年无安全事故发生。

(鲁承林)

广播电视

【概况】 2013 年,县广播电视台有在职职工 18 名,临聘人员 2 名,其中:领导职数 4 名,内设办公室、总编室、新闻部、社教专题部、广告部、技术播出部、地面数字管理中心,负责全县广播电视宣传和无线广播电视发射工作。

【宣传工作】 2013 年,广播电视宣传工作进一步坚持“新闻宣传要围绕中心服务大局”的原则和以“以品牌立台”的思想,开展多层次纵深性的宣传报道。开展主题教育活动、群众路线教育先行先改、贯彻十八届三中全会精神、重大工程实施、“直联工作”、“三抓三提升”的发展思路以及各项中心工作的宣传报道。全年制作《青神新闻》254 期,播发新闻稿件 1355 余件;开办《健康快车》、《交警纵横》、《党建之窗》、《政务服务面对面》、《天气预报》等 5 档新栏目,全年播出《健康快车》20 期、《交警纵横》9 期、《党建之窗》12 期、《政务面对面》3 期;完成《提升区位优势建设璀璨明珠—眉青快速通道青神段工程建设纪实》、《吹响党建号角建设璀璨明珠—青神县党建推进工作纪实》、《走进青神共谋发展—回眸 2012“百名企业家走进青神”活动》、《“4 · 20”青神灾情汇报片》、《友好之春走进青神—竹乐汇》、非物资文化遗产申报片、国家级重点小城镇申报片等 26 部专题汇报片;对百名企业家走进青神、友好之春走进青神、青神县 2013 年项目推进大会等活动进行现场直播。全年在央视、省台、市台发稿 190 件,其中:中央台 5 件,省台 15 件,市台 170 件。通过与中央、省、市媒体联手,宣传青神,提升青神的知晓度、美誉度。

【基础设施建设】 2013 年 1 月罗波乡发射站建成,青神县地面数字电视覆盖率达到 70%。7 月中旬,在眉山信号源基本稳定后,在黑龙、西龙、白果等乡镇发展用户工作。全年安装并调试完毕2056户地面数字电视用户，农村群众长期以来通过非法接收卫星信号收看电视节目和看不到本地节目的问题得到破解。

【内部建设】 对所有中层干部岗位实行“竞争上岗”，对一般工作人员全部实行“双向选择”。研究制定《青神县广播电视台绩效考核管理办法》，将职工每月绩效工资与工作成效、工作态度挂钩。4月完成办公用业务用房改造搬迁工作，解决长期以来青神县广播电视台办公条件简陋，办公场所狭窄的问题。同时对摄像设备、编辑设备、存储设备进行添置和更新；5月演播室投入使用，结束青神县广播电视台没有演播室的历史。

（胡　霞）

档　案

【概况】 2013年，全县有综合档案馆1个，机关综合档案室107个。县档案馆库总建筑面积1245.75平方米，其中有档案库房建筑面积642平方米。馆藏130个全宗的档案共108064卷(件)，馆藏资料8549册。其中：民国档案9368卷，建国后档案98696卷(件)。机关档案室规范化管理创省一级标准6个，省二级标准20个，省三级标准25个。

【民生档案】 印发《青神县关于做好新型农村社会养老保险文件材料收集归档工作的通知》，对新农保档案收集、整理、移交、保管等作出明确规定。向相关部门转发《四川省留守学生(儿童)档案管理办法》，并作好指导。调研民生档案工作，形成《民生档案工作管理情况汇报》，并及时上报相关部门。指导各乡镇做好新农保档案、移民办做好移民档案、相关部门做好留守学生(儿童)档案的规范化管理。编制婚姻、知青、土地承包及林权档案目录。做好民生档案的查阅利用工作，接待查阅人员1530人，提供利用档案1342卷，出证998份，复印2036页，建立近两年来接待利用人员的电子信息档案，并报送典型利用效果实例11条。

【新农村建设档案】 印发《青神县关于做好新型农村社会养老保险文件材料收集归档工作的通知》，对新农保档案收集、整理、移交、保管等作出明确规定。南城镇、青城镇、罗波乡、西龙镇、汉阳镇完成新农保档案整理，共800卷。6月召开新农村建设档案工作半年总结会，就新农村建设档案工作中存在的问题与各乡镇档案人员进行探讨、共同协商解决。开展以县、乡、村三级涉农档案资源建设及规范化管理，并形成《青神县县乡村档案规范化管理调研报告》。指导县竹编产业龙头企业云华竹旅公司开展档案建档工作和凤阳社区档案信息化试点工作。争取政协领导支持，11月27日，政协文史委视察黑龙镇桥楼村新农村建设档案工作，听取县新农村建设档案工作汇报。新农村建设档案工作得到县领导肯定，县长胡国民批示：档案局工作值得肯定，取得成绩表示祝贺！相关部门要学习这种“小县大作为”的精神。

【重大建设项目档案】 市级重点项目续建4个，新建5个；县级5个。登记14个，完成100%；指导14个，完成100%；检查14个，完成100%；验收5个。其中，指导并协助县医院整理综合医疗大楼工程项目档案139卷；水务局水利普查纸质档案95盒，数据光盘3张，照片档案1册、实物档案1盒，并以98.6分全市第一的高分顺利通过验收。印发《关于青神县岷江汉阳航电枢纽工程移民档案管理办法》，确保移民档案收集齐全、规范有序。深入竹管委会、工业区管委会及立白园区指导园区档案工作，指导县竹编产业龙头企业云华竹旅公司开展档案建档工作及民众日化的档案数据著录及导入、导出。对重点建设项目档案和政府投资项目档案工作指导培训，会上就项目档案工作职责、竣工文件的编制、收集与整理、备案登记、项目文件整理、验收及移交作详细讲解。

【档案文化建设】 充分利用馆藏资源优势，开展档案编研。2013 年独立编研的有《青神力量的凝聚—县委书记陈万忠讲话选录》、《“中国梦 · 青神行动”演讲比赛获奖作品汇编》、《中国梦主题教育活动学习资料选编》；与政协文史委合作编研《青神人物》及《青神文化》。

【宣传教育】 及时上报各报刊、杂志、网站等媒介，并及时更新网站档案信息，多方位、多渠道宣传档案工作。全年上报档案信息 34 条，市级采用 13 条，省档案网采用 11 条；上报“寻找最美档案人”征文 1 篇；“档案在你身边”征文 5 篇；“中国梦 · 兰台情”征文 2 篇。其中：寻找最美档案人征文《用 30 年编织的兰台梦—记青神县公安局民警彭建国》，登载于《四川档案》杂志第四期上。工作中形成的档案专题调研报告有《国有企业档案调查与思考》、《青神县县乡村档案规范化管理调研报告》、《青神县档案文化建设调研与思考》、《浅谈如何做好档案管理的保密工作》及《青神县数字化档案馆建设现状及对策》。组织开展“国际档案日”宣传活动，通过挂标语 10 余幅、办专栏 1 期、开座谈会 2 次、发短信 3 万多条、设咨询点等方式广泛宣传档案，向乡镇、社区赠送档案宣传画，扩大宣传范围，提高广大人民群众档案意识。2013 年，接待查档利用者参观爱国主义教育基地 500 余人；与县纪委监察联合举办第八届廉政文化书画展，接待参观 6 批次，共 2000 余人；重阳前夕与老年书画协会举办老年书画展，接待参观 2 批次，共 300 余人。开展 10 个单位档案行政执法检查，提高公众档案法意识。

【档案信息化建设】 完成青神县档案信息化建设规划，编制《青神县档案信息化建设实施方案》，并以青府办发〔2013〕33 号文印发至各乡镇及县级各部门。完成 14.7% 馆藏案卷目录（含卷内目录）、文件目录；建立婚姻、知青、土地承包及林权档案文件目录数据库。11 月 20 日，青神县档案信息化一期工作顺利通过验收，完成机读目录 312778 条（其中：案卷目录 16209 条，卷内文件目录 296569 条），全文扫描婚姻登记档案 301858 页，完成入库挂接，制作光盘 3 套，共 99 张，移动硬盘 2 套。购置服务器、交换机、机柜、刻录机等专用设备及利用管理系统，婚姻档案完成全文扫描及入库挂接，开展计算机查阅利用服务。建立因特网、电子政务内网档案网，完成局域网建设。编制《档案数据损失和系统崩溃应急预案》，配备移动硬盘等必要的设备，与东坡区档案局开展档案数据异地备份。

【档案接收征集利用】 结合当地实际，制订符合本馆的档案接收细则，编制 2013 年接收计划、接收名册、馆藏全宗名册。接收县委办、就业局、宣传部、人事局、民政局、组织部等单位各类档案共 18830 卷（件）册。完成 2012 年婚姻档案和受灾档案接收进馆工作。转发关于做好“4 · 20”受灾档案抢救保护和文件资料收集的通知，并收集相关照片、资料。2013 年利用档案 1342 卷（件、册），出证 998 份，复印 2036 页。

【档案规范化管理】 完成档案工作规范化管理认定 2 个（司法局、文广新局），复查 3 个（烟草公司、县初级中学、青中校）。做好档案“八防”工作，每天做好库房温湿度记录和安全检查记录登记，全年无安全事故发生。开展国有企业及民营企业档案工作调研，并形成《国有企业档案调查与思考》调研报告；与金融国资局联合举办国有企业档案培训，培训人员共 12 人，并加强指导。

（陈剑勇）

卫　生

【概况】 全县现有各级各类医疗卫生机构 190 个，其中县级医疗卫生单位 7 个，乡（镇）卫生院 9 所，民营医院 5 个，社区卫生服务中心 1 所，社区卫生服务站 1 所，村卫生室 139 所，个体诊所 28 所。有执业医师175人,执业助理医师44人,执业护士341人,其它卫生技术人员161人,卫生技术人员占93.9%,每千人口拥有执业(助理)医师、执业护士分别为1.93人和1.13人。全县有编制床位1111张,实际开放829张,每千人拥有床位4.14张。医院门诊人次45.8万人次,医院病床实际占用床日数34084日。新农村合作医疗制度逐步完善,参合率99.5%。

【疾病预防控制】 2013年全县报告乙类传染病273例,死亡4例,发病率138.26/10万,死亡率1.01/10万,无甲类传染病报告。儿童接种信息化覆盖率达100%,常规疫苗接种率均达到98%以上;麻疹、脊灰补种率均在97.5%以上,全县无一例技术性责任事故发生,完成麻疹脊灰疫苗查漏补种工作任务。全年全县无重大疫情、突发公共卫生事件发生,疫情报告率100%。

【新型农村合作医疗】 多渠道宣传新型农村合作医疗政策,参合率99.5%;实际住院补偿比达68%,政策范围内补偿比达76.65%。全县享受新农合补偿的参合农民共报销361330人次,报销金额4395.58万元(门诊报销52284人次,报销金额152.50万元;住院报销27608人次,报销金额4035.54万元)。开展综合支付方式改革试点,出台县内各定点医疗机构次均住院费用的控制限额标准,次均住院费用在全市处于较低水平,"看病贵"情况有所缓解。

【监督执法】 开展食品安全风险评估,加强食品安全监测,完成食品安全风险监测任务,采样覆盖率80%。对食品安全违法犯罪行为加大打击,纠正违法行为17起,立案23件,罚款11.1万元,取缔"黑窝点"1个。连续保持14年无食品安全事故发生。开展省级食品安全示范县创建工作,受到省、市领导的好评,做好食安的移交工作。全年受理并审批发放公共场所卫生行政许可46份。对30家饮用水单位、239家公共场所、46家学校及托幼机构、181家医疗卫生机构和2家卫生用品生产企业等进行巡回监督执法检查,监督检查覆盖率100%。纳入全国饮用水卫生监测网络,实施卫生监督量化分级管理,量化评级率100%。开展无证行医专项整治行动,取缔游医2家,立案查处2户无证行医,罚款2.02万元,没收违法所得0.41万元,没收药品、器械22件,价值0.28万元。全年无经行政复议撤销的行政案件,无经司法确认违法行政案件。

【医政管理】 全县二级医院全部实行电子病历,并实行检验、检查结果互认;开展临床路径管理,对抗菌药物临床应用进行专项整治,各项指标达标。二级医院全部开展院感行动计划,4月,组织开展院感交叉检查,院感工作得到全面提升。全县远程医疗覆盖率100%,远程医疗服务量较2012年度相比增加30%。二级医院全部成立调解室,落实专门机构,安装视频监控系统,建立第三方调解机制和医疗风险分担机制。全县无医闹事件发生,无医疗事故事件发生,无遗弃病人现象。2013年,县人民医院和县中医医院成功创建"二甲"医院。

【妇幼保健】 全县孕产妇总数1283人,孕产妇系统管理率98.4%。住院分娩1283人,住院分娩率100%,住院分娩补助100%;新法接生率100%,访视率100%;无孕产妇死亡,无新生儿破伤风发生。儿童系统管理率98.9%,婴儿死亡率5.4‰。对1202名新生儿实行疾病筛查,筛查率98.12%。新增应服叶酸人数为1162人,实际服用叶酸人数为1147人,服用率98.71%;艾滋、梅毒、乙肝母婴传播的目标检测人数是3906人,完成目标任务的382.94%。开展婚前孕期保健健康检查,婚检率94.42%。展农村妇女"两癌"筛查项目。免费检查8045例适龄妇女,完成检查8000人的目标任务。

【爱国卫生】 结合爱卫月、春秋两季爱国卫生运动等活动,开展健康教育宣传活动10次,完善无害化污水、垃圾处理设施建设,巩固"省级卫生县城"创建成果。西龙镇、白果乡三清寺村、南城镇沙河村创建为市级“农村健康教育示范点”;1个省级卫生乡镇、10个省级卫生村、2个省级卫生单位通过验收,完成目标任务。“4·20”灾情发生后,对受灾点和灾民安置点进行消杀,发放鼠药1000公斤,确保全县“灾后无大疫”。

【无偿献血】 以“四下乡”活动、“无偿献血日”为契机开展无偿献血和团体献血,发放宣传资料4000余份,直接受教育群众6000余人。开展无偿献血农村行活动5次,组织应急献血工作6次,采血量达500单位以上。完成564.5个单位的献血,占任务数的111.29%,超额完成任务数的比率居全市第一。严格执行血费报销政策,全年血费报销无差错。

【农村卫生】 开展县、乡、村三位一体化管理,乡、村两级初步实现基本医疗服务和基本公共卫生服务能力“双提升”。推进乡村两级医疗机构评审工作,4家中心卫生院通过市专家组现场评审,基本达到省级规范化标准。85家村卫生室达到省级规范化标准,达标率61.2%。全面完成农村卫生人员培训项目任务。按时兑现乡村医生各项补助政策,未发现延时兑现和截留现象。

【项目工作】 县卫生执法监督大队办公用房、农村急救体系和7所乡镇卫生院建设项目全部完成并投入使用。2013年下达的村卫生室建设项目开工,县妇幼保健院搬迁项目完成用地审批。完成固定资产投入2000万元,占任务数的100%;完成对上争取4133万元,占任务数的103%。

【国家基本药物制度试点】 继续执行基药采购统一支付制度,并与药品配送企业签订《2013年基本药物配送责任书》,全年统一支付药款446万余元。所有乡镇卫生院、社区卫生服务机构和村卫生室医用耗材做到100%上网采购、100%配备和使用基本药物、100%零差价销售。全年采购基药1070余万元,平均阳光积分105.14,受到市医改办领导好评。

【“海云工程”】 2013年“海云工程”在一期试点的基础上又投入936万元实施二期工程,实现县、乡、村三级的全覆盖,受到广大群众的欢迎,省政协副主席王正荣对此项工作给予肯定。

【党风廉政建设】 执行“八项规定”,全系统医疗机构全面开展行风评议,全年无收受红包的情况发生。加强新农合基金、卫生项目、医改基金监管,全系统无重大违纪违规案件发生。坚持排查、接访、稳控多项措施并行,圆满实现“零进京、零到省、不出事”的目标。按时完成交办件,案件处理率100%,办结率达100%。

(邹雪梅)

体　育

【概况】 2013年,成立青神县体育总会,依托县级各单项体育协会,开展广场健身舞、冬泳、太极拳、信鸽、羽毛球、象棋等全民健身活动,体育人口不断增加。对上争取6个农民体育健身工程,配置12副乒乓台、6付篮球架。组团参加眉山市第三届运动会,团体总分和奖牌总数区县组第四名。举办瑞峰龙舟赛、冬泳、“千人骑游”等县内全民健身活动。

【体育设施】 完成黑龙镇桥楼村、高台乡诸葛村等农民体育健身工程项目6个,配置12副乒乓台、6付篮球架。新建和改(扩)建23个村级健身广场。

【群众体育】 推进《青神县全民健身计划(2011年—5015年)》,全县有冬泳、体育舞蹈、信鸽、太极拳等8个单项体育协会,会员近万人。依托各单项体育协会,广泛开展广场健身舞、冬泳、太极拳、信鸽、羽毛球、象棋等全民健身活动。全县50人次参加省、市级排舞、健身气功、气排球等培训。广场健身舞社会体育指导员培训37人,免费开放体育场馆4.6万人次。组织近500人的代表团参加眉山市第三届运动会所有比赛项目(成人组16项、青少年组8项),获11金12银24铜,团体总分和奖牌总数区县组第四名。承办市三运会桥牌比赛,举办"8月8日"全民健身日活动、瑞峰龙舟赛、"庆重阳"抢鸭子、"千人骑游"等县内全民健身活动。

【竞技体育】 青神籍运动员肖俊、王书敏代表四川省参加全国第十二届运动会,获自行车男子场地团体竞速赛第六名,女子曲棍球第二名。青神籍运动员黄澳蓓代表眉山市参加2013年全省青少年田径锦标赛获女子乙组跳高第一名。参加2013年眉山市体育舞蹈大赛,青神中学和县艺术中心分获高中组排舞和集体舞一等奖,实验初中和实验小学分获初中组和小学组二等奖。参加2013年眉山市中小学生田径比赛,获5金、8银、7铜。参加2013年眉山市中小学生乒乓球比赛,获得男子甲组和男子乙组团体冠军,包揽男子甲组、女子甲组单打前三名和男子乙组单打冠亚军、女子乙组单打第一名。举办青神县第四届师生运动会,开展中小学生田径比赛、跳绳比赛、乒乓球比赛、篮球比赛等。

(姚志文)

◎社会生活

计划生育

【概况】 2013 年度(截止 9 月 30 日)全县人口总数 204112 人,流动人口 33479 人,出生人数 2285 人,符合政策生育率 87.92%,人口自然增长率 3.95‰。2013 年青神县人口与计划生育工作、省级监测点(高台乡)、市级监测点(西龙镇)工作质量、业务目标考核位列全市前列。11 月,瑞峰镇杨柳漕村被授予第四批全国计划生育基层群众自治示范村(居)。

【统计工作】 继续开展省市监测点工作,年初县政府与监测点单独签订目标责任书,明确奖惩;继续抓好 PIP 系统信息指标季度考评制和延伸至村工程管理试点工作,强化组级起报统计工作。3 月,顺利完成全省 5‰人口抽样调查工作;做好全省人口数据库重复人口清理维护工作;落实流动人口信息登记服务和网络流动人口一孩生育服务证办理服务工作,对办证流程进行网上公示公开;推进流动人口网上信息反馈工作,反馈率 100%。

【依法行政】 开展依法行政监测点工作,年初县政府与黑龙镇签定监测点目标责任书,实行重点监测指导;建立健全行政执法制度,规范执法程序,提升依法行政质量,开展社会抚养费征管督查、案卷评查、惠民政策落实和全市依法行政检查等工作;开展执法培训和组织人员到自贡富顺县、泸州泸县、双流等地考察学习社会抚养费征管工作经验;3 月,联合卫生、质监、公安等部门开展人口性别比治理工作,全县人口性别比从 2012 年 3 月的 127 降为 2013 年 9 月份的 108;建立人口计生矛盾纠纷应急处置机制及计生网络舆情监控制度,设置信访接待室,畅通"12356"计生便民服务热线,全县计生信访案件处理率、结案率 100%。

【优质服务】 扎实推进国家免费孕前优生健康检查项目,强化孕检工作质量,将"双保双防"(保进度、保质量,防差错、防做假)列为 2014 年孕检工作重点,2014 年参检夫妇 802 对。建立专业技术人员学习激励机制,派出服务人员外出进修,举办业务培训班、科技大练兵活动,全面提升技术服务质量。开展"生殖健康进万家活动",建立"服务百姓健康活动"医疗专家组,为全县年满 25－50 周岁已婚育龄妇女提供"七免一低"服务,2014 年参检人数 1500 余人次,提供避孕节育、优生优育、生殖健康咨询 5000 余人次;规范开展手术并发症鉴定,全年组织 15 名病残儿医学鉴定。

【宣传教育】 结合元旦春节百日宣传、"四下乡"、"5·29""7·11"等宣传契机,利用新型媒体大力宣传现行计生政策,全年进行宣传活动 12 次,发放宣传资料及宣传品 5 万余份;4 月,省人口计生委宣教中心在青神县拍摄计生"三结合"户带头致富为题材的专题片《桔子红了》,该片在四川电视台公共频道播出;搭建计生宣传平台,为全县育龄群众提供人口公共服务,在西龙万沟村、高台傅塘村建成2个特色人口文化基地;注重信息宣传报道,外宣工作用稿量比2012年增长2倍,媒体上稿国家级1篇,省级47篇、市级36篇。

【帮扶工作】 认真落实计划生育利益导向"三项制度",2013年奖励扶助对象5489名,特别扶助对象378名,独生子女父母奖励对象3.5万余人,全年发放奖扶资金800多万元;开展生育关怀行动,走访慰问失独家庭4户,贫困母亲14名,贫困独生女孩37名,基层协会干部6名;继续计生"三结合"帮扶工作,开展"三结合"培训35期,落实"三结合"帮扶任务640户,投入帮扶资金约60万元。创新建立计划生育独生子女家庭关怀慰问制度,县政府于7月审议印发《青神县计划生育独生子女家庭关怀慰问实施办法(试行)》,对无法享受国家省市奖扶政策的独生子女伤残死亡特殊困难家庭,符合条件的对象将享受到2000元至5000元不等的一次性政府救助资金,2013年慰问70多户家庭。

【计生协会】 全县有县级协会1个,乡镇级协会10个,流动人口协会5个,村(居)协会89个,团体会员103个,个人会员12085人,会员小组487个,专(兼)职会员干部200余名,负责具体工作秘书长99名,工资待遇全面落实;建立村(居)协会活动室89个,活动室有牌子,有阵地,有活动经费。出资5333.5元为89名村(居)协会干部办理"太保计划生育干部意外伤害保险"。11月,按照现行相关政策,在职领导不再担任协会法人,变更县计生协会法人,由一般干部担任。

(陈燕霞、胡娜)

城乡人民生活

【城镇居民收入】 城镇居民收入稳步增加,生活水平提高。全年城镇居民人均家庭总收入21697元,增长11.3%,人均可支配收入19134元,增长11.0%。工资性收入依然是城镇居民家庭收入的主体和增收的主要动力。全年城镇居民人均工资性收入达14840元,增长7.6%,占总收入的68.4%。消费支出增长,生活质量提高,全年城居民人均消费支出13755元,增长8.2%,恩格尔系数为41.5%,比上年下降1.6个百分点。

【农村居民收入】 农民收入保持较快增长。农民人均纯收入达到9215元,增收1156元,增长14.3%。从收入构成看:工资性收入3838元,增加451元,增长13.3%,其中外出务工收入2013元,增长15.9%;家庭经营收入4607元,增加491元,增长11.9%;财产性收入131元,增加26元,增长25.4%;转移性收入639元,增加109元,增长20.7%;农民人均生活消费支出5292元,增长12.6%。其中:食品支出2374元,增长17.1%;衣着462元,增长9.1%;居住消费支出555元,增长62.3%;家庭设备用品消费支出528元,增长4.3%;交通通讯支出625元,下降7.0%;文化教育娱乐消费支出260元,下降30.0%;医疗保健消费支出365元,增长31.1%;其他商品和服务消费支出122元,增长58.3%。农村居民恩格尔系数为44.9%,比上年上升1.3个百分点。

【消费指数】 物价稳定,增速回落。2013年全县居民消费总指数103.1%,较上年回落0.37个百分点。

(周国玉)

社会事业服务

【殡葬管理】 2013年,贯彻落实《四川省殡葬管理条例》,加强宣传工作,4月开展"殡葬管理宣传月"活动,加大检查和督查力度以及执法力度,全年全县火化遗体1355具,火化率居全市第二。

【救助服务】 2013 年，严格执行《城市生活无着的流浪乞讨人员求助管理办法》，对符合条件的城市流浪乞讨人员实行相应标准的全员救助，全年救助 80 人次。

【婚姻、收养登记】 2013 年，成功创建国家 3A 级婚姻登记机关，按照《婚姻法》和《婚姻登记条例》，加强婚姻登记管理工作，严格把关，认真审查，依法登记。全县办理结婚登记 1733 对，办理离婚登记 689 对，补办结婚登记 621 对，补办离婚登记 42 对，登记合格率 100%；办理收养登记 2 人。

（李贵美）

老龄工作

【概况】 2013 年，全县总人口为 197250 人，老年人口 43310 人，占全县总人口数的 21.96%，其中：百岁老人 25 人，分布在全县 7 镇 3 乡 22 个行政村，4 个社区。其中男性 7 人，女性 18 人，最大年龄 108 岁，90 岁以上老年人 1088 人。

【维护老年人合法权益】 宣传新修订的老年人权益保障法，组织县老年人协会、县退干协会、县企退协会、县老年大学的老年朋友们进行专题培训，解读新修改的老年人权益保障法，全县近 500 名老年人参加培训。建立和完善 80 岁以上老人高龄补贴机制，按时发放高龄补贴，100 岁老人每人每月 300 元，90－100 岁老人每人每月 70 元，80－90 岁老人每人每年 200 元，全年兑现高龄补贴 236.15 万元。

【敬老院工作】 全县有敬老院 7 所，其中中心敬老院 5 所，总占地面积约 80.4 亩，总建筑面积约 2100 平方米，共有床位 888 张，入住老人 876 人。全县敬老院以供养五保户为主（老年无劳动能力、无生活来源又无法定赡养、抚养、扶养义务人，或者法定赡养、抚养、扶养义务人无赡养、抚养、扶养能力的老人），为五保户提供吃、穿、住、医、葬等方面的生活照顾和物质帮助。

【老年活动】 3 月 6 日，县级“五大”老年组织在城南活动中心联合举办“庆三·八游园”活动，全县近 400 名老年朋友参加。6 月 28 日，由县老协、县老体协联合举办的“庆祝建党九十二周年暨第四届农村老年人文艺调演”在城北活动中心举行，全县 10 个乡镇 20 个节目，近 300 名老年朋友参加演出。10 月 8 日，县委、县政府在城区中岩广场举行向全县 60 周岁以上老年人免费赠送手机活动启动仪式，县“四大班子”主要领导和社会各界代表近 1000 人参加仪式。中国移动、中国电信、中国联通 3 家通讯公司现场向 40 名老年人代表免费赠送手机 1 部。

【老年组织建设】 全县有县级老年组织 5 个，城区机关单位老年人组织 32 个，乡镇基层老年人组织 10 个，村（社区）老年人组织 88 个。县级有老年人协会、老年人体育协会、退休干部协会、企业离退休职工协会、老年大学、各协会有下属专业队组数个。

【创建敬老文明号】 按照省、市关于创建敬老文明号工作的要求，开展创建工作，通过努力，县人民医院、县民政局被评为省级敬老文明号，县委老干局、教育体育局、民政局、老年人协会、老年人体育协会、县人民医院、南城镇人民政府、白果乡人民政府、青城镇凤阳社区、青城镇盐关村村委会被评为市级敬老文明号，受到表彰。

（李贵美）

社会福利

【医疗救助】 全面实施城市医疗救助，截止 12 月全县累计住院救助 418 人次，累计发放城市医疗住院救助金 79.96 万元；累计人均救助 1912.9 元，累计门诊救助66人，累计发放门诊救助金2.45万元，累计人均救助371元；资助4505人参加城居险，支出参险金额36.04万元。全面设施农村医疗救助，截止12月累计住院救助527人次，累计发放农村医疗住院救助金88.89万元，累计人均救助1686.7元，累计门诊救助88人次，累计发放门诊救助金2.55万元，累计人均救助290元；资助12761人参加新型农村合作医疗，支出参合资金75.6万元。

【城乡低保】 城市低保，截止12月全县累计享受城市低保待遇46149人次，累计支出保障金1001.8万元；累计月人均补助217.1元，完成目标任务200元的108.6%；农村低保，截止12月，全县累计享受农村低保待遇111734人次，累计支出保障金1228.33万元；累计月人均补差109.9元，完成目标任务100元的109.9%。

【五保供养】 截止12月全县享受农村五保966人，做到应保尽保；其中集中供养876人，集中供养率90%以上，完成目标任务90%的100%。

【慈善事业】 开展"4·20"芦山地震灾后慈善捐赠，县慈善会全年接受各种善款418975.90元。资助贫困大学生，当年资助新入学贫困大学生22人，其中超龄孤儿3人，资助金额8.4万元。

【福利救助】 完善社会福利救助中心设备设施，为福利院配置电梯1台。上半年派出1名工作人员到省上、5名护理人员到市上进行培训并取得合格证书。青城镇文林社区通过省级养老服务示范社区验收。及时落实孤儿调标工作，将55名儿童纳入事实上无人抚养儿童保障范围，确定1名受艾滋病感染儿童，按文件要求将该儿童按照散居孤儿标准执行。完成慈善爱心超市服务网络，布局为设城区中心店、4个周边社区分店。对全县福利企业进行年检。开展四川省贫困家庭脑瘫儿童康复救助工程审批，对8名脑瘫儿童开展救助。全年福彩销售716万元。

（李贵美）

残联工作

【概况】 青神县残联现有编制6人，其中领导2名。下设办公室、就业服务所、康复股、教育就业股等股室。全县10个乡镇残联理事长实现专职配备，每个乡镇选聘1名残疾人专职干事，每个村（社区）配备1名残席主席和1名专职委员。县残联主要职责是服务和指导全县残疾人扶贫、康复、教育、就业、维权等工作。

【组织建设】 完善组织建设，县残联配备残疾人干部，出台专门文件规范残疾人专职委员的选聘和管理。开展残联系统干部培训，对全县残疾人工作者开展220人次培训会。五类残疾人专门协会组织健全，制度规范，活动有效。特别是县肢残人协会活动有声有色，效果明显。开展残疾人证换发工作，完成残疾人证换发5100多本。对残疾人进行"量体裁衣"式服务，对所有办证人员全部做到进网入库，并根据际实情况进行服务。开展对全县76个村和11个社区残疾人协会的规范化建设，完善规章制度。

【扶贫工作】 继续开展领导干部助残解困"四个一"活动。所有县级领导、副科级以上领导都联系有1户贫困残疾人。各级领导干部利用春节开展"温暖万家行"、"全国助残日""直接联系服务群众"等活动载体开展走访慰问残疾人活动，为残疾人排忧解难，解决生产和生活中遇到的困难和问题，帮助残疾人家庭寻求致富之路。争取政策倾斜，为全县60岁以下的精神、智力以及其他类别重度残疾人购买每人每年100元的农村社保。借助县委、政府双千培训工程，培训残疾人竹编工人305名，大部分已经居家灵活就业。

【康复工作】 创建全国残疾人“阳光家园”示范区，建成凤阳社区、建川社区、建华和互惠缝纫有限公司庇护性工场等 4 个日间照料机构，建成中岩阳光农场和残疾人托养康复中心 2 个寄宿制托养机构，居家托养 180 名残疾人。9 月 4 日，代表眉山市残联接受省残联“阳光家园”示范区创建验收。开展白内障复明手术，完成复明手术 100 例。为精神病康复服务 425 名；完成聋儿语训 3 名，配戴助听器 3 台；为 5 名残疾人装配假肢，开展肢残人矫形手术 5 名；培训脑瘫儿童 8 名、智力残疾儿童 2 名；开展残疾人康复训练和咨询活动 600 多人次，为 200 多名残疾人提供用品用具 200 余件。

【教育和就业工作】 贯彻执行《残疾人就业条例》，采取集中、分散、多渠道、多形式安置残疾人就业，全县国家机关、社会团体和企事业单位安置残疾人 105 人，残疾人个体从业 700 多人，农村残疾人稳定就业 8600 余人。做好在校残疾学生和未入学适龄残疾儿童的调查，扶残助学帮助 30 名，培训残疾人竹编工人 305 名，培训盲人按摩师 3 名，扶持贫困盲人就业 5 名，BPO 外包培训 30 名。

【宣传工作】 对残疾人事业方针政策实施宣传，着重宣传新修订的《中华人民共和国残疾人保障法》、《中共中央国务院关于促进残疾人事业发展的意见》、《中共四川省委四川省人民政府关于促进残疾人事业发展的实施意见》和《中共眉山市委眉山市人民政府关于促进残疾人事业发展的意见》。紧紧围绕“民生工程”，抓重点，出亮点，客观真实的反映青神县残疾人工作发展动态，全年发工作信息 42 篇，其中被中残联网站采用 2 篇，被四川新闻网、四川省残联采用 11 篇，被眉山市残联采用 4 篇，眉山日报采用 1 篇，在《青神报》登稿 8 篇，设专版 1 期，青神电视台新闻报道 4 次，撰写调研文章和经验总结 2 篇。四川电视台专题宣传残疾人徐建兵创业事迹。

（杨筱英）

住房公积金

【概况】 眉山市住房公积金管理中心青神管理部以下简称“青神管理部”，负责辖区内职工住房公积金的缴存、提取和贷款审核工作。2013 年全县住房公积金实际缴交人数 5792 人，缴交单位 212 个，住房公积金覆盖率 90%，累计住房公积金归集余额 11143.53 万元，比上年增长 20.45%；住房公积金贷款余额 7176.56 万元，增 78.54%。

【缴存情况】 2013 年全县住房公积金累计缴存总额 19036.86 万元，增长 35.63%；缴存余额 11143.53 万元，增加 1892.17 万元，增长 20.45%。全年缴存住房公积金 5000.61 万元，增加 633.81 万元，增长 14.51%；结转利息 182.20 万元。

【提取业务】 2013 年度提取住房公积金 3108.44 万元，增 61.03%；其中占本年归集总额的 62.16%，退休销户支取 390.77 万元，调动转移支取 158.71 万元，购买、建造、翻建、大修自住住房支取 1565.93 万元，解除劳动关系销户支取 48.86 万元，偿还购房贷款本息支取 878.51 万元，其它支取 65.88 万元，累计提取住房公积金 7893.33 万元，增 69.96%；占缴存总额的 41.46%。

【贷款业务】 2013 年度发放个人住房公积金贷款 171 户 3721.60 万元，增加 2399.7 万元，增长 181.53%，累计发放个人住房公积金贷款 710 户 9188.30 万元，存量贷款 563 户。个人贷款余额 7176.56 万元，增加 3157.01 万元，增 78.54%。

（李　莉）

宗教事务

【民族政策宣传】 开展民族团结宣传教育活动。在学校进行民族工作知识问卷活动。6月,县委宣传部、县委统战部、县民宗局联合行文下发《关于做好2013年全县民族团结进步创建活动有关工作的通知》(青民宗〔2013〕5号文件)。要求各乡镇、各部门妥善处理民族领域社会矛盾隐患和突发事件,维护民族领域和谐稳定。

【少数民族帮扶】 全县21个县级部门直接联系21个贫困少数民族户,全年提供帮扶资金5万余元,项目帮扶5个,培养5户致富典型。向上争取项目资金15万元,完成对上争取任务的150%。开展少数民族的普查工作。据统计,全县少数民族成分24个,少数民族人口348人,比上年增加2个少数民族成分,人口增加38人。

【教育培训】 编印《宗教知识干部读本》2000册,发放到县级部门、乡镇干部手中。完成玉蟾寺、龙女寺发展规划编制工作。对宗教教职人员和信教群众进行教育培训。全年召开7次学习培训会议,学习党的宗教政策、宗教法律、法规以及国际、国内宗教形势,以创建活动为主题的教风年教育活动,组织学习相关文件,制发活动方案,开展自查自纠,落实整改措施。开展信息宣传和调研工作,上报信息13篇,调研文章1篇,中国梦征文2篇。

【宗教活动管理】 对宗教场所、教职人员和大型宗教活动的管理,依法有序开展宗教活动。继续贯彻宗教人士外出报告制度、宗教场所负责人请假报告制度、宗教教职人员登记备案归档制度、治安消防安全管理制度。开展慈善周活动,组织捐款5400元,慰问敬老院1所,少数民族贫困户和贫困母亲各1户。广揽僧才,保证人才储备。龙女寺、玉蟾寺、中岩寺、德云寺分别从全国各地引进僧人6人。做好安全工作,确保宗教安全稳定。开展抵御渗透专项治理,专项治理"实际神"等邪教组织,开展宗教"两乱"和基督教私设聚会点治理,抵御宗教渗透。签定安全目标责任书。天主教爱国会完成的换届工作。

(黄　梅)

◎乡镇发展概况

青城镇

【基本情况】 青城镇处青神县政治、经济、文化中心，环绕县城东、西、北三大城门，东靠岷江，系岷江冲积平坝，属鸿化堰腹心灌区。青城镇辖游滩、五更桥、柳溪、王坝、盐关5个行政村，花园、凤阳、文林、建华、城东5个社区，73个村(居)民小组。幅员面积约17.0平方公里，耕地面积394公顷，年末总户数15505户，年末总人口39256人。2013年，全年实现国内生产总值17.85亿元，其中：第一产业3762万元；第二产业9.20亿元；第三产业8.27元。工业总产值13.12亿元，农业总产值7255万元，粮食总产量3698万吨。社会消费品零售总额9.78亿元。固定资产投资18.01亿元，其中：工业投入5.07亿元，农业投入1770万元，农民人均纯收入10619元。眉山市乡镇综合实力居前十位。

【工业经济】 工业集中区从无到有，由小渐大，基础设施日趋完善，入驻企业日益增多，实现企业向园区集中的科学发展之路。青城机械、德恩铸造成功入驻，工业开发区成为集聚产业特色、推进产业提升的核心平台，实现以企强园、依园引企。2013年，完成固定资产投入12.3亿元；工业利润1.8亿元；工业入库税金8670万元；招商引资到位资金2.3亿元，其中5家机械企业产值上亿元；乡镇工业增加值7.97亿元；规模企业总产值18.4亿元，规模企业主营收入17.51亿元。

【现代化农业】 全面落实“三农”政策，以调优农业产业结构为突破口，夯实农业基础，发展规模种养殖业，促进农业增效、农民增收。引进和推广新技术、新品种，推行“公司+协会+农户”产业发展模式，实现土地流转3236亩；抓农业基础设施建设，改造青城镇小塘堰、鸿化堰支渠2条2.1公里、斗渠13条4.85公里、山坪塘1口；新增有效灌面400余亩；新增农村安全饮水1000人；新建沼气池20口；完成种植业保险面积4193亩。兑现粮食直补、综合直补、油菜补贴75.2万元，动物春秋两防和狂犬病防疫率100%，全面完成种养殖业政策性保险，增强农业抵御风险的能力。

【城市建设】 实施“以城为主，统筹城乡”发展战略，发挥群众主体作用，做好群众工作，稳步推进成艺学校、城市之星、盐关村排危等城建项目的征地、拆迁、安置工作，其中，城市之星项目创青神最快拆迁速度，为滨江新区开发奠定坚实基础，获县委“突出贡献奖”；在各住宅小区引进并规范物业管理；规范农村建房；在新区建设中不断推进三产发展，房地产业发展兴旺，开发品味、档次与物业管理水平提升。天誉房产、财富中心、鑫城房产等项目相继开工建设，大批餐饮娱乐和商业服务网点竞相在新区落户，实现收入6.5亿元，解决就业2000余人

【信访维稳】 坚持“稳定压倒一切”，实行党政领导维稳“一岗双责“，实行政法工作对村（社区）目标考核，创新“维稳跟着项目走”举措，建立镇财政矛盾纠纷调处配套激励制度。坚持信访“三三”调解制，全年受理矛盾纠纷256起，成功调解254起，其中重大疑难纠纷12件，调解成功率99.2%；化解多年信访积案2件，一般信访案件6件，排查不稳定因素，抓好重点人员稳控工作。社区矫正工作引领全县，累计矫正帮教22人，帮教率100%。加强校园周边安全保卫和高危人群管控，全年无重大安全生产事故。推进新一轮平安创建，实现治安巡逻常态化，社会呈现稳定和谐良好局面，“平安建设”满意度位列全县第一。

【环境整治】 开展“城乡环境综合整治”活动，签订“门前三包、院内四自”目标责任书8000余份；创建“示范楼（幢）”、“示范小区”，在中心城区130多个开放小区，落实清运人员8名，建立健全长效保洁机制；全镇6个行政村实现生活垃圾村民自治“集中清运”模式；在中心社区建立环境整治网格化管理体系，以层级网格定责任，确定社区主导地位，发挥群众主体作用，深化前期成果，巩固并完善居民自治基础上的开放式小区保洁机制和楼栋长负责制。

【民生工程】 实施民生工程，落实惠民政策。新农合参保13010人，参保率100%；城市居民养老参保4450人；完成小额保险3707人；新增低保124户，发放低保金300余万元；城镇新增就业729人，完成目标的110%；下岗失业人员和征地拆迁居民就业再就业171人，完成全年计划的103%；“4050”等困难对象就业再就业84人，完成任务的113%；新型农村和城镇居民养老保险参保4460人，完成任务的287%，小额保险超额完成县上目标任务；新增农村低保26户，发放低保金310余万元；竹编产业技术培训77人；在王坝、城东等5个村（社区）实施海云工程，让群众享受低成本健康服务；凤阳、文林、建华率先在全市实践居家养老及残疾人日间照料中心。

（夏振怀）

罗波乡

【基本情况】 2013年，全乡幅员面积49.6平方公里，辖7个行政村，51个经济社，总人口14687人，人口密度每平方公里298人，耕地面积937公顷，是典型的农业乡镇。境内有青乐路、罗新路、龙娴路3条县、乡道路。成绵乐城际铁路穿镜而过，岷江航电落户于此。全乡生产总值14400万元，增8.6%，其中：第一产业增加值7922万元，增3%；第二产业增加值2718万元，增10.8%；第三产业增加值3760万元，增12.1%。全年粮食总产量8595吨，人均纯收入9069元。全社会固定资产投资9160万元。地方财政一般预算收入完成425万元。财政一般预算支出425万元。人口自然增长率1.1‰，下降0.24个千分点。普通学校在校学生106人，在职在岗教师33人。学龄儿童入学率100%，有卫生机构1个，病床位31张，卫生技术人员20人。

【重大项目】 高铁建设全面铺开临时用地复垦工作，完成4个村临时用地复垦，做好后期矛盾纠纷化解，及时解决复垦中的各种矛盾，促进高铁建设顺利推进。航电工程建设：做到“三无”（无群体性事件、无上访事件、无安全责任事故）；提前近一个月完成新一轮征地工作，航电工作受到县领导好评，获得县委、县政府突出贡献奖。

【农村经济】 做好农民意愿转变调查，全年将农民转变成现代农业业主30人，转变成城镇居民102人，转变成三产经营者300人。围绕“稳定粮食生产、加大土地流转、发展‘一村一品’、搞好劳务输出”的增收思路，完成种植蔬菜10000亩，其中反季节蔬菜2000亩，新建蔬菜加工基地2000亩，新增土地流转700亩。年出栏生猪4.2万头。全面完成春、秋两季栽竹任务，全年完成栽竹2500亩，绿化村庄1个，完成道路绿化2公里。

【工业经济】 结合乡实际，发展民营中小型企业，扶优扶强优势企业，提升整体经济实力，规范整顿市场秩序，经济运行质量持续提高，经济效益增加，实现工业经济稳步发展。完成工业投入5.36亿元，其中技改投入3000万元，完成全年目标比93.3%；入库税金完成396万元；完成招商引资3000万元。

【基础设施】 推进村级基础设施建设，充分运用村民自治，发动群众踊跃参与交通水利建设。投资600万元完成蔡沟水库、核桃湾水库除险加固工程，整治沟渠5000米，整治山坪塘10口，硬化道路12公里，解决农村安全饮水达5000人，稳步推进“路到户，水上山”工程。

【环境整治】 加强城乡环境综合整治，坚持常态化管理，治理成效明显，被眉山市委办公室、眉山市人民政府办公室表彰为2013年第二、四季度环境卫生整治“十佳场镇”，并获县城乡环境综合治理一等奖；

【惠民行动】 坚持群众利益无小事，抓好新农合、新农保。2013年，引导劳务输出实现劳务收入8500万元，完成农村实用技术培训6000人，新型农民培训120人，城镇新增就业30人，下岗失业和征地拆迁再就业人5人，农民工在岗培训50人，竹编产业培训56人，发放农业技术宣传资料10000份。农村扶贫解困240人，政策性农业保险全面完成，各项惠农资金发放全部到位。

【社会事业】 争取民生项目，通过上下努力，全面完成罗波卫生院扩建工程、城镇集中供水站、教师周转房、中心幼儿园、通村道等项目建设；文化、教育、卫生、老龄、武装等各项工作稳步推进。全乡2013年度出生211人，死亡103人，人口自然增长率1.2‰，有效控制人口增长；开展直接联系服务群众工作，做到查民情，助民困，解民忧，落实好各项惠民政策，落实慰问金12余万元，组织慰问困难群众430余人；

【安全稳定】 开展社会管理各项工作，构建党委领导、人大监督、政府组织实施，齐抓共管的安全维稳工作格局。制定“一人一策”包案调处稳控措施及安全生产常态化管理机制，层层签订安全维稳工作责任书，创新办法、强化管理，实行责任奖惩制度；落实安全工作责任“一岗双责”，层层签定安全责任书，强化安全责任监管，全年无较大安全责任事故发生。强化信访维稳工作责任落实，始终坚持“三三制”纠纷调解原则。全年调解纠纷218起，化解不稳定因数17起，实现在全国两会期间无进京到省上访事件。全年无重大安全责任事故发生。

（帅文琳）

白果乡

【基本情况】 白果乡地处龙泉山脉尾部，位于青神岷江大桥东岸，幅员面积78.7平方公里，人口2.30万人，耕地面积1366公顷，辖区15个行政村，90个村民小组。全年农业总产值2.37亿元；工业增加值2557万元，比上年增1.9倍；完成固定资产投资8210万元；粮食总产1.57万吨，增1.29%；水果产量1.34万吨，下降74.3%；油料980吨，增0.61%；肉类4728吨，下降7.4%。农民人均纯收入7873元，增14.1%；境内交通便捷，青仁、青井路贯通全乡。

【基础设施建设】 投资300多万元，新建长2860米，4.5米宽标准化产业环线道路，投资2360.18万元在白云村、楼坊溪村、下瓮村、凤凰村和五嘉坝村实施土地整理项目；投资276万元在胡坝村实施高标准基本农田建设项目；投资150多万元新建(改建)何家山村、楼坊溪村、栗子村和凤凰村村级阵地;省财政专项资金补助140万元改善罗湾、白庙新村基础设施;投资280多万元改造青汉路;投资600多万在甘家沟、白云村、楼坊溪村实施节水灌溉项目。

【工业经济】 实现工业经济"开门红"、"双过半",完成工业固定资产投入3000万元,非工业类固定资产投入1000万元,完成工业生产产值2700万元,主营业务收入2800万元。

【现代化农业】 以万亩生态无公害椪柑产业示范基地建设工程为笼头,着力在"种植、品质、营销"上下功夫,大力实施"、"坡改梯"工程,退柜桉种椪柑,全年新植、改造标准化椪柑种植面积2500亩(其中坡改梯1200亩);依托粮经复合农业项目,发展"田坎经济"30000米。发展生态无公害椪柑,实现以螨治螨生物防治和留树保鲜技术全覆盖。全乡椪柑种植面积达3万亩,年产量达5万吨,产值上亿元;竹木产业规模达7万亩、年产值8000万元;年出栏生态鸡60万只以上;粮食总产量为1.31万吨。2013年全乡农民人均纯收入为9001元,比上年增长14.3%。实现国内生产总值2.43亿元,增长8.9%。2013年,新增城镇居民100人,新增现代农业业主25人,新增三产经营者、从业者350人。

【综治维稳信访】 坚持"稳定压倒一切",实行党政领导安全维稳"一岗双责"。着力案件化解,实现动态维稳。调解成功各类民事纠纷150件,完成上级信访交办件7件。未发生一例在重大节日和敏感时期越级上访事件,实现"零进京、零到省、零聚集、不出事"的目标。开展校园周边环境专项整治4次;抓好企业安全生产,开展好"平安创建"工作,实现安全零隐患。

【社会事业】 规范低保审批程序,取消死亡和不符合条件享受低保人员246人。完成优抚对象信息采集,健全个人档案。为重特大病人办理医疗救助128人,救助金额20.8万元。发放农业政策性保险、粮食直补、粮种补贴、农资综合直贴等共计400多万元。新型农村养老保险和城镇居民社会养老保险的人数共计15925人,新农合参合率99.6%,被评为县特等奖。统计准确率100%,完成免费孕前健康检查130对,完成目标任务118%,慰问贫困独生子女户12户。全乡10个村进入"海云工程"建设体系;发展地面数字电视用户730户;被四川省老体协表彰为四川省先进乡镇老年人体育协会;在2013年"青神系列歌曲大家唱"活动中,被县委、县政府评评为优秀组织奖。白庙村等4村顺利通过省级卫生村验收;完成三青寺村"四川省环境优美示范村"创建工作;全面完成征兵工作任务,被市军分区表彰为"4·20"芦山抗震救灾先进单位;"双千"培训任务全面完成。

【会节经济】 2013年12月7日,青神县乡村旅游椪柑节暨果品展销品鉴会在全国"一村一品"示范乡白果乡甘家沟村开幕,聚集近5000多名各界群众,眉山市相关领导、原在青工作的领导和青神"四大家"等出席开幕式。椪柑节现场进行"椪柑王"颁奖、品种展示、品鉴、现场展销、椪柑采摘比赛、自行车骑游、文艺汇演等活动。20多家椪柑经销商和种植户推出优质椪柑参展销售,青神县工业开发区管委会、白果乡人民政府、青神椪柑专业合作社分别与资阳水晶水果有限公司、双双超市、金和农业发展有限公司签订投资销售协议。

(王　新)

汉阳镇

【基本情况】 汉阳镇位于岷江东岸,大转弯之顶部,上距青神县城南23公里,南倚龙泉山脉,北傍岷江之滨,与乐山市中区关庙接壤,下距乐山大佛寺26公里,是岷江东岸旅游环线上的一个重要节点。全镇地形属平原南缘浅丘区,半山半坝,幅员面积22.2平方公里，辖4个村（向阳、新路、上游、小三峡）1个社区居委会（汉阳场社区）。年末总人口10638人，人口自然增长率1.7‰；2013年实现社会生产总值1.02亿元，增长14.3%；固定资产投资0.68亿元，增长258%；粮食总产量3929吨，增长4%；农民人均纯收入9066元，增长14%。

【航电工作】 为确保四川岷江汉阳航电枢纽工程顺利进场施工，保障农户的切身利益，保证征地和附着物补偿款准确及时赔付到农户手中，全镇镇、村、社干部职工发扬“5+2”、“白+黑”精神，深入宣讲政策，认真核对数据，全面排查矛盾，推进汉阳航电征地工作。提前2个月完成1835亩的征地任务，征地所属赔偿款全部准确及时赔付到村和农户手中。受到县委、政府授予“突出贡献奖”表彰。

【工业经济】 2013年实现固定资产投入5794万元，技改投入1534万元，完成目标任务115%。全面完成对上争取、招商引资等任务。

【特色农业】 发展一村一品，特色产业连片推进。延伸新路村至小三峡村产业环线3.7公里，发展优势产业。争取到现代畜牧业深化试点项目，总投资141万元新建6个1200平米标准化养殖小区，年出栏肉鸡120万只，完成杂柑种植6000多亩，种植蔬菜6500亩，“一鸡、二果、三蔬菜”三大支柱产业优势和特色凸显，初步建成百万肉鸡、万亩杂柑、万亩蔬菜三大基地。

【三产旅游】 建立工作机制，成立汉阳镇规划执行委员会。完成汉阳镇总体规划（包括产业发展规划、交通发展规划、社会事业发展规划、文化和生态绿地规划等6个专题研究）。完成汉阳镇控制性详细规划、汉阳镇城镇形象设计编制工作。完成新路村（果村驿站聚居点）规划工作。青关路栽竹，新路至小三峡15公里产业观光环线栽紫薇形成新的风景线，徒步大峡谷和平羌三峡游逐渐成为时尚。投资约300万元新建有规模、有特色的农家乐2家，农家乐提档升级，接待能力提升，实现100余人向旅游三产经营者和从业者的转变。汉阳花生、汉阳野鸭蛋等特色产品成为旅游购物馈赠佳品。

【新村建设】 坚持政府引导、群众主体、规划引导、政策激励等措施，完成新路村果村驿站聚居点基础设施建设。基础设施整体推进，发挥“一事一议、村民自治”的作用，整治水库2座，沟渠3公里，硬化道路18公里。全县实施“一事一议”现场会在汉阳召开。2013年一季度汉阳镇城乡环境整治工作获市“十佳场镇“称号。全市城乡环境整治工作现场会在汉阳镇召开。大量栽竹、种树改善生态环境，全年栽种绵竹、观赏竹等10万余珠，共计2000余亩。制定保洁长效机制，修建垃圾池5个，实现垃圾日产日清。做好污水处理工程，污水通过化粪池、三格池处理后排放，鼓励农户进行庭院美化。

【社会事业】 不折不扣兑现粮食直补。城乡居民养老保险参保7354人，参保率93%。新农合参保9344人，参保率98%，小额人身保险参保3917人，参保率39.5%。全镇1614人享受失地社保，752人享受困难低保，民政救济临时困难户184户，发放临时救助资金51900元；医疗救助23人，救助资金131466元；发放老龄补贴110958元；帮助残疾人士100余人；火化遗体67具，完成任务的170%；完成“4.20”庐山地震灾后重建工作；全面完成45个民生项目；全面完成村（居）两委换届选举工作；城镇新增就业45人；县竹编培训33人；完成全镇农村劳动力调查，转移劳动力3300人，劳动收入3000万元；计生生育符合政策生育率86.8%，发放独生子女父母奖励金12.7万余元，组织51对夫妇接受孕前优生健康检查；2013年武装工作被县委政府评为基层先进单位。

（黄　莉）

瑞峰镇

【概况】 瑞峰镇位于城南10公里处，地处岷江河畔，全镇幅员面积45.9平方公里，辖青杠坪、黄桷、杨柳槽、中岩、尖山、天池6个行政村和1个居委会，49个村民小组，4个居民小组，辖区横跨岷江，青汉公路穿越全境。辖区内有风景名胜中岩寺、德云寺、报恩寺、汉墓群、大小牡猪池。全镇年末总户数5076户，总人口14251人；耕地面积836公顷。2013年人口出生率9.0‰，人口死亡率0.007‰，人口自然增长率0.006‰。国民生产总值1.63亿元，农民人均纯收入8608元。成功举办瑞峰镇“第二十八届龙舟旅游文化节”。

【工业经济】 完成工业固定资产投入3000万元，其中技改投入3000万元；规模企业总产值7262万元，规模企业主营业务收入完成7262万元，规模企业利润110万元。

【农业和农村经济】 粮食产量6965吨，人均514千克，其中水稻4758吨，小麦2553吨。主要经济作物有油菜、大豆、蔬菜、花生等。新发展优质竹5000亩，达3万亩规模，名贵花木500亩；成片流转土地3000余亩。

【交通和基础设施建设】 新开机耕道30公里，新修水泥路9.5公里，整治山坪塘20口、提灌3处、新修三面光沟渠23公里、田间生产便道20公里。

【城乡环境整治】 全年投入城乡环境资金300万元，建立环境整治的长效机制，增加保洁员和市场管理员4名，投入15万元建垃圾处理池，设置固定标语20幅，发放宣传资料1200份，办专题宣传栏16期，设免费停车处5处，购置垃圾桶10个，拆除所有乱搭乱建蓬和街面固定建筑物520个，清运垃圾3500吨，投资50万余元修建网格工程1.5公里，投资40万余元修建龙舟文化广场，投资300万元完成中岩街风貌仿古塑造，环境整治“七进”活动效果好。

【社会事业】 计生工作成为全市市级监测点唯一免检乡镇，符合政策生育率92%，征收社会抚养费12.63万元；按时足额发放各类民政资金181.19万元，火化遗体116具，火化率100%，完成D级农村危房改造45户；投入20万余元完成社区养老服务中心规范建设，全面完成涉及的15个民生项目；新农合参合率97%，小额人身保险覆盖率30%。农业政策性保险工作全面完成；城乡环境综合整治“七进”工作取得成效，全年评比名次靠前；初中适龄人口入学率100%，小升初升学率100%，九年义务教育覆盖率达100%。

（张隆巧、段飞）

黑龙镇

【基本情况】 2013年，黑龙镇面积32.8平方公里，其中耕地1133公顷，比2012年减1.6%。辖11个行政村和2个社区，年末总人口27382人。人口自然增长率2.7‰，减0.6个千分点。乡镇生产总值11.62亿元，增10.63%，其中：第一产业增加值0.680亿元，增3.3%；第二产业增加值10.16亿元，增10.5%；工业增加值9.03亿元，增11.5%；第三产业增加值0.85亿元，增9.4%；社会消费品零售总额7687万元，增11.4%；全社会固定资产投资11.28亿元，增29.7%；地方财政一般预算收入完成1692万元，增56.4%；财政一般预算支出1692万元，增56.4%；农民人均纯收入9796元，增15.4%；新型农村合作医疗制度参合率98.2%。普通中学在校生160人，减35.5%；小学在校生356人，减5.8%；学龄儿童入学率100%，有卫生机构1个，病床位32张,卫生技术人员9人。

【就业保障】 城镇新增就业任务110人,完成115人;下岗失业人员再就业任务40人,完成42人;"4050"就业困难对象再就业任务20人,完成20人;开发社区就业岗位培训任务10个,完成11个;新增就业登记任务2000人,完成2110人;竹编培训89人,完成90人;新型农村和城镇居民养老保险参保人数任务15412人,完成14637人;新型农村和城镇居民养老保险新参保任务150人,完成161人;参保缴费人数任务9883人,完成14129人;待遇申请259人;档次变更205人;补缴266人;新增残疾人22人;卡号变更86人;社保卡资料搜集任务2146人,完成1278人;城镇居民医疗保险任务600人,完成352人;农民工在岗培训任务200人,完成210人;机械产业工人培训任务50人,完成51人;农村劳动力输出与转移任务10600人,完成10711人;劳务收入任务7200万元,完成8500万元。

【工业经济】 做大做强现有企业。吉达机械、民众日化、展祥特种合金等10余个重点工业技改项目顺利推进。充分利用县招商引资三大活动,对外招商引资,先后引进华塑信息、众泰精密铸造等5户企业入驻;成功引进广州立白西南日化生产基地落户,四川民众日化有限公司更名为四川立白集团有限公司。完成机械产业园区二期征地拆迁任务,征地700余亩,拆迁农户180余户,为后续项目引进奠定基础。全镇完成规模工业总产值20.59亿元;增长23.96%;规模工业主营业务收入20.33亿元,增长25.6%;实现工业利润10279万元,增长54.73%;新增2户规模工业企业。

【农业经济】 以农业发展为基础,逐步完善公共设施建设。完成桥楼村产村相融成片推进新农村建设。投入资金661.5万元,基础设施条件得到改善,实现道路、沟渠成网,村民生活条件日益完善。对上争取项目,全面完成场镇和龙女村城市天然气安装工程,受益群众达2000余人,至此黑龙镇镇的青竹、新平等8个村开通天然气。铺设农村供水网,投入240余万元,覆盖7个村,受益群众1.5万余人。按照依法自愿有偿原则,引导农民以转包、出租、互换、转让、股份合作等形式流转土地承包经营权,发展多种形式的适度规模经营。截止目前流转土地约9000余亩,以土地流转为前提,依靠科技优化品种结构,调整产业结构,发展绿色农业、生态农业;通过农业招商,发展设施农业和规模化养殖。完成2013年财政奖补"一事一议"上报。重点支持群众需求最迫切、反应最强烈、利益最直接的村级公益事业建设项目。全年上报一事一议项目38个,涉及11个行政村,5000余户,受益人口10000余人。安装无线数字电视1128户,方便群众收看青神台,第一时间听到县委、县政府的声音。全面建成眉青快速通道青神段,节点建设加快推进。

【集镇建设】 实施环境综合整治,坚持每日对场镇街道卫生、交通次序、摊位摆放等问题进行督促检查,发现问题及时整改,不断提升群众的环境意识。

【社会事业】 2013年计生工作符合政策生育率88.7%,征收社会抚养费53万元。民政工作临时救助154人次,发放临时救助金额40280元,"4.20"芦山地震因灾困难户31户,救济金额9960元。医疗救助86人,救助金额283992元,殡葬火化遗体191具。建川社区成功申报省级养老服务示范社区;场镇社区成功申报市级养老服务示范社区。食品药品安全工作扎实推进,道路、水路交通安全工作务实开展。国土、房管工作井然有序,全年审批农房95户,面积12535平方米,验收78户,合格率94.7%。

【综治维稳】 主动深入排查矛盾纠纷并及时化解。2013年,梳理排查出各类矛盾纠纷、不稳定因素223件,化解稳控223件,化解成功213件,包括茅林村李绍华在县医院医治死亡事件、栽35千伏高压电线杆项目、高墩村机械产业园区征地拆迁房屋安置点选址及安置、眉青快速通道农村饮用水供水工程、沙石厂开采、民众日化员工死亡事件、高墩村1、2组土地流转及季时坝村荒地权属纠纷等；全年接待来访群众220余人次，处理各类信访案件141件，结案息访136件，息访率96.45%，结案稳控2件，待化解3件，实现零进京、零到省、零集访、零积案、零影响社会稳定的重大案件发生的"五零目标"，顺利接受省信访工作督查组的检查。完善深化涉稳重点人员分级管控机制建设，对3名重点涉稳人员进行分级动态管控，按照"一人一档要求，逐人建立规范档案。在春节、全国"两会"、财富论坛等重要敏感时期，对排查出的可能上访人员以及曾进京赴省的重点人员，分别落实责任人，按照"友情帮教、亲情转化"原则，做好教转工作，掌握其动态，确保"四零目标"的实现。

【留守儿童保护教育】 全镇有贫困留守儿童3人，贫困母亲2人。关爱留守学生18人，制定并填写"留守儿童"登记档案。妇联一起开展"关爱贫困独生女孩"活动，走访看望贫困留守儿童和贫困母亲35人次。

【制度建设】 结合全镇工作实际，修改完善各项制度和考核奖惩办法，实现以制度管人和管事；夯实党建" 把手"岗位职责，创新制定《村(社区)阵地管理办法》，对村(社区)阵地的固定资产进行规范管理；坚持"三重一大"制度，加大对党政、重要财政支出的监督力度。2013年，党政联席会共讨论通过村级阵地建设、重大经费支出、办公设备采购和人事变动等项目30余个，涉及经费400余万元；落实"三会一课"制度，深化基层组织建设年工作，督促村(社区)支部开好"三会一课"并完善会议记录，指导村(社区)开展"中国梦"、"十八大精神"等宣讲活动。

【队伍建设】 围绕县委中心工作和黑龙发展需要强化干部队伍建设和培养年轻干部，安排年轻干部联系村社，开展"一对一"业务指导40余次、谈心谈话15余次、模拟面试1次、"中国梦"主题演讲1次、座谈会5次、信息网评等培训7次；开展"三分类三升级三挂钩"活动，落实56条转化措施、58条升级措施，工作目标更为明确，工作激情明显增强。

【阵地建设】 抓实建川社区阵地的管理和使用，为社区居民提供优质服务和娱乐场所；扎实推进2013年度村级阵地建设项目，创新打造"进度不滞后、工程不负债、满意不打折"的亮点工程，2013年新建和改扩建的7个村级阵地全部投入使用。10月，全县阵地建设工作交流座谈会在桥楼村召开，该项工作受到好评。

【服务群众】 结合"4·20"地震和抗旱救灾等重大事件，开展直接联系服务群众工作。全镇35名机关干部联系服务群众近300余户，解决实际问题40余个；采取特殊事例专题研究的形式，坚持特事特办的原则，积极协调、帮扶季时坝村血友病患者陈海涛，把他列为直联对象，加大直联力度，由党委书记和镇长直接联系，为其募捐6250元善款；镇党委、镇政府研究决定由镇政府定期给予一定困难补助，帮助解决部分医疗费用。

【廉政建设】 开展"中梗阻"和"庸懒散"专项治理活动。制定《关于深入开展"中梗阻"专项治理的方案》，镇纪委落实专人对镇便民服务中心等重要窗口人员到岗等情况进行督查，对出现"中梗阻"和"庸懒散"苗头问题的部门负责人及时谈心谈话，敲响警钟，全镇干部呈现良好精神状态。2013年，镇纪委对1名上班期间视频聊天的干部进行诫勉谈话。开展谈心谈话活动，镇党委书记对10名班子成员进谈心谈话，班子成员对16名中层干部和19名一般干部进行谈心谈话，及时了解思想动态，发现问题，解决问题。督促干部学习《农村基层干部廉洁履行职责若干规定(试行)》；先后组织120余名干部观看警示教育片和全县党风廉政建设教育宣传片。严格执行"八项规定"，坚决制止铺张浪费。在进一步学习中央"八项规定"、习近平总书记重要指示精神、省委、省政府“十项规定”和市委、市政府“五个坚持”的基础上，对照检查自身，并结合黑龙镇实际，通过文件、会议等形式，要求全体镇、村干部厉行勤俭节约，切实把有限的资金和物资用在改善民生上，认真解决涉及群众利益的突出问题。

（王丽霞）

西龙镇

【基本情况】 西龙镇位于青神县城以西3公里，东与青城镇，西与夹江青州、梧枫乡相邻，南与南城镇接壤，北与黑龙镇接壤。2013年，推进“红色西山、龙凤新区、锦绣西龙”建设，圆满完成县委、县政府的各项目标任务。全镇幅员面积75.2平方公里，其中耕地2098.9公顷，年内减少面积8.33公顷（属国家基建占地），辖11个行政村、1个社区居会会，96个村（居）民小组，总户数8714户，总人口26672人。

2013年全镇国内生产总值4.74亿元，增长8.6%。农民人均纯收入8886元，与2012年相比增收1100元，人口自然增长率4‰。全年农作物总播面积5216.4公顷，其中粮食播种面积3435.9公顷，粮食总产量1.97万吨，减少3.9%；油菜籽产量1462吨，减少0.6%；茶叶产量430万吨；水果产量0.54万吨，增长3.8%；农村用电量1.43万度；出栏肥猪41052头，减少5.1%；社会消费品零售总额6058万元，增长10.3%；全社会固定资产投入3.28亿元，其中农业投资1.8亿元，地方财政一般预算收入完成695.2万元，增23.3%。地方财政一般预算支出695.2万元，金融机构各项存款余额3.4亿元，各项贷款余额0.8亿元。新型农村合作医疗制度参合率97.85%。全镇中小学校4所，在校学生350人，减少10.3%，有医疗卫生机构3所，乡村医疗站19家，幼儿园3所，中心敬老院1所，客运中心站3个，规模以上企业6家。

【工业经济】 2013年全年工业总产值9.91亿元，比上年增长27.8%；规模企业主营业务收入8.13亿元，增34.86%；工业利润2240万元，同比增长80.65%；全年工业固定资产投入2.23亿元，招商引资1.45亿元，占目标任务的72.5%；规模工业企业产销率99.42%；入库税金221.14万元，下降60%。四川省西龙生物资科技有限公司3.5万伏变电站项目建设完成，投入1.2亿元进行7万吨清洁制浆技改配套工程项目建设，丹妮纸业投入4800万元进行高档生活用纸技改配套工程项目建设；马鞍山机械铸造厂投入1300万元进行技改；四川与美食品蔬菜加工厂投资8400万元，占地26亩，正式投产；青神县真诚油脂有限公司投资1亿元，占地60亩，进场建厂。中央农村环境连片综合整治项目在马槽寺、江滩、长池、钟家山村实施，涉及污水处理、垃圾处理、畜禽养殖三大项，8个小项共投资740万元，其中中央资金340万元，地方配套资金400万元，该项目全面完成。

【基础设施】 抓住成绵乐客运专线穿过西龙镇并建站带来巨大发展机遇，投资近3亿元，修建66米宽，6.6公里长青神站到县城的锦绣大道，12月6日正式通车。境内有成乐高速、锦绣大道，即将动工的蒲丹青井高速公路，G国道245（103复线）等5条交通大动脉齐汇西龙，西龙成为重要交通节点，带动西龙融入成都半小时经济圈。全年完成道路绿化31公里，栽竹2200亩，投入295万元完成万沟、马槽寺、桂坪、鹰台村新村基础设施建设财政奖励项目实体工程；投入500多万元，防渗整治山坪塘11口，整治沟渠3000米；升级改造维修提灌站4处；修建道路15公里，其中硬化5000多米，完成农田改造4个台区。争取各类现代农业项目3000余万元，对农业产业结构进行调整，推进公司＋农户＋基地模式，以万沟村万亩观光茶园为重点，新植优质白茶3500亩，辐射带动全镇茶产业发展；以林下鸡养殖为龙头，在新农村实施现代畜牧业深化试点项目，新增林下鸡养殖大户21户。

【集镇建设】 以建设宜居舒适新型现代集镇

为目标，在毗邻锦绣大道的马槽寺村建设龙凤新区集中安置点，集中安置成绵乐客运专线、宽庭玩具创意园、红色西山等项目拆迁户。提升龙凤新区的城镇品质，以安置点为核心，规划建设龙凤广场、新区农贸市场、便民服务中心。完成高铁、旧场镇改造等项目约246户拆迁户建筑面积10万平方米安置房建设，完成水、电、气、光纤、管网、污水处理等配套设施建设；争取省级重点小集镇建设资金1300万元，完成旧场镇42户房屋拆迁安置、街道改造以及县城到车站6.6公里供排水安装等；开展对龙凤新区6平方公里的城镇规划，核心区2平方公里的新区规划；宽庭创意园的拆迁户72户集中安置顺利，建筑面积达25658平方米。

【红色旅游】 以红色西山为中心，打造爱国主义教育示范基地。发掘和发扬红色文化，利用高铁、高速经济带来的物流资源、金融资源、人力资源，做大红色旅游品牌，力争建成AAA级旅游景区，配套建设特色新区。实施引校入镇，建设眉山多功能教育实践基地，提升西龙人气，引进少年军校、眉山市武警支队教导队公安民警训练基地，完成征地318.7亩，拆迁安置群众40户，完成安置区场平、安置房设计工作。助推“喝观金酒、饮观金水、品观金茶、用西龙纸、赏众生园、游红色旅游地”，唱响“同饮水酒茶，共赏西山景”。规划10公里范围内的生态旅游观光线路，新培育发展农家乐、休闲庄，打造节点旅游经济，让更多的成都人、城里人到该镇来吃、游、购、玩。

【社会事业】 全镇符合政策生育率达86.2%，比上年下降2.0个百分点，征收社会抚养费18万元；实施农村医疗救助59人，办理城镇居民医疗保险205人，新型农村合作医疗保险24029人，参保率达97.85%，新型城乡居民社会养老保险17194人，退耕还林政策兑现2679.31亩。全年调解受理各类纠纷151件，调解率为100%，调解成功148件，调解成功率为99%，防止民间纠纷转化为刑事案件2件(2人)，制止群众性械斗3件(12人)，防止群众性上访6件(103人)，治安案件和刑事案件有所下降，全镇社会稳定。完成万沟、鹰台、金花、商家沟、新农、江滩村6个村村级阵地规范化建设。

(彭文毅)

南城镇

【概况】 南城镇位于青神县城南，占地18.0平方公里，镇政府驻地距县城1.5公里，属城郊结合部，全镇主要以平原和丘陵为主，辖红桥、兰沟、百花、花桥、沙河、大兴、白塔7个行政村，1个居委会，51个村民小组，有耕地面积717公顷，农户6295户，总人口18757人，人口出生率4.06‰。境内有用九公司、裕华纺织等13家规模企业，AAA旅游景区中国竹艺城和争创AAAA级旅游景区的江湾神木园驻落其中，独具特色的竹工艺品驰名中外。

【工业经济】 重企业培育，强企业管理。2013年工业经济持续攀升，新培育鑫统领和新久源2户规模以上企业，宏固、三距合壁等10户小微企业；实施工业项目9个，完成固定资产投入3亿元，完成裕华工业园纺纱生产线技改搬迁、新久源资产重组并点火复产。全年完成规模工业总产值13.32亿元，主营业务收入11.86亿元，利润3012万元，入库税金1865万元，同比分别增长22.76%、23%、50.6%和0.81%。

【特色农业】 2013年，以大业主带小业主，以合作社带农户的模式，发展特色效益农业，对上争取1000亩优质水稻和近万亩的高产油菜，带动全镇蔬菜规模化种植4000余亩，发展花卉苗木成片种植1000亩，冉山有机草莓、葡萄受市场青睐。

【基础设施建设】 新建、维修道路8.7公里，新修三面光沟渠13公里，沟渠淘淤整治18公里，建设大兴、兰沟节水型末节渠系5.2公里，安装花桥村、大兴村自来水主水管7.5公里，整治思蒙河兰沟、百花段堤坝2.25公里，建成日处理500吨的污水处理站1座；完成1250亩现代农业连片田型整理、基础设施建设、土壤改良；完成"水竹怡庄"56户房屋建设和地下管网铺设、小区内部道路黑化、基本景观绿化；完成青衣南陵公益性公墓安置区部分地型整理和基础设施、1200座墓穴建设及绿化，以及牌坊主体结构和悼念厅基础建设。

【三产旅游】 青神竹编亮相中国第九届文博会、第四届中国成都国际非物质文化遗产节，新制竹龙亮相元宵节、成都第20届竹文化节，南城"竹编艺术之乡"旅游品牌效应逐步凸显。依托风情小镇、竹编产业协会和易网科技电子商务平台，拓展竹编产品销售市场。做好全镇三产旅游业的规范升级、优质服务、安全经营，江湾神木园积极创建AAAA级景区，推进游客接待中心等后续工程建设，商务宾馆、停车场、游泳池等附属功能投入使用。全年完成竹编技能培训215人次、培养竹编技师80人，完成三产旅游业专题培训800多人次、新增三产从业人员500人，以游为主的特色日益显现。

【社会事业】 落实惠民政策，全年发放粮食直补、综合补贴、良种补贴资金147.27万元，受益农户达5775户；全镇有16132人参加新农合保险，9414人参加新型农村养老保险；6574人参加农村小额保险，保持全县第一；新增天然气用户200户、农村分散供水210户。关注特殊困难群体，发放各类临时救助、补助43.82万元，落实重度残疾人居家托养17人，集中托养5人，扶贫贷款贴息4人，补贴落实资金18250元。促进农民增收，引导农民进城区、进园区、进景区，实现农民就地就近就业，实现劳务收入5000万元，全镇农民人均纯收入9946元，兰沟村通过省级文明村检查验收。夯实人口和计划生育工作基础，实现统计"零误差"。全年殡葬火化率达100%。抓好社会治理，以不新增一例信访积案为目标，深化"三三"调解制、维稳跟着项目走和社会稳定风险评估工作机制，全年调解民间纠纷171件，成功化解171件，涉及群众258人次；安全工作实行常态化管控机制，全年无1例安全事故发生，全镇社会和谐稳定。

（郭剑超）

高台乡

【基本情况】 2013年，高台乡幅员面积19.6平方公里，其中耕地732公顷，辖诸葛、百家池、南坝子、傅塘、麻柳5个行政村和新柳1个社区，年末总人口12835人，人口出生率10.97‰，财政收入332万元，工业总产值996万元，农业总产值9783万元，粮食总产7255吨，社会消费品零售额3292万元。

【工业经济】 2013年完成销售收入2800万元，固定资产投资3146万元，工业经济增加值996万元，增10.1%；利润100万元。醉神酒业抓住产品升级，新增窖酒生产线项目，全年增加250吨窖酒基酒；森康木业在困难中发展，增加装饰线条项目。

【特色效益农业】 利用高台丘陵土质和粮食种植垒田筑埂特点，采用田埂套栽椪柑的复合种植模式，沿椪柑产业环线道路两旁，对空缺田埂地和管理不良的椪柑树全部新植和高换。2013年垒筑田埂15600米，开挖深沟高厢45亩，坡改梯61亩，标准化新植晚熟优质清见11340株，逐步实现高白椪柑产业带连线成片。围绕生态、特色、效益，稳步推进特色水产提档升级、产业增效，2013年名优水产产量765吨，产值1147万元。

【基础设施建设】 完成土地利用总体规划、场镇发展、产业发展、交通发展、社会事业、文化特色和生态绿地六大规划编制。以制定的规划为引领，加大对上争取，坚持政府主导，发动群众，新开毛坯路2公里，硬化水泥路6公里；整治三面光沟渠2公里；新建人工水井5处，解决750人安全饮水问题。

五星桥重建工程进展顺利。完成罗湾供水站管网延伸至高台场镇工程勘察设计。土地整理项目进入公开招投标阶段。

【"一村一品"建设】 全乡拥有高标准连片鱼塘1500亩,沙溪河水产养殖带不断规范和壮大;新植和高换优质晚熟椪柑800亩,高白椪柑产业带逐步连线成片,品种更新,结构优化;诸葛村、百家池村平坝区粮经复合产业基地规模扩大,形成优质高效的现代农业产业模式;全年出栏生猪1.48万头,小家禽13.14万只。

【社会事业】 发放各类惠农补贴165万元,救助优抚资金17.2万元。培训竹编工人56人,手工编织从业者59人,新增就业50人。新型城乡居民养老保险参保8956人,参保率95%;新型农村合作医疗参合率99.4%;农村小额人身保险参保率31%。完成"4.20"灾后重建5户。殡葬工作稳步推进,完成全年目标任务的240%。2013年,被县委、政府评为民生工作先进集体。计生符合政策生育率87.8%,新增奖扶145人,特扶2人,开展孕前优生健康检查61对,综合考核获县一等奖。扩建垃圾中转站1个,更换场镇垃圾箱,完成道路绿化4公里,打造节点7个,城乡环境改善,傅塘村成功创建省级"环境优美示范村庄",南坝子村创建"省级卫生村"通过初验。落实耕地保护制度,规范建设用地审批,顺利通过卫片执法检查。开通广播"村村响",文化体育活动,举办大型文艺活动15场,元宵节灯舞巡游获二等奖,组队参加县歌传唱团体赛获三等奖,参加"眉山东坡大舞台"全市群众广场舞大赛青神初赛获三等奖。卫生院医疗大楼、乡幼儿园建成投入使用。

【新农村建设】 高标准建设5个村级"1+6"公共服务中心,成为全县第一个全面完成村级阵地建设的乡镇,功能发挥成为全县亮点;全年完成新建、改建农房62户;沿高罗路栽植名贵行道树3公里,新植三角梅1万株,新植紫薇1万株,完成傅塘村绿化示范点1个120亩。生态渔乡形象提升,美丽乡村形象初显。

(郭　庆)

河坝子镇

【基本情况】 东与仁寿县曹家乡和井研县乌抛乡接壤,南与白果乡接壤,西与高台乡接壤,北与东坡区柳圣乡、仁寿县洪峰乡接壤。辖玉蟾、黄莺岭、双龙、安家坝、杨店5个村民委员会和兴河社区1居民委员会。下设35个村民小组,3个居民小组。2013年末,辖区总人口10706人,人口自然增长率3‰。有商铺349家,职工371人,场镇贸易成交额3678万元。

【农村经济】 耕地面积10863亩,人均1.01亩;林地面积12000亩。农业总产值9826万元,比上年增长9.02%;农民人均纯收入8905元,增长13.9%。生产粮食6944吨,主要经济作物有油菜、花生、椪柑等。椪柑种植面积8560亩,产量3754吨。有椪柑专业合作社1个,生猪养殖专业合作社2个,肉兔养殖专业合作社1个,林下鸡养殖专业合作社1个。全年,累计造林1.56万亩,其中经济林4500亩,竹林3300亩,农民住宅四旁树木3.2万株。林木覆盖率40%,活立木蓄积量4.2万立方米。有竹产业专业合作社1个。渔业以沙溪河水产养殖为主。2013年,产量1523.3吨,渔业总产值2364.8万元,占农业总产值的15.16%。有渔业专业合作社3个。

【社会事业】 2013年末有幼儿园(所)1所,小学1所,小学适龄儿童入学率100%;初中1所,在校生212人,初中适龄人口入学率100%,小升初升学率100%,九年义务教育覆盖率达100%。全年新型农村合作医疗参保人数0.96万人,参保率98.3%。城镇最低生活保障户数41户,人数43人,支出9.85万元,月人均190元;城市医疗救助1人次,民政部门资助参加合作医疗521人次,共支出2.6万元。农村最低生活保障户数351户,支出48万元,农村五保集中供养30人,支出8.1万元,农村五保分散供养34人,支出6.8万元;农村临时救济653人次,支出16.83万元。自然灾害受灾人口7437人,救灾支出5.3万元。国家抚恤、补助各类优抚对象88人,抚恤事业费支出27.04万元。参加城镇居民基本医疗保险240人。新增就业人员32人,有7名下岗失业人员实现再就业,就业困难人员再就业5人,2013年末城镇登记失业人数18人,城镇登记失业率为0.03%。

【园林绿化】 2013年末镇区园林绿地面积2000平方米,其中公共绿地1000平方米,绿化覆盖率18%,人均绿地1.9平方米。5月,兴河社区顺利通过国家级生态乡镇创建技术核查。推进集镇新区建设,完成新区道路及管网铺设,1—4#商住楼已封顶。黄莺岭村发展林地5000亩,年产值达300万元,带动林下养殖100多户。双龙村地处河坝子镇中心位置,该村是省级新农村建设推进村,投资50多万元新建"1+6"公共服务中心,全村以椪柑种植为主导产业,椪柑种植面积达1000余亩,年产椪柑4200吨,年产值达630多万元。有耕地面积2900亩。2013年,在省级专业合作社爱媛椪柑专业合作社带动下,新植和高换椪柑1000多亩,年产椪柑5000多吨,年产值达700多万元。

(李　伟)

2013年青神县乡镇简况表

乡镇名称	幅员面积(平方公里)	村民委员会(个)	居民委员会(个)	人口(人)	耕地面积(公顷)	固定资产投资(万元)	农业总产值(万元)	工业增加值(万元)	农民人均纯收入(元)	主要产品产量				
										粮食(吨)	禽蛋(吨)	水果(吨)	油料(吨)	肉类(吨)
青城镇	17.0	5	5	39256	394	180106	7255	79709	10619	3698	173	318	356	1012
南城镇	18.0	7	1	18757	717	80961	9892	82363	9946	6465	183	956	675	1266
黑龙镇	32.8	11	2	27382	1133	112833	15272	90257	9796	9257	727	529	937	2454
西龙镇	75.2	11	1	26672	2099	32810	22323	28309	8886	19718	741	5404	1708	2765
瑞峰镇	45.9	6	1	14251	836	5717	9566	3731	8608	6965	222	2845	730	2080
汉阳镇	22.2	4	1	10638	470	6788	7070	505	9066	3929	176	2995	458	1169
河坝子镇	27.8	5	1	10706	724	5777	9826	1467	8905	6944	195	2942	398	1360
白果乡	78.7	15		23172	1380	10655	25546	2738	9001	13086	731	25024	982	3204
高台乡	19.6	5		12835	732	9160	9783	996	9328	7255	107	8301	544	1160
罗波乡	49.6	7		14687	937	3146	14598	2152	9069	8595	375	3802	758	2022
青神县	386.8	76	12	198356	9422	447953	131131	292227	93224	85912	3630	53116	7546	18492

人 物◎

获市委、市政府以上表彰的先进个人简介

全国模范人民调解员 艾勇，男，生于1968年8月，四川青神县人，中共党员，大专学历，1986年10月参加工作，罗波乡政法委副书记、综治办副主任、司法所长、乡大调解协调中心专职副主任。在人民调解工作中认真学习法律、法规知识，努力提高自身业务理论水平，担任人民调解员以来，共依法调处各类民事纠纷1000余件，成功率98%以上，涉及当事人8000余人，为群众挽回经济损失800余万元，预防和减少群体性事件260余起。特别是2013年4月，罗波乡龙泉村100多名村民到乡政府上访汉阳航电工程在施工过程中放炮造成该村629户房屋受损，他先后7次组织双方当事人调解，经多方面宣传政策法规，历经1个多月，终于帮助村民达成23万补偿款，一起爆破引起群体性矛盾成功化解。用心、用情为民排忧解难，深受广大干部群众的好评。2013年8月被司法部表彰为全国模范人民调解员。

全国群众体育先进 杨宏，男，生于1964年3月，四川青神人；大学学历，中共党员，1987年7月参加工作，青神县教育体育局党组书记、局长。2013年2月，被市政府评为眉山市教育工作先进个人；2013年1月，被市委、市政府评为2013年度直接联系服务群众先进个人；2013年8月，被全国体育总局评为全国群众体育先进个人。重视体育工作，统筹全县体育事业发展，不断完善城乡体育设施，积极发展社会体育团体，加强社会体育指导队伍建设，大力开展群众体育活动。瑞峰龙舟赛创建为“四川省特色体育项目及群众体育活动品牌”；广场健身舞蓬勃开展，成为全县群众体育活动的一大特色和亮点。全县建成健身广场5个、全民健身路径4个、体育馆2个、城区老年活动中心2个、乡镇全民健身中心1个、村级农民建设广场35个、塑胶篮球场9个、儿童健身乐园1个。

省级优秀教师 蒋文清，男，1967年9月出生，四川青神人，大学本科学历，中共党员，中学高级英语教师，眉山市英语学科中心组成员。从教26年，担任教研组长5年、团委书记3年、教导主任8年、备课组组长11年、班主任工作21年。师德考核年年为“优秀”，专业技术年度考核15年为“优秀”，被县政府评为“首批县级骨干教师”，2次被县政府评为“优秀青年教师”；3次被县教体局评为“优秀青年教师”、“优秀学科指导教师”、“优秀教育工作者”；9年被评为县级“优秀共产党员”；所带班级8次被评为县级“优秀班集体”，其中，高2012届1班被评为“四川省优秀班集体”；主研教育部重点子课题1个，县级子课题3个，7篇论文在各级刊物发表和交流，5次被评为县“教育科研先进个人”。2013年8月被省政府、省教委评为四川省优秀教师。

全省法院办案标兵 钟建成，男，汉族，1969年5月4日出生，四川青神人，中共党员，青神县人民法院执行工作局局长。依托“大调解”体系，加强与基层组织的联系，从情理等各方面出发，争取当事人对法院的信任和理解，化解当事人之间的对立情绪。在充分考虑案情及当事人双方的实际情况后，促使双方当事人达成切实可行的解决方案，将执行矛盾予以化解。对于有财产但拒不履行生效法律文书确定义务的人，多方、积极查找财产线索，严格依法采取拘留、查封、冻结、拍卖财产等强制措施，强制被执行人履行义务。2012年度，累计查询395件/次，采取查封措施3件次，冻结、划拨86件/次，委托拍卖、变卖7件/次，对4名被执行人采取强制拘留措施，强制搜查1人件/次。全年结案337件，结案率97.8%，实际执行率达96%，执行标的到位率100%，无一违法执行及涉执信访案件发生，创造青神法院10年无涉执信访案件发生好成绩。如办理省法院指定执行案3件，在短时间内全部执结。执行标的额1.14亿元。省法院指定执行的中国建设银行成都民兴支行申请执行四川兴力达集团实业有限公司、苏州兴力达房地产开发有限公司、上海裕都房地产开发有限公司、西安裕都房地产开发有限公司、四川兴力达百货有限公司、绵阳兴达投资有限公司、张均、刘莉金融借款合同纠纷一案。接案后，采取强有力的执行措施，先后往返上海、苏州、绵阳、成都等地20余次查扣被执行人资产，共制作执行通知书8份、财产报告令8份、裁定书9份，对被执行人苏州兴力达房地产开发有限公司（保证人）及兴力达集团公司的相应房产、土地使用权等资产果断采取查封扣押等强制措施。在强制执行的威慑和法官的耐心工作下，被执行人主动请求和解。4月24日，在立案仅46天时，双方自愿达成分期付款和解协议。6月30日，该和解协议全部履行完毕。至此，这起拖欠7年之久8000余万元借款纠纷案，在百日内被彻底“硬执结”。积极协调、参与办理涉及社会稳定案件。眉山市青神华盛牧业有限公司因经营不善，拖欠大量的债务，其法定代表人负债外逃，致使相关的25起债权债务纠纷案件短时间内“批量”申请至法院。该公司及其法人的个人财产远远不足以清偿700余万元欠款债务，为减少当事人的损失，有效化解社会矛盾，钟建成与承办法官共同制定执行方案。全体债权人于2012年8月27日提出申请，要求将该资产以流拍价196.8万元抵偿部分债务。经审查后，认定债权人的请求符合法律规定，遂依法裁定予以确认并移交促使当事人，领取相应的执行款。至此，该系列执行案件得到化解，维护了社会稳定。2013年被四川省高级人民法院评为全省法院系统办案标兵。

省“三项建设”先进　钟晓玲，女，46岁，四川青神人，大学文化，中共党员，1990年8月参加工作。中共青神县委委员、中共青神县纪委副书记、监察局局长，是青神县纪检监察系统“三项建设”活动的主要负责领导。“三项建设”活动开展以来，以活动的开展作为全新的起点，精心部署，全程指导、全程把关，认真组织全县纪检干部加强学习，开展好“纪委开放日”“每月讲堂”“谈心谈话”“全员接访”“直接联系群众”等活动，全体纪检干部牢固树立正确的世界观、权力观、事业观，带头反腐倡廉、带头转变工作作风、带头振奋精神的意识明显增强，工作更加求真务实，推进反腐倡廉建设创新发展。2013年全县党风廉政建设社会评价由全省排名57位上升到23位，居眉山市第一。全县加强乡镇纪检组织建设先进经验被《廉政瞭望》报道。《青神：倾情留守学生纪检女干部的绕指柔情》被《四川新闻网》等媒体刊登。《青神县一纪检干部突发脑溢血倒在工作岗位》被中央纪委信息采用，《青神县一纪检干部病倒在抗震救灾工作》被省纪委办公厅采用并上报中纪委(条目：川2013－163)。调研信息《农民期盼打破粮食直补吃大锅饭》被中央纪委、中共中央办公厅采用。2013年6月，被四川省纪委、四川省监察厅评为全省纪检监察系统“三项建设”活动先进个人。

省政研系统先进　范建忠，男，生于1964年10月，四川青神人；1983年7月参加工作，中共党员，大学文化，政研室主任。建立“特约调研员制度”调动县乡各级调研工作积极性。积极撰写调研材料，领导撰写的《开展县级机关绩效管理改革的实践与探索》在省委政研室《调查与决策》第4期上发表。2013年圆满完成“高铁经济”、“天府新区”等重要调研课题，县委、县政府提供科学发展决策、依据。组织全县撰写100多篇调研文章。2013年2月，被市委、市政府评为主动创一流先进个人；7月被省委政研室评为四川省政研系统先进个人。

省打击经济犯罪先进　张志华，男，生于1970年9月，四川青神人；1993年8月参加工作，中共党员，青神县公安局副局长。与经侦战线成员分工合作，决策问题集思广益，相处共事，班子凝聚力强。探索新形势下打击经济犯罪的新模式。面对复杂多变的经济犯罪形势，特别注重调查研究，始终加强对经济犯罪的特点、动向的研究，提高经侦工作的预见性和决策的科学性，牢牢掌握打击和防范的主动权，切实做到情况清，方向明，决策正确，确保经侦工作重点。健全完善的工作机制，经侦工作顺利开展。在全省公安机关打击经济犯罪维护群众利益破案会战中，破获各类经济案件50件，打击处理21人，在砂石资源整治中，为国家追回被侵占的砂石价值2000万元，追回砂石资源税260余万元。2013年，被四川省公安厅评为全省公安机关打击经济犯罪维护群众利益破案会战先进个人。

省工会系统先进工作者　黄颖，女，生于1980年1月，四川青神人。2001年1月参加工作，中共党员，大学文化，青神县南城镇党委副书记、镇长、工会主席。担任工会主席期间，建立健全职工代表列席党政联席会议制度，指导辖区企业坚持职工代表会议制度；夯实基层工会组织建设，组织职工开展健身操比赛、红歌传唱活动，丰富业余生活；关心关爱广大职工，服务职工耐心热情，定期与职工交心谈心，主动关心慰问贫困、生病住院职工及其家属；建立镇困难职工档案，整合资源尽力为困难职工解决实际问题，受到职工及家属好评。2013 年 4 月，被省人力资源社会保障厅、省总工会评为四川省工会系统先进工作者。

省爱国主义先进

胡红利，男，生于 1964 年 6 月，四川青神人；1985 年 10 月参加工作，中共党员，大专文化，青神县爱委办主任。提出“环境治理和化学防治”相结合，主动与住建部门联系，对城区的“四害”孳生地进行调查模底，结合城乡环境卫生综合整治，提出治理方案。全县开展“清洁家园”行动，动员全县的机关、学校、企业和住户一起动手，消除“四害”兹生地。通过监测对比，“四害”密度控制在国家规定范围之内。针对青神农村厕所使用的不良习惯，积极向上争取项目。几年来共争取农村改厕项目近万户，资金 500 余万元。亲自培训农户达 2500 多户，引导农村居民改变卫生习惯，文明卫生意识有提升。开展多种形式开展健康教育活动。城市居民的健康知识知晓率达到 82%，健康行为形式率达到 71%。2013 年 1 月，被省人力资源和社会厅、省爱卫会评为四川省爱国卫生先进个人。

省医疗卫生系统先进

黄琦，男，生于 1964 年 6 月，四川犍为人；1984 年 10 月参加工作，中共党员，大专文化，青神县卫生执法大队副队长。从事卫生执法监督工作 20 余年来，始终牢记监督员的神圣职责，忠实履行法律所赋予的职责，严格执法，热情服务，恪守职业道德。重点开展公共卫生领域、饮水卫生安全、学校卫生、医疗卫生等专项整治，取得成效。组织打击非法行医、游医活动，多措并举，重拳打击，严厉打击各种违法行为，查处一批违法行医的大案要案，全县的医疗卫生服务秩序得到好转。“4·20”雅安芦山地震发生后，随眉山第六批对口支援卫生应急队，奔赴芦山县飞仙关镇开展灾后卫生防疫监督工作。向 360 名灾民进行灾后卫生防疫知识宣传；快速检测水样 45 份；监督指导村民集居点开展消杀灭 75 次；每天对辖区内医疗救治点、生活垃圾收集处理情况、临时厕所的设置等情况进行询问和监督指导，未发生传染病疫情。2013 年 12 月，被省人力资源保障局、省卫生厅评为四川省医疗卫生系统先进个人。

省抗震救灾先进

李颖，男，汉族，四川眉山人，1981 年 8 月出生，1999 年 9 月入伍，2003 年 6 月入党，青神县人武部军事科参谋，少校军衔。“4·20”芦山地震发生后，主动中止休假，迅速根据应急作战预案启动国防动员机制，第一时间向县级相关部门和所属乡镇下达紧急动员命令，及时做好出动人员、车辆和

各类保障物资准备。5 月 2 日迅速抽组 30 人的民兵救援分队，行程 200 余公里，按要求安全到达指定地域展开救灾工作。采取多种手段，多层次、多渠道加强军地沟通协调，提高指挥效能，确保抗震救灾工作有力、有序、有效推进。亲自带队深入救灾一线，挖掘新闻素材、抗震救灾精神和人物典型，掌握大量一手资料，中央电视台新闻频道和四川卫视于5 月 12 日、13 日分别就该县民兵执行任务情况进行专题报道。救灾中累计为芦山县清仁乡仁加村、大板村、卢溪村、同盟村等地灾民拆除危房 70 座，抢运家俱 2000 余件，疏导车辆 3000 余辆，装卸物资 10 余吨，抢收油菜 10 余亩，清理塌方道路 1500 余米，拆装安置帐篷 30 余顶，平整场地 3000 余平方米，搭建安置房 70 座约 150 间，出色完成任务。2013 年被四川省军区评为抗震救灾先进个人。

省抗震救灾先进　帅建军，男，汉族，四川眉山人，1970 年 1 月出生，中共党员，青神县西龙镇武警部部长。“4·20”芦山抗震救灾期间，担任青神县民兵救援分队一班班长，带领本班民兵在县人武部的统一安排下奔赴芦山灾区。地震发生前，他正在牵头负责镇上的一个征地拆迁项目，他已经连续工作近 2 个月时间，没有休息过一天。看着他疲惫不堪的样子，妻子和女儿因为心疼劝他不要奔赴灾区抗震救灾，而他毅然决绝地说：“我不仅是一名武装部长，我更是一名党员干部，在这样的危难时刻，我必须得上！”冒着余震不断的威胁，他深入一线，靠前工作，始终战斗在最艰险的地方，带领民兵冲锋陷阵。在灾区参与救援 10 多天，为灾民从转运粮食约 3 吨，家具百件，并帮助灾民拆除危房 20 余座，为灾民搭建帐蓬 10 余顶，搭建简易房 20 余座 500 多平方米。2013 年被四川省军区评为抗震救灾先进个人。

省服务明星　钟文杰，男，生于 1968 年 10 月，四川青神人；1987 年 6 月参加工作，中共党员，青神县地方税务局瑞峰税务所所长。严格执行党风廉政建设有关规定，为税清廉，以税收事业为己任，自觉地抵制各种不正之风。自觉遵守税务人员“五要”和“十五不准”规定，从思想上增强拒腐防变能力，正确对待税企征纳关系，做到自重、自省、自警、自励。带头全面落实各项承诺制度，提升全所服务质量与水平，大厅年年实现零投诉。严格落实办税公开制度；做好导税服务，引导纳税人到相关的服务区域或窗口办理各类涉税事项，辅导纳税人填写涉税资料，耐心解答纳税人办税咨询，加强与主管税务机关协调，及时解决存在的问题，避免因内部资料交接影响纳税人的纳税事宜；严格落实首问责任制，认真落实全程服务、限时服务、延时服务、预约服务、提醒服务等内容，加强效能建设和软环境建设，不断提升服务质量与水平。2013 年 3 月，被四川省地方税务局评为四川省地方税务局“服务明星”。

省农村信用社优秀党务工作者　凌杰，男，1980 年 1 月出生，汉族，四川洪雅人；本科学历，中共党员，2003 年参加信用社工作。主动学习马列主义、毛泽东思想、邓小平理论、“三个代表”重要思想和党的一系列方针政策，认真领会科学发展观，刻苦学习各项规章制度，坚持“多学习、少应酬；多实干，少空谈；

多奉献,少计较”,兢兢业业、尽心尽职、精益求精。为适应新形势下党务工作的需要,认真学习党的十八大会议精神,深刻领会习近平总书记提出的“中国梦”丰富内涵,将“自己的梦、农信梦”融合进伟大“中国梦”,积极探索党务工作新举措。将党务工作融入业务经营,紧紧围绕联社中心即“五年内再造一个青神联社”目标建言献策开展工作,扎实开展“五好”党支部创建工作,充分发挥党组织的战斗堡垒作用,积极推进产权制度改革,取得突出成绩。多次被县联社评为“优秀员工”、“优秀共产党员”,2013年6月,中共四川省农村信用联合社授予“优秀党务工作者”称号。

省科协金桥工程优秀组织者 潘秀珍,女,1963年9月出生,四川青神人,大专文化,1988年1月参加工作,1993年12月入党,青神县科协主席。协调组织青神县水产科学技术协会技术人员制定水产养殖规划,指导业主实施水产养殖,并协调相关部门为业主服务,对业主进行技术指导,项目扶持。协调眉山市邮政储蓄青神县支行与青神县水产科学技术协会合作,为协会会员提供资金保障,顺利发展水产养殖。带动1900户农户发展水产养殖,青神县沙溪河流域水产养殖面积达到5000亩,其中特种养殖面积为3500亩,主要以江团、中华胭脂、花鳅、鲶鱼、江鳅等名、优、特、新鱼为主。水产养殖总产值8500万元,获利3000万元以上,青神县农村人均纯收入增加500元以上。通过项目实施,就地转移农民工850人,促进当地农业产业结构合理调整。2013年,被四川省科协评为科协金桥工程优秀组织者。

省人口计生优秀新闻通讯员 李卫祥,男,生于1971年4月,四川青神人;大学文化,中共党员,1995年8月参加工作,青神县人口计生局宣传教育股股长。负责人口计生宣传教育工作,抓好每年元旦、春节百日期间,“5·29”协会活动日,“7·11”世界人口日等集中性宣传和各种临时性宣传工作。积极与全县各级老协协作,将人口计生系统的各种先进工作经验、事迹、人物等编排成诗歌、小品等到全县巡回宣传;创建别具特色的村级人口文化阵地,打造西龙镇万沟村白茶产业人口文化阵地,高台乡傅塘村渔产业人口文化阵地。万沟村人口文化阵地接受印度克斯米尔大学参观,受到国际友人称赞;外宣工作取得重大突破,外宣数量和质量大幅提高,媒体采用国家级1篇,省级42篇,市级80余篇。2013年,被省人口计生委评为四川省人口计生优秀新闻通讯员。

全省“十佳”实战教官 洪建波,男,汉族,四川武胜人,1979年9月出生,大专文化,中共党员,1996年参加工作,青神县公安局中岩派出所副所长。从警多年来,始终坚持“技能精湛、作风过硬”的原则,积极投身训练,并在历年公安系统业务技能大比武中获得优异成绩,成为技术尖兵。积极主动学习岗位业务知识,收集各种相关资料,在原有的基础上有更新的突破,掌握的知识更加系统全面,并将学到的知识融入到训练中。在历次处置突发事件中,始终身先士卒、沉着冷静、巧妙运用战术,得到官兵一致好评。2013 年 1 月被省公安厅评为全省“十佳”实战教官。

省抗震救灾先进　余俊杰，男，汉族，四川青神人，1986 年 12 月出生，大专文化，2010 年参加工作，共青团员，青神县公安局城关派出所民警。4 月 20 日 8 时 02 分，雅安芦山发生 7.0 级地震。地震发生后，由于地震信号阻断，电话无法拨出，他匆匆告别家人，主动赶到派出所待命。在接到奔赴芦山抗震救灾第一线的通知后，他主动请缨，来不及回家带任何盥洗用品就第一时间和队友奔赴庐山。到达芦山后，来不及片刻的歇息，迅速投入抗震救灾。与队友一起为灾民搭建帐篷 128 顶。抗震救灾工作是艰辛的，不管是疏散交通、巡逻防控，还是搬运救灾物资、救治伤员、处置群体性事件，余俊杰及其队员辗转于芦山、宝兴、雨城，争分夺秒，放弃休息，连续作战，他毫无怨言，只笑着说：“我是有多大的福气，才能来到这个有意义的地方，发挥自己微薄的力量。”2013 年被四川省公安厅评为抗震救灾先进个人。

省公安基层基础工作先进民警　汪波，男，汉族，四川宁南人，1975 年 11 月出生，大专文化，中共党员，1996 年参加工作，青神县公安局南城派出所所长。在日常工作中，充分发扬基层公安无私奉献精神，忘我工作，在维护辖区社会治安的同时，注意加强自我学习完善，为单位其他年轻干警树立榜样。严格遵守条令条例和各项规章制度，认真学习和自觉执行党和政府的各项规定。立足本职，刻苦学习法律知识和公安业务知识，埋头苦干，对辖区治安重点地段的熟悉率达到 100%。接待群众报警和救助，耐心倾听，认真记录，对能现场解决的事情从不推诿，不能及时解决的就及时向上级请示，以最快的速度为人民群众排忧解难。使“看见、敢见、愿见、想见”落实到对待人民群众的日常工作中。每天至少对辖区巡逻 3 次以上，对重点单位和重点路段巡逻数更是不少于 5 次，对工作中的群众求助和报警积极给予帮助，树立基层公安可亲、可敬、可爱的良好形象。在执法办案中，始终坚持严格执法，依法办案，秉公办事，对于违法犯罪行为，坚决予以打击，从不手软。2013 年 11 月，被四川公安厅评为全省公安基层基础工作先进民警。

市核心价值观先进　汪长清，男，汉族，1976 年 6 月出生，四川眉山人，大学文化，中共党员，1998 年参加工作，青神县公安局交管大队中队长。在开展核心价值观教育活动中，认真研读《社会主义核心价值体系学习读本》、精读相关章节，聆听有关专题讲座，感触颇深，受益匪浅，深深懂得建设社会主义核心价值体系是一项重要的基础工程、灵魂工程，是一项长期的战略任务。深刻地认识到核心价值观其内涵丰富，寓意深刻，对人民警察思想道德和行为方式起着主导作用，深刻理解开展人民警察核心价值观教育，是人民警察树立优良传统、履行新世纪新阶段人民警察历史使命的必然要求。2013 年被市委、市政府评为核心价值观先进个人。

市核心价值观先进　徐东，男，汉族，1968年1月出生，四川井研人，大学文化，中共党员，1993年参加工作，青神县公安局刑侦大队教导员。在人民警察核心价值观教育实践活动中，促使每个民警从灵魂深处剖析思想、从日常工作查找不足，强化对核心价值观的政治认同、职业认同、思想认同和情感认同。并以人文关爱、精神鼓励为主，深化关爱民警若干举措，提升整个公安队伍的向心力、凝聚力、战斗力。增强服务力、亲和力，尽最大努力把公安服务送到老百姓的家门口。培养民警的核心价值观作为政治思想建设的重要任务，作为信仰工程、灵魂工程和畅通工程来抓，切实在坚定理想信念、筑牢精神支柱、树立良好形象、完成职责使命上取得新成绩。2013年被市委、市政府评为核心价值观先进个人。

市工业发展工作先进　李荣，男，1983年3月出生，四川汉源人，管理学学士学位，毕业于四川师范大学，2005年加入中国共产党，青神县人民政府党组成员、县长助理，县经济和信息化局党组书记、局长。以身作则，恪尽职守，舍小家、顾大家。抓停产企业复产，促使西龙生科、新久源实业得到重生，2户企业生产后可实现产值5.5亿元，税收2500万元，解决就业550人；抓项目建设，加快裕华纺织、新鑫元机械等本地企业扩张项目的建设进度，协助推进大西南水泵厂、华塑电子等签约项目的施工进度，按协议日期或超前完成建设任务；抓招商引资，协助开展“百名企业家走进青神”等活动，参与招商引资，成功引进签约大西南水泵项目，不断延链扩链，实现机械产业集群式发展；抓要素保障，全面完成110千伏青竹站投运和110千伏松黑线建设，推进农民向产业工人转变工作；抓智慧青神，开展电子商务招商引资，成功招引四川省易网科技有限公司电子商务运营基地项目，编制《青神县通信基础规划》，对电信运营商加强管理。2014年3月、4月，先后被市委评为工业发展先进个人，民营经济发展工作先进个人。

市维稳工作先进

陈永秋，男，生于1966年2月，四川青神县人，中共党员，大学本科学历，1984年10月参加工作，罗波乡党委书记、乡大调解协调中心主任、乡规划委员会主任。在维稳工作中认真学习法律、法规知识，经常组织召开维稳工作会议，研究部署维稳工作，创新维稳工作方法。全面排查不稳定因素，深入一线，为群众化解重大疑难问题，并且定期与不定期接访来访群众，用心、用情为人民群众解决实际问题，得到群众的好评。乡镇规划大会战工作中组织成立规划大会战领导小组，组织召开会议，研究部署人员配备与具体工作开展，并聘请专业人员对罗波乡进行总体规划，顺利完成总体规划“六编”（产业发展专项规划、文化特色生态绿地、社会事业专项规划、交通发展专项规划、场镇控制性详细规划、总体规划）。2013年度被眉山市委、市政府评为维稳、乡镇规划大会战工作先进个人。

市信访工作先进

何为民，男，汉族，1971年7月出生，眉山青神人，大专文化，1991年7月参加工作，2002年10月加入中国共产党，青神县高台乡党委书记。定期对《信访条例》进行集中深入的学习，为日常处理信访事件提供理论保障。对辖区周排查、月排查，定期与不定期排查相结合制度，主动分析排查不稳定因素，对可能出现的信访苗头做到定期排查，把矛盾处理在萌芽状态。公布个人电话，开设信访信箱，要求信访干部坚守岗位做好接访服务，安排节假日接访值班工作，最大限度地方便人民群众表达意愿，反映问题，畅通信访渠道。健全完善信访信息预警机制，根据群众反映比较突出的问题进行综合分析，开展重点调研，做到早发现、早上报、早研究、早解决，做好群众反映强烈的问题和重点案件的跟踪回访。对长期上访的老信访户，抽调精干力量，密切关注其动向，尽力减少重访或更大规模的集体访。尤其"两会"期间，加派人员，重点排查。2013年，被市委、市政府评为信访工作先进个人。

市优秀宣讲辅导员 周吉华 男，生于1970年5月，四川眉山人；1990年7月参加工作，中共党员，大学文化，县委宣传部部长。将宣讲重点放到基层，放到社区、学校、村社、企事业单位。6、7月，先后3次到乡镇宣讲，准确讲解省委十届三次全会精神和市委、县委的一系列重大决策部署，理论联系实际，用数字说话、用事实说话，用百姓语言说话，宣讲形式灵活，宣讲内容入脑入心，令人信服，催人奋进。2013年7月，被市委评为"实现伟大中国梦、建设富裕美好和谐眉山"主题活动优秀宣讲辅导员。

市优秀共产党员

宋志全，男，生于1970年11月，四川青神人。本科文化，1990年9月参加工作，青神县住建局副局长。对党的事业无限忠诚。时刻牢记自己是一名共产党员，时时、处处以党员标准严格要求自己。对城建事业执着追求，历经建筑企业的施工员、项目经理到住建局的总工程师、副局长，经过不同岗位的磨练，从一名普通的工人成长为既懂技术又懂管理的复合型领导干部。对城建工作无私奉献，牵头抓好抗震救援和全县房屋安全排查工作，完成育艺街商业小区1500余人的拆迁安置，无一群众上访；完成城市道路综合整治一期、二期工程，城市道路实现亮化、美化。始终把建筑质量安全和市场监管作为根本来抓，分管建筑行业以来，青神县争创省、市级标化工地20余个，全县未出现一次较大以上质量安全事故。2013年7月，被市委、市政府评为眉山市优秀共产党员。

市工业发展先进

陈建英，女，1974年12月出生，四川青神人，中共党员，大学文化。青神县经济和信息化局副局长。兢兢业业，狠抓落实。为确保全县工业经济目标全面完成，积极沟通，做好研判，分析形势，圆满完成目标任务，2013 年度工业增加值增速排名全市第三。做好西纸和新久源实业电力保障，促成 2 个企业的成功复产。抓好军转干部和淘汰落后 6 个企业的解释和稳控工作以及“直联工作”和“以工为主，统筹城乡”工作。2014 年 3 月被市委评为工业发展先进个人。

市产业项目大会战先进 黄川，男，生于 1974 年 8 月，四川青神人；大学文化，中共党员，2001 年 12 月参加工作，青神县项目办主任。2013 年，在市委提出的产业项目大会战中积极编报项目，全县拟实施重点项目首次超过 100 个，首次有省重点项目并成功挤进前 100 名。为确保项目顺利推进，加强重点项目的动态管理和督查，每月向县委、县政府主要领导和分管领导以及各部门（乡镇）报送当月项目工作通报。全面完成省、市对全县项目工作的考核。2013 年，被市委、市政府评为产业项目建设大会战先进个人。

市成眉区域合作八大行动先进 李珩，女，生于 1976 年 3 月，四川青神人。大学文化，中共党员，1997 年 7 月参加工作，青神县发改局成眉区域合作股长。牵头建立完善全县政府投资项目和重点项目台账，实现全县投资项目看板管理。协调项目推进中的各类问题。一年来全县固投工作和重点项目管理工作多次获市重点办肯定。负责的区域合作工作取得成绩，财富中心项目完成。全县 2013 年完成成眉合作项目全年投资任务的 155.3%，超过时间进度 55.3 个百分点。2013 年，被市委、市政府评为成眉区域合作先进个人。

市关爱留守学生工作先进 兰志祥，男，汉族，1971 年 3 月出生，四川青神人，本科学历，中共党员，1990 年 7 月参加工作，青神县教育体育局党组成员、副局长。重视留守儿童教育保护工作，整合资源，指导、参与全县留守儿童教育保护工作，促进留守儿童的全面发展，形成“政府统筹、部门联动、学校为主、社会参与”的工作格局和“儿童、家庭、学校、社会”四为一体的教育保护网络，不断深化留守儿童教育保护“青神模式”。留守儿童教育保护“青神模式”工作经验被教育部、国家教育行政学院主办的“中国教育干部培训网”收录，作为全国基础教育管理干部培训的课程资源在全国推广。2013 年 2 月 21 日，《四川教育导报》头版头条以《“青神模式”就是“爱的模式”》为题报道青神县关爱留守儿童教育取得的成绩。2013 年 2 月，被眉山市委、市政府评为关爱留守学生先进个人。

市国土资源管理工作先进 王宇雄，男，汉族，生于 1965 年 5 月，四川青神人，中共党员，大学文化，青神县审计局党组书记、局长。在国土资源管理工作中，带领全局干部职工，认真履职、不

怕困难、不畏艰辛，贯彻执行审计政策法规。近两年来，重点审计或跟踪审计国土资源局项目9个，涉及资金2261万元，提出审计建议22条，为青神县国土资源管理工作做出贡献。2013年，被市委、市政府评为2013年度眉山市国土资源管理工作先进个人。

市"诉非衔接"工作先进 周政银，男，汉族，生于1969年2月，中共党员，1987年10月参加工作，青神县司法局基层股股长。自"诉非衔接"工作开展以来，以高度的责任感和使命感完成该项工作。牵头成立青神县律师调解委员会，搭建"诉非衔接"工作平台。从基层司法所选派多名具有丰富调解经验的调解员定期进驻法院开展调解工作。为保证"诉非衔接"工作顺利开展，积极同法院领导交流工作信息，总结工作经验，讨论研究"诉非衔接"工作的重要事项，解决工作中存在的问题。同时，积极参与"诉非衔接"工作中矛盾纠纷的排查化解。全年共接受法院委托调解23件，办结23件，成功调解20件；委派调解106件，办结84件，成功调解61件，取得成效。2014年2月被市委、市政府评为2013年度"诉非衔接"改革试点工作先进个人。

市食品安全工作先进 胡国民，男，四川安岳人，生于1971年10月，在职研究生学历，1995年7月参加工作，中共党员，青神县县长。亲自部署、亲自安排食品药品安全监管工作，在食品药品监督管理局机构改革过程中，多次召集部门召开专题会议进行研究部署，并深入部门进行调研，确保工作交接到位、人员到位、经费保障到位、责任落实到位。县政府常务会专题审议《关于进一步加强食品药品安全监管工作的意见》，从思想认识、职责划分、严格监管、完善机制等方面进行明确，理顺部门职责，整合监管资源，强化监管责任。带领全县上下紧紧围绕"升业务、强监管、重整治、保安全、促发展、创一流"的总体目标，夯实基层基础，突出示范创新，服务经济发展，连续14年保障全县人民的饮食安全，2013年4月青神县被国家食品药品监督管理总局命名为首批国家级餐饮服务食品安全示范县。2013年3月，被市政府评为2013年度眉山食品安全工作先进个人。

市民生工作先进 徐炳全，男，汉族，四川青神人，中共党员，大学本科，生于1963年10月，1984年5月参加工作，县委组织部副部长，县人力资源和社会保障局党组书记、局长。始终把"让群众满意、让企业满意、让政府满意"作为人力资源和社会保障工作的出发点和落脚点。着力服务于高校毕业生、农民工、就业困难人员，在岗企业职工，退休人员，直接联系服务对象。以落实民生为本，人才优秀为工作要求，全力抓实就业促进、社会保障等民生工作。全面实施就业促进和更加积极的就业政策，畅通就业渠道，促进就业创业。2012年新增就业1897人，就业困难人员再就业339人，城镇失业人员再就业625人，城镇登记失业率控制在3.93%以内，促进高校毕业生参加就业见习35人创业12人；围绕县机械、竹编产业用工需求，开展"双千"培训工程，受到省、市、县的充分肯定，全年培训竹编产业工人1069人，机械产业工作1015人，促进农村劳动者向城镇居民过渡；加强城乡社会保障体系建设，开展新型农村养老保险工作，参保 102152 人，参保率达 91%，完成全年目标任务的 186%。2013 年被市委、市班府评为眉山市民生工作先进个人。

市维稳、综治工作先进 徐建忠，39 岁，四川青神人；中共党员，大专文化，1992 年参加工作，青神县公安局副局长，分管国保维稳工作。长年奋战在维稳第一线，以整治突出的治安问题为重点，采取大范围清理与重点整治相结合，治标与治本相结合，集中整治与专项治理相结合的方法，不断加大重点整治的力度。对一批重点单位和校园周边进行重点整治，尤其是对危害企业安全、干扰企业生产经营秩序的企业内部周边治安秩序进行重点整治。净化企业内部及周边的治安环境。在各大敏感时期维稳安保工作中，组织民警深入重点区域走访，坚持日常排查、专项排查、敏感时期排查相结合，对可能影响安全稳定的征地拆迁、重点工程建设等各类矛盾纠纷和不稳定因素做到“早发现、早汇报、早稳控”。期间共搜集各类情报信息 7 条，掌握不稳定因素 5 条。成功处置多起不稳定因素，确保敏感时期全县无一起上访事件发生。2013 年 3 月被市委、市政府评为眉山市维稳、综治工作先进个人、核心价值观先进个人。

市优秀共产党员 唐勇，男，汉族，生于 1972 年 6 月，四川青神人；1992 年 9 月参加工作，中共党员，大学文化，青神县公安交警大队副队长。2013 年 4 月 20 日芦山地震后，严格按照上级部署，始终冲锋在前，英勇无畏。无论是抗击地震灾害、缉捕重大逃犯、打击街面“两抢”，都以“首战用我，用我必胜”的坚定信念，全力以赴投入战斗。抗震救灾中，救援部队抵达芦山时，面对无处栖身、饥渴难耐的受灾群众，他们选择安全的位置露营扎寨，让受灾群众住帐篷，把仅有的干粮分发给受灾群众，自己则风餐露宿，同时立即向当地群众了解急需救援地点的资料。救援中，唐勇发现 1 名群众进入倒塌一半的房屋，迅速冲进危房将他拉出来，在房屋倒塌的同时，两人一起摔倒在空地上，劫后余生的群众心神未定地说：“我要拿棉被”，唐勇急忙捐出自己的食物，安抚受灾群众，提醒大家不要冒险去危房中寻找财物。处处发挥党员先锋模范作用。2013 年 8 月，被眉山市委评为优秀共产党员。

市食品安全工作先进 徐斌，男，生于 1979 年 5 月，四川青神人；1999 年 9 月参加工作，中共党员，大专文化，县食品药品稽查大队大队长。在工作中严格要求自己，对工作充满激情，创新工作，指导各乡镇食品药品监管站均建立乡镇餐饮企业台账，做到有工作任务，有管理制度，有考核办法，有激励机制。对照“四个作为”，敢于担当善于担当。面对常规工作，规范高效；面对重点工作，大胆创新；面对群众（企业）需要，积极落实；面对急难险重，能够当仁不让。切实为监管对象服务，打击食品安全违法现象，提升全县餐饮服务水平。2013 年 3 月，被市政府评为 2013 年度眉山市食品安全工作先进个人。

市食品安全工作先进　王艳刚，男，生于1967年1月，四川彭山人；1986年10月参加工作，中共党员，大专文化，县食品药品监管局副局长。加强流通环节食品安全监管。全年共核发食品流通许可证130户；检查食品经营主体1225户次，检测食品17个批次，收缴不合格食品32袋，查获“三无”商品12袋，立案查处食品违法案件8件；顺利完成流通领域食品安全监管职能和人员划转工作。实施“红盾春雷行动”。开展为期100天的“红盾春雷行动”。抽检肥料、建材12个批次，食品11个品种，收缴过期变质食品、茶叶、饮料、豆腐乳等50公斤，假冒商标酒20瓶，立案查处各类违法案件21件。开展食品安全消费维权知识“五进”活动，发放宣传资料12000份，现场接受咨询300余人次；抓好食品安全消费维权，发布食品消费警示10期，处理消费申诉举报15件，办结率100%，为消费者挽回经济损失2000元。2013年3月，被市政府评为2013年度眉山市食品安全工作先进个人。

市抗震救灾先进　徐强，男，汉族，四川仁寿人，1975年7月出生，1993年12月入伍，1996年6月入党，本科文化，青神县人民武装部后勤科科长，中校军衔。“4·20”芦山地震发生后，凭着军人特有的政治敏锐性和责任感，认真分析地震后可能担负的任务，立即启动青神县民兵应急连执行突发事件后勤保障预案，清理人武部现存的应急保障物资，针对执行任务期间点多面广的特点，灵活实施集中保障与伴随保障相结合的方法。在炊事人员少的情况下，总是与炊事人员一道搬炊具、搭灶台、平整场地，不辞辛劳地改善野炊和就餐环境。为顺利完成此次救灾任务奠定物质基础。2013年被眉山市人民政府评为抗震救灾先进个人。

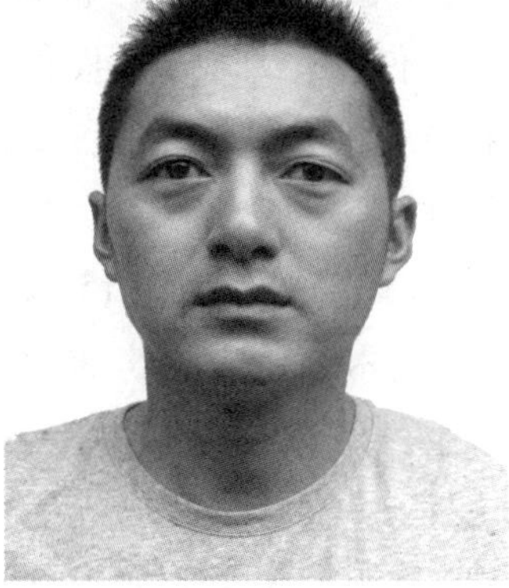

市抗震救灾先进　张浩雨，男，汉族，四川青神人，1981年10月出生，初中文化，中共正式党员，青神县河坝子镇双龙村2社社长，抗震救灾期间任青神县抗震救灾民兵救援分队三班队长。芦山强烈地震发生后，毅然关闭自家经营的店铺，把社里工作交代给其他村民，把家中6亩待收油菜交代给刚刚生产一周的妻子，挥别妻子和襁褓中的儿子，自告奋勇到镇武装部报名参加救灾。把灾区当战场，视灾民为父母，冒着余震和周边楼房可能再次倒塌的危险，攀越危墙，冲入危房，用手刨、用肩扛，用最原始简易的工具展开救援，最危险的地方到处都是他冲锋陷阵的身影，雨水、汗水、血水浸透全身，从不叫苦，从不退却。特别是5月11日同盟村简易房搭建期间，他发挥自身木匠特长，边帮助群众搭建房屋，边充当其他战友的“小教员”。在参与抗震救援的半个多月里，他与本班民兵一道，为灾民从废墟中抢运粮食约4吨、搬运家具数百件、拆除危房30余座、搭建帐蓬20余顶、搭设简易居民房30余座，为挽救群众生命财产、确保灾民基本生活做出突出贡献。2013年被市政府评为抗震救灾先进个人。

市军分区抗震救灾先进　杨震，男，汉族，河北张家口人，1971年12月出生，1990年12月入伍，1995年7月入党，本科文化，四川省青神县人民武装部副部长兼军事科科长，青神县抗震救灾民兵救援分队

分队长，中校军衔。“4·20”芦山地震发生后30分钟，迅速抽组30人的民兵救援分队，自任分队长，在指定时限内到达芦山县清仁乡地震核心区展开救援。抗震救灾中，既当指挥员又当战斗员，带领所属民兵冒着余震和周边楼房可能再次倒塌的危险，展开救援。先后为芦山县清仁乡仁加村、大板村、卢溪村、同盟村等地灾民拆除危房30余座，抢运家俱800余件，指挥疏导车辆1500余辆，装卸救灾物资6吨，抢收油菜4亩，拆装灾民安置点帐篷15顶，平整场地约1000平方米，搭建木结构安置房30余座。特别是在独立担负同盟村灾民临时安置房修建任务时，为了让灾民能够按时休息，他冒着炎炎烈日，带领民兵攻坚克难，20多人一天就完成40座约110个房间的搭设任务，让灾民晚饭前搬进新家，他也因此接受中央电视台十三频道和四川卫视的专门采访报道。在救援的15个日日夜夜里，他全力以赴投入抢险战斗，每天工作近20个小时不休息，圆满完成救灾工作。2013年被眉山市军分区评为抗震救灾先进个人。

市军分区抗震救灾先进 卢中军，男，汉族，四川青神人，1976年2月出生，初中文化，青神县河坝子镇安家坝村4组村民，青神县抗震救灾民兵救援分队三班班长。芦山地震发生后，他毅然冒着巨大经济损失的危险，关闭自家经营的店铺，把家中5亩待收油菜交代给妻子，自告奋勇到乡武装部报名参加救灾，并自备救灾生活所需用品和救灾工具。抗震救灾中，始终坚持冲锋在前、战斗在前，切实叫响“看我的、跟我来”的战斗口号，将三班带成战斗力很强的战斗班之一。特别是5月11日同盟村简易房搭建期间，带领民兵火速赶到任务区域，发挥自身木匠特长，边自己帮助群众搭建，边充当其他战友的“小教员”，直到晚上8点把所有群众的房子搭好后才收工，晚上回到营地才发现，由于当天烈日炎炎，全身皮肤已经大片晒得红肿脱皮。在抗震救灾期间，他除了挽救群众生命财产安全、确保灾民基本生活外，还主动与受灾严重的群众聊天，开导和鼓励他们重树信心，积极生产自救，成为灾区群众的贴心人。经过党组织严格考验后，军分区抗震救灾临时党委批准他火线入党。2013年被眉山市军分区评为抗震救灾先进个人。

市军分区抗震救灾先进 商权明，男，汉族，四川青神人，1963年8月出生，中共党员，大专文化，青神县西龙镇商家沟村党支部书记，青神县抗震救灾民兵救援分队一班副班长。地震发生前，他正在牵头负责村上的老年活动中心项目建设，已经连续工作近1个月，没有休息过一天。芦山地震发生后，他将村里的工作移交村主任处理后，自告奋勇到乡武装部报名参加救灾，并自备救灾生活所需用品和救灾工具。妻子考虑到他已步入50岁花甲之年，劝他注意身体，不要奔赴灾区抗震救灾。而他毅然决绝地说：“我一名党员干部，在当最需要我的时候，我必须得上！”抗震救灾中，他冒着余震不断的威胁，发扬连续作战的作风，不惧危险、不怕疲劳、无私奉献，始终战斗在最艰险的地方，其间1次中暑晕倒、2次因公负伤，但他以“轻伤不下火线”作为口头禅，始终坚持奋战在抗震救灾第一线。在灾区参与救援的10多天，为灾民转运粮食约3吨、家具数百件，并帮助灾民拆除危房20余座，为灾民搭建帐篷10余顶，搭建简易房20余座500多平方米，圆满完成此次抗震救灾任务。2013年被眉山市军分区评为抗震救灾先进个人。

市安全生产工作先进 张强，男，1969年12月出生，中共党员，大学文化，1990年7月参加公安工作，青神县公安局副局长、交管大队长。组织成立领导小组，组成信息发布预警、路面巡查防控、交通事故抢险救灾、设施维护抢修等工作组，启动预案，全力以赴的开展防灾工作。期间组织出动巡逻警力63人次，警车32台次，救助遇险群众15人次，修复交通设施25处、清除路面障碍物43个，保证道路交通安全。与相关部门紧密联系协作，安排民警24小昼夜值守，按照管委紧急通知要求，安排民警冒雨执勤、分流疏导，通过采取多种措施，切实保证岷江桥梁通行安全。2013年，他累计组织排查整改各类事故隐患8处，处置险情26个，执行各类安全疏导任务56次，保证县道路通行安全。2013年2月被眉山市政府评为安全生产监管工作先进个人。

（周国玉）

市委、市政府以上表彰的先进集体名录

青神县茶叶协会	中国科协	全国基层科普行动计划奖先进单位
青神县天池竹基地	财政部	全国基层科普行动计划奖先进单位
青神县科协	省科协	省级科普工作先进集体
黑龙镇建川社区	省科协	第二批四川省科普示范社区
县发改局	市委、市政府	全市农村居民“四个转变”意愿调查先进集体
罗波乡	市政府、眉山军分区	2013年征兵工作先进单位
青神县人民武装部	市军分区	“4·20”芦山抗震救灾先进单位
白果乡武装部	市军分区	“4·20”芦山抗震救灾先进单位
县人民政府	市委、市政府	2013年度十大民生工程工作先进集体
县投促委	市委、市政府	“三大投资促进活动”先进集体
县投促委	市委、市政府	主动作为创一流先进集体
黑龙镇	市委、市政府	2012年度信访工作达标重点乡镇
黑龙镇	市委、市政府	2012年度乡镇经济综合实力20强
县委、县政府	市委、市政府	2012年关心下一代工作先进集体
黑龙镇	市政府	眉山市药品安全示范乡镇
青神县人民政府	市委、市政府	2013年度国土资源管理工作先进集体
县教育体育局	市委、市政府	关爱留守学生工作先进集体
县水务局	市委、市政府	“东坡杯”农田水利基本建设综合管理先进单位
县公安局	市委、市政府	眉山市践行核心价值观先进集体
县公安局	市委、市政府	2012年度维稳、综治工作先进集体
罗波乡	市委、市政府	2013年第二、第四季度环境卫生治理“十佳场镇”
团县委	市委、市政府	关心下一代工作先进集体

续上表

县关工委	市委、市政府	关心留守学生工作先进集体
县食品药品监督管理局	市政府	2013 年食品安全工作先进集体
青神县人民政府	市政府	2013 年食品安全工作先进集体
县人民政府	市政府	2012 年度全市卫生工作先进集体
县人民政府	市政府	2012 年度全市食品安全工作先进集体
南城镇	市政府	药品安全示范乡镇
南城镇	市政府	政务服务工作先进集体
县卫生局	市政府	2012 年度市食品安全工作先进集体
县卫生局	市政府	2012 年度市卫生工作先进集体
林业局	市政府	2012 年度全市森林防火工作先进集体
青城镇	市委	“实现伟大中国梦、建设富裕美好和谐眉山”主题教育活动先进集体
青城镇	市委	2013 年度先进基层党组织
南城镇关工委	市委	关心下一代工作先进集体
南城镇	市委	乡镇经济综合实力 20 强
青神县委	市委	2013 年度党报刊发行优秀单位
青神县委	市委	全市“实现伟大中国梦、建设富裕美好和谐眉山”主题教育活动先进活动组织单位
河坝子镇	市委	先进乡镇(街道)党(工)委
青城镇花园社区	市委	先进村(社区)党组织
县委组织部	市委	先进机关企事业单位
县人民医院	市委	先进学校、医疗卫生单位
团县委	市委	先进群团组织
县人民医院	市委	中国梦主题教育活动先进单位
高台乡傅塘村	市委	2013 年度先进基层党组织
组织部	市委	2012 年度主动作为创一流先进集体
组织部	市委	2012 年度统战工作先进集体
组织部	市委	“实现伟大中国梦、建设富裕美好和谐眉山”主题教育活动先进机关企事业单位

党政军机关及其工作部门、直属企事业单位领导名录

中共青神县委

书　记:黄国清
副书记:胡国民
　　　罗兴建
常　委:徐　琳(女)
　　　周吉华
　　　谢　志(女)
　　　杨德志
　　　胡　勇
　　　常　伟
　　　车智勇
　　　谭友富
　　　任春雷(7月离职)
　　　柏晓明(6月任职)
　　　唐志强(9月任职)

办公室

主　任:杨江海
副主任:吴碧英(女,11月离职)
　　　苏　雨(8月任职)
　　　土思进
　　　吴　军(4月离职)

县常委办

主　任:万红缨(女)
副主任:郑　斌

青神县人大常委会

主　任:李天祥
副主任:张福英
　　　李幼林
　　　周志开
　　　吴小萍(女)
委　员:雷　英(女)
　　　余　平(女)
　　　吴敬陵
　　　王晓梅(女)
　　　王富民
　　　兰大军
　　　邵明华
　　　罗学芳(女)
　　　蒋海清
　　　潘秀珍(女)
　　　彭建英(女)
　　　胡仁国
　　　徐　霞

办公室

主　任:雷　英(女)
副主任:万　琼(女)

教科文卫工作委员会

主　任:胡仁国

法制工作委员会

主　任:兰大军

财政经济工作委员会

主　任:蒋海清

农业工作委员会

主　任:邵明华

人事代表联络工作委员会

主　任:余　平(女)

城乡建设环境资源保护工作委员会

主　任:罗学芳(女)

青神县人民政府

县　长:胡国民
副县长:徐　琳
　　　车智勇
　　　谭友富
　　　唐志强(9月任职)
　　　侯　锐(女)
　　　王利清
　　　王碧华
　　　蔡建川

张　骥(6月离职)

办公室

主　任:余　敏(女,9月离职)

副主任:杨燕强

郭良才(4月离职)

刘　强(12月任职)

彭章勤

陈忠义

县法制办

主　任:王 飞

副主任:帅其林(2月离职)

县政务服务中心

主　任:方　青

副主任:孙国辉(6月离职)

纪检组长:徐建

县公共资源交易中心

主　任:张建忠

副主任:张　译

纪检组长:王洪琳(女)

县信息中心

主　任:滕　薇(女)

县应急办

主　任:陈　洪

副主任:王　超(12月任职)

县接待办

主　任:余卫红(女)

副主任:江　燕(女,4月离职)

县政府督查室

主　任:郭良才(9月离职)

陈忠义(9月任职)

县民生办

主　任:沈利军

政协青神县委员会

主　席:李志国

副主席:罗泽志

汪志超

谭永忠

曾晓宇(女)

秘书长:江彬华(12月离职)

吴碧英(女,2014年1月任职)

办公室

主　任:江彬华(12月离职)

李　科(11月任职)

副主任: 杨淑英(女)

提案委员会

主　任:鲁小英(女)

经济科技人口资源环境委员会

主　任:胡正安

农业委员会

主　任:何登才

文史委员会

主　任:郑学敏(女)

教育文化卫生体育委员会

主　任:李立无(6月离职)

杨淑英(女,11月任职)

民宗、法制、群团委员会

主　任:杨淑英(女,11月离职)

李红波(11月任职)

委员联络办公室

主　任:刘旭明

中共青神县纪律检查委员会

书　记:谢　志(女)

副书记:钟晓玲(女)

佘成昆

常　委:佘成昆

王　琪

宋美林

邵育勤(女)

办公室

主　任:罗姝毅(女)

信访室

主　任:胡同强

纪检室

主　任:王　琪

县纪委第一纪工委

书　记:宋美林

纠风办

主　任:罗国强

行政效能监察室

主　任:王学平

党风政风监督室

主　任:郑　玉(女,11 月任职)

雷　蕾(4 月离职)

案件审理室

主　任:朱　珠(女,11 月任职)

青神县人民法院

院　长:夏成刚

常务副院长:赵亮(8 月任职)

副院长:王　良(2 月离职)

赵　亮(8 月离职)

曾　楠(8 月任职)

樊　俊(9 月任职)

纪检组长:詹　斌

政工科科长:蔡嘉容

执行工作局

局　长:钟建成

民事庭

庭　长:周　萍(女)

审监庭

庭　长:杨皖川

司法调解中心

主　任:冯　净(女)

汉阳法庭

庭　长:彭建明

青神县人民检察院

检察长:牟　敏

常务副检察长:张继宏(8 月离职)

副检察长:王学义(4 月任职)

郑文博(9 月任职)

纪检组长:何明中

检委会专职委员:窦永莉(女)

兰　金

反渎职侵权局

局　长:陈　刚(11 月任职)

县级部门

县委组织部

部　长:杨德志

常委副部长:汪品元

副部长:刘继平(女)

徐炳全

李秋惠(女)

李仕贵

部务委员:徐　红(女,11 月离职)

毛星燕(女)

县委党员干部现代教育中心

主　任:李仕贵(11 月任职)

县党联办

主　任:林世文

县委党建办

主　任:游晓艳(女)

副主任:陈　刚(11 月离职)

县流动党员服务中心

主　任:郑　欢(1 月任职)

县委宣传部

部　长:周吉华

常务副部长:张建华

副部长:吴云中

县精神文明办

主　任: 张建华

县委外宣办、政府新闻办

主　任:冯志刚(9 月离职)

副主任:艾继威(女,11 月任职)

县新闻中心

总　编:梁振宇

副总编:钟　滔

张　趣(1 月任职)

县网络文化建设与管理办

主　任:杨　均(11 月离职)

县委统战部

部　长:曾晓宇(女)

常务副部长:曾亚祥

副部长:蒲国英(女)

竹建欣

县委政研室(目标办)

主　任:范建忠

副主任:刘小平

县委政法委

书　记:胡　勇

常务副书记:涂兵奎(8 月任职)

副书记:周卫东(3 月离职)

杨勇建(8 月任职)

县综治办

主　任:涂兵奎

副主任:辜素芬(女)

县维稳办

主　任:杨勇建(8 月任职)

副主任:石仿琴(女)

县委防邪办

主　任:宋云刚

县矛盾纠纷“大调解”协调中心

副主任:胡光勋(11 月任职)

县委组织部老干部局

局　长:李秋惠(女)

县直机关工委

书　记:王茂军

纪工委书记:李红旭(女)

县党史县志办

主　任:王俊伦(女)

副主任:李艳祥(1 月离职)

李华英(女,7 月任职)

县保密委(局)

主　任:吴碧英(女,11 月离职)

县委机要局

局　长:姜兴云

县党政网管理中心

主　任:颜红梅(女)

县委群众工作部(县政府信访局)

部　长(局长):王思进

副部长:欧建英(女)

县群众工作中心

主　任:邵利英(女)

县信访群众疏导调解中心

主　任:王思进

副主任:徐　伟(11 月离职)

县台侨办

主　任:肖晓梅(女)

县民宗局

局　长:蒲国英(女)

县档案局

局　长:杨建伟

副局长:杨术岚(女)

县委党校

校　长:杨德志

常务副校长:陈华英(女)

副校长:曾　键

县人力资源社会保障局

局　长:徐炳全

副局长:徐小平(女)

饶　舜(12 月离职)

曾晓红(12 月任职)

余亚非

纪检组长:李志容(女)

县委编办

主　任:刘继平(女)

副主任:蒲　隽

县事业单位登记管理局

局　长:蒲 隽

县社会保险事业管理局

局　长:李学利

县医保局

局　长:徐小平(女)

县就业局

局　长:魏艳琼(女)

县安全生产监督管理局

局　长:黄建明
副局长:魏志刚

县安全生产监督管理局执法大队

队　长:魏志刚

县民政局

局　长:王学清
副局长:张建华
　　　　赵中明
纪检组长:王燕群(女)

县老龄委

主　任:朱晓松
副主任:罗文祥

县敬老院管理中心

主　任:陈　艳(女)

县公安局

局　长:王碧华
政　委:胡朝福
副政委:冯保清
　　　　王爱萍(女)
副局长:张志华
　　　　张　强
　　　　徐建忠
　　　　张志远(3月离职)

县竹编产业园区管委会

主　任:杨燕强
副主任:贾靖宇(12月任职)
　　　　肖红霞(女,12月任职)
　　　　曾　鑑(12月离职)
　　　　李　科(12月离职)
　　　　王　敏(12月离职)
纪工委书记:陈　刚(11月任职)

群工部

部　长:曾　鑑(12月任职)

产业发展服务中心

副主任:王　敏(12月任职)
　　　　杜晓荣(女,12月任职)
　　　　伍经纬(12月任职)

县交管大队

队　长:张　强

县司法局

局　长:李学文(10月任职)
副局长:陈炳全
　　　　杨旭东
纪检组长:陈洪义

县人民调解指导中心

主　任:张国彬

县监察局

局　长:钟晓玲
副局长:刘勇义
　　　　邵育勤(女)

县监察局第一分局

局　长:宋美林(11月任职)

县招商引资局(1月取消,成立青神县投资促进委员会)

常务副主任:彭章勤
副主任:吴永安
　　　　余　瑶(女)
纪检组长:张　良(11月任职)

县商务局

局　长:何界君(4月离职)
宋明元(4月任职)
副局长:蒲建生(12月离职)
　　　　赵　斌
　　　　刘德平
　　　　鲁成洪(12月任职)

县"两新"组织党工委

书　记:罗保清
副书记:陈亚梅(女)
纪工委书记:陈亚梅(女)

县工业开发区管委会

主　任:滕文学
副主任:王志学(12月离职)
　　　　朱宗兴(12月离职)
主任助理:游晓艳(女,3月任职)

党建办

主　任:刘炼刚(11月任职)

项目促进部

部　长:王志文(12月任职)

综合服务部

部　长:罗小兵(12 月离职)

　　　贺　勇(12 月任职)

企业服务中心

主　任:徐　伟(12 月任职)

副主任:鲁莉芬(女,12 月任职)

　　　罗小兵(12 月任职)

　　　何　容(女,12 月任职)

要素保障部(3 月更名)

部　长:何　容(女,12 月离职)

项目招商部(3 月更名)

部　长:鲁莉芬(女,12 月离职)

征地拆迁部(3 月更名)

部　长:张　良(11 月离职)

县发展和改革局

局　长:彭志军

副局长:彭燕循

　　　刘超英(女)

　　　伍贵蓉(女,9 月任职,小金县发改局委派)

县招投标管理办

主　任:郑春燕(女)

县以工代赈办

主　任:陈秀林(女)

县项目办

主　任:黄川

县经济和信息化局

局　长:李　荣

副局长:刘永生(8 月离职)

　　　陈建英(女)

县节能监察中心

主　任:刘　瑛(女,2 月离职)

　　　余　涌(12 月任职)

县统计局

局　长: 陈冬梅(女)

副局长: 胡　军

县经济普查中心

主　任:王玉辉(8 月任职)

县审计局

局　长:王宇雄

副局长:余　刚

　　　陈　治

纪检组长:张仁海

经审分局

局　长:杨　锐(女)

总审计师:梅　华

县工商局

局　长:何建琼(女)

副局长:杨敬华

纪检组长:杨选华

县质量技术监督局

局　长:辛　劲

副局长:刘友谊

　　　蹇翠华(女)

县食口药品监督管理局

局　长:苏绍云

副局长:罗德全

　　　林　涛

　　　王艳刚(12 月任职)

纪检组长:罗德全

县食品药品稽查大队

队　长:徐　斌

县国土资源局

局　长:刘权超(1 月离职)

　　　王俊彦(1 月任职)

副局长:祝　利

　　　卢安斌

　　　朱　曦(9 月离职)

　　　邓　平(9 月任职)

纪检组长:程学华(女,7 月离职)

　　　潘正强(7 月任职)

工地储备中心

主　任:陈晓梅(女)

国土资源执法监察大队

大队长:曾冰霞(女,12 月任职)

县砂石资源管理办

主　任:宋学东

副主任:郑　军(12 月任职)

县财政局

局　长:赵国平
副局长:张　超
刘　强(11月离职)
杨维新(10月离职)
纪检组长:商加才
总会计师:杨　林

县投资评审中心

主　任:吴　进(12月任职)

县政府国库集中支付中心

主　任:吴　山

县金融国资局

局　长:徐炯林
副局长:郑廉刚
张　朋
宋学东(2月离职)
纪检组长:涂秀芳(女,8月任职)

县国税局

局　长:郑　毅
副局长:胡继伟
李　韬
吕春林
纪检组长:王　利

县地税局

局　长:申　闽(4月离职)
陈光烈(4月任职)
副局长:罗　涛
陈志明
纪检组长:彭纪江

县交通运输局

局　长:张　苗
副局长:赵湘聪
帅其林(12月任职)
马　芳(女,9月挂职)
纪检组长:林　刚

运管所

所　长:杨胜斌

养路段

段　长:雷子红

海事处

处　长:雷光辉

县重点交通工程推进办公室

主　任:刘黎红(女)

县铁建办

主　任:黄志伟
副主任:陈　治
刘志昂
祝　利
徐建忠

县人口和计划生育局

局　长:肖　邡(2月任职)
副局长:魏　义
郑改霞(女,8月离职)
纪检组长:曾玉辉(女)

县卫生局

局　长:周利民
副局长:陈爱中
田景红(女,9月挂职)
段彬茹(女)
纪检组长:胡红利

县红十字会

常务副会长:胡红利
副会长:王爱平

县爱卫办

主　任:胡红利

县新农合管理中心

主　任:孙　宇

县住房和城乡规划建设局

局　长:曾游江
副局长:谢　虹(女)
宋志全
胡建忠(9月挂职)
纪检组长:刘　炯

县环保局

局　长:程慧东(5月任职)
副局长:贾靖宇(12月离职)
文　敏
徐　红(女,12月任职)
总工程师:余世春

县环境检测中心(减排办)

主　任:黎　丽(女)

县城市规划局

局　长:刘　竣

县城乡综合环境治理办

主　任:李艳祥(1月任职)

副主任:郭志容(女)

县房管局

局　长:雷栋奎

县环卫局

局　长:许燕飞

县城管办

主　任:黄志伟

副主任:唐　容(女)

魏志明

县科技局

局　长:刘志刚

副局长:杨巧邻(女)

徐富华

纪检组长:朱宗兴(11月任职)

县教育局

局　长:杨　宏

副局长:龚志平

兰志祥

左志权(9月挂职)

纪检组长:许志涛

县校地合作办

副主任:杨　平(12月任职)

县进修校

副校长:曾曦阳

县广播电视台

台　长:刘迎春(女)

副台长:邵　强

何　勇

贺　瑜(女,7月离职)

总编辑:帅　艳(女,1月任职)

县文化广播影视新闻出版局

局　长:邵永义

副局长:郑　森

杨　均(12月任职)

纪检组长:张惠明

县旅游局

局　长:涂　瑛(9月离职)

徐洪刚(9月任职)

副局长:陈　霞(女)

辜志华

兰林义

鲁承林(12月任职)

县三产办

主　任:李　华

副主任:杨　静(女)

县粮食局

局　长:宋明元(4月离职)

何界君(4月任职)

副局长:张泽全

陈　瑜

纪检组长:苏章全

县扶贫移民工作局

局　长:李红波(11月离职)

饶　舜(11月任职)

副局长:郑文君(女)

邹仕文

县委农工办

主　任:宋文贤

副主任:兰平昌

涂　英(女)

黄琴超(女)

县农业局

局　长:谢金明

副局长:苏国友(4月离职)

彭建英(女)

辜志军

纪检组长:祝康晋

总农艺师:徐海涛

县农金会资产管理办公室

主　任:苏国友(4月离职)

副主任:李　伟(2月任职)

县畜牧局

局　长:冯晓江
副局长:邓子辉
纪检组长:张　勇(1 月任职)

县林业局

局　长:王盛祥
副局长:滕义明
　　　张崇勇
纪检组长:江保全
总工程师:帅艳林(女)

县森林公安局

局　长:刘飞武

县防火办

主　任:郑仕军

县水务局

局　长:汤田计
副局长:毛建斌
　　　邹　建
　　　黎志红
纪检组长:李　平
总工程师:罗　义

县复兴水库饮用水水源保护管理委员会

主　任:彭远林

县气象局

局　长:吴晓燕(女)
副局长:杨　磊
　　　罗瑞雪(女,12 月任职)

四川青神供电有限责任公司

经　理:王朝平

县华龙天然气公司

经　理:张志君
副经理:鲁　凡(9 月任职)

恒辉天然气公司

副总经理:江兵

县烟草专卖局(公司)

局　长(经理):蒲仁文

县盐业公司

经　理:高　峰

县联通公司

经　理:赵　钦

县电信公司

经　理:赵荣祖
副经理:王建平

县邮政局

局　长:杨朝东
副局长:付红英(女)

移动通信公司

经　理:夏　冬

县广电公司

经　理:刘迎春(女,4 月离职)
艾　岷(4 月任职)

中国人民银行青神县支行

行　长:李　涛
副行长:陈义华
　　　鲁成湘

中国工商银行眉山市分行青神县分行

行　长:赵　宏

中国农业银行青神县支行

行　长:张柏青
副行长:倪　龙
　　　余代蓉(女,11 月离职)
　　　王　涛(11 月任职)

中国农业发展银行青神县支行

行　长:代小龙
副行长:杨　山

青神县农村信用合作社联合社

理事长:陈书明
主　任:李　平
监事长:曾令吾
副主任:陈　玲(女)

县邮储支行

行　长:王凌雅

人保财险青神子公司

经　理:石美辉

人寿保险青神子公司

经　理:余　燕(女)

军事机关

县人民武装部

政　委:柏晓明

部　长:任春雷(3 月离职)

郭慧东(3 月任职)

副部长:杨　震

军事科

科　长:杨　震

政工科

科　长:陈伟忠

后勤科

科　长:徐　强

武警中队

中队长:程　智

指导员:李　飞

消防大队

教导员:朱　辉

大队长:周　明

群众团体

县总工会

常务副主席:杜桂英(8 月任职)

工人俱乐部

主　任:鱼　澜(女)

共青团青神县委

书 记:张　聪(女)

副书记:谢 臣(4 月离职)

县妇联

主　席:王　军(女)

副主席:李秀仙(女)

县科协

主　席:潘秀珍(女)

副主席:徐碧兰(女)

县工商联(商会)

主　席(会长):王进儒

副主席(副会长):易丽平(女)

竹建欣

县残联

理事长:杨　毅

副理事长:费永军

县文联

主　席:袁超群(女)

县社科联

主　席:吴云中

乡镇领导名录

青城镇

书　记:丁志福

副书记:余　鹏

杜　静(女,11 月任职)

刘炼刚(11 月离职)

刘永生(8 月任职)

杨勇建(8 月离职)

人大主席:张凤群(女)

镇　长:余　鹏

副镇长:刘　涛

徐　鑫

杜　静(女,11 月离职)

武装部长:刘　涛

专职组织员:周　英(女)

南城镇

书　记:刘建林(6 月任职)

副书记:何跃华(女,9 月离职)

黄　颖(女)

唐　阳(8 月任职)

肖冠军(5 月离职)

涂秀芳(女,8 月离职)

人大主席:吴良超

镇　长: 何跃华(女,9 月离职)

黄　颖(女,10 月任职)

副镇长: 陈进波

余泽云

徐　强

武装部长:余泽云

专职组织员:艾继威(女,11 月离职)
何 喻(女,11 月任职)

综治办

副主任:黄义容(女,8 月任职)

黑龙镇

书 记:杨长金
副书记:游 文
李 燕(女)
辜义君
人大主席:段学林
镇 长:游 文
副镇长:刘 琳(女)
陈建六
朱建荣
武装部长:朱建荣
专职组织员:王 健

综治办

副主任:林发军

西龙镇

书 记:程慧东(4 月离职)
陈 骏(6 月任职)
副书记:陈 骏(4 月离职)
郭良才(4 月任职)
宋杰林(8 月任职)
人大主席:陈 斌
镇 长:陈 骏(4 月离职)
郭良才(7 月任职)
副镇长:阳和平
陈文全
帅建军
武装部长:帅建军
专职组织员:段伶娟(女)

白果乡

书 记:杨传华
副书记: 章 伟
徐 杰(8 月任职)
人大主席:彭建英(女)
乡 长:章 伟
副乡长:陈晓明
兰晓东
马 俊
武装部长:陈晓明
专职组织员:潘 莉

瑞峰镇

书 记:徐 鹏
副书记:杨 芳(女,8 月任职)
人大主席:商志中
镇 长:宋麒麟
副镇长:程建洪
陈 勇
武装部长:陈 勇
专职组织员:李永亮(12 月离职)

罗波乡

书 记:陈永秋
副书记:邓德军
商树云
人大主席:陈素容(女)
乡 长:邓德军
副乡长:陈中志
蒋 勇
武装部长:蒋勇
专职组织员:王怀军

汉阳镇

书 记:徐洪刚(9 月离职)
何跃华(女,10 月任职)
副书记:刘 欣
曾晓红(11 月离职)
黄 莉(11 月任职)
人大主席:蒋文全
镇 长:刘 欣
副镇长:张泽勤
郑 淼(女,11 月离职)
廖敏丽(女,8 月任职)
武装部长:蒋文全
专职组织员:罗亚君(女)

河坝子镇

书 记:郑 亮
副书记:杨 娟(女,4 月离职)

葛正飞(8 月任职)
人大主席:祝华斌
镇　长:涂成钢
副镇长:王正斌
周兴奎(8 月任职)
武装部长:王正斌
专职组织员:葛亚飞(8 月离职)
金　鑫(女,8 月任职)

高台乡

书　记:何为民(6 月任职)
副书记:何为民(6 月离职)
杨　娟(女,4 月任职)
童　苗(11 月任职)
人大主席:宋志祥
乡　长:何为民(7 月离职)
杨　娟(女,7 月任职)
副乡长:童　苗(11 月离职)
张利容(女,8 月离职)
宋振兴(8 月提名)
武装部长:童　苗
专职组织员:罗超英(女)

城区学校

县青神中学

校　长:范俊华
副校长:徐建伦
王晓梅(女)

县初中

校　长:张智勇

县中职校

校　长:张腾礼
副校长:邓光强(1 月任职)

县学道街小学

校　长:张泽军

县幼儿园

园　长:王志英(女)

县实验中学

校　长:辜长生

县实验小学

校　长:王勤义

城区医院

县人民医院

院　长:陈爱中

县中医院

院　长:白保安

县妇幼保健院

院　长:王学刚

县疾控中心

主　任:张学祥

文件选编◎

中共青神县委　青神县人民政府 关于印发《青神县农村扶贫开发规划（2011－2020年）》的通知

青委发〔2013〕1号

各乡镇党委、政府，县级各部门：

现将《青神县农村扶贫开发规划（2011－2020年）》印发你们，请认真贯彻执行。

中共青神县委

青神县人民政府

2013年1月17日

青神县农村扶贫开发规划（2011－2020年）

为进一步加快贫困地区发展，缩小发展差距，促进共同富裕，实现到2020年全面建成小康社会奋斗目标，根据《中国农村扶贫开发纲要（2011－2020年）》、《四川省农村扶贫开发规划（2011－2020年）》和《眉山市农村扶贫开发规划（2011－2020年）》总体部署，结合我县农村实际，特制定本规划。

序　言

——扶贫事业成效显著。改革开放以来，全县人民在县委、县政府的正确领导下，坚持保增长、保民生、保稳定，组织和动员社会各界广泛参与，带领广大干部群众艰苦奋斗，农村扶贫开发工作取得显著成绩。全县农村贫困人口从2000年的0.37万人减少到2010年的0.048万人；贫困农民年人均纯收入从2000年的1296元增长到2010年的4273元。同时，贫困地区基础设施明显改善，社会事业和公共服务不断进步，最低生活保障制度全面建立，农村居民生存和温饱问题基本解决，《青神县农村扶贫开发实施意见（2001—2010年）》确定的目标任务圆满完成，有力促进了全县经济发展、文化繁荣、政治稳定、社会和谐。

——扶贫开发任务艰巨。我县扶贫开发已经从以解决温饱为主要任务的阶段转入巩固温饱成果、加快脱贫致富、改善生态环境、提高发展能力、缩小发展差距的新阶段。但由于我县经济总量小、发展水平不高、经济基础较为薄弱,扶贫标准提高后,我县农村扶贫对象大幅度增加,相对贫困问题凸显,因灾返贫、因病致贫现象频发,连片困难地区发展相对滞后,区域贫困问题突出,"插花"贫困现象普遍存在,扶贫开发任务仍然十分艰巨。

——扶贫开发意义重大。扶贫开发事关巩固党的执政基础,事关国家长治久安,事关社会主义现代化大局。深入推进全县扶贫开发,是深入贯彻落实科学发展观的必然要求,是坚持以人为本、执政为民的重要体现,是统筹城乡区域发展、保障和改善民生、缩小发展差距、促进全县人民共享改革发展成果的重大举措,是推进全县跨越发展、全面建设小康社会、构建社会主义和谐社会的迫切需要。各乡镇、县级各部门要以更大的决心、更强的力度、更有效的举措,打好新一轮扶贫开发攻坚战,确保全县人民全面实现小康。

一、总体要求

(一)指导思想。扶贫开发的关键是发展,核心是发展县域经济,根本是实现富民强县。逐步提高扶贫标准,逐年加大投入力度,把连片贫困地区作为主战场,把增加扶贫对象收入,稳定解决扶贫对象温饱并尽快实现脱贫致富作为首要任务,坚持政府主导,坚持统筹发展,更加注重转变经济发展方式,更加注重科教扶贫,更加注重产业扶贫,更加注重增强扶贫对象自我发展能力,更加注重基本公共服务均等化,更加注重解决制约发展的突出问题,努力推动贫困地区经济社会更好更快发展。

(二)工作思路。坚持以人为本、民生优先、科学发展,以解决突出问题为核心,以人民满意为最高标准,把维护群众的根本利益作为全部工作的出发点和落脚点,以新村建设为载体,实行扶贫开发与新农村建设相结合、常规扶贫与连片困难地区区域扶贫相结合、扶贫开发与防灾减灾相结合、扶贫政策与农村低保制度相结合、扶贫开发与发展特色产业相结合、项目扶持与提高发展能力相结合、专项扶贫与行业扶贫相结合、自身努力与争取支持相结合、政府主导与社会帮扶相结合。按照"统一规划、分布实施,聚合资源、逐年投入,连片开发、梯次推进"的基本工作思路,突出抓好我县连片贫困地区和部分"插花"贫困村扶贫开发,大力推进交通建设、水利建设、安全饮水、新村建设、特色产业、能力提升、公共服务七大扶贫工程。

(三)工作方针。坚持开发式扶贫方针,实行扶贫开发和农村最低生活保障制度有效衔接,形成"生存靠低保、发展靠扶贫"的工作格局。把扶贫开发作为脱贫致富的主要途径,鼓励和帮助有劳动能力的扶贫对象通过自身努力摆脱贫困,做到应扶尽扶;把社会保障作为解决温饱问题的基本手段,逐步完善社会保障体系,做到应保尽保。

(四)基本原则。

1. 政府主导,分级负责。县、乡镇政府对本行政区域内的农村扶贫开发工作负总责,把扶贫开发纳入当地经济和社会发展战略及总体规划,实行扶贫开发目标责任制和考核评价制度。根据不同区域经济社会发展水平,因地制宜制定扶贫政策,编制扶贫规划,实行差异化的扶持措施,着力解决突出矛盾和问题,确立各具特色的扶贫开发和发展模式。

2. 部门协作,社会帮扶。各部门(县委农工办、县发改局、县教体局、县民政局、县财政局、县人社局、县国土资源局、县住建局、县交通运输局、县水务局、县农业局、县林业局、县卫生局、县人口计生局、县广电台、县供电公司等)要根据全县扶贫开发战略部署,结合各自职能,在制定政策、编制规划、分配资金、安排项目时向连片贫困地区倾斜,形成扶贫开发合力。广泛动员社会各界参与扶贫开发,不断完善参与机制、拓展参与领域、注重参与实效、提高参与水平。强化政策措施,鼓励先富帮后富,实现共同富裕。

3. 自力更生,艰苦奋斗。坚持政府主导、部门帮扶、社会参与,充分发挥乡镇、村直接责任主体、工作主体和群众扶贫开发主体作用;建立激励机制,突出群众主体作用,充分发挥贫困地区、扶贫对象的主动性和创造性,艰苦奋斗,苦干实干;加强引导,更新观念,尊重扶贫对象的主体地位,提高自我管理水平和发展能力,立足自身实现脱贫致富,改变贫穷落后面貌。

4. 统筹兼顾,科学发展。坚持以人为本、民生优先,立足当前,着眼长远,既解决当前突出民生问题,又解决制约长远发展根本问题。坚持扶贫开发与推进城镇化、建设社会主义新农村相结合,与生态建设、环境保护相结合,充分发挥贫困地区资源优势,发展环境友好型产业,增强防灾减灾能力,提倡健康科学生活方式,促进经济社会发展与人口、资源、环境相协调。

5. 改革创新,扩大开放。适应社会主义市场经济要求,创新扶贫开发工作机制体制。实行开发与开放相结合,扩大对内对外开放,共享减贫经验和资源。继续搞好扶贫改革试点,积极探索开放式扶贫新途径。

二、对象范围

(一)扶贫开发对象。以年人均纯收入2300元(2010年不变价)的国家扶贫标准以下,具备劳动能力的农村居民为扶贫开发工作主要对象。建立健全扶贫对象识别机制,做好建档立卡工作,实行动态管理,确保扶贫对象得到有效扶持。

(二)连片贫困地区。根据地理、气候、自然条件,确定将贫困人口集中连片的龙泉山脉区作为全县连片贫困地区,集中力量开展扶贫攻坚,从根本上改变连片贫困地区现状。

(三)3个“插花”贫困村。在连片贫困地区以外,确定3个“插花”贫困村给予重点支持。乡镇根据实际情况,确定一定数量重点村给予扶持。

三、目标任务

(一)总体目标。到2015年,稳定解决扶贫对象温饱并实现脱贫致富,贫困人口显著减少。到2020年,稳定实现扶贫对象不愁吃、不愁穿,保障其义务教育、基本医疗和住房;贫困地区农民人均纯收入增长幅度高于全县平均水平,基本公共服务主要领域指标达到全县平均水平,扭转发展差距扩大趋势;实现贫困村向新农村、小康村转变,贫困户向宽裕户、小康户转变,与全县同步达到全面建设小康社会目标。

(二)重点任务。

1. 交通建设工程。到2015年,实现村村通水泥(油)路,70%的村通农村客运班车。到2020年,构建技术等级合理、内通外畅的公路交通网络体系,全面提高农村公路服务水平和防灾抗灾能力。

2. 水利建设工程。到2015年,全面完成病险水库除险加固,农田保证灌溉面积率达70%。到2020年,农田水利设施建设水平明显提高,农田保证灌溉面积率达90%。

3. 安全饮水工程。到2015年,农村饮水安全保障率达到95%,自来水普及率达到85%。到2020年,农村饮水安全问题基本得到解决,自来水普及率达到92%。

4. 新村建设工程。组织编制新村建设总体规划,到2015年,实现新村建设总体规划全覆盖。到2015年,建设新村聚居点达到175个,聚居度达到30%,危旧房改造达到760户。到2020年,新村聚居点达到352个,聚居度达到60%,危旧房改造达到1480户。同步开展庭院绿化、垃圾收集站点、公共排污设施、沼气池等人居配套建设。

5. 特色产业工程。到2015年力争实现贫困户每户有一项增收项目,形成初具规模的优势特色效益产业,打造优势特色农业品牌,筑牢群众增收的产业基础。到2020年因地制宜打造“跨组联村”、“跨村联乡”特色产业带,形成特色支柱产业体系,农民户户依托特色产业增收。

6. 能力提升工程。到2015年,大力推进农村实用技术和劳动力转移培训,提升就业能力;大力实施新型农民培训,培养一批青年致富带头人;彻底扫除青壮年文盲,提高科学文化素质。到2020年,所有新增农村从业人员和所有农村外出务工人员均具有普通高中或中等职业学校学历。

7. 公共服务工程。到2015年,贫困地区学前三年教育毛入园率达到90%以上,九年义务教育巩固率达到98%,高中阶段教育毛入学率达到90%;每个乡镇有1所卫生院,有1名全科医生,每个行政村有卫生室,新型农村合作医疗参合率达到98%;全面实现广播电视户户通,村村有文化活动室,基本实现通宽带;农村最低生活保障制度、五保供养制度和临时救助制度进一步完善，实现新型农村社会养老保险制度全覆盖。到2020年，实现15年普及教育，实现教育现代化；贫困地区公共卫生和基本医疗服务达到全县平均水平，村村有“1+6”公共服务中心；农村社会保障和服务水平进一步提升。

四、专项扶贫

（一）新村建设。叠加相关政策和项目，整合各类涉农资金和社会帮扶资源，加强贫困村基础设施建设，合理布局公共服务设施，发展特色支柱产业，实行整村推进，连片开发，建设村落优美、功能完善、服务配套、特色鲜明的新型农村社区，坚持新村建设“竞争入围”、分类推进、分期分批实施。

（二）产业扶贫。增强“造血”功能，“输血”更要“造血”，把产业扶贫作为扶贫开发的重点来抓，夯实发展基础，通过发展解决贫困问题。按照全域产业化的理念，在龙泉山脉连片贫困地区重点发展优质林竹、水果、生态养殖三大产业，建设三个产业带，从政策、项目资金上给予重点培育和扶持，建立稳定长效的增收机制，以产业发展促进贫困农户增收。引导和扶持扶贫龙头企业和专合组织到贫困地区投资兴业，促进产业结构调整，带动贫困农户增收。加强互助资金管理，充分发挥互助资金作用，带动和帮助贫困农户发展生产。

（三）劳务扶贫。`完善就业扶贫计划，以促进扶贫对象稳定就业为核心，对农村贫困家庭未继续升学的应届初、高中毕业生参加劳动预备制培训，给予一定的生活费补贴；对农村贫困家庭新成长劳动力接受中等职业教育给予生活费、免除学费等特殊补贴。对农村贫困劳动力开展实用技术培训，拓宽致富渠道；开展职业技能培训，改进和提高就业服务水平，开辟新的增收门路；开展增强创业经营管理能力及后续发展能力培训，提升农村贫困劳动力综合素质。加大对农村贫困残疾人就业的扶持力度。

（四）以工代赈。大力实施以工代赈，有效改善贫困地区生产生活条件。加强基本农田、小型农田水利设施、乡村组道路建设，提高耕地质量，稳步增加有效灌溉面积，完善乡村基础设施。开展水土保持、人畜饮水工程建设、小流域治理和片区综合开发，增强抵御自然灾害能力，夯实发展基础。大力推广“两池六改”，切实改善人居环境。

五、行业扶贫

（一）明确部门职责。各行业部门要把改善贫困地区发展环境和条件作为本行业发展规划的重要内容，在资金、项目等方面向贫困地区倾斜，并完成国家和省及市确定的七大扶贫工程中本行业涉及的扶贫任务。完善定点扶贫、对口帮扶考核机制，增强扶贫帮困实效。

（二）完善基础设施。推进贫困地区土地整治，加快中低产田土改造，开展土地平整和高标准农田建设，提高耕地质量。推进大中型灌区续建配套与节水改造和小型农田水利建设，发展高效节水灌溉，扶持修建小微型水利设施，抓好全县病险水库除险加固工程和灌溉排水泵站更新改造，加强中小河流治理、山洪地质灾害防治及水土流失综合治理。积极实施农村饮水安全工程，解决农村饮水不安全问题。加快贫困地区通乡、通村道路建设，积极发展农村物流配送。继续推进加快农村电网升级改造。普及信息服务，实施村村通有线电视、电话、互联网工程。

（三）发展特色产业。加强农、林、牧、渔产业指导，发展各类专业合作组织，完善农村社会化服务体系。立足贫困地区资源现状，制定和完善产业发展规划，加大支持力度，推动特色农业发展。加快建设现代农业产业基地，发展近郊型农业，实行规模化经营、标准化生产和产业化发展。大力培育龙头企业，发展农民专业合作组织。完善龙头企业与农户的利益联结机制，推广“龙头企业+农户”、“农民专业合作组织+农户”等组织模式。强化与市场对接，注重加工配套，推进精深加工，延伸产业链，增加农产品附加值，逐步培育区域主导产业，打造优势特色农产品品牌。把旅游发展与扶贫开发、特色产业培育和小城镇建设紧密结合，大力推进乡村旅游、生态旅游、现代农业观光旅游和地方文化特色旅游，促进产业结构调整，带动和帮助贫困农户发展生产增加收入。

（四）开展科技扶贫。围绕特色产业发展，积极推广良种良法。加大科技攻关和科技成果转化力度，推动产业升级和结构优化。培育一批科技型扶贫龙头企业。建立完善符合贫困地区实际的新型科技服务体系,加快科技扶贫示范村和示范户建设。

（五）发展教育文化事业。推进边远贫困地区适当集中办学,加快寄宿制学校建设,学校设备设施逐步达到办学标准,逐步提高农村义务教育家庭经济困难寄宿生生活补助标准。免除中等职业教育学校家庭经济困难学生和涉农专业学生学费,继续落实和完善国家各项资助政策。推动农村中小学生营养改善工作。关心特殊教育,加大对各级各类残疾学生扶助力度。积极开展农村实用技术和劳动力转移培训。继续推进广播电视村村通、农村电影放映、文化信息资源共享和农家书屋等重大文化惠民工程建设,加强基层文化队伍建设。

（六）改善公共卫生和人口服务管理。扩大新型农村合作医疗保险覆盖面,提高新型农村合作医疗和医疗救助保障水平。进一步健全贫困地区基层医疗卫生服务体系,改善医疗与康复服务设施条件。加强妇幼保健机构能力建设。加大重大疾病和地方病防控力度。加强贫困地区人口和计划生育工作,扎实开展国家免费孕前优生健康检查试点工作,提高出生人口素质,进一步完善农村计划生育家庭奖励扶助制度和计划生育家庭特别扶助制度,加大对计划生育扶贫对象的优先扶持力度,加强流动人口计划生育服务管理。

（七）完善社会保障制度。逐步提高农村最低生活保障和五保供养水平,切实保障没有劳动能力和生活常年困难农村人口的基本生活。健全自然灾害应急救助体系,完善受灾群众生活救助政策。加快新型农村社会养老保险制度覆盖进度,支持贫困地区加强社会保障服务体系建设。加快农村养老机构和服务设施建设,支持贫困地区建立健全养老服务体系,解决广大老年人养老问题。完善农民工就业、社会保障和户籍制度改革等政策。

（八）重视能源和生态环境建设。加快贫困地区可再生能源开发利用,因地制宜发展可再生能源,推广应用沼气、节能灶、固体成型燃料、秸秆气化集中供气站等生态能源建设项目,带动改水、改厨、改厕、改圈和秸秆综合利用。提高城镇生活污水和垃圾无害化处理率,加大农村环境整治力度。加强天然林保护、退耕还林等生态建设工程,加快水土保持监督管理,健全完善生态效益补偿机制。加大泥石流、山体滑坡、崩塌等地质灾害防治力度,重点抓好灾害易发区内的监测预警、搬迁避让、工程治理等综合防治措施。

六、社会扶贫

（一）做好定点帮扶工作。结合"主动作为创一流、为民服务当先锋、直接服务联系群众"活动,继续做好"领导挂点、部门包村、干部帮户"活动。动员全县党政机关、企事业单位积极参与扶贫开发,共同推进贫困地区开发建设。各定点帮扶单位要制定帮扶规划,积极筹措资金,定期选派优秀中青年干部到联系村挂职、蹲点扶贫,直接帮扶到村、到户、到人,努力为贫困地区群众办好事、办实事。

（二）广泛开展社会扶贫。建立多种类型的社会扶贫组织,搭建好社会各界参与扶贫的平台,充分发挥社会各界在扶贫攻坚中的重要作用。大力倡导企业社会责任,鼓励企业采取多种方式参与"百企联百村"行动,推进集体经济发展和农民增收。加强规划引导,鼓励社会组织和个人通过多种方式参与扶贫开发。积极倡导扶贫志愿者行动,构建扶贫志愿者服务网络。鼓励工会、共青团、妇联、科协、侨联等群众组织以及海外华人华侨参与扶贫。

七、革命老区建设

既将革命老区建设作为扶贫开发的重要内容,又要将革命老区建设来助推扶贫开发工作。在革命老区建设中要挖掘丰富"西山红军起义"的历史文化内涵,整理提炼其精神元素,将其融入到思想文化建设和县域氛围中。努力争取革命老区县纪念碑、纪念塔、纪念馆等标志性建筑的建设项目。加快基础设施的建设,为经济发展提供完善配套的基础设施。加快革命老区特色产业的发展,围绕"东山两水一竹、西山茶山林海、中部蔬菜走廊、畜牧上山进沟"规模发展格局。建成全省现代农业椪柑产业基地强县、全省现代林业强县、四川省现代畜牧业重点县、农业产品标准化基地示范县,建成5家省级农业产业化龙头企业,1家国家级农业产业龙头企业,并培育以红色旅游为主的相关产业。努力把握国家对革命老区的扶持机遇,争取革命老区建设项目，加快革命老区的扶贫开发。

八、交流合作

（一）开展广泛交流合作。通过走出去、引进来等多种方式，创新机制，拓宽渠道，加强反贫困领域交流与合作。借鉴国内外社会减贫理论和实践，开展减贫项目合作，共享减贫经验，共同促进减贫事业发展。县级有关部门和相关组织要结合自身的特点和优势，积极扩大和发展与国内外各类组织在扶贫方面的合作。

（二）建立和完善有效的外资引进机制。运用参与式工作方法提高引进外资项目的成功率，引进的外资项目要足额落实配套资金。逐步建立贫困地区风险投资基金，用于设计符合国内外投资者、资助者思路的各类扶贫项目。

九、政策保障

（一）政策体系。认真贯彻执行中央、省、市对贫困地区、扶贫对象实施的扶贫战略和扶贫政策，制定实施连片贫困区域扶贫规划。充分发挥专项扶贫、行业扶贫和社会扶贫的协同作用，增强扶贫开发的综合效益。实现扶贫开发与社会保障有机结合，扶贫开发与新农村建设有机结合，扶贫开发与经济社会发展规划有机结合。重大决策要开展贫困影响评价，重大项目要进行贫困影响评估并提出应对措施。在贫困地区进行资源性开发的项目法人，负有对所在区域扶贫帮困的责任，让当地共享资源开发的成果。

（二）财税支持。积极争取中央、省、市“两化”互动、“三化”联动、新农村建设、现代农业等项目资金对青神的支持，加大连片区域扶贫项目争取力度。县财政设立扶贫开发专项资金，同时按照中央、省、市有关要求，进一步增加扶贫开发投入。县财政每年在新增地方财政一般预算收入中安排一定比例资金用于扶贫开发。积极争取中央和省级财政对我县的一般性转移支付力度。积极争取彩票公益金支持扶贫开发的力度。对贫困地区属于国家鼓励发展的国内投资项目和外商投资项目，按照相关规定减免税费。企业用于扶贫事业的捐赠，符合税法规定条件的，可按规定在所得税税前扣除。

（三）投资倾斜。整合涉农资金，加大对连片贫困地区 23 个扶贫村和 3 个“插花”贫困村的倾斜力度。按规定取消中央在贫困地区安排的公益性建设项目县以下（含县）配套资金。加大贫困地区新村建设和新农村综合体建设支持力度。

（四）金融服务。认真落实国家扶贫贴息贷款政策。推广发展村级互助资金，为扶贫对象发展生产提供资金支持。继续实施残疾人康复扶贫贷款项目。完善中央财政农业保险保费补贴政策。鼓励发展特色农业保险。加强贫困地区农村信用体系建设，积极稳妥推广小额信贷扶贫方式。

（五）产业扶持。认真落实国家西部大开发各项产业政策。大型项目、重点工程、新兴产业优先向具备条件的贫困地区安排。引导劳动密集型产业向贫困地区转移，加大力度支持新型实用技术、高科技农业产业、农作物和畜禽新品种在贫困地区推广和普及。加强贫困地区市场建设，畅通贫困地区农用物资和农产品流通渠道。支持贫困地区资源合理开发利用，完善特色优势产业支持政策。

（六）土地使用。按照国家耕地保护和农村土地利用管理有关制度规定，合理安排小城镇和产业聚集区建设用地。鼓励贫困地区加快土地承包经营权流转，推行规模化、集约化、标准化经营，支持贫困地区合理有序开发利用矿产资源。

（七）生态建设。继续实施天然林保护、退耕还林、水土保持等重点生态建设工程。减少资源开发对生态环境造成的破坏。重视贫困地区的生物多样性保护。

（八）人才保障。组织志愿者到贫困地区服务，选派机关干部到贫困地区挂职、任职，对长期在贫困地区工作的干部要制定激励政策，对各类专业技术人员在职务、职称等方面实行倾斜政策。发挥创业人才在扶贫开发中的作用。加大贫困地区干部和农村实用人才的培训力度。

（九）重点群体。把对少数民族、妇女儿童和残疾人的扶贫开发纳入规划，统一组织，同步实施，同等条件下优先安排，加大支持力度。关注留守老人、妇女和儿童，组织发动贫困家庭妇女积极参与全国妇女“双学双比”活动，关心支持留守妇女创业增收，采取措施保障儿童入园入学，加强身心健康服务。制定实施农村残疾人扶贫开发规划(2011－2020年),提高农村残疾人生存和发展能力。

十、组织领导

(一)强化扶贫开发责任。坚持县级抓统筹、乡镇抓落实的管理体制,建立片区为重点、工作到村、扶贫到户的工作机制,实行党政一把手负总责的扶贫开发工作责任制。按照"任务到乡镇、村为单元、分批实施、竣工验收"要求,层层落实目标责任。各乡镇、县级各部门要进一步提高认识,强化扶贫开发领导小组综合协调职能;县政府县长担任扶贫开发领导小组组长,加强领导,统一部署,整合资源,扎实推进各项工作。进一步完善对有关党政领导干部、工作部门和重点乡镇的扶贫开发工作考核激励机制,把扶贫开发工作成效作为衡量贫困地区干部政绩和提拔使用的重要条件。鼓励和支持有条件的地方探索解决城镇化进程中的贫困问题。

(二)加强基层组织建设。充分发挥贫困地区基层党组织的战斗堡垒作用,扎实推进基层党组织建设,把扶贫开发与基层组织建设有机结合起来。围绕"选好带头人、扩大覆盖面、增强凝聚力、推进一体化"的思路,坚持"抓基层、打基础",扎实推进农村基层组织建设。突出优化农村党员队伍结构,着力强化农村党员队伍的发展、教育与管理;突出提升党员干部引领发展的能力,加强农村党员和干部的教育与培训。鼓励和选派思想好、作风正、能力强、愿意为群众服务的高校毕业生到贫困村工作。充分发挥基层党组织书记的引领和带动作用,带领群众打好扶贫开发的总体战和攻坚战。

(三)加强扶贫机构队伍建设。扶贫开发领导小组要加强对扶贫开发工作的指导,研究制定政策措施,协调落实各项工作。进一步强化各级扶贫机构及其职能,加强队伍建设,改善工作条件,提高管理水平。贫困程度深的乡镇要配备专职扶贫干部。扶贫干部培训要纳入党政干部培训规划。各级扶贫部门要适应新阶段扶贫开发要求,坚持理论与实践相结合,坚持立足全局抓大事,坚持开拓创新,坚持廉洁从政,大力加强思想、能力、作风和廉政建设,提高执行能力,建设一支甘于奉献的高素质扶贫干部队伍。

(四)加强扶贫资金使用监管。财政扶贫资金主要投向连片贫困区域和3个"插花"贫困村,集中用于培育特色优势产业、提高扶贫对象发展能力和改善扶贫对象基本生产生活条件,逐步增加直接扶持到户资金规模。创新扶贫资金到户扶持机制,采取多种方式,使扶贫对象得到直接有效扶持。使用扶贫资金的基础设施建设项目,要确保扶贫对象优先受益,产业扶贫项目要建立健全带动贫困户脱贫增收的利益联接机制。完善扶贫资金和项目管理办法,合理配套扶贫开发项目费用,开展绩效考评。建立健全协调统一的扶贫资金管理机制,加强社会扶贫捐赠款物管理,建立有效监管机制。全面推行扶贫资金项目公开公告公示制,强化审计监督,拓宽监管渠道。坚持专户、专账管理,实行审批、公示、报账、招标、终身审计等财务管理办法,确保扶贫项目资金安全运行。坚持财务民主管理,全面落实项目农户的知情权、决策权、参与权和监督权。坚决查处挤占、截留和贪污扶贫资金的行为。

(五)加强扶贫调研和宣传工作。切实加强扶贫理论和政策研究,对扶贫实践进行系统总结,逐步完善扶贫政策体系。深入实际调查研究,不断提高扶贫开发决策水平和实施能力。把扶贫纳入基本县情教育范畴,作为领导干部和公务员教育培训的重要内容、学校教育的参考材料。宣传新闻单位要继续加大扶贫宣传力度,广泛利用广播、电视、报刊、网络等媒体和画册、光碟、书籍等载体,立体、强势地宣传扶贫开发政策、成就、经验和典型事迹,鼓舞斗志,凝聚人心,吸引更多的力量关注和参与扶贫,营造全社会参与扶贫的良好氛围。

(六)加强扶贫统计与贫困监测。建立扶贫开发信息系统,认真开展贫困监测。进一步完善扶贫开发统计与贫困监测制度,建立健全由单位主要领导负总责,分管领导具体抓的工作机制。不断规范相关信息的采集、整理、反馈和发布工作,及时客观反映贫困状况、变化趋势和扶贫开发工作成效,为科学决策提供依据。

(七)各乡镇要根据本规划,制定具体实施办法。

(八)本规划由青神县扶贫开发工作机构负责

协调并组织实施。

附件：

1. 青神县连片贫困地区和“插花”贫困村名单
2. 青神县连片贫困地区和“插花”贫困村分布示意图
3. 青神县连片贫困地区和“插花”贫困村基本情况表
4. 青神县连片贫困地区和“插花”贫困村主要建设项目规划表
5. 青神县连片贫困地区特色产业分布示意图

附件 1

青神县连片贫困地区和“插花”贫困村名单

区　域	乡　镇	贫困村
龙泉山脉	白果乡	何家山村
		三青寺村
		福全坝村
		胡坝村
		罗湾村
		凤凰村
		下瓮村
		楼坊溪村
		坛罐窖村
		甘家沟村
		白云村
	河坝子镇	玉蟾村
		黄莺岭村
		双龙村
		杨店村
		安家坝村
	汉阳镇	上游村
		新路村
		小三峡村
		向阳村
	瑞峰镇	中岩村
		天池村
		尖山村
插花贫困村	瑞峰镇	黄桷村
		青杠坪村
		杨柳漕村

附件 2

青神县连片贫困地区和插花贫困村分布示意图

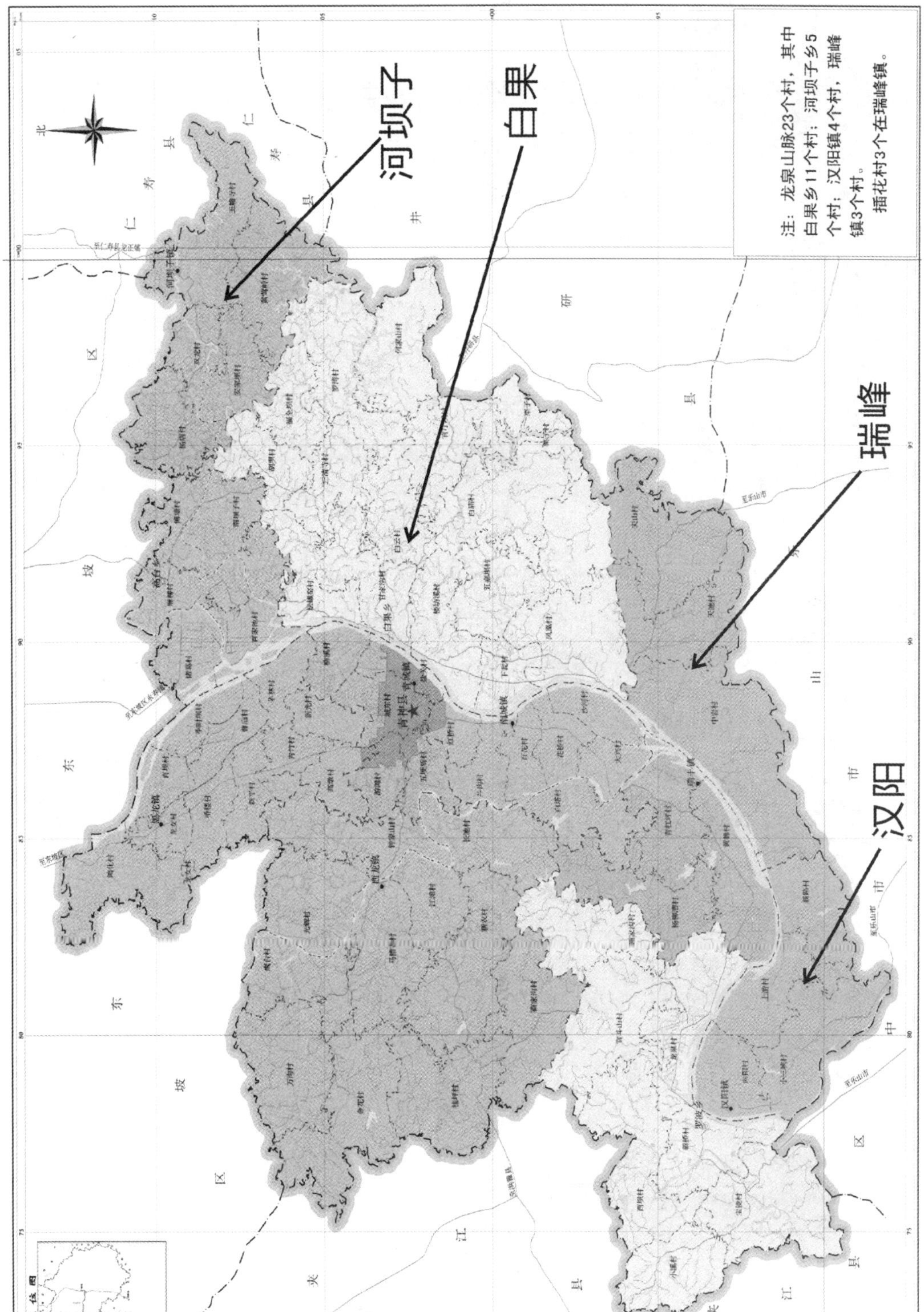

附件 3

青神县连片贫困地区和“插花”贫困村基本情况表

区 域	行政村(个)	经济社(个)	幅员面积(平方公里)	总户数(户)	总人口(人)	2010 年人均纯收入(元)	耕地面积(亩)		林地面积(亩)	农村专业合作社(个)	村社道路	其中:已硬化(公里)	蓄水量(塘、库、堰、池)(万方)	渠道(公里)	村办公室(平方米)	村卫生室(平方米)
							田	土								
龙泉山脉	23	163	138. 49	14712	44037	5248	26984	19382	81759	13	550. 5	121. 5	226. 75	287. 78	1789	160
插花贫困村	3	26	20. 3	2919	8444	5200	7447	4846	4737	2	93	34	64. 74	105	360	80
合计	26	189	158. 79	17631	52481	5242	34431	24228	86496	15	643. 5	155. 5	291. 49	392. 78	2149	240

附件 4

青神县连片贫困地区和“插花”贫困村主要建设项目规划表

区域	交通建设工程(公里)						水利建设工程										安全饮水工程					
	村社道路		入户道路		生产道路		水库(座)		提灌站(个)		山坪塘(口)		渠道(公里)		蓄水池(个)		集中供水站(个)		打井(口)		饮水池(个)	
	2015 年	2020 年	2015 年	2020 年	2015 年	2020 年	2015 年	2020 年	2015 年	2020 年	2015 年	2020 年	2015 年	2020 年	2015 年	2020 年	2015 年	2020 年	2015 年	2020 年	2015 年	2020 年
龙泉山脉	168	122	253	199	281.5	229.05	5		110	108	194	211	275	234	386	383	76	153	2508	3088	185	184
插花贫困村	18	13	30	24	83	55	1		28	26	40	33	117	43	48	21	22	4	0	0	0	0
合计	186	135	283	223	364.5	284.05	6		138	134	234	244	392	277	434	404	98	157	2508	3088	185	184

青神县连片贫困地区和“插花”贫困村主要建设项目规划表(续)

区　域	特色产业工程	新村建设工程								能力提升工程				公共服务工程			
		聚居点(个,户)				新建农房(户)		改建农房(户)		创业就业培训(万人次)		实用技术培训(万人次)		“1+6”公共服务中心(个)		专业合作社(个)	
		2015年	2020年	2015年	2020年	2015年	2020年	2015年	2020年	2015年	2020年	2015年	2020年	2015年	2020年	2015年	2020年
龙泉山脉	竹产业、优质椪柑、水产(珍稀鱼) 生态林下养鸡	60	1200	75	2100	400	800	500	900	0.1	0.2	5	6	9	6	35	30
		6	165	9	270	50	100	60	200	0.02	0.03	1	1.5	2	1	3	5
插花贫困村		6	165	9	270	50	100	60	200	0.02	0.03	1	1.5	2	1	3	5
合计		66	1365	84	2370	450	900	560	1100	0.12	0.23	6	7.5	11	7	38	35

附件 5

青神县连片贫困地区特色产业分布示意图

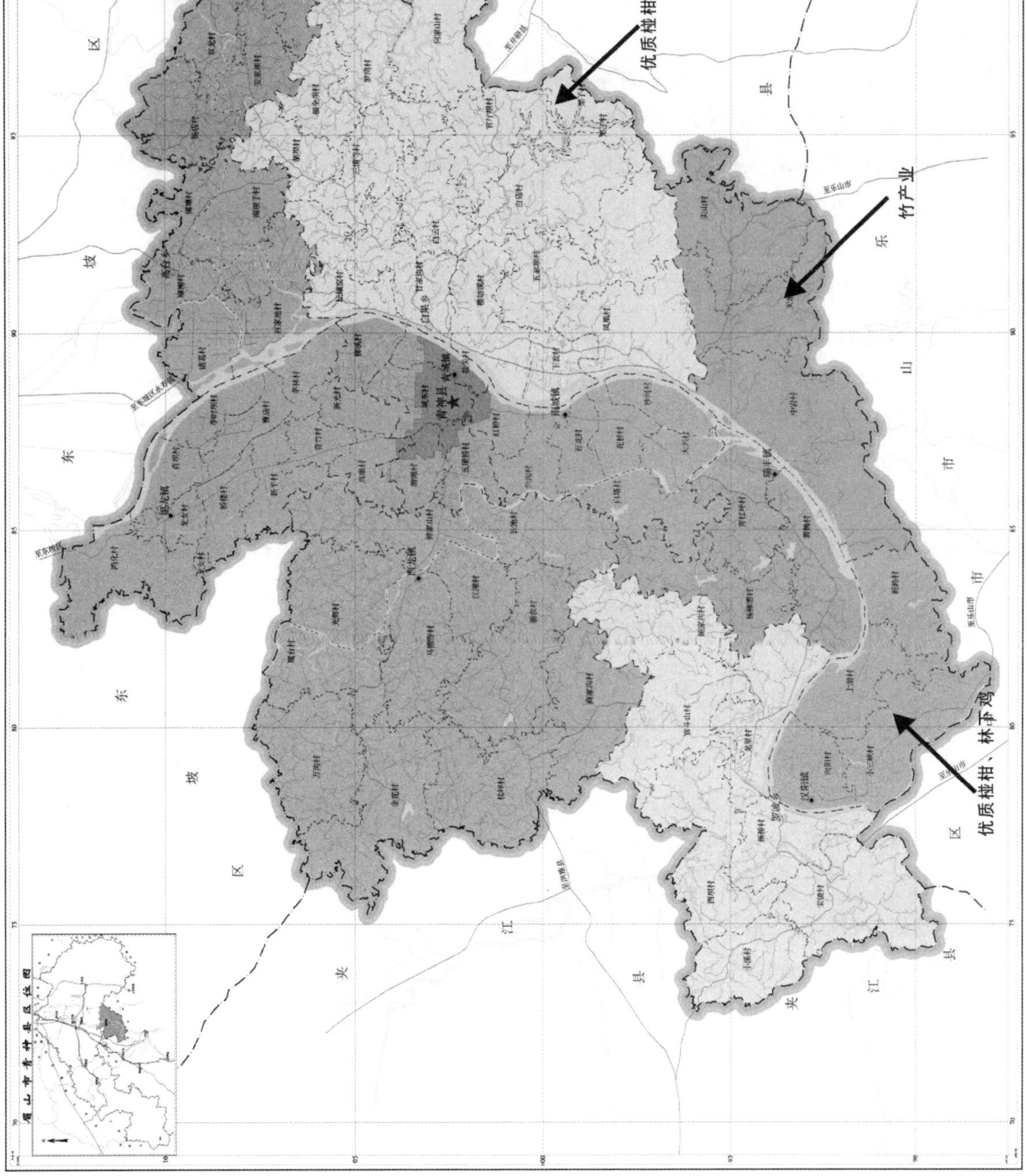

中共青神县委　青神县人民政府关于创新“四种模式”加快“四个转变”实现科学发展追赶发展的决定

青委发〔2013〕3号

各乡镇党委、政府，县级各部门：

为深入实施“两化”互动、统筹城乡发展战略，结合青神实际，积极创新“以城为主、统筹城乡，以工为主、统筹城乡，以农为主、统筹城乡，以游为主、统筹城乡”四种模式，加快农民向城镇居民、产业工人、现代农业业主和三产经营者转变，实现全县科学发展、追赶发展。特作出如下决定。

一、实现六大目标

（一）农村四个转变目标。到2016年全县新增城镇人口达2.94万人；新增产业工人3.4万人；新增现代农业业主533人；新增三产经营者和从业者14000人。

（二）城乡居民收入目标。到2016年全县农民人均纯收入达到14200元，年均增长16%以上；全县城镇居民人均可支配收入达到26300元，年均增长15%以上。

（三）工业化目标。到2016年，全县拥有规模以上企业70户，打造百亿园区1个。

（四）城镇化目标。到2016年城镇化率达到46.75%，年均提高3个百分点。

（五）新村建设目标。到2016年建成新农村综合体4个；建成新村聚居点260个；建成万亩农业基地10个；建成三星级以上乡村酒店和农家乐5个。

（六）社会保障指标。到2016年，新型农村合作医疗参合率达到99.7%；城乡社会保险综合参保率达到80%以上。

2013年是开局年，各项目标分解下达到责任部门和各乡镇。以后都在年初下达。

二、坚持五项原则

（一）坚持规划引领。各乡镇因地制宜，做好统筹城乡发展规划，充分运用已有规划成果，注重多规衔接，特别是乡镇规划与县城规划的全面对接。2013年，完成土地利用总体规划、城镇发展规划、产业发展规划、交通发展规划、社会事业发展规划以及乡镇文化和生态绿地规划。

（二）坚持项目驱动。坚持以“项目大会战”为指导，以“项目大竣工”为驱动，突出抓好2个省级重点项目、7个市级重点项目和90个县级重点项目的建设和竣工。坚持立足县域经济特色，加快策划包装储备项目速度，储备项目投资总额动态保持在100亿元以上。坚持实施招大引强战略，积极引进一批引领性、支撑性强的重大项目。力争到2016年，每年的项目投资确保50亿元以上。

（三）坚持产业支撑。坚持“一园一主业，园区有特色”，重点抓好机械产业园区、竹编产业园区建设。以机械产业为主，实行内联外引，注重招大引强，全面提升工业实力。积极打造四川省竹编特色产业，建设国际竹艺城，走三次产业融合发展、集群发展的产业新路。

（四）坚持典型示范。全县要整合项目集中打造南城镇统筹城乡发展示范片。根据发展特色和产业基础，以城为主的示范点确定在青城镇和西龙镇；以工为主分别确定在青城镇和黑龙镇各建设1个示范点；以农为主分别确定在南城镇和白果乡各建成1个示范点；以游为主示范点确定在南城镇。各乡镇要结合自身实际，打造各自的示范点。

（五）坚持群众主体。坚持在规划和建设过程中，充分征求群众意愿和发挥群众的主体作用。要通过创新投入机制和提升农村组织化程度等途径，激发农民群众参与“四个统筹”的积极性和主动性，保证农民始终成为统筹城乡发展的主体。

三、突出四个统筹

以“科学发展、追赶发展”为主基调，突出“四个统筹”，做大经济总量和提升人气，努力追赶，加速突破。

（一）以城为主，统筹城乡。通过县城和场镇建设聚集人气，实现农民向城镇居民转变。科学规划城镇发展布局，按照建设国家级旅游度假区的标准，打造“半城山水半城竹”的县城，实现“县城＋滨江新区＋国际竹编艺术城＋机械产业园区＋蚕丛祠甘家沟农桑文化景区＋中岩东坡文化城＋星华养老社区”组团发展。加快主城区建设，全面完成城区道路综合整治，启动三大城市综合体和滨江新区建设。实施引水入城工程，打造生态活水景观，建设城市湿地生态，充分展示地方文化特色。统筹推进场镇建设，加快西龙镇龙凤新区、河坝子镇东山商贸新城建设。要抓住成绵乐高铁开通和成蒲丹井高速公路建设的历史性机遇，将龙凤新区规划扩大到5平方公里，建成全县的物流中心和县城副中心，发挥河坝子镇辐射带动作用强的优势，积极发展商贸经济。通过县城建设和场镇聚集人气，实现农民向城镇居民转变。

（二）以工为主，统筹城乡。坚持园区化发展方向，按照西拓北展发展方向，完善工业开发区基础设施，引导企业向园区集中，形成以机械产业为主，其他产业为辅的产业格局，实现工业集群集约发展。始终围绕机械产业做强工业，延伸现有企业产业链，抓好产业配套招商，给予机械产业土地供给、配套设施和税收等优惠政策。到2016年，把工业开发区建成省级产业园区，机械产业产值年均增长要保持在25%以上，机械产业税收贡献占全县工业税收的60%以上。培育壮大规模企业，支持企业通过技术创新和集群联合，不断提高企业的效益，提升工业反哺农业的能力。通过加快工业发展，实现农村劳动力就地转移为产业工人，实现以工哺农，统筹城乡发展。到2016年，每年要新增规模企业5户以上，10亿元企业1户，5亿元企业5户，1亿元企业15户。通过加快工业发展，实现农村劳动力就地转移为产业工人。

（三）以农为主，统筹城乡。培育主导产业。城市规划区范围外的乡镇要重点发展竹编、椪柑、畜禽、水产、粮经等主导产业。要因地制宜，连村成片，推进产业规模化、标准化发展。围绕主导产业，加快建设独具产业特色的新村综合体和聚居点。打造特色产业。加快建设兰沟村竹编产业示范片，打造四川省特色产业；开发甘家沟椪柑产业综合效益，打造集现代农业标准示范、乡村生态体验旅游、休闲度假观光为一体的特色椪柑产业带。通过产业培育和成片集中打造，引导农民从单一的传统农业耕种模式向生产营销相结合的模式转变，帮助农民转变为现代农业业主，实现发展农业富裕农民的目标。

（四）以游为主，统筹城乡。抢抓天府新区建设、高铁经济和航电经济三大机遇，颠覆县域区位劣势，增添经济发展活力，实现全县旅游业融入成都，错位发展。加快旅游景区开发。按AAAA标准打造竹艺旅游景区；开发佛教资源，打造中岩寺—德云寺景区；发挥革命老区优势，建设红色西山纪念景区；完善江湾神木园景区后续工程，建成AAAA景区；挖掘传统文化，建成蚕丛祠—甘家沟农桑文化景区。实施乡村旅游带动。依托特色产业，开展地方节庆、地方美食、林果采摘等活动，把南城镇、汉阳镇、白果乡、瑞峰镇打造成乡村旅游示范乡镇。通过完善基础设施，配套服务设施，构建“小而美”、“土而美”的旅游小镇。通过发展旅游产业，增加就业岗位，引导农民转变为三产业经营者和从业者，实现旅游富民的目标。

四、强化四项保障

（一）组织保障。加强组织领导，组建全县统筹城乡工作领导小组，并分别成立“四个转变”工作推进组。各推进组与县委成立的城建、工业、农业和旅游四个重点工作推进组合二为一。由各分管县领导牵头研究制定推进工作专项方案。组建县国土城建监督组和乡镇规划委员会。

（二）要素保障。积极向上争取用地指标，四年内确保争取用地计划指标4000亩以上。破解资金瓶颈，筹集政府建设资金20亿元以上。加强银企洽谈，促进银行对企业发展的支持。不断完善水、电、气等资源配置。

（三）人才保障。向大学和各类研究所引进高级专业技术人才，加快机械产业和竹编产业工人培训。整合各类培训资源，每年培训农民不少于8000人次，4年培训农民3.5万人以上，以满足农民“四个转变”的需求。

（四）强化督查和考核。县委督查室、县政府督查室实行一季度一督查一通报，并纳入年终目标考核。

附件：

1. 青神县创新“四种模式”加快“四个转变”领导小组及四个推进小组名单

2. 青神县2013年创新“四种模式”加快“四个转变”目标任务（县级部门）

3. 青神县2013年创新“四种模式”加快“四个转变”目标任务（各乡镇）

中共青神县委

青神县人民政府

2013年2月21日

附件1

创新“四种模式”加快“四个转变”统筹城乡发展领导小组及四个推进小组名单

一、领导小组

组　　长：黄国清　县委书记

胡国民　县委副书记、县政府县长

常务副组长：罗兴建　县委副书记

副 组 长：徐　琳　县委常委、县政府常务副县长

周吉华　县委常委、县委宣传部部长

车智勇　县委常委、县政府副县长

侯　锐　县政府副县长

蔡建川　县政府副县长

成　　员：欧廷贵　县委督查室主任

郭良才　县政府督查室主任

范建忠　县目标办主任

彭志军　县发改局局长

曾游江　县住建局局长

李　荣　县经信局局长

宋文贤　县委农工办主任

涂　瑛　县旅游局局长

杨　宏　县教体局局长

赵国平　县财政局局长

徐炳全　县人社局局长

王俊彦　县国土局局长
张　苗　县交通运输局局长
汤田计　县水务局局长
谢金明　县农业局局长
王盛祥　县林业局局长
周利民　县卫生局局长
陈冬梅　县统计局局长
宋明元　县粮食局局长
冯小红　县畜牧局局长
徐炯林　县金融国资局局长
何建琼　县工商局局长
文　敏　县环保局副局长(主持工作)
张志华　县公安局副局长
黄志伟　县城管办主任
刘建林　南城镇党委书记、县竹管委会主任
丁志福　青城镇党委书记
杨长金　黑龙镇党委书记
程慧东　西龙镇党委书记
徐　鹏　瑞峰镇党委书记
陈永秋　罗波乡党委书记
杨传华　白果乡党委书记
郑　亮　河坝子镇党委书记
徐洪刚　汉阳镇党委书记
何为民　高台乡乡长

领导小组下设办公室和县发改局,办公室主任由彭志军同志兼任。

二、四个推进小组

(一)以城为主、统筹城乡推进小组。

推进小组与城镇建设重点工作推进组合二为一,办公室设在县住建局,办公室主任由曾游江同志兼任。

(二)以工为主、统筹城乡推进小组。

推进小组与工业(含招商引资)重点工作推进组合二为一,办公室设在县经信局,办公室主任由李荣同志兼任。

(三)以农为主、统筹城乡推进小组。

推进小组与新农村建设重点工作推进组合二为一,办公室设在县委农工办,办公室主任由宋文贤同志兼任。

(四)以游为主、统筹城乡推进小组。

推进小组与旅游建设重点工作推进组合二为一,办公室设在县旅游局,办公室主任由涂瑛同志兼任。

附件 2

青神县 2013 年创新“四种模式”加快“四个转变”目标任务(县级部门)

类别		责任领导	牵头单位	目标任务
一、综合指标	农民人均纯收入(元)	侯锐	县委农工办	9509
	城镇居民人均可支配收入(元)	徐琳	县人社局	19998
二、以城为主统筹城乡	农民转变为城镇居民,新增城镇人口(万人)	蔡建川	县规划局	0.75
	城镇化率(%)		县住建局	37.85
三、以工为主统筹城乡	农民转变为产业工人,新增产业工人(万人)	车智勇	县经信局、县人社局	0.85
	规模以上企业(户)		县经信局	55
四、以农为主统筹城乡	农民转变为现代农业业主,新增业主(人)	侯锐	县委农工办、县人社局	135
	建成新农村综合体(个)		县委农工办	2
	建成新村聚居点(个)			120
	万亩农业基地(个)		县农业局	5
五、以游为主统筹城乡	农民转变为三产经营者从业者(人)	周吉华	县三产办	3600
	建三星级以上的乡村酒店和农家乐(个)		县旅游局	1

附件 3

青神县 2013 年创新“四种模式”加快“四个转变”目标任务(乡镇)

类别	目标	青城镇	南城镇	西龙镇	黑龙镇	瑞峰镇	河坝子镇	汉阳镇	罗波乡	白果乡	高台乡	总计
一、以城为主统筹城乡	农民转变为城镇居民,新增城镇人口(万人)	0.25	0.1	0.15	0.08	0.05	0.05	0.03	0.01	0.01	0.02	0.75
二、以工为主统筹城乡	农民转变为产业工人,新增产业工人(万人)	0.34	0.1275	0.1275	0.255							0.85
	规模以上企业(户)	20	12	6	13	1	1	0	1	1	0	55
三、以农为主统筹城乡	农民转变为现代农业业主,新增业主(人)	10	10	10	10	15	15	12	13	25	15	135
	建成新农村综合体(个)		1	1								2
	建成新村聚居点(个)	1	17	37	1	8	11	6	7	21	11	120
	万亩农业基地(个)			1			1	1		1	1	5
四、以游为主统筹城乡	农民转变为三产经营从业者(人)	550	400	350	350	350	300	350	300	350	300	3600

中共青神县委　青神县人民政府
关于着力次级突破实现“三四五翻番”目标的决定

青委发〔2013〕5 号

各乡镇党委、政府，县级各部门：

按照省委实施多点多极支撑发展战略，着力次级突破的重大战略部署，根据《中共眉山市委眉山市人民政府关于着力次级突破实现“三四五翻番”目标的决定》（眉委发〔2013〕6 号），结合我县经济社会发展实际，现就着力次级突破追赶升位实现“三四五翻番”目标作出如下决定。

一、明确“三四五翻番”目标

在 2012 年基础上，县级公共财政收入三年翻一番，2015 年达到 4.5 亿元，到 2017 年达到 7.5 亿元；全县 GDP 和固定资产投资四年翻一番，到 2017 年 GDP 达到 120 亿元，固定资产投资超过 90 亿元，综合经济实力排位上升 7 位；城镇居民人均可支配收入、农民人均纯收入五年翻一番，到 2017 年分别达到 3.5 万元、1.65 万元。

二、抓实三大举措

（一）坚持招大引强，增强“翻番”的动力。

坚持招大引强战略不动摇。秉承“三高四有三避免”招商理念，抓住成绵乐城际铁路即将通车和青神港建设带来的历史性机遇，坚持一手抓本地企业技改扩张，一手抓产业配套招商，不断延伸产业链条。继续打造“百名企业家走进青神”招商品牌。整合“8 + 3”县投促委和驻外招商团队的力量。加大与全国机械 500 强企业和成渝 20 多所开设有机械专业高校的对接，引进机械产业及其配套项目；打造立白西部日化生产基地。每年确保招商引资实际到位资金 50 亿元以上，每年引进 20 亿元项目 1 个以上。

（二）完善配套设施，夯实“翻番”的基础。

深入推进综合交通建设，全力打造我县“五纵两横一环线”的交通网络格局。完成成绵乐铁路客运专线（青神段）及相关配套工程建设，全面融入高铁经济圈；积极推进岷江青神段航电枢纽工程及港口建设；配合做好蒲江 - 青神 - 井研高速公路（青神段）、成乐高速复线等项目相关工作；加快岷东大道（青神段）、滨江大道等骨干道路建设；加快实施农村道路硬化工程。提高要素保障水平，加大电力设施投入，形成以牯牛山 220 千伏变电站为支撑、110 千伏环网为骨干网、35 千伏环网双电源供电的电网格局；加快天然气管网配套建设，提升全县输配气能力；完善信息网络基础设施，建设“智慧青神”。

（三）统筹城乡发展，共享“翻番”的成果。

坚持创新“四种模式”、加快“四个转变”，推进城乡一体发展，实现城乡居民共享“翻番”成果。建立健全“村级分类调查、乡镇规划实施、县级统筹组织”工作机制，加快农村居民“四个转变”进程。到 2017 年，力争农村居民转变为城镇居民 4 万人，转变为产业工人 3.6 万人，转变为三产经营者和从业人员 1.5 万人，转变为现代农业业主 600 户。成片推进新农村综合体建设，新建新农村综合体 6 个，建成新村聚居点 270 个。大力发展农村公共事业，加快调整农村教育布局和结构；建立养老保险、医疗保险和农民最低生活保障等农村社会保障制度，实现与城市社会保障制度逐步接轨；实现农村新型合作医疗全覆盖。深化户籍制度改革，建立一元化城乡户籍登记管理制度。以农村土地确权登记颁证为核心，依法保障农民的土地承包经营权、宅基地使用权和集体收益分配权。

三、突出三大重点工作

（一）抓好机械产业，提升青神实力。

围绕“做强工业，建设顶天立地的机械之都”目标，发展机械产业集群，延伸产业链条。加快工业投入，确保工业固定资产投入年均增速 30% 以上。到 2017 年，实现机械产业规模以上企业从 18 户增加到30户,产值由40亿元增加到80亿元;全县规模以上企业达到70户,实现规模以上工业增加值年均增长21%以上。培育壮大龙头企业,到2017年,丹甫股份、德恩机械、青城机械等三户龙头机械企业销售收入分别达到50亿元、20亿元和5亿元;力争德恩机械上市,全县机械产业上市公司达到2户。加快工业园区建设,到2017年,把青神县工业开发区建成200亿元园区和省级工业园区。全力支持民营企业发展,支持民营企业建立科技研发中心,培育和发展知识产权优势企业,力争民营经济增加值年均增长16%以上,占地区生产总值比重66%以上。到2017年,全县工业化率达到57%,全面提升青神经济实力。

(二)抓好竹编产业,提升青神形象。

坚持政府主导,企业主体,整合资源,集中力量建设百亿元竹编产业园区,全面提升青神形象。力争到2017年,完成投资30亿元以上,初步形成现代竹编产业体系,建成以竹编文化为核心,集竹编工艺品生产、竹制品加工、竹编艺术博览、竹文化生态旅游为一体的国家AAAA级景区—国际竹编艺术城。积极推进成都艺术职业学院青神校区项目建设,提高竹编产业创新研发水平和竹编人才技能。围绕"两水一竹一家禽"农业特色发展格局,加快新农村建设和都市近郊型现代农业发展。抓好兰沟竹编产业产村相融示范片、甘家沟椪柑产业产村相融示范片、两河流域生态养殖产村相融示范片、西山观光农业产村相融示范片四个产村相融示范片建设,重点以"安家渔村"为核心,建成沙溪河特色水产养殖园区;以"甘家橘村"为核心,建成白果优质椪柑生态观光园区;以"中国竹艺城"为核心,建成南城竹编文化产业园区;以"众鑫养兔专业合作社"为核心,建成黑龙良种兔繁育推广园区;以"万沟茶村"为核心,建成西龙茶叶观光园区。到2017年,农民人均纯收入年均增长16%以上,达到1.65万元。

(三)抓好滨江新区,提升青神品质。

按照"1+5"组团发展思路,以4平方公里滨江新区建设为重点,打造"半城山水半城竹"的滨江城市。加快旧城升级改造,完善城市配套功能。围绕建成"绿海明珠",建设多色谱林业景观带;加快建设城市湿地公园、生态绿化休闲广场和特色生态街景,县城绿地率达到36.5%以上。加快乡镇规划建设,打造精品小集镇。规划5平方公里,把西龙镇建成人口超过1万人的中心镇,将河坝子镇建成东山商贸新城。实施"引校入青"工程,提升人气。到2017年,实现年均开发房地产20万平方米以上,城区建成面积达到10平方公里,城市人口达到10万人,城镇化率达50%。

四、落实"三大"保障

(一)加强组织领导。

加强对全县实现"三四五翻番"的组织领导,成立由县委书记、县长任组长,分管领导为副组长,相关部门和乡镇为成员的工作领导小组。领导小组与县十大重点工作推进组整合。建立"三四五翻番"目标联席会议制度,每季度对目标进展情况进行盘点,协调解决推进过程中的重大问题。

(二)打造一流服务软环境。

坚持县长驻班、局长驻班等制度,进一步完善首问责任制和行政审批快速通道制,认真治理"中梗阻"和"庸懒散",加快"三中心"建设,创建一流的政务服务环境,提升加快县域经济追赶发展的软实力。

(三)建立完善考核体系。

将"三四五翻番"目标分别纳入财税金融组、工业招商推进组、农业农村重点工作推进组和社会事业发展推进组进行考核。建立完善乡镇经济发展评价考核体系,实行"半年一排位,年终一通报",对在全市乡镇经济综合评价排名降位的乡镇党政主要负责人取消年度评优评先资格;对进入全市综合实力前10强及排位上升最快的乡镇的党政主要负责人优先提拔使用。

附件:青神县"三四五翻番"目标任务分解表

中共青神县委
青神县人民政府
2013年4月29日

附件

青神县“三四五翻番”目标任务分解表

指　标	2012年（基数）	2013年	2014年	2015年	2016年	2017年	责任领导	责任单位	责任人
地方一般预算收入（亿元）	2.25	3	3.75	4.5	6	7.5	徐　琳	县财政局	赵国平
GDP（亿元）	49.19	58	68	80	95	120	车智勇	县发改局 县统计局	彭志军 陈冬梅
固定资产投资（亿元）	35.01	50	60	70	80	90	车智勇	县发改局	彭志军
城镇居民可支配收入（万元）	1.7239	2.07	2.43	2.8	3.1	3.5	徐　琳	县人社局	徐炳全
农民人均纯收入（万元）	0.8059	0.935	1.085	1.26	1.46	1.65	侯　锐	县委农工办	宋文贤
招商引资到位资金（亿元）	43.2	50	50	50	50	50	车智勇	县投促委	彭章勤
城镇化率（%）	34.85	38	41	44	47	50	蔡建川	县住建局	曾游江
工业开发区销售收入（亿元）	43.4291	73	104	135	166	200	车智勇	县工业集中区管委会	滕文学

中共青神县委 青神县人民政府关于加快推进民营经济跨越发展的决定

青委发〔2013〕6 号

各乡镇党委、政府，县级各部门：

为全面贯彻落实《中共眉山市委眉山市人民政府关于加快推进民营经济跨越发展的决定》(眉委发〔2013〕2 号)，实现青神经济发展的既定目标，继续保持我县民营经济发展势头，特作出如下决定。

一、明确发展目标

到 2016 年，力争实现民营经济增加值年均增长 17% 以上，占地区生产总值比重高于 58%，对经济增长的贡献率达到 58% 以上。

二、突出两大重点

(一)大力发展个体工商户和小微型私营企业。通过开展创业辅导、搭建创业平台、提供政策扶持等措施，大力激活民间资本、激发全民创业，大力发展小微型私营企业和个体工商户，努力营造积极的发展局面。确保到 2016 年，全县民营企业达到 673 户以上，年平均增加 30 户以上；个体工商户达到 6419 户，年均新登记 400 户以上。

(二)以建设"顶天立地"的机械之都为主导，支持现有企业做大做强，全力招大引强。以机械产业为重点，继续开展"百名企业家走进青神"等三大招商活动，把招商引资作为民营经济发展的第一动力，大力引进世界 500 强、国内 100 强企业入驻青神。进一步加强对上争取，争取资金，引进配套项目。力争每年引进 10 亿元以上项目 1 个，5 亿元以上项目 1 个，确保到 2016 年，全县"三上企业"达到 90 户，年平均新增 5 户以上。

三、坚持"三个舍得"

舍得给企业家政治荣誉，在各级人大代表、政协委员提名时，优先安排优秀民营企业家；舍得给企业家社会地位，每两年开展一次"优秀中国特色社会主义事业建设者"、"光彩之星"等表彰活动，加大典型宣传，给企业家精神激励；舍得给企业家物质待遇，对企业贡献突出的民营企业家进行经济激励，确保一切合法经营并有突出贡献的民营企业家在政治上有荣誉、社会上有地位、经济上有实惠。

四、进一步拓展发展空间

(一)扩大投资领域。全面贯彻落实中央、省、市有关促进民营经济发展的一系列政策措施，进一步降低门槛，减少行业限制，杜绝"玻璃门"、"弹簧门"现象。坚持"非禁即入、公平待遇"，凡国家没有限制民间资本进入的行业和领域，均支持民间资本加快进入。及时向社会公布国家最新调整的鼓励民间投资的领域和行业，正确引导民间投资方向，优化民间投资结构。

(二)清理前置审批事项。全面清理法律法规规定之外企业登记设立时的前置审批事项，凡可以采用事后监管和间接管理方式的，不再实行前置审批。没有法律法规依据的前置审批项目，一律取消。

(三)放宽登记注册条件。降低准入门槛，从行政许可、主体资格、注册资本、出资方式、投资限制、集团登记、场地限制等方面，放宽民间资金注册登记限制。

五、进一步加大金融财税扶持

(一)壮大投融资机构。鼓励各类投资主体设立村镇银行、小额贷款公司、融资担保公司、融资租赁公司、金融仓储等信息金融服务企业，加快金融机构分支机构和营业网点向工业园区、城市新区、乡镇社区延伸覆盖。积极发挥现有投融资机构融资功能，为民营经济发展提供资金支持。发展一批资产评估、会计、审计、律师、保险代理等金融配套服务机构。确保到 2016 年，商业银行新增 1 家，小额贷款公司新增 1 家，融资担保公司新增 1 家。

（二）加大财政支持。支持符合条件的本地民营企业产品、服务进入政府采购目录。支持符合条件的民营企业产品纳入《眉山市地方名优产品推荐目录》，加强对名优产品的政策扶持。县级现有用于产业及企业发展的财政专项资金，主要用于支持民营经济发展。

（三）强化税收扶持。逐项梳理并公布促进民营经济发展、特别是西部大开发的各项税收优惠政策。加强税收政策宣传、解读和咨询，明确享受税收优惠政策的条件和程序，确保符合条件的民营企业能够及时享受各项税收优惠政策。

六、进一步强化技术人才支撑

（一）推动技术创新。拓展产业链，实现企业从生产制造向研发、销售环节延伸，支持民营企业建立工程技术研究中心、企业技术中心等，实施科技成果转化。支持企业创建省级以上名牌产品、高新技术企业、省级企业工程技术研究中心、国家级企业技术中心、省级企业技术中心。

（二）加强人才资源开发。每年遴选一批主导产业领军人才，由政府资助培训。加大产业工人就业培训力度，建立县内职业教育院校与民营企业用工培训合作机制。继续开展“双千培训”，每年培训 2000 名以上技能型人才。加快特色产业、城镇化发展，实施“引校入青”工程，提升城市人气。加大人才引进力度。完善高级人才激励政策，支持民营企业引进高层次人才。探索通过建设公租房、经济适用房等途径，解决民营企业职工住宿问题的有效办法。

七、进一步改善发展环境

（一）优化行政服务。本着“流程不减、时间缩短”要求，清理和精简行政审批事项。认真执行县长、局长轮流在县政务服务中心驻班制度。积极推进并联审批制和重大项目代办制，大力推行预约服务、上门服务、“直通车”服务等。立足于“行”，切实帮助民营企业解决有关具体问题。严格依法规范行政许可行为，严禁将应由企业自愿接受的服务转变为强制性服务。

（二）切实减轻民营企业负担。重申“五条禁令”，严禁乱检查、乱收费、乱罚款、乱“伸手”、乱设卡。坚持教育为主、处罚为辅的原则，涉及对民营企业的重大行政处罚须报县政府常务会议集体研究决定。清理规范行政机关和中介服务机构收费项目和收费标准，探索推行涉企行政事业性收费“一费制”。

（三）优化社会环境。每年集中开展一次直接服务民营企业的机关公职人员民营经济政策法规知识培训，增强“服务民营经济”、“为纳税人服务”意识。加强对国家、省、市、县促进民营经济发展政策法律法规的宣传，宣传民营经济的突出贡献，宣传民营企业家依法经营、诚实守信的社会形象，营造爱护民营企业家、尊重民营企业家的社会氛围。发挥新闻舆论监督作用，对侵犯民营企业合法权益和干扰民营经济合法经营活动的典型案例予以曝光。

八、加大民营企业合法权益保护

（一）引导企业依法经营。积极引导民营企业加强自我教育、自我管理和自我服务，严格遵守安全、环保、质量、卫生、劳动保障等法律法规，自觉履行企业义务，主动承担社会责任。积极引导和支持民营企业加强基础管理，强化营销和风险管理，推进管理创新。

（二）依法保护企业权益。要加大对涉及在当地有影响的民营企业案件的查办力度。依法严厉打击各种干扰和破坏民营企业合法经营的刑事犯罪，每年集中开展一次民营企业周边社会治安综合专项治理。坚持理性、平和、规范和文明执法，加大行政执法监督力度。建设公、检、法、司“服务保障民营企业发展绿色通道”，建立民营企业民警服务热线，建立民营企业法律援助中心，健全涉及民营企业矛盾纠纷调处化解机制，切实提高民营企业依法维权能力。

（三）依法保护企业家合法权益。严厉查处打击以举报为名，捏造事实陷害民营企业家的违法行为。依法保护因大胆管理、干事创业而受到诬告的企业家。有效保护民营企业家的人身、家庭和合法财产安全。

（四）强化发展软环境监测。制定完善发展软环境监察办法。完善投诉机制，积极处理恶意投诉，畅通民营企业诉求表达渠道。健全查访机制，严查服务机关"门难进、脸难看、事难办"和"吃拿卡要"等问题。健全追责机制，对故意刁难、妨碍企业生产经营造成严重影响的单位和个人依法依规处理。

九、进一步强化保障

（一）强化组织领导。成立民营经济发展领导小组，完善协调议事功能，研究制定民营经济发展规划和重大政策措施，协调解决民营经济发展中遇到的重大问题。建立健全各级领导联系重点民营企业制度。

（二）强化工商联、各类行业协会（商会）作用。建立政府与民营企业沟通联系机制，每年召开一次民营企业座谈会，建立健全制定涉及民间投资政策及时听取有关商会和民营业户建议意见制度。每年组织开展一次民营企业、个体工商户代表评议活动。完善行业自律规范，有效促进行业协会（商会）规范管理和健康发展。在法律允许范围内，通过授权、委托等方式，授予行业协会或商会制定行业规范与标准、参与行业规划、维护公平竞争等职能。

（三）强化要素保障。建立生产要素供应预测、预警和应急机制，优先保障工业园区、优势民营企业。推进电力设施，燃气管网建设等，着力保证电力、天然气、道路运输生产要素需求，用好用活用足供电政策。合理配置水资源，保障民营企业安全用水。加大建设用地指标争取和闲置土地清理盘活力度，坚持土地供应一视同仁，全力保障重点民间投资项目建设用地。

（四）完善信息平台。依托"智慧青神"建设，提升信息化建设水平。启动智慧园区建设，推动工业化和信息化的深度融合。建立民营经济信息网站，及时发布有关民营经济发展的政策和信息。建立和完善民营经济统计监测和民间投资统计制度，准确反映民营经济的发展动态。

（五）强化考核保障。建立对行业主管部门、前置审批部门的民营经济发展目标责任体系。实行民营经济发展任务项目化管理，纳入目标绩效考核的重要内容。强化对各相关单位、部门贯彻落实本决定的情况督查，季度通报情况，半年一考核，严格奖惩逗硬。督查通报情况和民营企业、个体工商户代表评议结果一并纳入考核体系。

附件：

1. 青神县民营经济发展领导小组名单
2. 青神县民营经济发展领导小组及成员单位工作职责

中共青神县委
青神县人民政府
2013年4月29日

附件1

青神县民营经济发展领导小组

组　长：黄国清　县委书记
　　　　胡国民　县委副书记、县政府县长
副组长：谭友富　县委常委、县政府副县长
成　员：杨江海　县委办主任

杨燕强　县政府党组成员、县政府办副主任（主持工作）
彭章勤　县政府办副主任、县投促委常务副主任
钟晓玲　县纪委副书记、县监察局局长
涂兵奎　县委政法委副书记、县综治办主任
宋文贤　县委农工办主任
彭志军　县发改局局长
李　荣　县经信局局长
赵国平　县财政局局长
徐炳全　县委组织部副部长、县人社局局长
王俊彦　县国土局局长
程慧东　县环保局局长
张　苗　县交通运输局局长
宋明元　县商务局局长
陈冬梅　县统计局局长
王　飞　县法制办主任
方　青　县政务服务中心主任
王进儒　县工商联主席
徐炯林　县金融国资局局长
何建琼　县工商局局长
辛　劲　县质监局党组书记
郑　毅　县国税局局长
陈光烈　县地税局局长
张志华　县公安局副局长
李　涛　县人行行长

领导小组下设办公室于县工商局，办公室主任由何建琼同志兼任，县委农工办主任宋文贤、县经信局局长李荣、县商务局局长宋明元、县统计局局长陈冬梅兼任办公室副主任，县工商局纪检组长杨选华任联络员。

附件2

青神县民营经济发展领导小组及成员单位工作职责

一、领导小组主要职责

在县委、县政府领导下，认真贯彻落实国家、省和市民营经济发展的方针、政策；组织开展配套政策措施研究，供县委、县政府决策；通报民营经济发展情况；研究、分析民营经济发展的新情况、新问题，提出解决的意见和建议；协调民营经济发展的重大事项；督促、检查相关部门执行县委、县政府发展民营经济决策部署、完成目标任务的情况；完成县委、县政府交办的任务及其他事项。

领导小组原则上每半年召开一次会议，专题研究部署民营经济发展工作。会议由领导小组组长或副组长负责召集，各成员单位负责人参加。

二、领导小组办公室主要职责

根据县民营经济发展领导小组的决定和授权，具体承担县民营经济领导小组日常工作；督促、检查各成员单位贯彻执行《中共青神县委青神县人民

政府关于加快推进民营经济跨越发展的决定》(青委发〔2013〕6号)情况以及完成领导小组决定事项的情况;督促相关部门完成民营经济发展各项目标任务情况;收集、研究、分析民营经济发展中遇到的重要问题,并提出解决问题的意见建议,及时提交领导小组会议或相关成员单位讨论决定,必要时报县委、县政府;制定领导联系重点民营企业制度并组织实施;组织开展民营经济发展的宣传报道工作;完成县委、县政府及领导小组交办的其他工作任务。

三、领导小组成员单位主要职责

各成员单位要认真贯彻落实国家、省、市民营经济发展的法律、法规和政策,全面履行各自工作职责,促进全县民营经济跨越发展。每年6月25日前、12月25日前将本单位推进民营经济发展所做的主要工作、取得的主要成效、存在的主要问题和下一步的工作措施形成书面材料报送领导小组办公室。民营经济发展相关数据指标实行季报,县统计局、经信局、商务局、国税局、地税局于当年4月15日前、7月15日前、10月15日前、次年1月15日前向领导小组办公室分别报送当年第一、二、三季度和全年的民营经济增加值及增速、规模以上企业、"三上企业"、民营经济税收情况。

县委政法委:牵头建立健全民营企业合法权益保护机制,并组织实施,组织协调公、检、法、司等部门和单位,为民营企业的经营和发展提供法律咨询和建议,提高民营企业的维权意识和能力;建立民营企业重点案件协调查办机制和健全涉及民营企业矛盾纠纷调处化解机制;办理与本部门职责相关的事项。

县委农工办:负责协调农口有关单位、部门抓好各级扶持"三农"优惠政策在民营企业的落实;扶持农村合作经济组织发展;培植和总结推广农民转变为现代农业业主的典型;办理与本部门职责相关的事项。

县投促委:负责统筹协调招商引资和投资促进工作。跟踪促进重大民营投资项目、规范招商引资秩序;制定招大引强方案并组织实施;协助、代办招商引资企业入驻青神手续;办理与本部门职责相关的事项。

县发改局:负责将民营经济发展纳入全县经济发展中、长期规划和年度计划;拓展民营经济发展空间,拓宽民间投资的领域和范围,鼓励民间资本进入基础产业、基础设施建设和社会事业等领域;对有利于提高自主创新能力和促进产业结构优化升级的项目在审批和资金安排上予以支持;为民营企业提供有关产业政策、项目、资金方面的服务;支持、帮助民营企业向上争取项目和资金;及时公布国家最新调整的鼓励民间投资的领域和行业,并组织实施;清理行政事业性收费项目、标准,落实对民营企业有关收费的优惠政策,并定期汇总公布;加强价格监督检查;办理与本部门职责相关的事项。

县经信局:负责民营工业经济发展工作;会同有关单位、部门实施扶持民营工业企业发展的贴息、政策性拨款、落实奖励措施等项目;拟订并落实扶持工业企业发展的政策措施;帮助民营工业企业向上争取技改项目资金;完善生产要素供应预测、预警和应急机制;办理与本部门职责相关的事项。

县公安局:为民营经济发展提供良好的治安环境,主动防范、及时制止破坏民营企业生产经营的治安、刑事案件;制定民营企业周边社会治安综合专项治理方案并组织实施;建立民营企业民警服务热线;办理与本部门职责相关的事项。

县监察局:负责全县民营经济发展软环境的监察;落实发展软环境监察办法,强化软环境建设的监督、检查和各类涉软案件的查处;受理民营企业对政府及其部门和国家公务员违规违纪行为的投诉,并调查处理;办理与本部门职责相关的事项。

县财政局:负责编制与民营经济发展相关的资金预算、汇审项目、资金拨付等有关工作,负责有关项目资金的落实和监督管理;落实与财政有关的支持民营经济发展政策;制定支持民营企业产品和服务进入政府采购目录的具体办法;制定产业及企业发展的财政专项资金80%用于支持民营经济发展的具体办法;牵头制定行政事业性收费"一费制"的试行办法;积极配合和支持有关部门、企业向上争取项目资金；监督行政事业性执收、执罚部门涉及民营企业的罚款和收费执行情况；办理与本部门职责相关的事项。

县人社局：把民营企业的人才培训纳入总体规划，制定深化全民创业、技能人才培训工程，支持民营企业引进高层次人才的政策并组织实施；督促民营企业认真贯彻落实国家劳动和社会保障有关法律、法规和政策，推动民营企业构建和谐劳动关系；落实失业人员再就业的优惠扶持政策，支持鼓励民营企业吸纳安置失业人员和农村富余劳动力就业；帮助民营企业做好用工（人才）招聘工作；办理与本部门职责相关的事项。

县国土局：落实支持民营经济发展建设用地的有关政策；为民营企业在用地方面提供优质服务，尽力解决发展用地需求；支持、鼓励民营企业依法进行矿产资源勘查开发；办理与本部门职责相关的事项。

县环保局：做好民营企业的环境评价工作；为民营企业办理有关环保审批、排污许可等事项提供优质服务；指导民营企业搞好防污治污工作；办理与本部门职责相关的事项。

县交通运输局：搞好县内道路建设和维护，改善民营经济发展的硬环境；规范和扶持民营交通运输企业的发展；鼓励和引导民间资本参与交通运输建设、发展；协助有关部门制定利于民营经济发展的运输价格；办理与本部门职责相关的事项。

县商务局：落实国家鼓励民营企业发展的相关政策，指导民营企业开拓国际国内市场；鼓励和引导民间资本发展连锁经营、商贸物流、电子商务等，促进流通产业结构调整；落实吸收外资参股民营企业相关优惠政策；办理与本部门职责相关的事项。

县统计局：负责民营经济增加值、民间投资统计工作，按季通报；建立和完善民营经济增加值和民间投资统计制度并组织实施；审批、指导其他民营经济统计监测制度的建立；参与对民营经济目标管理考核；定期对全县民营经济运行情况进行分析；办理与本部门职责相关的事项。

县法制办：做好县政府涉及民营企业政策的合法性审查，清理整合涉及民间投资、民营经济的行政审批事项；依法办理涉及民营企业行政复议和行政执法监督案件；加强法律法规宣传；办理与本部门职责相关的事项。

县政务服务中心：为民营企业办理相关行政许可事项提供优质高效服务；协助相关部门监督行政审批项目和公共服务项目的收费执行情况；办理与本部门职责相关的事项。

县工商联：协助做好对民营企业的引导、管理、维权和服务工作；促进民营企业与境外商会、企业开展经贸合作；做好工商界代表人士政治安排的推荐工作；促进行业协会、商会发展；办理与本部门职责相关的事项。

县金融国资局：做好民营企业融资工作，及时解决融资中存在的问题；完善银企合作制度，组织银企对接；办理与本部门职责相关的事项。

县工商局：负责民营经济发展领导小组办公室工作。依法登记管理民营企业、个体工商户；牵头制定放宽登记注册条件的实施办法；鼓励和引导民营企业争创中国驰名商标（行政认定）、省著名商标、市知名商标；定期统计分析民营企业和个体工商户发展情况；办理与本部门职责相关的事项。

县质监局：指导和推进民营企业实施“名牌战略”；定期监测分析民营企业的产品质量状况；指导民营企业建立和完善标准化、计量、质量保证体系；办理与本部门职责相关的事项。

县国税局：负责定期统计分析民营经济国税税收情况；落实支持全民创业和民营经济发展的各项税收优惠政策；办理与本部门职责相关的事项。

县地税局：负责定期统计分析民营经济地税税收情况；落实支持全民创业和民营经济发展的各项税收优惠政策；办理与本部门职责相关的事项。

县人行：引导督促银行业金融机构延伸服务网点，扩大民营经济服务覆盖面；积极开展适合民营经济需求的金融产品和信贷模式创新，为民营经济发展提供优质高效的金融服务；办理与本部门职责相关的事项。

中共青神县委关于在全县广泛开展“实现伟大中国梦、建设富裕美好和谐青神”主题教育活动的实施意见

青委发〔2013〕7号

各乡镇党委，县级各部门党组、党（工）委（总支、支部）：

根据省委、市委安排，县委决定，从2013年5月起，集中两个月左右时间，在全县广泛开展“实现伟大中国梦、建设富裕美好和谐青神”主题教育活动，现提出如下实施意见。

一、指导思想

深入学习贯彻党的十八大精神，高举中国特色社会主义伟大旗帜，以邓小平理论、“三个代表”重要思想、科学发展观为指导，深刻领会中国梦的丰富内涵，紧密联系我县实际，坚持用中国梦统一思想、凝聚共识，教育引导全县人民大力弘扬青神精神，扎实推进多点多极支撑发展战略，努力建设富裕美好和谐青神，谱写中国梦青神篇章。

二、目标要求

——统一思想。引导全县人民进一步把思想统一到实现“两个一百年”目标和伟大中国梦上来；统一到省委立足省情，坚持科学发展、加快发展工作基调上来；统一到市委抢抓千载机遇、推进跨越发展的战略部署上来；统一到创新“四种模式”，加快“四个转变”，奋力推进“三抓三提升”，实现科学发展、追赶发展要求上来。

——凝聚力量。各级党组织要切实增强凝聚力、向心力、战斗力；党员干部要把心思和精力用到干事创业上来；普通党员要立足本职岗位履职尽责争做表率；青年学生要把成长、成才梦想统一到中国梦上来；基层群众要创业奋斗，做中国梦参与者、实践者、推动者。全县上下心往一处想、劲往一处使，汇聚形成建设富裕美好和谐青神的强大合力。

——转变作风。引导各级党组织和党员干部牢记宗旨、服务人民，发扬披荆斩棘、昼夜兼程的作风，发扬奋勇争先、敢为善战的作风，发扬求真务实、埋头苦干的作风，发扬联系群众、亲民为民的作风，发扬艰苦奋斗、勤俭节约的作风，充分展示为民务实清廉形象，以优良的党风政风带动民风，在全社会形成团结和谐、昂扬奋进的良好风气。

——推动工作。通过主题教育活动，切实把全县人民的精气神提振起来，把各方面的积极性调动起来，超常付出推动工作，创新突破促进跨越，形成经济加快发展、民生显著改善、社会更加和谐稳定的良好局面。

——争创一流。通过主题教育活动，激励广大党员干部群众瞄准精神状态一流、工作业绩一流、干群关系一流、发展环境一流目标，履职作为、干事创业，尽非常之责、作非常之为、建非常之功，推动各项工作进入全市前列。

三、教育内容

（一）开展“理想信念、三个自信”教育。组织党员干部群众深入学习党的十八大报告和习近平同志一系列重要讲话精神，加强理想信念教育，引导全县人民深刻理解中国梦的重大意义、基本内涵、本质要求和实践路径，把中国梦的共同理想融入实现共产主义崇高理想追求中。加强中国特色社会主义道路自信、理论自信、制度自信教育，引导党员干部群众坚定不移地把中国特色社会主义道路作为前进方向，把中国特色社会主义理论体系作为行

动指南，把中国特色社会主义制度作为根本保障，投身中国特色社会主义伟大事业的宏大实践。

（二）开展“科学发展、追赶发展”教育。组织党员干部群众深入学习省第十次党代会和即将召开的省委十届三次全会精神，认真贯彻省委、省政府经济社会发展战略思想和实施多点多极支撑发展战略、“两化”互动、城乡统筹等重大部署。认真组织学习市第三次党代会、市三届四次党代会、县十三届三次党代会精神，学习领会市委、县委关于创新“四种模式”、加快“四个转变”，着力次级突破、实现“三四五翻番”目标等重大决策部署。认真开展青神县情教育，充分认识我县与全市全省同步建成小康社会的差距和潜力，增强主动作为意识，以等不起的紧迫感、慢不得的危机感、坐不住的责任感，奋力推进青神科学发展、追赶发展。

（三）开展“团结和谐、维护稳定”教育。在党员干部群众中深入开展形势教育、公民道德教育，大力倡导文明新风，引导党员干部和群众充分认识和谐稳定对建设富裕美好青神的极端重要性，明辨大是大非，积极维稳创稳，促进社会和谐，努力把青神建成全省党群干群关系最好的地区之一。加强法制教育，组织党员干部和群众学习宪法、刑法、民法等法律法规，增强法制意识，自觉遵纪守法，做到政府依法行政、公民依法行事。

（四）开展“三自精神、感恩奋进”教育。在党员干部群众中深入开展伟大抗震救灾精神教育，大力弘扬青神人民在抗震救灾中形成的自力更生、自救互助、自强不息的精神，奋力推进灾后恢复重建全面完成。加强感恩教育，大力宣传我县经济社会发展取得的新进展、新成效，大力宣传抗震救灾中一方有难、八方支援的优良传统，充分认识社会主义制度的优越性，感恩党、感恩祖国、感恩社会，自觉为“实现伟大中国梦、建设富裕美好和谐青神”作奉献。

（五）开展“优良作风、创新作为”教育。在党员干部中开展“先进性、纯洁性”教育，开展宗旨教育，开展群众路线、群众工作方法教育，开展党风党纪教育，增强党员干部攻坚克难意识、抢抓机遇意识、高效服务意识、高度责任意识、勤俭节约意识，树立敢干敢拼、善谋敢担、立说立行、创新作为、清正廉洁的作风。

四、活动方式

主题教育活动从今年5月上旬启动，至7月中旬结束，主要采取以下方式进行。

（一）层层动员（5月12日前）。各单位结合实际制定活动实施方案，层层召开党组织委员会、党员大会、群众大会“三个会议”进行部署动员，切实讲清楚活动的重大意义、指导思想和目标要求，讲清楚活动的主要内容、实施步骤和具体方式。同时，充分利用报刊、广播、电视、互联网、手机报、微博等媒体平台，开设板报、专栏，抓好宣传发动，切实做到家喻户晓、人人参与。

（二）学习讨论（5月31日前）。采取中心组学习、集中辅导、参观典型、个人自学等方式抓好学习。广泛开展领导讲、专家讲、典型讲、个人讲“四讲”活动，各单位一把手带头在本单位、科级以上领导干部到联系点讲党课、作报告，积极邀请相关专家作专题辅导报告、先进典型作事迹报告，党员干部群众谈体会、讲认识、说打算。广泛开展“实现伟大中国梦、建设富裕美好和谐青神”大讨论活动和征文活动。围绕教育专题，从村（社区）抓起、从基层支部抓起、从车间（班组）抓起、从学校班级（教研组）抓起、从行业协会抓起，分层次、分领域、分专题开展多种形式的讨论。

（三）广泛交流（6月20日前）。各单位要在深入学习讨论的基础上，采取多种形式，广泛开展活动交流。县委主题教育活动领导小组办公室将分系统、分行业组织召开座谈会，交流学习讨论情况，总结活动经验；组织开展全县性主题教育演讲比赛，以赛促学，推进交流。各级党组织要组织党员干部围绕活动主题、立足本职岗位进行承诺践诺，并接受干部群众监督。

（四）建章立制（6月30日前）。各地各部门要结合实际，找准问题，破解难题，努力形成抓发展、惠民生、促和谐的长效机制。建立加快发展、维护稳定责任制，抓发展要立军令状，创新社会管理要签责任书。建立推动生态文明建设长效机制,筑牢青神绿色发展的生态优势。建立完善服务型党组织建设长效机制,进一步夯实党执政的组织基础和群众基础。建立完善联系服务群众机制,推动干部联系服务群众工作深入持久开展。机关要建立管理制度,农村要建立村民公约,城市要建立市民公约,通过制度约束规范党员、干部和群众言行,转化为自觉行动。

(五)总结表彰(7 月 10 日前)。各单位要注意发现和树立在主题教育活动中涌现出来的先进典型,大力表彰奖励,激发干事创业活力。县委将结合庆祝建党 92 周年表彰一批先进基层党组织和优秀共产党员干部;适时表彰一批"主动作为创一流"的先进典型和在主题教育活动中涌现出来的先进集体、先进个人,以及抗震救灾和灾后恢复重建的先进典型。

五、组织领导

各单位要高度重视,加强领导,精心组织,务求实效。

(一)建立机构,落实责任。各级党委(党组)全面负责本地本单位的主题教育活动,一把手要亲自抓,领导干部要率先垂范。县委成立主题教育活动领导小组,并下设办公室(设在县委组织部),负责日常工作。各乡镇各单位要成立相应的领导机构和工作机构,落实工作责任,加强对活动的组织领导。要充分发挥党组织的带头作用,党员要在活动中作好表率。要充分发挥工青妇等群团组织密切联系群众的优势,发动群众广泛参与,努力实现活动全覆盖。

(二)强化宣传,营造氛围。县委宣传部要牵头制定活动宣传方案,《青神》刊、青神电视台要开辟专题、专栏,加强对活动的宣传报道。要广泛采取举办报告会、征文演讲、文艺汇演等形式,广泛开展群众性宣传活动,营造浓厚的活动氛围。要及时总结活动中的好经验、好做法,广泛宣传推广,促进活动深入开展。要深入挖掘活动中的先进典型,深入开展向先进典型学习活动,充分发挥典型引领作用。

(三)注重结合,务求实效。主题教育活动要坚持统筹兼顾,注重五个结合,务求取得实效。主题教育活动要与转变作风相结合、要与干部直接联系服务群众工作相结合、要与加强服务型基层党组织建设相结合、要与完成单位工作目标相结合、要与推进经济社会发展相结合,做到两手抓、两不误、两促进。

(四)分类指导,加强督导。要结合实际,针对农村和社区等不同地区,机关、企事业单位、两新组织等不同行业,党员领导干部、普通党员、普通群众等不同层面,分别提出主题教育活动的具体要求,分层分类进行指导。行业主管部门要切实担负起分类指导的工作职责,结合行业特点,鲜明主题,强化指导。县委决定把主题教育活动纳入党建工作考核和"三级联述联评联考联用"的重要内容,逗硬落实奖惩。县纪委要牵头成立督导组,采取经常性督查、随机抽查等方式,切实加强督促指导。对思想上不重视、行动上不积极、工作上不得力的,要及时通报批评,责令限期整改,防止走过场、搞形式,确保主题活动扎实有序开展。

附件:县委开展"实现伟大中国梦、建设富裕美好和谐青神"主题教育活动领导小组人员名单

中共青神县委

2013 年 5 月 9 日

附件

县委开展“实现伟大中国梦、建设富裕美好和谐青神”主题教育活动领导小组人员名单

组　长:黄国清　县委书记
副组长:杨德志　县委常委、组织部部长
成　员:徐　琳　县委常委、县政府常务副县长
周吉华　县委常委、宣传部部长
谢　志　县委常委、县纪委书记、县总工会主席
胡　勇　县委常委、政法委书记
柏晓明　县人武部政委
周志开　县人大常委会副主任
曾晓宇　县政协副主席、县委统战部部长

领导小组办公室设在县委组织部,由汪品元同志任主任,余成昆、欧廷贵、李仕贵、冯志刚同志任副主任。工作人员从县纪委(监察局)、县委办公室、县委组织部、县委宣传部、县委统战部、县委政法委、县直机关工委、县经济和信息化局、县教育体育局、县金融国资局、县总工会、团县委、县妇联等单位抽调。

中共青神县委青神县人民政府关于2013年党风廉政建设和反腐败工作的意见

青委发〔2013〕9号

各乡镇党委、政府,县级各部门:

2013年,全县党风廉政建设和反腐败工作要深入贯彻党的十八大、十八届中央纪委二次全会、省纪委十届二次全会、市三届四次党代会精神,紧紧围绕县十三届三次党代会确定的工作目标,以维护党章为重点,推进纪律建设,以落实县委关于改进工作作风、密切联系群众的“八项规定”及县纪委“八条规定”为重点推进作风建设,以完善惩防体系为重点推进反腐倡廉建设,努力实现干部清正、政府清廉、政治清明,为青神实现跨越发展提供坚强有力的纪律保障。

一、严明政治纪律,确保重大决策部署落实

加强对党章和党内法规执行情况的监督检查,坚决维护党章的权威性和严肃性。把政治纪律教育纳入各级党员干部教育培训规划,引导党员干部同党中央保持高度一致。加强政治纪律执行情况监督检查,坚决制止违反政治纪律的行为,对违反政治纪律的干部从严查处。

围绕全县“1171”工作思路,突出“三抓三提升”工作重点,加强对中央、省委、市委、县委关于经济社会发展重大决策部署执行情况的监督检查,重点加强对实施“七大会战”“三大工程”,加快“三化”联动、统筹城乡,创新“四种模式”,加快“四个转变”等中心工作情况的监督检查。加强抗震救灾和灾后重建各项决策部署,尤其是资金项目管理情况的监督检查。整合电子监察系统、行业智能监控网络和新闻媒体资源,对落实重大决策部署情况实行全程监督、动态监管、实时预警。

二、切实改进工作作风,密切党同人民群众的血肉联系

严格落实改进工作作风、密切联系群众各项规定。定期开展监督检查,严查违规违纪行为。深入开展以为民务实清廉为主要内容的党的群众路线教育实践活动,广泛开展“实现伟大中国梦、建设富裕美好和谐青神”主题教育活动,持久开展干部直接联系服务群众工作,大力解决党风政风方面的突出问题。

坚决纠正领导干部特权行为。严格落实《廉政准则》各项规定,不断完善规范领导干部权力行使的制度机制,督促各级领导干部带头改进作风,坚决整治少数领导干部要特权行为。

大力整治机关庸懒散奢风气。严格执行公务接待制度,严格落实各项节约措施,坚决杜绝公款浪费现象。严肃整治公款大吃大喝行为,严禁以各种名义用公款互相宴请、互赠礼物和组织消费性质的娱乐、健身活动。严格因公出国(境)管理,严肃整治公款旅游和变相旅游行为。切实规范公务用车管理,深入推进“三公”经费公开工作,一律不得新建政府性楼堂馆所。着力纠正不作为、慢作为、乱作为等现象,强化效能问责。

三、强化教育监督,促进权力规范透明运行

加强反腐倡廉宣传教育。深入开展党性党风党纪教育、廉政法规教育和从政道德教育,将反腐倡廉教育纳入各级党委(党组)中心组学习和党校、行政学院干部培训的重要内容,开展拟任科级领导职务廉政知识考试。深入推进廉政文化创建活动,探索开展廉政文化进公交、进楼宇、进广场。完善反腐倡廉情况通报和“纪委开放日”制度，加大网上正面宣传和舆论引导力度。

完善权力运行监督体系。加大对领导干部特别是党政主要领导的监督力度，强化对权力集中部门和资金、资源密集领域的监督，加强重点专项资金和重大投资项目的审计力度。完善党务公开、政务公开和各领域办事公开机制。深入开展执法监察、廉政监察和效能监察，建立健全问责制度和工作机制。进一步发挥人大监督、政府专门机关监督、政协民主监督、司法监督的作用，主动接受群众监督和舆论监督。

四、坚持从严执纪，始终保持惩治腐败的高压态势

加大查办案件工作力度。坚持“老虎”“苍蝇”一起打，既严肃查处领导干部违纪违法案件，又注重解决发生在群众身边的腐败问题，坚决果断处理顶风违纪的典型案件。严肃查处工程建设招投标等重点领域的腐败案件。严肃查办商业贿赂案件，加大对行贿行为的惩处力度。畅通信访举报渠道，完善实名举报人保护制度。

坚决遏制消极腐败现象。严肃查处和纠正违规收受红包礼金、私设“小金库”、滥发津补贴等问题，严肃查处公务员考录和国有企事业单位招聘中的违纪问题，严肃查处违反干部人事纪律的问题，针对办案中发现的普遍性问题开展专项治理。

不断提升查办案件科学化水平。深入推进案件管理和案件查办信息系统建设，进一步推进办案场所规范化建设，全面推行重大典型案件内部通报等制度。坚持查处与保护相结合，充分调动干部干事创业的积极性。

五、深化源头治腐，不断推进体制机制改革和制度创新

推进系统防治腐败工作。认真贯彻落实中央、省委、市委惩防体系2013—2017年工作规划，深化廉政风险防控机制建设，加强权力运行流程管理。加强教育、预防、监督、惩治制度建设，完善保障法规执行的配套制度，开展法规制度执行情况的监督检查。积极推动行政审批制度、干部人事制度、政府采购制度、项目招投标制度、国有资产管理体制、司法体制等方面的改革。

完善招投标监管机制。强化公共资源电子交易服务平台功能，建成完善电子交易系统，积极推进电子监察系统建设，完善招投标监管机制，规范国有产权交易活动，加强政府采购监管，完善政府采购工作责任制，规范专家评审行为。

建立整体联动的社会诚信监督管理体系。加强社会领域防治腐败工作，整合各类信用信息资源，推动建立统一的信用信息平台。加大对企业、社会中介组织、个人失信行为的处罚，完善市场准入制度，探索建立违纪违法信息共享、情况互通机制。

六、注重纠建并举，切实解决群众反映强烈的突出问题

坚决纠正损害群众利益的不正之风。重点纠正金融、电信等公共服务行业和教育、医疗、征地拆迁、涉法涉诉、食品药品安全、保障性住房、环境保护、安全生产等领域损害群众利益的不正之风和突出问题，大力开展惠民政策落实情况监督检查。深化工程建设领域和市场中介领域突出问题专项治理。大力整治吃拿卡要行为，专项治理“不花钱、不请客、不送礼就不办事”的问题。积极开展政府部门和公共服务行业群众满意度测评，及时解决和回应群众诉求。

积极推进基层党风廉政建设。进一步完善农村集体“三资”网络化管理制度机制，发挥基层纪检组织和村务监督委员会作用，促进农村基层干部廉洁履职。健全学校、医院等公共事业单位的管理制度，全面落实国有企业领导人员廉洁从业若干规定，强化城市社区民主监管，探索非公有制经济组织和社会组织防治腐败的有效途径和办法。

七、强化组织保障，确保反腐倡廉建设任务落实

认真落实党风廉政建设责任制。坚持和完善“党委统一领导、党政齐抓共管、纪委组织协调、部门各负其责、依靠群众支持和参与”的领导体制和工作机制，明确职责分工，切实做到一级抓一级，层

层抓落实,对不履职和履职不到位导致发生重大违纪违法问题的,严肃追究责任。将作风建设、纪律建设和党风廉政建设社会评价工作纳入责任制考核,细化考核标准,强化结果运用。

加强纪检监察机关执纪执法能力建设。积极推动纪检监察系统能力素质、思想作风、基层组织"三项建设"常态化、规范化、长效化,重视和支持纪检监察工作。加强基层纪检组织建设,强化上级纪检监察机关对下级纪检监察机关的领导和工作指导。深化纪检监察系统作风督查,完善内部监督制约机制,加大纪检监察干部轮岗交流力度,用铁的纪律打造一支忠诚可靠、服务人民、刚正不阿、秉公执纪的纪检监察队伍。

附件:眉山市青神县2013年党风廉政建设和反腐败工作任务分工表

中共青神县委

青神县人民政府

2013年7月18日

附件

眉山市青神县2013年党风廉政建设和反腐败工作任务分工表

总负责:黄国清、胡国民

项　目	工作任务	具体负责	牵头单位	协办单位
一、严明政治纪律	1.深入学习贯彻党的十八大精神,认真落实十八届中央纪委二次全会和省纪委十届二次全会部署	谢 志	县纪委	各乡镇,县级各部门
	2.始终把认真学习党章、严格遵守党章作为各级党组织和党员干部的庄严责任和神圣义务,加强对党章和党内法规执行情况的监督检查	谢　志 杨德志	县纪委 县委组织部	县委宣传部、县委党校
	3.把政治纪律教育纳入各级党员干部教育培训规划,加强教育培训	谢　志 杨德志	县纪委 县委组织部	县委宣传部、县人社局、县委党校
	4.加强政治纪律执行情况监督检查,对苗头性、倾向性问题及时提醒纠正,对违反政治纪律的行为坚决制止、严肃查处	谢　志	县纪委	县委组织部、县委宣传部、县委统战部、县委政法委(县维稳办)、县防邪办、县委保密办、县公安局、县监察局、县民政局
	5.把遵守政治纪律的情况纳入领导班子党风廉政建设责任制考核,作为各级领导班子思想政治建设的重要内容,对发生违反政治纪律行为的乡镇和部门实行"一票否决"	谢　志	县纪委	各乡镇,县级各部门
	6.加强对市委、市政府和县委、县政府关于经济社会发展重大决策部署落实情况的监督检查	谢　志	县纪委	各乡镇,县级各部门
	7.加强灾后重建各项决策部署落实情况的监督检查	徐　琳 谢　志	县纪委 县监察局 县审计局	各乡镇,县级有关部门

续上表

项　目	工作任务	具体负责	牵头单位	协办单位
	8. 整合电子监察系统、行业智能监控网络和新闻媒体资源，对落实重大决策部署情况实行全程监督、动态监管、实时预警，确保政令畅通	徐　琳 谢　志	县纪委 县政府办 县监察局	各乡镇，县级各部门
二、改进工作作风	9. 严格落实中央和省委、省政府及市委、市政府关于改进工作作风、密切联系群众有关规定和县纪委“八条规定”	罗兴建 徐　琳	县委办 县政府办	各乡镇，县级各部门
	10. 定期开展改进工作作风有关规定落实情况监督检查，严查违纪违规行为。	谢　志	县纪委	县改进工作作风密切联系群众有关规定落实情况监督检查组成员单位
	11. 深入开展以为民务实清廉为主要内容的党的群众路线教育实践活动	杨德志	县委组织部	各乡镇，县级各部门
	12. 广泛开展“实现伟大中国梦、建设富裕美好和谐青神”主题教育活动	杨德志	县委组织部	各乡镇，县级各部门
	13. 持久开展党员干部直接联系服务群众工作	杨德志	县直机关党工委	各乡镇，县级各部门
	14. 落实《廉政准则》各项规定，完善规范领导干部权力行使的制度机制，整治少数领导干部耍特权行为	谢　志	县纪委	各乡镇，县级各部门
	15. 督促各级领导干部带头改进作风，带头执行中央、省、市有关规定，以身作则、率先垂范	罗兴建 徐　琳	县委办 县政府办	各乡镇，县级各部门
	16. 执行公务接待制度，落实各项节约措施，杜绝公款浪费现象	罗兴建 徐　琳	县委办 县政府办	各乡镇，县级各部门
	17. 整治公款大吃大喝行为，严禁以各种名义用公款互相宴请、互赠礼物和组织消费性质的娱乐、健身活动	徐　琳 谢　志	县纪委 县财政局	各乡镇，县级各部门
	18. 整治公款旅游行为，严格因公出国（境）管理，严禁借开会、调研、考察、培训等名义变相旅游	谢　志 王利清	县纪委 县外桥台办	各乡镇，县级各部门
	19. 规范公务用车管理	谢　志	县纪委 县车编办	各乡镇，县级各部门
	20. 深入推进“三公”经费公开工作	徐　琳	县财政局	各乡镇，县级各部门
	21. 深化机关行政效能建设，纠正不作为、慢作为、乱作为等现象，强化效能问责	徐　琳 谢　志	县政府办 县监察局	各乡镇，县级各部门
三、加强教育监督	22. 深入开展党性党风党纪教育、廉政法规教育和从政道德教育，将反腐倡廉教育纳入各级党委（党组）中心组学习和党校、行政学院干部培训内容，开展拟任科级领导职务廉政知识考试	谢　志 杨德志	县纪委 县委组织部	县委宣传部、县人社局、县委党校
	23. 深入推进廉政文化创建活动，探索开展廉政文化进公交、进楼宇、进广场	周吉华 谢　志	县纪委 县委宣传部	县直机关工委、县委农工办、县经信局、县教体局、县民政局、县交通局、县文广新局、县卫生局、县旅游局、县妇联

续上表

项　目	工作任务	具体负责	牵头单位	协办单位
	24. 及时掌握并妥善应对反腐倡廉网络舆情,加大网上正面宣传和舆论引导力度	周吉华 谢　志	县纪委 县委宣传部	各乡镇,县级各部门
	25. 完善反腐倡廉情况通报和“纪委开放日”制度	谢　志	县纪委	各乡镇,县级各部门
	26. 落实《中国共产党党内监督条例》,加强对领导干部特别是党政主要领导的监督	谢　志 杨德志	县纪委 县委组织部	各乡镇,县级各部门
	27. 发挥纪检监察机关和派驻机构的监督作用,强化一线监督,形成多层面、广领域的监督态势	谢　志	县纪委	县监察局
	28. 继续抓好党的基层组织党务公开联系点工作和党的基层组织党务公开工作	谢　志	县纪委	县委党务公开工作领导小组成员单位
	29. 深入推进政务公开	徐　琳	县政府办	县委宣传部、县监察局、县民政局、县文广新局、县法制办、县政务服务中心、县总工会等
	30. 深入推进司法公开	胡　勇	县委政法委	县法院、县检察院、县委组织部、县委编办、县公安局、县司法局、县财政局、县人社局
	31. 深入推进厂务公开	谢　志	县总工会	县委组织部、县经信局、县监察局、县金融国资局
	32. 深入推进村(居)务公开	王利清	县民政局	县委组织部、县监察局、县委农工办、县农业局、县财政局、县计生局
	33. 深入推进公共企事业单位办事公开	谢　志	县政务服务中心	县经信局、县教体局、县人社局、县交通运输局、县水务局、县卫生局、县金融国资局等
	34. 发挥政务服务中心、基层便民服务中心的作用,强化惠民便民政策措施公开	谢　志	县政务服务中心	各乡镇,县级各部门
	35. 深入开展执法监察、廉政监察、效能监察,建立健全问责制度和工作机制	谢　志	县纪委 县监察局	各乡镇,县级各部门
四、坚持从严执纪	36. 查处领导干部违纪违法案例,解决发生在群众身边的腐败问题,坚决果断处理顶风违纪的典型案例	谢　志	县纪委	各乡镇,县级各部门
	37. 查办商业贿赂案件,加大对行贿行为的惩处力度	谢　志	县监察局	县治理商业贿赂领导小组成员单位
	38. 畅通信访举报渠道,完善实名举报人保护制度	谢　志 胡　勇	县纪委 县委群工部	县法院、县检察院、县公安局、县监察局、县司法局、县审计局

续上表

项　目	工作任务	具体负责	牵头单位	协办单位
	39. 查处和纠正违规收受红包礼金、私设“小金库”、滥发津补贴等问题	徐　琳 谢　志	县纪委 县财政局	各乡镇，县级各部门
	40. 查处公务员考录和国有企事业单位招聘中的违纪问题	徐　琳 谢　志 杨德志	县纪委 县委组织部 县人社局	各乡镇，县级各部门
	41. 查处“跑官要管”、“买官卖官”、拉票贿选等违反干部人事纪律的问题	谢　志 杨德志	县纪委 县委组织部	各乡镇，县级各部门
	42. 针对办案中发现的普遍性问题开展专项治理	谢　志	县纪委	各乡镇，县级各部门
	43. 积极推进案件管理和案件查办信息系统建设，提升查办案件工作科学化水平	谢　志	县纪委	县反腐败协调小组成员单位
	44. 发挥查案治本功能，全面推行重大典型案件内部通报等制度	谢　志	县纪委	县委组织部、县监察局
	45. 坚持查处与保护相结合，充分调动干部干事创业的积极性	谢　志	县纪委	县法院、县检察院、县委组织部、县委群工部、县公安局、县监察局
五、深化源头治腐	46. 认真贯彻落实中央、省委、市委惩防体系 2013－2017 年工作规划。深化廉政风险防控机制建设，加强权力运行流程管理	谢　志	县纪委	各乡镇，县级各部门
	47. 加强教育、预防、监督、惩治制度建设，完善保障法规执行的配套制度	谢　志	县纪委 县监察局	各乡镇，县级各部门
	48. 开展法规制度执行情况的监督检查	谢　志	县纪委 县监察局	各乡镇，县级各部门
	49. 深入推进行政审批制度改革	谢　志	县监察局	县法制办、县政务服务中心、县政府有行政审批事项单位、部门
	50. 积极推动干部人事制度改革	杨德志	县委组织部	县纪委、县委编办、县监察局、县人社局、县统计局、县金融国资局
	51. 推进政府采购监管制度建设	徐　琳	县财政局	各乡镇，县级各部门
	52. 推进招投标监管制度建设	谢　志	县监察局	县招投标监督委员会成员单位
	53. 推进司法机关公正廉洁执法制度建设	胡　勇	县委政法委	县法院、县检察院、县公安局、县司法局
	54. 深化工程招投标、政府采购、国有产权交易等改革	谢　志	县公共资源交易中心	县纪委、县发改局、县经信局、县财政局、县国土局、县住建局、县交通运输局、县水务局、县商务局、县卫生局、县审计局、县法制办、县金融国资局
	55. 加强社会领域防治腐败工作，整合各类信用信息资源，推动建立统一的信用信息平台	谢　志 车智勇	县纪委 县发改局 县人行	各乡镇，县级各部门

续上表

项　目	工作任务	具体负责	牵头单位	协办单位
	56. 加大对企业、社会中介组织、个人失信行为的处罚，完善市场准入制度，探索建立违纪违法信息共享、情况互通机制	谢　志 车智勇 谭友富	县纪委 县经信局 县工商局	各乡镇，县级各部门
六、注重纠建并举	57. 纠正金融、电信等公共服务行业损害群众利益的不正之风和突出问题	车智勇	县经信局 县金融国资局	县监察局(县纠风办)、县银监办
	58. 纠正教育领域损害群众利益的不正之风和突出问题。	王利清	县教体局	县监察局(县纠风办)、县发改局、县财政局、县文广新局、县审计局
	59. 纠正医疗领域区损害群众利益的不正之风和突出问题	侯　锐	县卫生局	县监察局(县纠风办)、县发改局、县经信局、县人社局、县计生局、县食品药品监管局、县工商局
	60. 纠正涉农领域损害群众利益的不正之风和突出问题	谢　志 侯　锐	县监察局 县委农工办	县监察局(县纠风办)、县教体局、县公安局、县民政局、县司法局、县财政局、县人社局、县水务局、县农业局、县林业局、县商务局、县文广新局、县卫生局、县计生局、县粮食局、县畜牧局
	61. 纠正征收集体土地领域损害群众利益的不正之风和突出问题	徐　琳	县国土局	县监察局(县纠风办)、县委农工办、县财政局、县人社局、县住建局、县农业局、县审计局、县法制办、县扶贫移民局
	62. 纠正涉法涉诉领域损害群众利益的不正之风和突出问题	胡　勇	县委政法委	县法院、县检察院、县公安局、县司法局
	63. 纠正食品、药品安全领域损害群众利益的不正之风和突出问题	侯　锐	县食品药品监管局	县监察局(县纠风办)、县经信局、县公安局、县水务局、县农业局、县商务局、县卫生局、县计生局、县粮食局、县畜牧局、县工商局、县质监局，各乡镇
	64. 纠正保障性住房领域损害群众利益的不正之风和突出问题	蔡建川	县住建局	县发改局、县监察局、县财政局、县审计局
	65. 纠正安全生产领域损害群众利益的不正之风和突出问题	王碧华	县安监局	县安全生产委员会成员单位
	66. 纠正环境保护领域损害群众利益的不正之风和突出问题	车智勇	县环保局	县监察局、县发改局、县经信局
	67. 大力开展减轻企业负担工作	车智勇	县经信局	县监察局(县纠风办)、县发改局、县公安局、县民政局、县财政局、县住建局、县交通运输局、县商务局、县审计局、县法制办、县金融国资局、县工商局
	68. 深入治理公路“三乱”问题	蔡建川	县交通局	县监察局(县纠风办)、县经信局、县公安局、县财政局、县农业局、县林业局、县法制办

续上表

项　目	工作任务	具体负责	牵头单位	协办单位
	69. 打击侵犯知识产权和制售假冒伪劣商品行为	谭友富	县商务局	县打击侵犯知识产权和制售假冒伪劣商品专项行动领导小组成员单位
	70. 整治吃拿卡要行为,专项治理"不花钱、不请客、不送礼就不办事"的问题	谢　志	县纪委 县监察局	各乡镇,县级各部门
	71. 深化工程建设领域突出问题专项治理	谢　志	县监察局	县治理工程建设领域突出问题工作领导小组成员单位
	72. 开展市场中介领域突出问题专项治理	谢　志	县监察局	县经信局、县民政局、县司法局、县人社局、县工商局
	73. 开展政府单位、部门和公共服务行业群众满意度测评	谢　志	县监察局	县委宣传部、县新闻中心
	74. 进一步完善农村集体"三资"网络化管理制度机制	谢　志 侯　锐	县纪委 县农业局	县委组织部、县委农工办、县教体局、县民政局、县财政局、县国土局、县水务局、县农业局、县林业局、县审计局
	75. 发挥村务监督机构作用,促进农村基层干部廉洁履职	王利清	县民政局	县农村基层党风廉政建设工作联席会议成员单位
	76. 强化城市社区民主监管,提升社区公共服务水平	王利清	县民政局	县纪委、县委组织部、县监察局
	77. 执行"三重一大"决策制度和职务消费、薪酬管理等制度,全面落实国有企业领导人员廉洁从业若干规定	车智勇	县金融国资局	县纪委、县委组织部、县监察局、县经信局、县财政局、县交通运输局、县水务局、县审计局、县粮食局、县总工会、县工业开发区管委会
	78. 健全学校、医院等公共事业单位的管理制度	侯　锐 王利清	县教体局 县卫生局	县纪委、县委组织部、县监察局、县审计局
	79. 探索非公有制经济组织和社会组织防治腐败的有效途径和办法	杨德志	县委组织部	县纪委、县监察局、县经信局、县民政局等
七、强化组织保障	80. 强化党风廉政建设和反腐败工作任务分解,明确职责分工,推动工作落实	谢　志	县纪委	各乡镇,县级各部门
	81. 把作风建设、纪律建设和党风廉政社会评价工作纳入党风廉政建设责任制考核	谢　志	县纪委	各乡镇,县级各部门
	82. 细化量化党风廉政建设责任制考评标准,强化考核结果运用	谢　志	县纪委	各乡镇,县级各部门
	83. 坚持和完善反腐败领导体制和工作机制,强化责任追究	谢　志	县纪委	县委反腐败协调小组成员单位
	84. 积极推动纪检监察系统能力素质、思想作风、基层组织"三项建设"常态化、规范化、长效化	谢　志	县纪委	县监察局

续上表

项目	工作任务	具体负责	牵头单位	协办单位
	85.强化基础保障建设,不断提高纪检监察工作科学化水平	谢志	县纪委	县委组织部、县监察局、县委编办、县发改局、县财政局
	86.加强基层纪检组织建设,推进非公有制经济组织和社会组织纪检机构建设,加强单位、部门、国有企业纪检监察组织建设,强化派驻纪检监察机构领导和管理	谢志	县纪委	县委组织部、县监察局、县委编办、县经信局、县民政局、县金融国资局、县“两新”组织党工委等
	87.加大纪检监察干部轮岗交流力度,优化队伍结构	谢志 杨德志	县纪委 县委组织部	县监察局
	88.完善纪检监察机关绩效考核机制,深化纪检监察系统作风巡查,完善内部监督制约机制	谢志	县纪委	县监察局